Fischer Weltgeschichte

Band 19

Das Chinesische Kaiserreich

W0064817

Herausgegeben
und verfaßt von
Herbert Franke
und
Rolf Trauzettel

Fischer Taschenbuch Verlag

Umschlagentwurf: Wolf D. Zimmermann
unter Verwendung des Fotos
›Statue eines Generals auf dem Gelände der Ming-Gräber bei Peking‹
(Foto: Dr. Rolf Trauzettel, München)
Harald und Ruth Bukor zeichneten die Abbildungen 1, 8, 14

Illustrierte Originalausgabe
mit 17 Abbildungen
Veröffentlicht im Fischer Taschenbuch Verlag GmbH,
Frankfurt am Main, Februar 1968

71.–72. Tausend: März 1996

Wissenschaftliche Leitung: Jean Bollack, Paris

© Fischer Bücherei GmbH, Frankfurt am Main 1968
Druck und Bindung: Clausen & Bosse, Leck
Printed in Germany
ISBN 3-596-60019-7

Als im Jahre 1911 in China das Kaisertum abgeschafft und die Republik ausgerufen wurde, hörte eine Institution auf zu existieren, die zweitausend Jahre hindurch dem »Reich der Mitte« das Gepräge verliehen hatte. Die lange und wechselvolle Geschichte dieses Kaiserreiches verlief nicht ohne Dramatik. Zahlreiche Dynastien lösten einander an der Spitze des Staates ab; immer wieder gelang es Usurpatoren, durch Intrigen, durch Revolten oder auf dem Weg über einen Bürgerkrieg den legitimen Herrscher zu beseitigen, sich an seine Stelle zu setzen und ein neues Kaiserhaus zu errichten. Später rissen fremde Eroberer die Macht an sich: schon im 4. Jahrhundert n. Chr. kam es zu Staatsgründungen nomadischer Invasoren in Nordchina. Im 13. Jahrhundert gliederte Kublai Khan das ganze Land dem mongolischen Weltreich ein; nach der fast dreihundertjährigen Herrschaft einer nationalen Dynastie — der der Ming — übernahmen schließlich die Mandschuren die Herrschaft, die sie bis zum Sturz der Monarchie nicht mehr abgeben sollten. Eigentümlich ist, daß die fremden Einflüsse über die bloße Ausübung der Regierungsgewalt kaum hinausgingen: die hochentwickelte chinesische Kultur, die Philosophie, die — z. B. in Gestalt des Konfuzianismus und Neokonfuzianismus — ganz erheblich auch in den praktisch-politischen Bereich hineinwirkte, die Kunst und Literatur — sie alle bewahrten ihre Eigenart. Die Eroberer paßten sich in vieler Hinsicht den Gegebenheiten an, die sie vorfanden.

Die Veränderungen und die Konstanten im geschichtlichen Werdegang des chinesischen Kaiserreiches sind im vorliegenden Buch dargestellt. Die Verfasser, der Münchner Sinologe und Historiker Professor Herbert Franke und sein Mitarbeiter Dr. Rudolf Trauzettel, gliedern übersichtlich die Fülle der historischen und kulturgeschichtlichen Fakten. Sie zeichnen die Linien der geistigen und religiösen Entwicklung nach; sie berücksichtigen moderne soziologische Methoden und gelangen so zu teilweise neuen Erkenntnissen über die Gesellschaft des alten China.

Der Band ist in sich abgeschlossen und mit Abbildungen, Kartenskizzen und einem Literaturverzeichnis ausgestattet. Ein Personen- und Sachregister erleichtert dem Leser die rasche Orientierung.

Die Geschichte Chinas findet ihre Fortsetzung bis zur Gegenwart in Band 33 der FISCHER WELTGESCHICHTE: »Das moderne Asien«.

DIE VERFASSER DIESES BANDES

Herbert Franke,

geb. 1914 in Köln; studierte an den Universitäten Köln, Bonn und
Berlin Sinologie, Geschichte, Philosophie und Rechtswissenschaft. 1937
Dr. jur., 1947 Dr. phil.; 1949 Privatdozent an der Universität Köln;
1951/52 British Council Fellow der Universität Cambridge, England;
seit 1952 ord. Professor für ostasiatische Kultur- und Sprachwissenschaft an der Universität München; seit 1958 ord. Mitglied der Bayerischen Akademie der Wissenschaften, Phil.-hist. Klasse; 1964/65 und 1969/
70 Visiting Professor an der University of Washington, Seattle, USA;
Hauptarbeitsgebiete: Geschichte Chinas und seiner Randvölker in Zentralasien; 1974–1980 Vizepräsident der Deutschen Forschungsgemeinschaft
und 1980–1985 Präsident der Bayerischen Akademie der Wissenschaften.
Veröffentlichte: ›Geld und Wirtschaft in China unter der Mongolen-Herrschaft‹, Leipzig 1949. ›Sinologie‹ (Forschungsbericht), Bern 1953. ›Beiträge
zur Kulturgeschichte Chinas unter der Mongolen-Herrschaft‹, Wiesbaden
1956. ›Die goldene Truhe. Chinesische Novellen aus zwei Jahrtausenden‹,
München 1959 (mit W. Bauer). Zahlreiche Aufsätze in Fachzeitschriften.
1953 Prix Stanislas Julien der Académie des inscriptions et belles-lettres.

Rolf Trauzettel,

geb. 1930 in Leipzig; studierte an den Universitäten Leipzig und Mün-
schen Sinologie, Japanologie, Indologie und Philosophie; 1964 Dr. phil.;
1957–1961 im wissenschaftlichen Bibliotheksdienst; 1965–1971 wiss. Assi-
stent am Ostasiatischen Seminar der Universität München; 1972–1975 Professor und Direktor des Sinologischen Seminars der Universität Göttingen,
seit 1975 Direktor des Sinologischen Seminars der Universität Bonn. Veröffentlichte: ›Ts'ai Ching (1046–1126) als Typus des illegitimen Ministers‹,
Bamberg 1964. Aufsätze in Fachzeitschriften.

Dem Andenken an Étienne Balázs

(1905–1963)

Die hier verwendete Transkription des Chinesischen folgt der (namentlich in der wissenschaftlichen Literatur) am weitesten verbreiteten, der englischen, und zwar — nach amerikanischem Muster — unter Weglassung aller diakritischen Zeichen. Als Grundregel gilt danach, daß die Vokale wie im Deutschen und die Konsonanten wie im Englischen auszusprechen sind.

Beachte:

o	=	offenes o (wie in »Tor«)
ou	=	geschlossenes o (wie in »Ofen«)
e	=	offenes e (ähnlich wie »ä«)
ei	=	geschlossenes e (wie in »Tee«)
ai	=	wie im Deutschen (z. B. in »Mai«)
erh	=	etwa wie »örl« zu sprechen, mit gerollter Zungenspitze

u nach tz und ss bezeichnet nur Stimmton, in allen anderen Fällen wie im Deutschen zu sprechen.

i und u vor folgendem Vokal sind halbvokalisch (z. B. Kuang sprich etwa wie Kwang, lien sprich etwa wie ljen)

p	=	stimmloser, bilabialer Verschlußlaut (wie im Deutschen)
t	=	stimmloser, dentaler Verschlußlaut (wie im Deutschen)
ch	=	stimmloser, palataler Verschlußlaut (ähnlich wie deutsch tsch)
k	=	stimmloser, velarer Verschlußlaut (wie im Deutschen)
m, n	=	stimmhafte Nasale (wie in »mir«, »nie«)
l	=	stimmhafter Laterallaut (wie in »Liebe«)
f	=	stimmloser, labio-dentaler Reibelaut (wie in »Farbe«)
s (ss)	=	stimmloser, dentaler Reibelaut (wie in »Sonne«)
hs	=	stimmloser, palataler Reibelaut (etwa wie ch in »ich«)
h	=	stimmloser, velarer Reibelaut (ähnlich wie ch in »ach«)
ts	=	stimmloser, dentaler Reibelaut (wie z in »Zug«)
sh	=	stimmloser Retroflexlaut (ähnlich wie sch, aber mit zurückgebogener Zunge zu sprechen)
j	=	stimmhafter Retroflexlaut (sonst wie sh)

Aspiration eines Konsonanten wird durch einen diesem nachgesetzten Apostroph angezeigt.

Bekannte (besonders geographische) Namen werden in ihrer üblichen Fassung belassen (z. B. Yangtse).

Bei den Personennamen gibt stets die erste Silbe (in wenigen Fällen sind es die beiden ersten, durch Bindestrich verbundenen Silben) den Familiennamen wieder. Die nachstehenden Vornamen sind entweder ein- oder zweisilbig, im letzteren Falle werden sie durch Bindestrich verbunden.

Vorwort

Dieser Band hat eine Vorgeschichte. Er sollte ursprünglich von Étienne Balázs (1905–1963) verfaßt werden — ein Entschluß des Verlages, wie er glücklicher nicht gedacht werden konnte, denn Balázs hätte dadurch die Gelegenheit gehabt, zum ersten Male seine Gedanken über die Geschichte Chinas in die Form einer größeren zusammenhängenden Darstellung zu kleiden. Man darf sicher sein, daß dieses Buch ein Meisterwerk geworden wäre. Bei seinem vorzeitigen Tod am 29. November 1963 war die Vorarbeit jedoch nur bis zu einer Gliederung und Kapiteleinteilung gediehen. In dieser Lage wandten sich französische Kollegen und der Verlag auch unter anderen an mich. Wenn ich mich schließlich in der Überzeugung, in Dr. Rolf Trauzettel einen auf das beste geeigneten vollwertigen Partner gefunden zu haben, zur Abfassung des Bandes bereit erklärte, so war dabei von vornherein klar, daß auch im besten Falle unsere Bemühungen weit unter dem bleiben würden, was von Étienne Balázs zu erwarten gewesen wäre. Den Ausschlag gab zuletzt die ganz persönliche Dankbarkeit, die ich ihm gegenüber während vieler Jahre empfand und die von allen geteilt wird, die ihn näher kannten. Mit Wehmut erinnere ich mich insbesondere mancher freundschaftlicher Gespräche, in denen er verschwenderisch sein Wissen und seine Einsichten mitteilte, zuletzt anläßlich seines Besuches in München im Sommer 1963. Étienne Balázs vereinte mit gründlichster Gelehrsamkeit eine im tiefsten humanistische Haltung. Er mißtraute in seinem Leben wie in seinen nun klassisch gewordenen Arbeiten, die ihn zu einem Präzeptor der europäischen Sinologie gemacht haben, allen glatten ideologisierenden Formeln, hinter denen sich oft genug bare Interessen- und Machtpolitik verbirgt. Diese Haltung hat seinen Sinn für die autoritären Züge in der chinesischen Gesellschaft geschärft, die durch die Phraseologie der Quellen hindurchschimmern, erklärt gleichzeitig aber auch sein Verständnis für die großen Nonkonformisten und Neuerer in der Geschichte Chinas. Aber selbst wenn andere Autoren sich diese Leitgedanken zu eigen gemacht hätten, so besäßen sie doch nicht seine Meisterschaft der anschaulichen und schlagkräftigen Formulierung. Unter diesen Umständen war es fast eine Selbstverständlichkeit, daß dem vorliegenden Band wenigstens die von Balázs hinterlassene Gliederung unverändert zugrunde gelegt wurde — ein Rahmen, den freilich nur er selbst mit der ganzen Fülle der historischen Erscheinungen und Kräfte hätte angemessen ausfüllen können. Der Dank, den die Verfasser Étienne Balázs schulden, drückt sich darin aus, daß der Band dem Gedächtnis des Freundes und Vorbildes gewidmet sein soll.

Juni 1967   Herbert Franke

Einleitung

Während zweier Epochen spielte China eine nicht unbedeutende Rolle für das historische Bewußtsein in Europa. Die erste große Rezeption Chinas, die auf der Übernahme des von den Jesuiten vermittelten idealisierten Bildes vom Reich der Mitte basierte, fiel im 18. Jahrhundert zeitlich zusammen mit der allgemeinen Entwicklung der Aufklärung und in ihr besonders der Universalgeschichte; am Beginn des 20. Jahrhunderts, als durch Oswald Spengler die Geschichte Chinas fern allem Exotismus in den Horizont der Bildungsträger gerückt und ihr zum ersten Male Gleichrangigkeit mit der europäisch-amerikanischen zuerkannt wurde, diente dessen Konzeption zur theoretischen Stützung bei der Preisgabe der aufklärerischen Positionen. Paradoxerweise führten der Rationalismus der Aufklärung und die eher mythische zyklische Kulturkreislehre in einem Punkte zum gleichen Resultat, nämlich der Vorstellung von der Statik innerhalb der chinesischen Geschichte.

Verantwortlich für dieses Image eines »ewigen« China sind indes die chinesischen historischen Quellen selbst, weil gerade sie die fast ausschließliche Domäne des Traditionalismus waren. Die Geschichtsbewußtheit erstreckte sich in China in spezifischem Sinne nicht auf die Dokumente. Sowie Geschichte einmal in die orthodoxe, moralisch-politisch nutzbare Form geronnen war, interessierten die Primärdokumente nicht mehr. Es waren dies vor allem die von eigens dazu bestallten Beamten verfaßten Tagebücher über die Aktivitäten des Kaisers (*ch'i-chü chu*) und die »Täglichen Berichte« (*jih-li*), die dann im Staatsarchiv aufbewahrt und aus denen über die zunächst kompilierten Regesten (*shih-lu*) eines Herrschers schließlich die offiziellen Dynastiegeschichten entstanden. Abgesehen von den frühhistorischen Orakelknochen- und Bronzeinschriften, ein paar Steininschriften sowie Textfunden aus Tun-huang[1] sind Urkunden erst mit Beginn der Ch'ing-Dynastie erhalten geblieben. Wir können also wesentlich nur auf Grund sekundären und tertiären Materials historische Forschung treiben, auch wenn die tendenziös ausgewählte Geschichtsliteratur dort, wo sie zitiert, offensichtlich wenig überarbeitet worden ist. Urkundenlehre und Diplomatik, die beispielsweise für das europäische Mittelalter und die islamische Welt eine bedeutende Rolle spielen, entfallen hier gänzlich. Diese Gleichgültigkeit gegenüber den Urkunden zeigt sich übrigens auch in der chinesischen Kunstpflege; Altes wurde nicht an und für sich erhalten.

Die Möglichkeit, daß sich die chinesische Geschichtsschreibung von ihrer einseitig konservativen Zielsetzung und Funktion hätte lösen können, wurde schließlich durch ihre Institutionalisierung vereitelt,[2] welche bewirkte, daß die offiziellen Geschichtswerke praktisch sakrosankt wurden. Während der ersten Hälfte des 7. Jahrhunderts wurde hier eine Einrichtung geschaffen, die in dieser Form wohl einmalig ist. Zwar war die Stellung der beamteten Historiker prinzipiell unabhängig (die Kaiser durften eigentlich die *ch'i-chü chu* nicht einsehen), aber da das Amt für Geschichtsschreibung in der Regel von einem Minister, oft sogar vom Kanzler geleitet wurde, seine Mitglieder Karriere-Beamte und folglich den allgemeinen hierarchisch-autoritären Verhältnissen unterworfen waren, die sich in diesem Falle als automatische Selbstkontrolle des Kollektivs ziemlich direkt auswirkten, mußte sich zwangsläufig die herrschende Meinung durchsetzen. Die sogenannten privaten Geschichtswerke, d. h. solche, die nicht im Auftrag entstanden, sind im wesentlichen gleichen Geistes, wurden sie doch meist von pensionierten Beamten geschrieben.

Erstaunlich ist, daß wir bereits in der Frühphase dieser Entwicklung einen herausragenden Vertreter historischer Kritik finden. Liu Chih-chi (661-721), der selbst die starken Beschränkungen durch die neue Organisation erfahren hatte, formulierte seine Zweifel daran in einem Brief, worin er darlegt, daß die Verantwortlichkeit des einzelnen Historikers durch das Kollektiv und seine Abhängigkeit von den Vorgesetzten aufgehoben und Kontroversen so nicht ausgetragen würden. Auch bemängelt er, daß das Amt für Geschichtsschreibung im Areal der kaiserlichen Paläste läge, wodurch keine wirkliche Geheimhaltung gewährleistet sei.[3] Liu blieb aber eine Ausnahme und in seinen entscheidenden Ansätzen folgenlos.

Die Bürokratisierung der Historiographie hatte noch weitergehende Konsequenzen, indem nämlich das historische Material gleichsam ressortmäßig aufgeteilt und bearbeitet wurde. Der einzige Fortschritt, der hierbei erzielt wurde, bestand darin, daß innerhalb einer Dynastiegeschichte die Annalen und Biographien aufeinander bezogen wurden,[4] allerdings war diese Methode schon von Ssu-ma Ch'ien (145 - etwa 90 v. Chr.) und Pan Ku (32-92 n. Chr.) praktiziert worden. Die historischen Quellen sind überwiegend in einem trockenen, ja langweiligen Kanzleistil abgefaßt und literarisch wertlos. Dort, wo sie ästhetisch anziehend und lebensvoll sind, ist ihre historische Glaubwürdigkeit zweifelhaft, wie etwa viele Biographien im *Shih-chi* des Ssu-ma Ch'ien. Im Gegensatz dazu sind die Biographien aus den Geschichten der Dynastien T'ang und Sung nichts anderes als zusammengestrichene Nekrologe mit besonderer Berücksichtigung der Funktionärslaufbahn.

Dieser Konformismus hatte seine adäquate Ausdrucksform in der klassischen Schriftsprache, die schon seit dem 3./4. Jahrhundert n. Chr. nicht mehr mit der Umgangssprache identisch war, gleichwohl aber bis ins 20. Jahrhundert ausschließliches Medium aller historischen Literatur blieb. So war es auch aus diesem Grunde unmöglich, daß von der erzählenden Prosa her irgendeine Befruchtung der Geschichtsschreibung erfolgen konnte, da Romane und Novellen vorwiegend in Umgangssprache geschrieben wurden und außerdem als niedere Literaturgattungen galten, die gesellschaftlich nicht anerkannt waren. Eine Eigenart der Schriftsprache wurde von der chinesischen ideographischen Schrift sehr begünstigt, nämlich ihre Fähigkeit, auf knappste Weise anzuspielen und zu zitieren. Das verleitete zum ständigen Rückgriff auf das Vergangene und trug nicht unwesentlich zur Standardisierung der ethischen Normen bei. Um dem des klassischen Chinesischen nicht mächtigen Leser eine ungefähre Vorstellung von dieser seiner spezifischen Wirkung zu vermitteln, sei ein Vergleich gewagt: das Verhältnis der chinesischen Geschichtsliteratur zu ihrem Gegenstande ist ähnlich demjenigen einer päpstlichen Sozialenzyklika zu der in ihr formulierten gesellschaftlichen Wirklichkeit.

Es ist also nicht nur die »angemessene Verschweigung«, *expressis verbis* eines der Prinzipien chinesischer Historiographie, die uns die Realitäten verstellt, sondern ihr inneres Wesen selbst. Ihre konfuzianische Indoktrinierung ließ die Historiker in jeder Hinsicht den Standpunkt der Oberschicht einnehmen. So erfahren wir über die Unterklassen sehr wenig. Noch nicht einmal die in Werken wie dem *Yüan-tien chang* aufgezeichneten Gerichtsfälle lassen das Volk in direkter Rede zu Wort kommen. Man vergleiche dagegen etwa die mittelalterlichen europäischen Gerichtsprotokolle, wie sie höchst anschaulich das *Oxford Book of English Talk* darstellt! Eine geistreiche Formulierung sagt denn auch, daß dem Konfuzianer »die historische Wahrheit so wenig, die ethische so viel galt«[5]. Trotzdem hat die moderne Forschung zeigen können, daß die Geschichte Chinas durchaus dynamisch verlief, nur hatte die Entwicklung einen langsamen Pulsschlag, erfuhr keine einschneidenden Umbrüche und Renaissancen. Die Gesamtheit der Kultur in ihrem affirmativen Charakter erwies sich als ein Mechanismus, der Veränderungen entgegenwirkte. Da zudem weltliche und religiöse Macht ineinander verschmolzen waren, gab es keine Ausweichmöglichkeiten für das Individuum, wie sie Europa im Dualismus von Adel und Klerus kannte. Die Hochschätzung des Alters und seiner Weisheit war in China deshalb in jeder Beziehung sinnvoll: nur wenn sich über Generationen hinweg nichts Entscheidendes ändert, gewinnen die Erfahrungen hohen Wert.[6] So würde einen Chinesen der Han-Zeit, wäre er unter der T'ang-Dynastie wiedergeboren worden, die Umwelt kaum fremd angemutet haben. Architektur, Skulptur und Malerei lassen sich nicht leicht in Stil-Epochen gliedern; auch in den äußeren Dingen vollzog sich nur ein allmählicher Wechsel. Möbel und Kleidung erlebten weniger Moden als im Westen.

Bei alledem sind die Gemeinsamkeiten mit der okzidentalen Entwicklung evident. Die chinesische Gesellschaft ist — objektiv wie auch in ihrem eigenen Bewußtsein — eine Klassengesellschaft und wurde nicht minder als die Nationen und Völker des Westens von Klassenkonflikten und -kämpfen erschüttert. Desgleichen können wir in allen Perioden soziale Mobilität nachweisen. Und obwohl die Chinesen weder Weltentstehungsmythen noch Vorstellungen von einem Weltende, wie sie ihnen in der buddhistischen Kalpa-Lehre entgegentraten, konzipierten, war ihr Begriff der Zeit wesentlich der einer linearen. Schon im zweiten vorchristlichen Jahrhundert und wahrscheinlich noch früher entwickelte die philosophische Spekulation Theorien von einer evolutionären Abfolge der Kulturstufen,[7] und die mythischen Urkaiser, ganz besonders aber Konfuzius, waren für die Chinesen in erster Linie *historische* Persönlichkeiten.

Die chinesische Geschichte bietet sich uns in keinem ihrer entscheidenden Aspekte als spezifisch »orientalisch« dar, wenn je eine solche begriffliche Bestimmung überhaupt einen Erkenntniswert gehabt hat. Das bedeutet aber nicht, daß sie keine ihr eigentümlichen Merkmale aufweist. So ist das Spannungsfeld zwischen Individuum und Gruppe innerhalb der Oberschicht überaus stark vom Druck der paternalistischen Autorität geprägt, sind die Vorbildtypen und der Rollencharakter, dem die Persönlichkeit nacheifert, bzw. sich einfügt, ungleich bewußter und beherrschender als in anderen Kulturen. Die hohe Bewertung der Gruppe und der Sozietät schlechthin im Gegensatz zu der des Individuums steht vielleicht in Zusammenhang damit, daß in der chinesischen Sozialphilosophie der Reichtum keinen Platz hatte. Der kommunistische Puritanismus von heute erscheint so als durchaus traditionalistisch.

Den Institutionen kam deshalb eine unübersehbare Bedeutung zu. Die Kehrseite davon war eine verhältnismäßig große Unsicherheit im Schicksal des einzelnen und der kleinen sozialen Gruppen, wie diese in der Exterminierung von Individuen, Sippen, Dorfgemeinschaften und sogar ganzen Stadtbevölkerungen zum Ausdruck kommt.

Es gab auch kein Analogon zur Rolle des römischen Rechts in China. Das Recht war nicht als eine Seinssphäre anerkannt, die über den Institutionen oder gar dem Kaiser steht, die Juristen bildeten keinen Stand wie in Europa, wo sie seit dem Absolutismus ein wichtiger Faktor im Entstehungsprozeß des modernen Staates waren. Dem entspricht, daß China keine eigentliche Staatstheorie hervorgebracht hat. Die Idee des *t'ien-hsia*, dessen, »was unter dem Himmel ist«, wurde nie ernsthaft herausgefordert, da in ihr weltliche und sakrale Macht sich manifestierten. Ein »Reich Gottes« als Gegenutopie kennt ja auch der Buddhismus nicht, dessen Čakravartin-Ideologie keinen ausreichenden Ersatz bietet. Ganz im Gegenteil wurde der Buddhismus unter den Sui und T'ang vom etablierten Staat für seine Zwecke benutzt. Die Anfänge der für China sozusagen modernen Staatlichkeit lagen im 10. Jahrhundert, also mit und nach dem Ende der T'ang-Dynastie. Seit die Sung ihre Herrschaft errichteten (960), wurde die Einheit Chinas nicht mehr grundsätzlich in Frage gestellt. Die Verabsolutierung der Kaisermacht war im wesentlichen im 13. Jahrhundert abgeschlossen; danach waren es die Einflüsse von Fremdvölkern wie Mongolen und Mandschuren, die zur Stärkung der Autokratie beitrugen. Trotzdem blieben auf den unteren Ebenen die Strukturen der Lokalverwaltungen weiter konstant und beeinträchtigten die Integration auf nationaler Ebene. Die örtlichen Eliten hielten sich sogar dann noch an der Spitze, als der Staat im 19. Jahrhundert in einen unaufhaltsamen Zersetzungsprozeß eintrat. Aber auch zu dieser Zeit, als die Beamtenschaft versuchte, den monarchischen Absolutismus einzuschränken, wurden keine neuen staatstheoretischen Konzeptionen entworfen.

Die Periodisierung der chinesischen Geschichte, wie wir sie in Anlehnung an das Schema Altertum — Mittelalter — Neuzeit vorgenommen haben, will rein als Hilfsmittel zur Gliederung verstanden werden, um zeitliche Bezüge herstellen zu können; es sollen damit der sozial-ökonomischen Entwicklung keine Zäsuren gesetzt werden. Das Interesse an der Periodisierung verdankt sich leider oft genug dogmatischen Bestrebungen, und ihre Probleme erweisen sich zumeist als Scheinprobleme, d. h. als Hypostasierungen ihrer Begriffe.

1. Die Anfänge der chinesischen Kultur

Die große Zahl chinesischer historischer Quellen und ihre teilweise große Genauigkeit stehen innerhalb Asiens einzig da. Immer wieder haben die Chinesen in historischen Kompilationen ihr Wissen von der eigenen Geschichte zusammengefaßt und damit Werke geschaffen, in denen ihr Geschichtsbild kanonischen Ausdruck fand. Als im 17. und 18. Jahrhundert die europäischen Jesuiten diese Werke inhaltlich dem Westen erschlossen, waren sie beeindruckt von dem Alter des chinesischen Kaiserstaats, wie er sich ihnen auf Grund der Quellen darstellte, und hatten alle Mühe, die ihnen geläufige biblische Chronologie und ihre Vorstellungen vom Alter der Welt mit den chinesischen Angaben auszusöhnen. Heute wissen wir, daß die chinesische Kultur und die Geschichte des Kaiserstaats durchaus nicht so weit in das Altertum hinaufreichen, sondern wesentlich jüngeren Datums sind. Auch ließ sich zeigen, daß dieses von den Chinesen entwickelte Geschichtsbild des höchsten Altertums selbst eine Geschichte hat und einer bestimmten politischen und geistesgeschichtlichen Konstellation seine Entstehung verdankt. Man kann überspitzt ausgedrückt sagen, daß man in China über das höchste Altertum um so mehr wußte, je mehr man sich von ihm entfernte. Die Linie der Herrscher wurde immer weiter in die Vergangenheit fortgesetzt, und erst in der Sung-Zeit, im 11. und 12. Jahrhundert, erreichte diese Geschichtsrekonstruktion ihren Abschluß. Es war eine Rekonstruktion, eine fast spekulativ gewonnene Kenntnis, und nicht etwa ein Vorgang, der auf konkreter, neugewonnener Information durch bisher unbeachtete Quellen oder gar archäologische Funde beruht hätte. Zwei Tendenzen wirkten hier ineinander. Es sind dies die Ideologie des Kaiserstaats seit dem 3. Jahrhundert v. Chr., die sozusagen in die Geschichte rückprojiziert wurde, so daß man sich Chinas Vergangenheit nicht mehr anders denn als einheitlichen Kaiserstaat vorstellen mochte, ferner das Bestreben adliger Familien, ihre Stammbäume mit den mythischen Clanheroen an der Spitze möglichst weit zurückzuführen. Da ein Nebeneinander herrscherlicher Familien dem einheitsstaatlichen Denken selbst für die Vergangenheit nicht möglich schien, wurde die Kette der Herrscher, der ursprünglichen Clanheroen, nach rückwärts verlängert. Gleichzeitig wirkte in diese Vorstellungen hinein der Rationalismus, der seit etwa der Mitte des ersten vorchristlichen Jahrtausends das Denken der Oberschicht zu prägen begann, und damit eine radikale Entmythologisierung. Aus legendären Clanheroen wurden irdische Kaiser mit Hofstaat, Verwaltung und allem Zubehör. Und als letzten Schritt hat man dann seit der Han-Zeit, spätestens dem 2. Jahrhundert v. Chr., auch die Jahreszählung nach Zykluszahlen nach rückwärts verlängert und so den Urkaisern konkrete, aber eben spekulativ gewonnene Daten zugewiesen. Wir brauchten hier nicht ausführlicher auf diese Geschichtsrekonstruktionen einzugehen, wenn nicht die ganze älteste Zeit chinesischer Geschichte selbst zu einem überaus wichtigen Element der chinesischen Kultur geworden wäre, das das Selbstverständnis des Chinesentums stark geprägt hat. Die »heiligen Herrscher« der Vorzeit waren und blieben Vorbilder idealen Herrschertums, denen nachzueifern den irdischen Herrschern von ihren Beratern immer wieder angeraten wurde. In diese verwickelten Verhältnisse Licht gebracht zu haben, ist eines der größten Verdienste der europäischen Sinologie der Neuzeit gewesen.[1] Der heutige Stand der Forschung kann dahingehend zusammengefaßt werden, daß wir erst mit der Dynastie Shang auf völlig historischem Boden stehen, also etwa von der Mitte des 2. Jahrtausends v. Chr. an, während die Versuche, die »Urkaiser« als vollhistorisch zu betrachten, als gescheitert anzusehen sind.[2] Die Problematik der einheimischen chinesischen Überlieferungen über die älteste Geschichte ist aber damit noch nicht erschöpft. Auch einwandfrei als mythologisch erwiesene Vorgänge und Figuren können sehr wohl einen konkreten historischen Kern haben oder zumindest tatsächliche materielle und soziale Verhältnisse, durch das Prisma der Legende gebrochen, widerspiegeln. Schließlich wird das, was aus den schriftlichen Quellen über die älteste Geschichte zu erschließen ist, noch durch einen weiteren Faktor kompliziert: es gibt verschiedene Reihen von »Urkaisern«, deren Herrscherfolgen jeweils zu verschiedenen Zeiten und in verschiedenen Schulen der historischen Spekulation entstanden sein dürften.

Noch Konfuzius kannte als älteste Herrscherfiguren der Geschichte nur die beiden Kaiser Yao und Shun. Aber um 100 v. Chr. konnte der Historiker Ssu-ma Ch'ien bereits mit einer Folge von »Fünf Kaisern« (*wu-ti*) aufwarten. Diese sind

1. Huang-ti (der »Gelbe Kaiser«) (angeblich 2674-2575 v. Chr.)
2. Chuan-hsü (2490-2413)
3. K'u (2412-2343)
4. Yao (2333-2234)
5. Shun (2233-2184).[3]

Die Daten selbst finden sich noch nicht bei Ssu-ma Ch'ien, sondern verdanken noch späteren Spekulationen ihre Entstehung. Vor diese Fünfzahl von Urkaisern hat dann die Pseudohistorie noch die »Drei Erhabenen« (*san-huang*) gesetzt und auch ihnen Regierungsdaten zugewiesen. An ihrer Spitze steht Fu-hsi (angeblich 2952-2836 v. Chr.). Die Gruppierung in 3 und 5 spiegelt kosmologische Zuordnungen des 2. und 1. Jahrhunderts v. Chr. wider; die Fünfzahl entspricht der Zahl der fünf Elemente, wobei jedem Element ein »Kaiser« zugeordnet wurde. Insgesamt sind nun diese Reihen der Urkaiser in einer bemerkenswerten Weise mit evolutionistischen Vorstellungen verknüpft. Die genealogischen Systeme verbinden sich mit den Kulturheroen des Altertums, mit den mythischen Erfindern von Kulturgütern und Grundlagen der menschlichen Gesittung. Das setzt voraus, daß in der geschichtlichen Vorstellungswelt der Chinesen insbesondere seit der Mitte des 1. Jahrtausends v. Chr. noch der Gedanke an primitive und wilde Zustände lebendig war; die als Kaiser rationalisierten Clanheroen und Kulturbringer leiten in der historischen Konstruktion von den barbarischen Zuständen über zu denen einer frühen Kultur. Auch hinsichtlich der Kulturbringer-Vorstellungen bestand dabei keine Einheitlichkeit; erst viel spätere Zeiten haben auch diese ganzen Komplexe systematisiert und dabei einen überwuchernden Katalog von »Ur-Erfindern« geschaffen. In diesen gingen zuletzt auch vollhistorische Persönlichkeiten ein; es gibt keinen Bereich der materiellen Kultur, dem nicht irgendein »Erfinder« zugeordnet wäre, bis zu den Gewerbepatronen und Schutzheiligen bestimmter Berufe, die im Volkskult bis in die neueste Zeit fortlebten. Die Gestalten, die in China als »Erfinder« und Kulturbringer galten, sind also in sich schon recht komplex; es sind dies zunächst Clanheroen bzw. mythische Ahnherrn der Adelsfamilien, sodann zu Heroen abgesunkene alte Götter, dann die Gewerbepatrone, ferner mythische Helden, die zu »Erfindern« umgeprägt wurden, und schließlich, in der spätesten Zeit der Verhistorisierung seit der Han-Zeit, auch vollhistorische Persönlichkeiten. Seit dem 4. und 3. Jahrhundert v. Chr. treten dann auch die Überlieferungen über den »Urmenschen« auf, der geschildert wird als im Freien oder in Höhlen lebend, dabei ohne Feuer zur Speisenzubereitung ist, bekleidet mit Fellen, ohne die Institution der Ehe (»das Volk kannte nur seine Mutter, nicht seinen Vater«[4]). Aus solchem halbtierischen Dasein schufen dann die Kulturheroen der Vorzeit durch ihre Erfindungen allmählich das Kulturvolk der Chinesen. Beachtlich und für die spätere chinesische Hochkultur typisch ist jedoch, daß alle diese Kulturheroen aufgefaßt sind als Kaiser oder als deren Beamte — man konnte sich kultivierendes Wirken nur noch im Rahmen der nach rückwärts in die Geschichte projizierten Welt der hochchinesischen Staatlichkeit vorstellen.

Für die Vorstellung vom naturhaften Urzustand dürften auch Beobachtungen maßgebend gewesen sein, die die Träger der chinesischen Hochkultur bei benachbarten Primitivvölkern machen konnten. So entsteht eine Periodisierung, die in vielen Dingen dem tatsächlichen Entwicklungsgang recht nahe kommt. Etwa darin, daß man den Zeiten der alten »Herrscher« jeweils gewisse Materialien zuschreibt, nämlich Waffen aus Holz, aus Stein, aus Jade (d. h. wohl: geschliffenem Stein) und schließlich aus Metall — eine Abfolge, die durchaus dem von der modernen Wissenschaft ermittelten Nacheinander von älterer und jüngerer Steinzeit und Bronzezeit entspricht. Aber dieses Schema, das im übrigen diese Entwicklung in der pseudohistorischen Chronologie dem 3. Jahrtausend v. Chr. zuweist und damit auch zeitlich die wahren Verhältnisse ziemlich genau erfassen dürfte, ist eben, im Gegensatz zur modernen Wissenschaftlichkeit, weitgehend das Ergebnis der Spekulation, nicht das archäologischer Forschung. Bedeutsam bleibt aber, daß hierbei die menschliche Kultur und Gesittung nicht einem einzigen Gott oder Kaiser zugeschrieben werden, sondern daß eine Kulturstufenfolge postuliert wird. Der Zivilisierungsprozeß wird auf Jahrtausende verteilt als Ergebnis einer denkerischen Bemühung, die ohne weiteres als frühwissenschaftlich und rational bezeichnet werden muß.

In einem scheinbaren Gegensatz zu diesen evolutionistischen Theorien, die der Spätphase der historischen Spekulation angehören, stehen nun die Vorstellungen von einem paradiesischen Zustand der Vollkommenheit, der angeblich unter den Urkaisern geherrscht hat. Hier zeigt sich eine Sicht der Geschichte, die auf das stärkste den Gesamtverlauf der chinesischen Kultur begleitet und beeinflußt hat. Sie läuft darauf hinaus, daß unter den »heiligen Herrschern« der Vorzeit die Menschen glücklich waren, gerade auch wegen der Schlichtheit der Lebensbedingungen und einer weisen, im Einklang mit der Natur stehenden Regierung. Der weitere, nunmehr vollhistorische Lauf der Geschichte wird stets als ein Abfall von ursprünglicher Vollkommenheit gesehen. So kommt es zu einer Epochenabfolge, die von den »Drei Erhabenen« über die »Fünf Kaiser« zu den »Drei Erbdynastien« (San-tai — d. h. den Dynastien Hsia, Shang und Chou) führt — die Herrscherbezeichnungen »Erhaben« (huang), »Kaiser« (ti) und »König« (wang, der Titel der Chou-Herrscher zumal) bedeuten auch den Historikern eine absinkende Qualität. Die eigene Zeit ist unvollkommen, das Paradies gehört der Vorzeit an. Hier liegt eine der Wurzeln des chinesischen Traditionalismus, der die Vergangenheit auf Kosten der Gegenwart lobte und den höchsten Wert in einem Nacheifern der wirklichen oder gedachten Vergangenheit sah. Die Paradies-Vorstellungen im alten China sind nur zu verstehen im Zusammenhang mit den einzelnen Philosophen-Schulen. Jede von diesen hat ihr Idealbild der moralischen und gesellschaftlich-politischen Zustände dem Wirken jeweils von »Kaisern« der Urzeit zugeschrieben. Man kann fast sagen, daß bestimmte Herrscherfiguren eine Art Schulpatron einzelner philosophischer Richtungen geworden sind. Für die Konfuzianer sind Yao und Shun solche Idealherrscher, während der »Gelbe Kaiser« (Huang-ti) den Taoisten als Leitfigur galt, Kaiser Yü, der Begründer der Hsia-Dynastie, den Anhängern des Mo Ti. Eine weitere mythische Herrscherperson, der »Göttliche Landmann« (Shen-nung) war der Patron und das Idealbild gewisser naturschwärmerischer und zivilisationsfeindlicher Sekten. Die Verhältnisse unter den halb oder ganz mythischen Idealherrschern dachte man sich friedlich, die Menschen »arbeiteten nicht unter Anstrengungen und des Essens war doch genug. Der Menschen waren wenige und der Güter gab es im Überfluß, darum geriet das Volk nicht in Streit. Daher waren fette Belohnungen nicht gangbar, schwere Strafen nicht Brauch und das Volk regelte seine Angelegenheiten«[5].

Man kann diese Vorstellungen vom Goldenen Zeitalter sehen als einen letzten Reflex der Erinnerung an vorstaatliche Zustände, an eine klassenlose und unkriegerische Gesellschaft. Denn die Regierungsweise der »Heiligen der Vorzeit« bestand ja geradezu darin, *nicht* zu regieren und nach Möglichkeit den natürlichen Verhältnissen entsprechend den Dingen und Menschen ihren Lauf zu lassen. Nur der gewaltsame Rechtsbrecher wurde bestraft und aus der Gesellschaft entfernt. Viele der pseudohistorischen Erzählungen von »Rebellen« sind wohl in diesem Sinne aufzufassen; mythische Motive spielen hinein, indem wilde, die Zivilisation bedrohende Monstra von den Urherrschern in ihrer Eigenschaft als Kulturheroen abgewehrt werden. Bezeichnend aber ist, daß die chinesische Überlieferung die Erbfolge und damit das dynastische Element in der Geschichte erst mit dem »Großen Yü«, dem Gründer des Hauses Hsia, beginnen läßt. Vorher, von Yao auf Shun und von diesem auf Yü, wurde angeblich die Herrschaft durch freiwillige Übertragung an einen würdigen Nachfolger weitergegeben. Deutet dies auf ein im ältesten China etwa bestehendes Wahlherrschertum? Ganz ohne Grundlage wäre eine solche Hypothese nicht, denn die Erblichkeit des Königtums scheint in vielen Kulturen eine späte und jedenfalls gegenüber dem Wahlherrschertum sekundäre Phase zu sein. Wir werden noch sehen, wie die Vorstellung von der Weitergabe des Reichs an den

Würdigsten in der Zeit des entstehenden Konfuzianismus gewirkt hat.

Wir brauchen im übrigen die einzelnen mit den Urkaisern verbundenen Mythen nicht zu schildern, so sehr sie auch von Interesse sind, weil die Mythologie als Gegenstand der Literatur in China weithin ausfällt. Die vergleichsweise späte Entstehung aller geschriebenen Literatur ging ja zu einer Zeit vor sich, die die mythischen Elemente entweder aus der niedergeschriebenen Überlieferung ausschied oder rationalisierend pseudohistorisch umdeutete. So sind die meisten Mythen uns nur in solcher Verkleidung und bruchstückweise faßbar.[6] Nur ein Beispiel für die Umdeutung soll hier gegeben werden, weil es besonders anschaulich ist. Das konfuzianische klassische »Buch der Schriften« (*Shu-ching*) beginnt mit dem sogenannten »Kanon des Yao« (*Yao-tien*). Dieser zweifellos alte, aber wohl nicht über das 6. oder 5. Jahrhundert v. Chr. hinaufreichende Text schreibt dem Yao zwei Minister namens Hsi und Ho zu, welche der Menschheit und dem Reich die Grundlagen der Astronomie gaben, indem sie den Lauf der Sonne, des Mondes, der Sterne und Planeten berechneten und aufzeichneten. Nun hat Maspero[7] zeigen können, daß Hsi-ho der Name einer alten Sonnengottheit ist, die die Sonne über das Firmament lenkt, ein Helios der Chinesen sozusagen. Das rationalisierte Weltbild der Konfuzianer machte bei der Niederschrift der alten Mythen aus dem Sonnengott Astronomiebeamte.

Die Überlieferungen über den Nachfolger des Yao, den »Kaiser« Shun, enthalten wie die über seinen Vorgänger viel mythisches und auch märchenhaftes Material. Man kann aus dem, was die verschiedenen Texte einschließlich der Apokryphen über Shun berichten, geradezu die Grundzüge eines Märchens von zwei Brüdern herauspräparieren, einem guten (Shun) und einem bösen (Hsiang), der dem guten mit Hilfe eines ebenfalls bösen Elternpaars nach dem Leben trachtet. Aber andere Elemente der Sagen um Shun können doch sehr wohl einen durchaus realen Kern haben. So etwa, wenn von ihm berichtet wird, er sei ein Mann der »Ostbarbaren« (I) gewesen. Die I-Völker lebten noch bis weit in das erste vorchristliche Jahrtausend in Teilen der heutigen Provinz Shantung, waren also ein durchaus realer und historisch-geographisch faßbarer Faktor. Auch wenn es heißt, daß Shun ein Töpfer gewesen sei und daß er den Acker selbst bearbeitet habe, braucht das durchaus nicht auf eine legendäre Persönlichkeit bezogen zu werden, sondern kann auch als Hinweis auf eine mit dem ältesten Chinesentum im Tal des Gelben Flusses nicht identische töpfernde und ackerbauende Kultur oder Völkerschaft gedeutet werden, die die durch Yao personifizierten Elemente irgendwie in der Vorherrschaft abgelöst hat. Einmal berichtet der »Kanon des Shun« (*Shun-tien*) des »Buchs der Schriften« von einer Versammlung, auf der Shun als Herrscher den anwesenden Großen Aufträge zuweist. Die Namen dieser Männer sind etwa Rotkiefer, Tiger, Bär, Einbeindrache — schon vor über 100 Jahren meinte der Übersetzer des *Shu-ching*, James Legge, die Namen läsen sich wie die eines Palavers bei nordamerikanischen Indianern. Diese Namensgebung nach Pflanzen und Tieren (auch der Bruder des Shun trägt einen Tiernamen, nämlich *hsiang*, »Elefant«) legt die Annahme von Totemismus nahe.[8] Nimmt man so diejenigen Züge der Sagen um Shun, für die sich vielleicht ein realer Kern herausschälen läßt, erscheint die Gestalt des Shun in der Tat als die Personifizierung einer Kultur oder eines Volkstums — ein wissenschaftsmethodischer Ansatz, der Eduard Erkes zu verdanken ist und der zu folgenden Ergebnissen führt: Shun ist der Vertreter einer nordostchinesischen Kultur, die vom eigentlichen Chinesentum, dessen Heimat am Mittellauf des Gelben Flusses zu suchen ist, oder dessen Vorläufern abgehoben erscheint, einer Kultur, in der mehr Viehzucht als Ackerbau getrieben wurde, mit hochentwickelter Töpferei und einer Sozialstruktur, die die Mehrehe mit einander gleichberechtigten Frauen kannte, dazu die Sitte des Levirats und der Endogamie. Höchster Gott war Shang-ti (der »oberste vergottete Ahne«); im Kult gab es verzierte Ahnenbilder. Erkes neigt zu der Annahme, daß diese Kultur mit der Lung-shan-Kultur identifiziert werden könne, also der jungsteinzeitlichen Schwarzkeramik-Kultur, die ja im Osten des nördlichen China ihr Zentrum gehabt hat (vgl. Fischer Weltgeschichte Bd. 1, S. 275 f.).

Natürlich läßt sich für diese Gleichsetzungen kein absolut schlüssiger Beweis führen, doch schien es angebracht, hier etwas ausführlicher zu werden, um zu zeigen, was im günstigsten Fall aus den chinesischen Überlieferungen herausgelesen werden kann für eine Zeit, aus der wir keine unmittelbaren historischen Zeugnisse mehr haben. Dem Beginn der vollen Geschichtlichkeit rücken wir näher mit der Dynastie Hsia. Sie soll nach den traditionellen Daten (die aber, wie erwähnt, nicht im einzelnen stichhaltig zu sein brauchen) von 2205 bis 1766 v. Chr. geherrscht haben. Zu den Hsia bieten die chinesischen Geschichtswerke zwar eine Herrscherliste, aber was darüber hinaus an literarischen Zeugnissen vorhanden ist, muß weitgehend als legendär angesehen werden. Das gilt in erster Linie für ihren Gründer, den »Großen Yü«. Er trägt die Züge eines Flutheros. Das Schriftzeichen, mit dem sein Name geschrieben wird, ist noch nicht zufriedenstellend gedeutet. Nach dem paläographischen Lexikon *Shuo-wen*, einem Werk der späteren Han-Zeit (2. Jahrhundert n. Chr.), soll das Zeichen ein Reptil bedeuten.

Das würde gut zu der starken Betonung des Elements Wasser stimmen, die in den Mythen um Yü vorherrscht. Der Vater des Yü war Kun, ein Name, der soviel wie »großer Fisch« heißt. Es ist nicht ausgeschlossen, daß Gestalten wie Kun und Yü ursprünglich tiergestaltige Wassergötter waren. Die Legendenkreise um Yü erwähnen den Kun als einen »Minister« des Yao, der beauftragt wurde, die Überflutung der Gewässer abzuwehren, aber dabei scheiterte. Sein Sohn Yü übernahm die Aufgabe und verschaffte den Wassern Abfluß. Er verjagte die wilden Tiere und Monstra und schuf aus dem Marschland fruchtbaren Ackerboden. So wird er in der Überlieferung zu einem Kulturheros, der den agrarischen Charakter Chinas begründen half. Die mit seinem Namen verbundenen Mythen und Legenden weisen deutlich auf mehrere geographische Zentren seines Kults, in Nordchina und in der Yangtse-Region einschließlich von Ssuch'uan, so daß vielleicht anzunehmen ist, daß lokale Sagen über Flutheroen und ursprünglich tiergestaltige Wassergötter später auf einen von ihnen, eben Yü, übertragen worden sind. Solche Synkretismen sind auch in der späteren chinesischen Mythologie überaus häufig und haben sogar buddhistische Göttergestalten nicht verschont. Im übrigen muß hier angemerkt werden, daß die Sintflutsagen, wie sie in dem Sagenkreis um Yü vorliegen, in China nicht wie im Vorderen Orient die Flut als göttliche Strafe und Vergeltung auffassen. Selbst die sagenhaften Fluten, denen Yü wehrte, gelten als lästige Erscheinungen einer ungebändigten Natur, nicht als von einem rächenden Gott verhängtes Unheil.

Die Herrscherliste der Hsia, wie sie in zwei verschiedenen Fassungen vorliegt, bietet nichts Besonderes. Über die einzelnen Könige wird kaum mehr berichtet, als daß sie regierten und starben. Insgesamt weist die Liste 17 Könige auf, die zusammen 417 Jahre regiert haben sollen. Die absolute Chronologie für diese Dynastie ist genauso unsicher wie die der dann folgenden Shang-Dynastie, deren Daten wiederum davon abhängen, wie der Beginn der Chou-Dynastie angesetzt wird (vgl. S. 38). Der orthodoxe Zeitansatz weist die Hsia-Könige von Yü an in die Zeit von 2205 bis 1766 v. Chr. Was von solchen Angaben zu halten ist, wurde oben bereits ausgeführt. Aber berechtigt uns dies sowie die Tatsache, daß der Dynastiegründer Yü die Züge eines Kulturheros und Flutenbändigers zeigt, nun auch schon dazu, die ganze Dynastie mit ihrer Königsliste als unhistorisch abzutun? Sicher ist, daß archäologisch weder die Dynastie selbst noch eine von ihr getragene Kultur faßbar geworden sind. Der Name Hsia kommt auf den Knochen- und Schildkrötenorakeln der Shang-Zeit nicht vor; Hsia-Dokumente sind nicht erhalten, so daß unsere ganze Kenntnis auf eben jener Herrscherliste und den wenigen legendären Berichten, mit denen die literarischen Quellen aufwarten können, beruht. Immerhin sind einige der kärglichen Angaben der Literatur konkret genug, um sagen zu können, daß das Zentrum des Hsia-Staates im Südteil der heutigen Provinz Shansi gelegen haben muß. Auch wurde nach dem Aufstieg der Shang zur Vormacht das Herrscherhaus der Hsia nicht ausgelöscht, sondern seine Angehörigen erhielten ein Lehen in Ch'i, einem Gebiet in Süd-Shansi. Noch zur Zeit des Konfuzius galt diese Gegend als Heimat von Traditionen der Hsia. Diese Hsia-Sitten äußerten sich nach den literarischen Quellen unter anderem in einer besonderen Bestattungsweise (Hockerbestattung in Tonsärgen), die von derjenigen der Shang abwich. Ebenfalls abweichend von dem Gebrauch unter den Shang war die Herrscherfolge der Hsia mit Vater-Sohn-Folge, und auch die Namensgebung der Hsia-Könige unterscheidet sich von den für die Shang-Zeit überlieferten Namensformen. Der Name des Sohnes von Yü ist noch legendär (Ch'i, der »Öffner« — mit ihm ist die Sage von einer übernatürlichen Geburt aus einem Stein verbunden). Aber die sonstigen Namen deuten kaum noch auf Mythisches. Es fällt auf, daß unter den Hsia-Herrschern zweimal zweisilbige Namen auftauchen, und zwar beide Male verbunden mit Angaben, die ihre Träger aus der Reihe fallen lassen. Pu-chiang, der elfte König, gab, wie es heißt, den Thron auf und ließ seinen Bruder an seiner Statt regieren. Und der Name des vierzehnten, K'ung-chia, ist genauso gebildet wie die Namen der Shang-Könige, nämlich mit einem zyklischen Kalenderzeichen als zweitem Element. Von ihm wird berichtet, daß er »Dämonen und Geistern diente« und sittenlos gewesen sei, ferner, daß er den Shang-ti, den obersten Gott der Shang (vgl. S. 35) verehrt habe. Man hat daraus den Schluß gezogen, daß K'ung-chia ein Anhänger der Shang-Religion gewesen sei, die schamanistische und orgiastische Elemente aufwies. Falls diese Interpretation zutreffen sollte, ergäbe sich als weitere Folge, daß man die Hsia nicht als zeitlich vor den Shang liegend, sondern als gleichzeitig, als eine Art Nachbarstaat zu den Shang, anzusetzen hätte. Eine solche Verschiebung zeitlich und geographisch koexistierender Komplexe ist der späteren Überlieferung durchaus zuzutrauen, die ja sowohl von evolutionistischen Gedanken geprägt ist, wie auch von der Ideologie des einheitlichen chinesischen Staates, die in die älteste Vergangenheit hinaufprojiziert wurde. Insgesamt wird man also die Hsia nicht als Phantasieprodukt späterer historischer Spekulation beiseite schieben können, wie Erkes im einzelnen nachgewiesen hat.[9]

a) Die Dynastie Shang-Yin

Eine Verbindung von historisch-literarischer Überlieferung mit
archäologischen Funden ist erst für die Zeit der Dynastie Shang
möglich. Sie wird auch, nach dem Namen einer ihrer Residenz-
städte, Yin genannt. Nach der orthodoxen Chronologie haben
die Shang von 1766 bis 1122 v. Chr. geherrscht, nach einer anderen Chronologie (derjenigen der sogenannten »Bambusanna-
len«) von 1523 bis 1028 v. Chr. Ihre wirklichen Daten sind
nicht einwandfrei zu ermitteln, doch spricht einiges dafür, daß
das Ende der Shang-Zeit eher in das 11. als in das 12. Jahrhundert v. Chr. fällt. Bei der Shang-Zeit haben wir es mit einer
Periode der frühen Hochkultur in China zu tun. Sie kannte die
Schrift, den Bronzeguß, Pferd und Streitwagen, umwallte Städte
und ein bereits recht entwickeltes Herrschaftssystem. Die Un-
vermitteltheit, mit der anscheinend dieser Übergang von einem
friedlichen Neolithikum mit voneinander unabhängigen dörf-
lichen Siedlungen ohne wesentliche Klassenschichtung zu einem
Herrschaftsstaat vor sich ging, wirft eine ganze Anzahl von
Problemen auf. Die durch die Bodenfunde bestätigte Historizität der Shang und der bei allen Ungewißheiten im einzelnen
doch für die zweite Hälfte des 2. Jahrtausends v. Chr. sichere
Zeitansatz für die Shang zeigen, daß die Herausbildung einer
chinesischen Hochkultur — denn daß die Träger der Shang-
Kultur Chinesen waren, unterliegt wohl keinem Zweifel — in
eine vergleichsweise späte Zeit fällt. Unter den Hochkulturen
der Alten Welt ist diejenige Chinas die jüngste. Ist sie nun
autochthon, d. h. ohne Vorbild und Anregung seitens der älteren Kulturen Westasiens entstanden? Diese Frage zu stellen ist
nicht möglich, ohne bereits die andere Frage aufzuwerfen: ob
nicht vielleicht schon in vorgeschichtlicher Zeit, d. h. in der chinesischen buntkeramischen Kultur von Yang-shao, Impulse
aus Westasien wirksam waren — eine Frage, die von der Archäologie bisher noch nicht eindeutig beantwortet werden
konnte. Sie gänzlich zu verneinen heißt aber, eine von den Kul-
turzentren des Alten Orients (Sumer, Ägypten) völlig unabhängige Erfindung von Kulturgütern wie dem Bronzeguß und
der Schrift anzunehmen. Hiergegen spricht der relativ große
zeitliche Abstand zwischen der altchinesischen und der alt-
orientalischen Kultur; auch scheint es nicht zwingend, anzunehmen, daß die Erfindung so wesentlicher Kulturelemente wie der
Bronzegewinnung und -verarbeitung so elementar war, daß sie
zu den »Elementargedanken« menschlicher Entwicklung überhaupt gehören könnte. Die einheimische Überlieferung der

Chinesen weiß nun nichts von einer Einwanderung, sei es der Vorfahren der Chinesen selbst, sei es von Fremden, die sich im nordchinesischen Tiefland, dem Entstehungsgebiet der chinesischen Hochkultur, niedergelassen hätten. Von einer Völkerwanderung in grauer Vorzeit ist also nichts in der Tradition lebendig geblieben, aber die Impulse von außen müssen sich nicht unbedingt in Form einer Völkerwanderung abgespielt haben.

Die Frage nach der Entstehung der chinesischen Hochkultur hat in den vergangenen Jahrzehnten viele Gelehrte in Ost und West bewegt. Die Schule von K. A. Wittfogel[10] nimmt an, daß die Notwendigkeit, die Gewässer zu regulieren, sowohl um durch Eindeichung trockenes, anbaufähiges Land zu gewinnen, als auch um halbaride Gebiete dauernd zu bewässern, zu den ersten Herrschaftsformen in Ost und West geführt habe (»hydraulische Theorie«). Diese Theorie kann freilich *implicite* nur die Entstehung der Staatlichkeit erklären, nicht dagegen die besondere Ausprägung der chinesischen Kultur und das unvermittelte Auftreten von Schrift, Bronze, Pferd und Wagen im China des 2. Jahrtausends v. Chr. Eine sehr komplexe, mit Hilfe einer geistvollen Methode der Textauswertung unterbaute Theorie wird W. Eberhard verdankt.[11] Er geht von der unbezweifelbaren Tatsache aus, daß in historischer Zeit und teilweise bis in die Gegenwart auf dem Boden Chinas eine große Vielfalt von Wirtschaftsweisen, Wohnformen, lokalen Sitten und Glaubensvorstellungen bestanden hat; der relativen Uniformität der gesamtchinesischen Kultur der Oberschicht steht eine große regionale Verschiedenheit in anderen Bereichen gegenüber. Eberhard postuliert nun für das 3. Jahrtausend v. Chr. eine Zahl von acht »prähistorischen Lokalkulturen«. Wir führen sie hier im einzelnen auf, um zu zeigen, welcher Art die regionale Vielfalt der Lebensweisen auf jetzt chinesischem Boden war (viele der für die einzelnen Lokalkulturen kennzeichnenden Elemente fanden oder finden sich nur bei nicht-chinesischen »Eingeborenen«, zumal in Südchina). Nach Eberhard kann man also unterscheiden:

1) Nordost-Kultur, im Raum Hopei, Shantung, Südmandschurei. Kennzeichen: Jäger, primitiver Ackerbau, Schweinezucht, grobe Töpferei. »Proto-Tungusen«. 2) Nord-Kultur, im Raum Shansi, Jehol. Kennzeichen: zuerst Jäger, dann Hirtennomaden, Rinderzucht. »Proto-Mongolen«. 3) Nordwest-Kultur, in den Ebenen von Shensi und Kansu. Kennzeichen: Hirten, Pferdezüchter, subsidiärer Ackerbau (Weizen, Hirse). »Proto-Türken«. 4) West-Kultur, Raum Bergland von Shensi und Kansu. Kennzeichen: Schafhirten. »Proto-Tibeter«. 5) Liao-Kultur. Primitive Jäger. »Proto-Austroasiaten«. 6) Yao-Kultur. Östliches Süd-

china. Kennzeichen: Jäger-Sammler in den Bergen, primitiver Ackerbau (Brandfeldwirtschaft). »Proto-Austronesier«, früh gemischt mit 7) Tai-Kultur. Kennzeichen: Reisbau in Tälern, Naßfeldwirtschaft. 8) Yüeh-Kultur (»Küsten-Kultur«), eine Mischung aus Yao- und Tai-Kulturelementen, gleichfalls frühe »Austronesier«. Kennzeichen: Fluß- und Seefahrer, Tatauierung u. a. m.

Diese kurze Übersicht konnte natürlich nur die wesentlichsten Elemente der in sich komplexen Kulturkonglomerate hervorheben, die sich für Eberhard ergeben. Die geographischen Verbreitungsgebiete dieser Lokalkulturen im 3. Jahrtausend v. Chr. berühren sich insgesamt ungefähr im Becken des Huangho, also eben jenem Gebiet, in dem uns die chinesische Hochkultur der Shang-Zeit entgegentritt. Hieraus schließt Eberhard, daß in der Kontaktzone aller dieser Kulturen und durch eben diese Kontakte sich die Hochkultur Chinas herausgebildet habe. Gegen diese Theorie ist von verschiedenen Gelehrten Widerspruch angemeldet worden, am grundsätzlichsten wohl von J. Průšek[12]. Die Kritik richtete sich dabei weniger gegen die Annahme von Lokal- bzw. Regionalkulturen selbst als gegen deren frühen Ansatz in das 3. Jahrtausend v. Chr. und ihre Zuschreibung zu linguistischen Gruppen (Türken, Mongolen), die erst sehr viel später historisch faßbar werden. Kein Zweifel kann jedoch daran bestehen, daß durch die Theorie Eberhards die Frage nach der Entstehung der chinesischen Hochkultur auf ein hohes Niveau der Diskussion gebracht worden ist. Auch gibt sie den möglichen Kulturimpulsen aus West- bzw. Vorderasien Raum; die Nordwestkultur könnte im Rahmen der Gesamttheorie als Bindeglied dienen. Hiermit ist die Frage nach der Rolle indogermanisch sprechender Völker in Chinas Nachbarschaft eng verbunden. Sie kommen insbesondere als Vermittler von Pferdezucht und Streitwagen in Betracht; der leichte Wagen mit Speichenrädern tritt ja, in Europa wie in Vorderasien im 2. Jahrtausend v. Chr., stets in Verbindung mit indogermanischen Völkern auf, ist freilich sehr rasch von den seßhaften Hochkulturen übernommen worden (Assyrien, Ägypten). Die Vermittlerrolle indogermanischer Völker nach Osten hin kann auch durch die Annahme gestützt werden, daß das chinesische Wort für Pferd, *ma* (das vom Chinesischen aus dann in andere sino-tibetische Sprachen Eingang fand), mit dem Wort zusammenhängt, das im Deutschen noch in der Form »Mähre« (engl. *mare*) erhalten ist und auch bei anderen asiatischen Völkern erscheint (mongol. *morin*). Ob über solche Kulturwanderworte hinaus auch sonst in frühester Zeit Beziehungen zwischen den indogermanischen Sprachen und dem Chinesischen vorhanden sind, ist noch durchaus strittig. Falls solche Beziehungen bestehen, müssen sie sehr weit zurückliegen, weil die Struktur des Chinesischen von der aller indogermanischen Sprachen völlig verschieden ist und die Ähnlichkeiten sich nur auf das Vokalsystem beziehen.[13] Eine Übernahme von Pferd und Wagen aus Vorderasien ist auf jeden Fall sehr viel wahrscheinlicher als eine unabhängige »Erfindung« von Wagen und Pferdezähmung in China.[14] Daß diese Übernahme in China relativ spät erfolgte, scheint auch noch die einheimische Tradition im Lande selbst beeinflußt zu haben. In der Aufzählung der »Erfindungen« und der Kulturheroen wird die Zucht von Pferd und Rind erst der Shang-Zeit zugeschrieben, also nicht einem der legendären Urkaiser — ein Beispiel für einen Fall, wo die historische Wahrheit und die einheimische Überlieferung einander durchaus decken.[15] Aber daß Pferd und Wagen von außen her nach China gekommen seien, davon weiß keine chinesische Quelle; der Epoche der chinesischen Hochkultur, in der das Geschichtsbild sich formte (seit dem 4. Jahrhundert v. Chr. bis in die Han-Zeit), schien es völlig undenkbar, daß irgendein Kulturgut nicht vollkommen selbständig im Schoße ihrer eigenen Kultur entwickelt worden sein könne. Im übrigen ist zu dem Indogermanenproblem noch hinzuzufügen, daß im 1. Jahrtausend v. Chr. in unmittelbarer Nachbarschaft Chinas, nämlich im Raum der heutigen Provinz Kansu, das indogermanische Volk der Yüeh-chih lebte und dort seit dem 4. oder gar 5. Jahrhundert v. Chr. bezeugt ist — das gleiche Volk, in welchem wir wohl die frühesten Träger der als Tocharisch bezeichneten Sprache zu erblicken haben. Diese ist in zwei Dialekten durch Handschriftenreste aus Ostturkestan (zu datieren in die Mitte des ersten nachchristlichen Jahrtausends, teils sogar früher) überliefert worden. Sie ist eine Kentum-Sprache, unterscheidet sich also wesentlich von den weiter westlich beheimateten iranischen Sprachen, die sämtlich der Satem-Gruppe zugehören.

Archäologische Zeugnisse für mögliche frühe Beziehungen zwischen Vorderasien und China sind bislang noch nicht vorhanden, so daß sich die Ausstrahlungen der Kulturen des alten Vorderen Orients nach Osten hin nicht im einzelnen belegen lassen. Vieles spricht dafür, daß solche Kontakte nicht von erobernden Vorstößen getragen waren, sondern sich im Wege der Kulturdiffusion und der Anregung verbreitet haben. Sonst wäre nämlich nicht zu erklären, warum die chinesische Bronzekunst, wie sie uns in der zweiten Hälfte des 2. Jahrtausends v. Chr. entgegentritt, von allen anderen bekannten bronzezeitlichen Funden in Mittelasien so verschieden ist. Die Formensprache der Shang-Bronzen weist kaum eine Parallele zu den Bronzeerzeugnissen Mittel- und Vorderasiens auf — von Anfang an sind die Motive und ihre Formgebung unverwechselbar »chinesisch«.

Auch ist die Ähnlichkeit der ältesten chinesischen bildhaften Schriftzeichen mit der piktographischen Frühstufe der sumerischen Schrift nicht so groß, daß man eine direkte Entlehnung anzunehmen gezwungen ist. Sie läßt sich in diesem Fall wohl eher als Konvergenzerscheinung deuten, hervorgerufen durch die Abbildung von Dingen und Wesen der Natur. Aber solche Konvergenz braucht eine von außen kommende *Anregung* zur Schrifterfindung nicht auszuschließen.

Kann somit die Entstehung der chinesischen Hochkultur in eine wenn auch bisher nicht im einzelnen faßbare Verbindung mit der Entwicklung in anderen Teilen der Alten Welt gebracht werden, so scheint auch nach dem heutigen Stande unseres Wissens der Ferne Osten seinerseits die Zivilisationen der Neuen Welt beeinflußt zu haben.[16] Die altamerikanischen Hochkulturen, aber auch manches in Glaube und Brauchtum der Indianerstämme zumal des westlichen Nordamerika zeigen überraschende Parallelen zu Alt-China. Auch sind Verwandtschaftsbeziehungen zwischen den Sprachen Ostasiens und einigen Indianersprachen, namentlich dem Athabaskischen, in neuerer Zeit wahrscheinlich gemacht worden. Fest steht, daß im Laufe der vorgeschichtlichen Jahrtausende mehrere Einwanderungswellen von Ostasien aus über die Beringstraße Nordamerika erreicht haben (vgl. Fischer Weltgeschichte Band 1, Seite 303 f.). So erscheint die Kultur Alt-Chinas als nicht gänzlich isoliert dastehend, sondern durch Kontakte und Anregungen mit anderen Kulturzonen der Menschheit verbunden — eine Feststellung, die ihr nichts von ihrem Eigenwert und ihrer Eigenständigkeit nimmt.

Von diesen mehr allgemeinen Betrachtungen kehren wir zur Shang-Kultur in China zurück. Sie ist uns durch die Ausgrabungen in Nordchina während der letzten Jahrzehnte in vielen ihrer Aspekte faßbar geworden. Hinzu treten die literarischen Quellen. In erster Linie sind dies die fünf Abschnitte des »Buchs der Schriften« (*Shu-ching*), die angeblich auf die Shang-Zeit zurückgehen. Man tut jedoch wohl gut, ihnen keine allzugroße historische Bedeutung zuzumessen — sie verraten zu deutlich die moralisierende Tendenz späterer Zeiten, als daß man sie als unverändert überkommene Shang-Dokumente auffassen könnte. Auch das kanonische »Buch der Lieder« (*Shih-ching*) enthält einen Abschnitt mit Hymnen der Shang, Opferoden, in denen der Ursprung des Shang-Volkes besungen wird. Insgesamt dürften auch diese Texte wohl kaum vor dem 8. Jahrhundert ihre heutige Form empfangen haben. Wichtig sind die Annalen der Shang, die in das *Shih-chi* des Ssu-ma Ch'ien (um 100 v. Chr.) Eingang gefunden haben, bieten sie uns doch eine Liste der Herrscher der Shang-Yin-Dynastie, vermehrt um einiges andere Material, das aus Texten wie dem *Shu-ching* entnommen wurde. Zu diesen literarischen Quellen treten die Angaben der sog. Orakeltexte. Unter den Shang bestand der Brauch, zum Wahrsagen Schildkrötenschalen oder Knochen anzuritzen und dem Feuer auszusetzen; aus Lage und Gestalt der dann entstehenden Risse wurde geweissagt. Was die damaligen Menschen bewegte, kann den vielen Tausenden bei Ausgrabungen zutage geförderter Orakelknochen und Schildkrötenschalen entnommen werden. Man fragte nach wegen Opfer, Reisen und Jagden, nach dem Ausgang eines geplanten Kriegszuges, nach dem Wetter, den Ernteaussichten, ob man ein Fest feiern sollte und ob ein Kranker gesunden würde. Die Entzifferung und Bearbeitung dieser Dokumente einer Frühphase der chinesischen Kultur ist fast ausschließlich die Domäne chinesischer und japanischer Gelehrter geworden und hat sich zu einer eigenen, hochspezialisierten und schwierigen Philologie entwickelt. Ihre Ergebnisse haben im Verein mit den sonstigen Bodenfunden aus der Shang-Zeit, namentlich denen aus der Residenz, die sich nahe dem heutigen An-yang (Honan) befand, erlaubt, ein Bild von der Shang-Kultur zu entwerfen, das die spärlichen und legendär verfärbten Nachrichten der literarischen Quellen korrigiert. Einiges konnte aber auch bestätigt werden; die Herrschernamen des *Shih-chi* sind fast sämtlich auch in den Orakeltexten aufgetaucht. Insgesamt werden den Shang 30 Herrscher zugewiesen, die über 17 Generationen hinweg regiert haben. Sohnesfolge war die Ausnahme; meist folgte ein überlebender Bruder einem verstorbenen Herrscher nach. Die Namen der Shang-Leute weisen ein typisches Merkmal auf, das nicht nur für die Könige selbst, sondern auch für die sonstigen Angehörigen der Oberschicht gilt: sie bestehen aus dem eigentlichen Namen und einem der zehn Kalenderzeichen, mit denen die Tage wochenähnlich bezeichnet wurden.

Die Quellen nennen als Gründer der Dynastie und Ahnherrn des Königsgeschlechts einen gewissen T'ang, der mit einem rühmenden Beiwort auch als Ch'eng T'ang »Vollender T'ang« tituliert wird. Er soll unter Mithilfe seines Ministers und Vertrauten I-yin den letzten, unfähigen Herrscher der Hsia-Dynastie gestürzt und ein eigenes Königtum errichtet haben. Durch diese Berichte schimmert die Topik der Reichsgründersagen hindurch — das historiographische Klischee forderte, daß der letzte Herrscher einer Dynastie ein Ausbund an Unfähigkeit oder Verworfenheit zu sein hatte. Aber dessenungeachtet berechtigt uns nichts, T'ang und seiner Machtergreifung den vollhistorischen Charakter abzustreiten. Die politische Geschichte des Shang-Reichs im ganzen läßt sich nur in groben Umrissen darstellen. Zwar verzeichnen die literarischen Quellen die Namen der Herrscher und nennen uns ihre Residenzen; sie erzählen lakonisch von Feldzügen gegen umwohnende »Barbaren«, unter denen immer wieder das Volk der Ch'iang auftaucht, eine im Westen des Reichs hausende Bevölkerungsgruppe. Die vielen Einzelangaben, die sich den Orakeltexten entnehmen lassen, geben einstweilen deshalb noch nicht sehr viel für die politische Geschichte her, weil viele der in den Inschriften erwähnten Orts- und Personennamen nicht ausreichend identifiziert werden können. Auch der geographische Umfang des Shang-Reichs läßt sich nur annähernd bestimmen. Sein Mittelpunkt lag in den Flußebenen des mittleren Huangho, während in den gebirgigen Teilen der Halbinsel von Shantung und westlich der heutigen Provinz Shansi mehr oder weniger unabhängige Herrschaftsgebiete bestanden zu haben scheinen. Deren Bewohner mit den späteren chinesischen Autoren als »Barbaren«, d. h. Nicht-Chinesen, zu bezeichnen, ist wohl nicht angängig; es kann sich bei diesen »Barbaren«, genau wie später im 1. Jahrtausend v. Chr., sehr wohl auch um noch nicht voll akkulturierte Chinesen gehandelt haben, um stammesmäßige Gliederungen ein und desselben sprachlich verwandten Volkstums. Das Yangtsetal gehörte noch nicht zum Reichsgebiet der Shang, sondern wurde erst später allmählich von chinesischer Kultur durchdrungen. Manches spricht dafür, daß die dortigen Einwohner sprachlich der Mon-Khmer-Gruppe zuzurechnen sind, die heute auf Südostasien beschränkt ist und vermutlich von den Chinesen im Lauf der Jahrhunderte nach Süden abgedrängt wurde.[17] Aber die Einflüsse, die von dem Zentrum der »hochchinesischen« Kultur unter den Shang im Norden ausgingen, erstreckten sich weiter als das unmittelbare Reichsgebiet. Die Fundstellen mit Elementen der Shang-Kultur verteilen sich auch auf Mittelchina, während Südchina völlig außerhalb bleibt. Eine dauernde feste Residenz gab es nicht. Insgesamt achtmal wurde der Königssitz verlegt. Zwei dieser Königssitze sind bisher durch Grabungen erschlossen worden, einer bei An-yang, welcher um 1300 v. Chr. unter dem König P'an-keng bezogen wurde, und ein anderer in der Gegend des heutigen Cheng-chou, dessen Errichtung dem zehnten König der Dynastie, Chungting, zugeschrieben wird.

Ein kriegerischer Charakter ist bei der Shang-Kultur unverkennbar. Häufig wurden Feldzüge durchgeführt, um Sklaven zu Haus- oder Feldarbeiten oder zu Menschenopfern einzubringen. Die Überlegenheit der Shang über ihre Nachbarn beruhte auf ihren Streitwagen, die ihnen eine große Beweglichkeit verliehen, sowie auf ihren Bronzewaffen. Die Bronze war, wie fast überall, nicht Gemeinbesitz des Volkes, denn sie wurde nur zu Waffen und zu Ritualgegenständen verarbeitet. Man kann daraus schließen, daß die Masse der Bevölkerung noch in jung-steinzeitlichen Verhältnissen dahinlebte. Die Oberschicht selbst, die man sich als eine Art Adel zu denken hat, stellte die vielen Amtsträger — bereits unter den Shang erscheinen so die Züge des späteren chinesischen Funktionärsstaats. An dessen Spitze stand der König (*wang*). Ihm oblagen die wichtigsten Opfer- und Ritualhandlungen; er leitete die Kriegszüge und Groß-jagden. In den Orakeltexten werden Dutzende von Gehilfen und Amtsträgern genannt, sowohl solche in höfischer Funktion als auch Statthalter und Beauftragte des Herrschers in den Land-städten (*i*). Die Adelsherren regierten ihre Domänen und Stütz-punkte nicht viel anders als der König sein Reich in der Resi-denz; das lokale Beamtentum war also dem der Zentrale nachge-bildet. Insgesamt nicht weniger als acht verschiedene Adelstitel tauchen in den Orakelinschriften auf, was auf eine bereits stark differenzierte und hierarchisierte Oberschicht hindeutet.

Die wirtschaftliche Grundlage der Shang bildete der Ackerbau. Man pflanzte die bereits aus dem Neolithikum bekannten Ge-treidesorten Hirse, Hafer, Weizen und Sorghum an. Der Reis-bau, der eine organisierte Bewässerung voraussetzt, scheint da-gegen nur ergänzungsweise betrieben worden zu sein. Die Werkzeuge der Bauern waren noch primitiv: Steinhacken an einem Holzgriff, hölzerne Pflanzstäbe und steinerne Sicheln. Noch gab es keine Pflüge und erst recht keine Zugtiere für die Ackerbestellung. An Haustieren finden sich neben dem Pferd vor allem das Rind, Schaf, Huhn, die Ente, das Schwein und der Hund. Eine große Rolle spielte, mindestens für die Oberschicht, die Jagd. Da das Klima im 2. Jahrtausend v. Chr. feuchter war als später, boten die damals noch vorhandenen Sumpfwälder Nordchinas vielen Tierarten Unterschlupf, darunter auch sol-chen, die später nur noch im äußersten Südwesten Chinas vor-kommen, wie Elefanten und Tapire. Nur allmählich wurde durch Rodung und Brandfeldwirtschaft dem Ackerbau neues Gelände erschlossen. Gejagt wurden neben Elefanten und Ti-gern Nashörner, Wildschweine, Hirsche, Füchse, Hasen und da-zu allerlei Wildgeflügel. Pelze und Leder dienten zur Kleidung, daneben vor allem Hanfgewebe und auch schon die Seide. Zu-fällig erhaltene Gewebeabdrücke beweisen einen hohen Stand der Textiltechnik bereits für die Shang-Zeit. Von den Städten, die es schon damals gab, wissen wir nicht viel. Man muß an-nehmen, daß in ihnen neben den Sitzen der Herren eine Hand-werkerschaft wohnte, die für den Luxus und die Lebensbedürf-nisse der Oberschicht arbeitete; die Dörfer werden sich wohl völlig selbst versorgt haben. Die Ausdehnung der städtischen Siedlungen war beträchtlich. Die Reste der Lehmwälle, welche die Königsresidenz bei Cheng-chou umgaben, messen 2 x 1,7 km.

Der agrarische Charakter des Shang-Staates ist unbezweifelbar, und so zeigt auch die Religion Züge, wie sie von anderen agrarisch bestimmten Religionen bekannt sind. Fruchtbarkeit von Acker, Mensch und Vieh war das Wichtigste, was man sich erhoffte. Die konkreten religiösen Vorstellungen des Shang-Volkes lassen sich dagegen nur mit Schwierigkeiten herausarbeiten. Die vielen Namen von Opfern und Ritualhandlungen, die in den Orakeltexten erscheinen, lassen sich oft kaum deuten. Man glaubte an ein Fortleben nach dem Tode, denn den adligen Toten wurden all die Dinge mitgegeben, die sie im Leben gebraucht hatten und deren sie im Jenseits bedurften: Wagen, Pferd, Waffen, Schmuck, Speisen und Gefäße, Dienerschaft und Frauen. Zahllos waren die Menschen, die den Fürsten und Königen als Opfer in den Tod folgten. Man hat Gräber aufgedeckt, in denen sich Hunderte enthaupteter Leichname befanden — ein düsterer, blutiger Zug in der Religion der Shang. Die Ahnengeister dachte man sich vergottet. Sie konnten Heil oder Unheil auf Erden bewirken und verlangten, um gütig gestimmt zu werden, regelmäßige Speise- und Trankopfer. Die Bezeichnung des entrückten, vergotteten Ahnen ist *ti*, ein Wort, welches später, seit dem 3. Jahrhundert v. Chr., auch »Kaiser« bedeutet. Über allen diesen einzelnen Ahnengeistern stand der *shang-ti*, der oberste Gottahne; er nimmt im Pantheon der Shang den höchsten Platz ein und ist eine Art Hausgott der Herrscherfamilie gewesen, der in erster Linie über Wohl und Wehe des Königshauses und damit des Reiches waltete. Daneben gab es eine große Zahl von Natur- und Lokalgottheiten, teils himmlische und atmosphärische Erscheinungen (Wind, Regen, Sonne, Mond, Gestirne), teils bestimmte Örtlichkeiten wie Berge und Gewässer. Religiösen Charakter weisen auch die größten Kunstleistungen der Shang auf, nämlich ihre Ritualgefäße aus Bronze. Ornamentik und Gestalt sind vor allem durch Tiermotive gekennzeichnet, deren Symbolik im einzelnen nur schwer erkennbar ist, da sich die Vorstellungen nicht mit dem verbinden lassen, was wir aus den ohnehin sehr viel später entstandenen literarischen Texten wissen. Nur auf dem Wege der vergleichenden Ikonographie kann man versuchen, diese Symbolik zu entschlüsseln, die sich anscheinend vornehmlich um den Gedanken der Wiedergeburt und der Erneuerung bewegt hat.[18] Zu den Zügen der Shang-Religiosität gehören auch die Orgiastik und die Magie. Letztere offenbart sich in den Bauopfern. Es ist kaum eine Behausung ausgegraben worden, in deren Fundamenten nicht Tier- oder Menschenopfer zutage getreten wären. Die Orgiastik äußert sich in den literarisch für die Shang bezeugten Trink- und Eßgelagen und sexuellen Riten — die konfuzianisch geprägte Historiographie sah dort nichts als

Perversität und Verworfenheit, wo die historische Ethnologie Fruchtbarkeits- und Langlebigkeitsriten anzunehmen geneigt ist.

Eine große Rolle spielen in der Shang-Religion auch die Schamanen, von denen es sowohl männliche wie weibliche gab; sie hatten die Aufgabe, Krankheitsdämonen zu vertreiben, Geister und Tote zu beschwören, vor allem aber durch magische Handlungen vom Himmel Regen zu erbitten, hing doch vom zeitgerechten Eintreffen des Monsuns der Ausfall der Ernte ab. Durch verschiedene Praktiken der Kasteiung, wie das Aussetzen des Schamanen in glühender Sommersonne, sollte der Himmel veranlaßt werden, lindernden Regen zu spenden. Zu den Techniken der Schamanen gehörten auch Musik und Tanz, die bis zu völliger Erschöpfung und Trance getrieben wurden — alles Erscheinungen, die hier in Ostasien historisch zum ersten Male faßbar werden, jedoch bei einzelnen Völkern bis in die Gegenwart fortgelebt haben. Die magische, abergläubische und bis zu einem gewissen Grade unrationale Komponente der chinesischen Religiosität hat so ihre Wurzeln im höchsten Altertum. Als eine rationalere Religionsform sich während des 1. Jahrtausends v. Chr. durchsetzte und die Schamanen von den Höfen der Fürsten und Könige verschwanden, lebten schamanistische Anschauungen kräftig in den Volksmassen weiter, später auch oft auf dem günstigen Nährboden sektiererischer Bewegungen. Neben den Schamanen (chines. *wu*) gab es noch eine weitere wichtige Klasse von Religionsdienern. Es waren dies die Priesterschreiber (*shih*). Sie waren vor allem an den Höfen anzutreffen und halfen, die Opfer nach dem vorgeschriebenen Ritus zu vollziehen. In ihrer Hand lagen auch die Orakel, was ihnen eine große politische und gesellschaftliche Bedeutung verlieh. Sie allein waren es, die die Schrift beherrschten, die in der Frühzeit anscheinend nur zu religiös bestimmten Zwecken diente. Eine eigentliche Literatur der Shang anzunehmen, dazu besteht noch kein Anlaß.

Insgesamt ist es für die historische Betrachtung eindrucksvoll, festzustellen, wieviele Züge der späteren chinesischen Kultur bereits in der Shang-Zeit vorgeprägt worden sind. Die Kunstformen und die Ornamentik der Bronzen haben bis in die Gegenwart gewirkt. Das Königtum mit seinen vielfachen rituellen Bindungen leitet zum Kaisertum über; die Ahnenverehrung ist bereits nachzuweisen, desgleichen Ansätze zu einem Beamten- und Funktionärsstaat. Der Ackerbau war die Lebensgrundlage des Volkes wie noch bis in unser Jahrhundert; Handwerk und Handel spielten dagegen nur eine subsidiäre Rolle. Die Schrift der Shang war eine unmittelbare Vorstufe der späteren und heutigen Formen der Schriftzeichen, und die Priesterschreiber sind die Vorläufer der Historiographen gewesen; die Ekstatik des Schamanismus sank in die Volksreligion hinab, bewahrte aber ein zähes Leben. So wenig wir auch über die Frühphase der chinesischen Zivilisation wissen und so sehr wir hinsichtlich ihrer Entstehung auf Hypothesen angewiesen sind, so unbezweifelbar ist, daß seit der zweiten Hälfte des 2. Jahrtausends v. Chr. eine ungebrochene Kontinuität der Hochkultur bestanden hat — ein welthistorisch einzigartiges Phänomen.

b) Die Chou

Die Ereignisse, die zur Ablösung des Königtums der Shang durch das der Chou führten, sind uns in einer Vielzahl von Anspielungen und Berichten aus der Literatur erhalten geblieben. Alle diese Berichte sind aber Chou-Quellen entnommen und deshalb tendenziös. Den Chou kam es darauf an, ihre Machtübernahme als eine Welt- und Zeitenwende darzustellen und ihr eigenes Regime leuchtend gegen die »Verworfenheit« und »Unfähigkeit« der Shang abzuheben, deren letzter Herrscher als ein Ausbund an Grausamkeit und Perversität geschildert wird — je weiter die Zeit fortschreitet, desto hingegebener malen die Quellen sein Bild schwarz in schwarz, bis er, um mit Arthur Waley zu sprechen, eine Art »satanischer Großartigkeit« erreicht. Hier sieht man die Legendenbildung am Werk, aber man muß dabei auch feststellen, wie hartnäckig sich die erstmals bei dem Wechsel Shang/Chou entstandene Vorstellung vom »verworfenen letzten Herrscher« eines Geschlechts erhalten hat — ein historiographisches Klischee, das in die Jahrtausende gewirkt hat. In Wirklichkeit dürften weder kulturell noch auch wirtschaftlich und gesellschaftlich die Chou einen entscheidenden Einschnitt in der Geschichte gebildet haben. Die Shang-Kultur wurde im großen und ganzen von den neuen Herren übernommen, was sich auch in den archäologischen Funden dokumentiert. Sehr viele Ritualbronzen kann selbst der moderne Archäologe nur als »späte Shang oder frühe Chou« bestimmen. Was sich nach der Übernahme des Herrschertums durch die Chou änderte, betraf jeweils nur Teilgebiete der historischen Wirklichkeit.

Das Herrschergeschlecht der Chou hat China die längste dynastische Folge seiner Geschichte gegeben. Man teilte die Zeit von 1122 (traditionelles Datum, daher unsicher) bis 221 v. Chr. in eine frühere, »westliche« Chou-Zeit (1122-771 v. Chr.) und eine spätere, »östliche« (771-221 v. Chr.) ein (die Benennung ergab sich aus der Lage der Hauptstädte). Eine andere Einteilung geht von den Quellen aus. Sie unterscheidet eine frühe Chou-Zeit, vom Beginn der Dynastie bis 722, dann die Periode,

die von der Chronik »Frühling und Herbst« (*Ch'un-ch'iu*) um-
spannt wird (722-481), und schließlich die Epoche der »kämpfenden Staaten« (*Chan-kuo*) von 481 bis zum Ende der Einzelstaaten und zur Gründung des Einheitsreiches. Wie auch immer
man den langen Zeitraum der Chou-Dynastie unterteilt, man
wird für die Mitte des 1. Jahrtausends v. Chr. einen Umbruch,
einen Wandel zu neuen Gesellschafts- und Denkformen konstatieren müssen. So könnte man den frühen Feudalismus bis zum
6. Jahrhundert v. Chr. gegen einen späten vom 6. bis 3. Jahrhundert v. Chr. abheben.

Die von der chinesischen Historiographie mitgeteilten absoluten
Daten reichen nur bis 841 v. Chr. hinauf. Für die davorliegende
Zeit sind die Quellen widersprüchlich, und auch die nicht wenigen datierbaren Bronzeinschriften haben bisher keine Sicherheit zu geben vermocht, wann denn nun der Beginn der Chou-
Herrschaft anzusetzen sei. Die traditionelle Angabe 1122 v. Chr.
ist, wie Eberhard nachgewiesen hat,[19] aus kosmologischen Spekulationen der Han-Zeit um Christi Geburt erwachsen und deshalb wohl unzutreffend. Und selbst die jüngste, sehr scharf-
sinnige Untersuchung über diese Frage konnte nur zu einem
angenäherten Datum kommen (etwa 1100 v. Chr.).[20]

Der ursprüngliche Sitz der Chou lag im Westen des Reichs-
gebiets der Shang, etwa in der heutigen Provinz Shensi. Der
Reichsgründer, der den Sieg über die Shang erfocht, war König
Wu (der »Kriegerische«). Von seinem zwölften Ahnen, einem
Herzog Liu, heißt es, er habe die Herrschaft von Pin am Ober-
lauf der Flüsse Wei und Ching in Shensi begründet. Dort hat
das Adelsgeschlecht der Chou über Ackerbauer geherrscht. Von
Tan-fu, dem Großvater des Königs Wu, wird berichtet, wie er
sich erfolgreich mit den schweren Lebensbedingungen in jenem
Lößland auseinandergesetzt habe, so daß man in Tan-fu den
Begründer der Macht jener kleinen Herrschaft am Westrand des
Shang-Reichs sehen kann. Die Chou-Fürsten waren also eine
Art Markgrafen. Nichts deutet darauf hin, daß sie nicht Chinesen gewesen seien. Der König Wen, Vater von König Wu, erhielt von den Shang-Königen den Titel eines »Herrn des Westens« (*Hsi-po*), war also ein Vasall der Shang. Im übrigen ist
der Name Chou auch in den Orakelinschriften aufgetaucht, historisch also aus zeitgenössischen Shang-Quellen belegbar. Das
Zerwürfnis zwischen dem Vasallen und seinem Oberherrn wurde den literarischen Quellen zufolge durch Verleumdungen
herbeigeführt, die sich gegen den König Wen richteten und diesen für einige Zeit in Haft brachten. Hinzu kam eine sich am
Shang-Hof ausbreitende Unzufriedenheit der Würdenträger, die
sich zum Teil den Chou anschlossen. Der tiefere Grund für den
Angriff der Chou gegen ihre Oberherren dürfte aber wohl darin

zu suchen sein, daß sie aus dem von der Natur wenig begünstigten Berg- und Hügelland von Shensi und Shansi in die fruchtbareren Ebenen am Huangho strebten, also in das Kerngebiet der Shang. Unter König Wu kam es zu einem Krieg mit dem Shang-König, der bei der Eroberung seiner Residenz ums Leben kam. König Wen kehrte jedoch in sein ursprüngliches Gebiet zurück und machte Hao (in der Gegend des heutigen Ch'ang-an) zur Hauptstadt des Gesamtreichs.

In der Folgezeit wurde das Territorium des Shang-Reichs unter die Anhänger der Chou aufgeteilt. Der Norden fiel vornehmlich an Mitglieder der königlichen Sippe, die anderen Reichsteile an Adlige, die sich frühzeitig auf die Seite der Chou gestellt hatten. Bei dieser Parzellierung wurde auch das ehemalige Königsgeschlecht der Shang nicht vergessen; seine Nachkommen erhielten das Lehen Sung, ein Gebiet, in dem noch zur Zeit des Konfuzius manche Shang-Traditionen erhalten waren. Wir gebrauchen hier den Ausdruck »Lehen« bewußt, obgleich man die Analogien zum frühmittelalterlichen Feudalismus in Europa nicht überbetonen darf. Wenn aber jemals der Ausdruck »Feudalismus« in der chinesischen Geschichte sinnvoll anzuwenden ist, dann in der Shang- und Chou-Zeit. Dabei waren die Chou nicht die ersten, die feudalistische Herrschaftsverhältnisse in China einführten. Bereits unter den Shang finden wir alle jene Züge, die auch für die ersten Jahrhunderte der Chou-Zeit typisch sind. Die Shang-Könige verliehen Territorien an ihre Verwandten (sogar an die Königinnen), an Minister und an früher selbständige Stammesführer. Die Lehnsnehmer hatten die Pflicht, die Grenzen des Gesamtreichs zu verteidigen und Heeresfolge zu leisten, sie hatten einen Tribut zu zahlen (wertvolle lokale Produkte zumeist), sie entrichteten eine Art Steuer in natura (Getreide) und stellten Arbeitskräfte für die Bearbeitung der königlichen Ländereien. Unter den Chou änderte sich grundsätzlich wenig an diesen Verhältnissen. Die Lehnsterritorien hießen *kuo*, »Staat« — ein Ausdruck, welcher mit einer Wortsippe zusammenhängt, die soviel wie »abtrennen, markieren« bedeutet. Die Lehnsländer waren zumeist wohl nicht mehr als kleine Landstädte mit dem umliegenden Ackerland, was die große Zahl der in der Literatur und den Inschriften erwähnten Lehnsnamen erklärt.

Die Stellung des Königs beruhte zunächst auf seiner Eigenschaft als oberster Lehnsherr, aber nicht minder auch auf seiner rituellen Funktion. Er brachte die obersten Reichsopfer dar und sicherte dadurch den Segen der Götter für das ganze Land. Es ist umstritten, ob die tatsächliche Macht der Chou-Könige sehr groß war und man daher von einem echten Einheitsstaat sprechen kann, der dann später auf Grund der feudalistischen Zersplitterung zerfallen sei. Tatsache ist, daß die Königsmacht weitgehend mit der wirtschaftlichen Ausnutzung ihres Kronlandes identisch war. Verlor sie ihre Domänen, so sah sie sich auf rein rituelle Funktionen beschränkt. Diese Entwicklung ist nun nicht nur eine Folge des Strebens ehrgeiziger Adelsfamilien nach Unabhängigkeit, sondern auch von Kämpfen mit äußeren Feinden. Die ersten Jahrhunderte der Chou-Zeit zeigen das Lehnssystem auch in der Abwehr äußerer Feinde erfolgreich. Unter König Hsüan (827-782) bedrohte das Volk der Hsienyün die westlichen Grenzgebiete und plünderte 822 sogar die Hauptstadt Hao, doch konnten diese Einfälle abgewehrt werden. König Hsüan vermochte auch den Reichsumfang nach Süden, zum Huai und Yangtse hin, zu erweitern. Unter seinem Nachfolger, König Yu (782-771), kam es aber zu neuen Invasionen, diesmal von einem Volk, das Ch'üan-jung genannt wird und sich mit unzufriedenen Lehnsträgern der Chou verbündet hatte. 771 ging das Tal des Wei-Flusses und damit der größte Teil des alten Kronlandes verloren; der König fand den Tod in den Wirren jenes Jahres 771, das das Ende der tatsächlichen Königsmacht bezeichnet. Einer seiner Söhne setzte die Regierung fort und macht Lo-i (nahe dem heutigen Honanfu in Honan) zu seiner Residenz. Von einer Hausmacht konnte dort, inmitten der Besitzungen der Lehnsträger, nicht mehr die Rede sein, und auch der militärische Schutz des Gesamtreichs konnte nun nicht mehr vom obersten Lehnsherrn wahrgenommen werden. So verblaßte seit dem 8. Jahrhundert das Königtum der Chou zu einer allmählich nur noch protokollarischen Existenz.

2. Das feudalistische China
(8.—3. Jahrhundert v. Chr.)

Die Zeit des Feudalismus, seiner Blüte, Wandlung und Auflösung ist insofern grundlegend für die nachfolgende Geschichte Chinas, als in ihr jene Strukturen gesellschaftlich-praktischer wie individuell-geistiger Daseinsbewältigung sich herauskristallisierten, die bis in die Moderne hinein nicht wieder verwischt werden sollten. Sie wurden sehr bald schon zum Archetypus aller Orientierungen überhaupt. Hervorzuheben an ihnen sind dabei der zutage tretende Wille und die Fähigkeit zur Integration aller sozialen und ideologischen Widersprüche. Denn wenn, wie bereits ausgeführt, auch die Gesellschaft der Shang-Kultur feudalistisch organisiert war und die Chou Vasallen der Shang waren, gewinnt die Dynastiegründung der Chou einen Aspekt, der eigentlich aller konfuzianischen Tradition aufs schärfste zuwiderläuft. Damit ist nämlich impliziert, daß diese in Rebellion und Bruch des Treueverhältnisses ihren Ausgang hatte. Die ungeheure Vehemenz, mit der die spätere konfuzianische Ethik die Loyalität, einen Grundpfeiler des Lehnswesens, betont hat, bestätigt nur den Sachverhalt. Auch daß die die Chou verherrlichende Tradition die Errichtung der neuen Dynastie auf drei Gestalten verteilt, den König Wen und dessen Söhne, den König Wu und den Herzog von Chou, kann in diesem Sinne ausgedeutet werden. Ganz sicher aber weist das nachträglich geschaffene Idealbild der frühen Chou Züge auf, die mehr einer Wiedergewinnung des Normativen gleichen als einer Neuschöpfung.

Nach der Eroberung hatte der Chou-König seine eigene Verwandtschaft belehnt. In diesen ersten Lehnsstaaten wie Ch'i (in Shantung), Lu (in Shantung) und Chin (in Shansi) hat sich auch die Bindung an das Königshaus am stabilsten gezeigt. Unter dem zweiten Herrscher, dem König Ch'eng (nach traditioneller Chronologie 1115-1079), kam die Neuaufteilung zu ihrem vorläufigen Abschluß. Im Ritual der Investitur,[1] das von den religiösen Kulthandlungen dieser Zeit nicht getrennt gedacht werden kann, formierte sich gleichzeitig auch das Bewußtsein des Adels von seiner Legitimität. Es ist wohl kein Zufall, daß von den Inschriften der West-Chou fast ein Drittel von Investituren berichtet. Die eigentliche Prozedur fand im Ahnentempel der königlichen Residenz statt, wobei der König wie in religiösen Zeremonien nach Süden blickte und der Belehnte nach Norden. In den Dokumenten, die darüber angefertigt wurden, werden auch die Geschenke erwähnt, die dem Vasallen zusätzlich, je nach dessen Rang abgestuft, übergeben wurden. Danach hatte dieser auf seinem Lehen Dankopfer darzubringen. Die Lebensweise des Adels unterschied sich kaum von der in der Shang-Zeit. Frauen und Männer lebten getrennt. Die Polygamie zeitigte schon früh einen ihr typischen Nachteil: den Kampf um die Nachfolge. Denn Primogenitur war im allgemeinen die Regel, wenngleich es Ausnahmen gab, vor allem in den Staaten Ch'u und Ch'in.

Wie rasch und bis zu welchem Ausmaß sich aus den Clanen der Feudalfürsten der niedere Adel entwickelte, ist nicht exakt zu ermitteln. Das einzige Indiz hierfür böten die Clannamen (*shih*). Inwieweit jedoch die mehreren tausend in den historischen Quellen überlieferten *shih* — die Gemeinen besaßen weder Familiennamen noch Genealogien — nur eine Auswahl darstellen, ist völlig unsicher. Zwar schälen sich die wenigen beherrschenden Sippen deutlich heraus, doch der Prozeß, in dessen Verlauf der niedere, zum Teil nicht landbesitzende Adel an Bedeutung zunahm, ist deshalb seinem Umfange nach unbestimmbar. Aus diesem sich in den folgenden Jahrhunderten mehr und mehr verselbständigenden Stratum stammten die Würdenträger (*tai-fu*) auf den Domänen und die Krieger, die durchaus junkerlichen Charakter hatten, denen aber in der Hierarchie der sozialen Werte nicht die Rolle zuteil wurde wie den Rittern des europäischen Mittelalters. Auch von den *tai-fu*, die allmählich zur Hauptstütze der Aristokratie wurden, konnte nur *ein* Sohn deren Rang und Position erben. Den anderen blieb, sofern sie nicht selbst von Herrschern zu *tai-fu* erhoben wurden, nur die Möglichkeit, eine neue Linie zu begründen. In dieser Situation lag auch eine der Ursachen für die zahlreichen Kriege. Die adligen Krieger stellten dabei die Kerntruppen in Gestalt der Kriegswagen-Besatzungen. Die pro Wagen genannten Zahlen schwanken zwischen 3 und 30 Kriegern, wobei die erste am wahrscheinlichsten ist; auch kommt noch der Lenker hinzu. Jeder Staat dürfte etwa über 1000 bis 5000 Kriegswagen verfügt haben, je nach seiner Größe. Bis zu welchem Grade die tatsächliche Differenzierung innerhalb des Adels institutionelle Form angenommen hat, läßt sich den Quellen nicht exakt entnehmen. Die traditionelle Einteilung der Adelsklassen nach Herzögen (*kung*), Lehnsfürsten (*hou*), Markgrafen (*po*), Grafen (*tzu*) und Freiherren (*nan*) ist eine spätere Systematisierung, bei der die kosmologisch bedeutsame Zahl 5 eine Rolle gespielt haben wird. Die Bauern hatten den Status von Hörigen. Außer bei Naturkatastrophen, deren Folge oft Hungersnöte waren, blieben sie seßhaft. Sie waren zu Abgaben und Fronarbeiten verpflichtet, deren Höhe bzw. Dauer sehr unterschiedlich ausfiel. Schon unter König Li (878-842) kam es zu Unruhen, deren Ursachen allerdings naturbedingt gewesen sein können; in den nördlichen Regionen mußten die Ernten ohnehin dem Boden schwer entrungen werden. Die bäuerlichen Familien lebten autark, alles zum Unterhalt Nötige produzierten sie selbst, einschließlich der Kleidung. Auch die Seidenraupenzucht war schon ein Nebenzweig bäuerlicher Produktion.

Die Handwerker standen in der frühen Periode noch ausschließlich im Dienste der Aristokratie, für die allein die profanen wie sakralen Bronzegefäße und Bronzewaffen hergestellt wurden. Es ist zweifelhaft, von wann an wir von den Handwerkern als von einer sozialen Schicht sprechen können. Das gleiche gilt von den Kaufleuten, ansässigen oder reisenden Händlern. Allerdings vollzogen sich in beiden Gruppen während der Jahrhunderte bis zur Bildung des zentralistischen Kaiserstaats grundlegende Wandlungen, als deren Ergebnis dann eine freie Handwerker- und Kaufmannsschaft erscheint. Schon der große Geschichtsschreiber Pan Ku (1. Jahrhundert n. Chr.) brachte den Niedergang der Chou-Dynastie mit der Entwicklung des Handels und der Gewerbe in Zusammenhang. Über lange Zeit hinweg beruhte dabei der Handel auf reiner Tauschgrundlage; die Bedeutung der Kaurimuschel als Tauschmittel muß ziemlich geringfügig gewesen sein, desgleichen die des Kupfergeldes (in der Form von Schwert- und Spatenmünzen; auch die für später typischen runden Münzen mit einem Loch in der Mitte tauchen bereits auf). Ein bisher noch nicht systematisch erforschtes soziales Phänomen muß in der Ch'un-ch'iu-Periode entstanden sein, nämlich die Geringschätzung der Kaufleute, die unter sämtlichen Kaiser-Dynastien zu beobachten ist.

Zu den Fakten, die weitgehend verschlüsselt bleiben, gehört schließlich der wichtige Komplex der Beteiligung der Bauern und Gewerbetreibenden an den Feldzügen. Vor dem Ende des 6. Jahrhunderts beherrschten nicht zu große, aus adligen Kriegern mit ihren Streitwagen gebildete Heerbanne die militärische Szene. Unterstützt wurden diese durch nur kleine Kontingente von Fußsoldaten aus Unfreien. So heißt es auch im *Tsochuan* (Kommentar des Tso zur Chronik »Frühling und Herbst«) unter dem Jahr 597: »[Wenn in Ch'u] Aushebungen von Truppen vorgenommen wurden, erlitten die reisenden Händler, Ackerbauern, Handwerker und ansässigen Kaufleute keine [nennenswerten] Einbußen in ihren Gewerben.« Während die Angaben über Heeresstärken für die frühe Zeit, vor allem im Vergleich zu anderen feudalen Ritterheeren, durchaus realistisch erscheinen, sind sie für die Folgezeit unglaubwürdig — also gerade da, wo sie soziale Aufschlüsse vermitteln könnten.[2] In bezug auf das Problem der Sklaverei können wir uns kurz fassen. Die Sklaven rekrutierten sich vornehmlich aus Kriegsgefangenen und Verbrechern. In der Shang-Kultur waren sie noch vielfach bei den Opferritualen getötet worden; nun fanden sie in der Regel Verwendung als Bedienstete auf den Adelssitzen. Alle kontroversen Meinungen in dieser Frage stimmen darin überein, daß sie für die landwirtschaftliche Produktion keine wesentliche Rolle gespielt haben.[3] In der traditionellen Einteilung der Gesellschaftsklassen aus dem Ende des Altertums, die in der Reihenfolge *shih* (hier schon in der Bedeutung Gelehrte, s. dazu S. 55) — *nung* (Bauern) — *kung* (Handwerker) — *shang* (Kaufleute) zugleich die soziale Prestigeskala anzeigt, tauchen die Sklaven gar nicht erst auf. ·

Welchen Veränderungen unterlagen nun die materiellen Bedingungen? Hier wirkte die um die Wende des 7. zum 6. Jahrhundert einsetzende Gewinnung des Eisens und dessen Verarbeitung revolutionierend, wenn auch nicht übersehen werden darf, daß, was die Intensivierung der Landwirtschaft anbetrifft, soziale und technische Faktoren einander wechselseitig beeinflußten. Der Boden war ursprünglich gemeinsamer Besitz, wobei wir allerdings über die konkreten Formen der Verfügung über ihn nichts wissen. Fest steht nur, daß die Leitung der Ackerbautätigkeiten in den Händen des Adels lag. Nun wurde das Land zunehmend veräußert und ging in Familienbesitz über. An die Stelle von Abgaben trat allmählich die Steuer, die die Chronik »Frühling und Herbst« zum ersten Male unter dem Jahr 594 erwähnt.[4] In dem Maße, wie die Erschließung von Neuland abnahm, stieg der Zwang zu erhöhter Produktion. Die alte Art der Urbarmachung in einem Dreijahres-Rhythmus (abbrennen und roden, bebauen, brachliegen lassen) wurde angewendet, als die Bauern, die keine Bronzegeräte besaßen, nur über Holzhacken und steinerne Erntemesser verfügten. In den alten Texten wird auch noch keine künstliche Bewässerung erwähnt; Flußregulierungen begannen erst im 7. Jahrhundert. Jetzt hatte man neben eisernen Geräten wie Äxten, Breitbeilen, Hämmern und Sägen auch Spaten, Hacken, Sicheln und Pflugscharen aus Eisen. In China hat man das Eisen von Anbeginn geschmolzen und gegossen, was man in Europa erst im 14. Jahrhundert beherrschen lernte. Voraussetzung dafür waren die hochentwickelten Techniken des Bronzegusses und der Keramik-Industrie, welche feuerfesten Ton herstellen konnte und ebenfalls die erforderlichen Blasebälge bereitstellte. Da die gefundenen Eisenerze einen hohen Phosphorgehalt hatten, kam man mit relativ niedrigen Schmelztemperaturen aus. Die Staaten Ch'i und Ch'in verdankten ihren Aufschwung wesentlich der

Eisenproduktion, außerdem zogen sie Reichtum aus der Salzgewinnung (Ch'i hatte lange Küsten, Ch'in verfügte in Ssuch'uan über Sole), für die man gußeiserne Pfannen zum Verdampfen benutzte.

Für die Waffentechnik erwies sich der Eisenguß als Nachteil, da mit ihm keine scharfen Kanten und Spitzen hergestellt werden konnten. So bestand die Mehrzahl der Waffen bis ins 4./3. Jahrhundert noch aus Bronze. Dann erst lernte man das Schmieden beherrschen. Es ist anzunehmen, daß die Vormachtstellung von Ch'in auf der umfassenden Ausrüstung seines Heeres mit Eisenschwertern beruhte. Dadurch verlagerte sich das Schwergewicht immer mehr auf die Fußtruppen. Die Kriegswagen verschwanden; sie wurden seit dem 4. Jahrhundert teilweise durch berittene Bogenschützen ersetzt. Auch veränderten die verbesserten Verteidigungsmethoden die militärische Strategie. Außer den Stadtwällen aus gestampfter Erde, die oft mit Holzbohlen verstärkt wurden, finden wir schon Grenzwälle. Und besonders für die Verteidigenden wurde die Armbrust — eine chinesische Erfindung — zu einer höchst wirksamen Waffe. Kriegführung und Wirtschaft wurden schließlich gleicherweise begünstigt vom Ausbau der Transportmittel. Das Trensengebiß für die Pferde ermöglichte Vier- und Sechsgespanne, und einen großen Fortschritt brachte das Brustgurt-Geschirr (die antike Mittelmeerwelt kannte nur das Hals-Sattelgurt-Geschirr), das seit dem 5. Jahrhundert allgemein gebräuchlich wurde. In den mittelchinesischen Reiskulturen mit ihren Naßfeldern blieb zwar der Wasserbüffel das hauptsächliche Zugtier für den Pflug, doch der allgemeine Transportverkehr, z. B. auch für den militärischen Nachschub, vermochte jetzt weitaus größere Lasten zu bewältigen.

II. DIE STAATENWELT DER CH'UN-CH'IU-ZEIT:
POLYZENTRISMUS UND PLURALISMUS

Die traditionelle Periodisierung benennt die Zeit zwischen 722 und 481 v. Chr. zwar rein zufällig als »Frühling und Herbst« (Ch'un-ch'iu) — nach der die Ereignisse dieser Jahre beschreibenden gleichnamigen Chronik —, sie deckt sich aber in etwa mit einer Einteilung nach objektiven Kriterien, wie sie sich aus den Veränderungen der materiellen Kultur, sozialen Struktur und politischen Organisation gewinnen lassen. Das Jahr 771, als nach dem Tode des Königs Yu dessen Sohn P'ing die Hauptstadt nach Lo-i (dem späteren Lo-yang) verlegen mußte, stellte einen wichtigen Einschnitt dar, denn damit ging fast das gesamte Gebiet der königlichen Domäne in der Provinz Shensi den Chou verloren. Der einem Verbande von Lehnsstaaten ohnehin wesenseigene Polyzentrismus, dem nur eine starke königliche Hausmacht einigermaßen zu begegnen vermag, erhielt dadurch großen Auftrieb. Auch war den Chou die Möglichkeit der Rückeroberung genommen, da der Vasall von Ch'in, der entscheidend zur Einsetzung von König P'ing beigetragen hatte, seinerseits weite Teile von Shensi den Barbaren wieder entreißen und seinem Lehen eingliedern konnte. Angesichts der nun offensichtlichen Schwäche der Chou-Könige setzten sich die partikularistischen Tendenzen immer rücksichtsloser durch. Bereits im 8. Jahrhundert verlieh der Fürst Hsiung-ch'ü von Ch'u seinen Söhnen den Titel *wang* (König), und bald folgten andere diesem Beispiel. Noch aber lag der politische Schwerpunkt bei den Mittelstaaten (*chung-kuo*). Neben den schon oben aufgeführten gehörten dazu Wei, Sung, Ch'en, Ts'ai und Cheng in Honan, Ch'in in Shensi und Yen in Hopei. Die Vormacht fiel zunächst an Ch'i (in Shantung), welches das stärkste Heer besaß. Seine Naturschätze und deren umsichtige Ausbeutung machten diesen Staat reich. Hier wurden die für das spätere Kaiserreich typischen Staatsmonopole auf die Eisen- und Salzgewinnung eingeführt. Ch'is Aufstieg ist mit zwei Persönlichkeiten verknüpft: dem Minister Kuan Chung (er starb 645; über das ihm zugeschriebene Werk *Kuan-tzu* [»Meister Kuan«] s. S. 67) und dem Herzog Huan (er regierte 685–643), der 681 eine Allianz mit den Staaten Sung, Ch'en, Ts'ai, Lu u. a. zustande brachte, aus der zwei Jahre danach ein regelrechter Bund unter der Führung Huans wurde. Die chinesische Historiographie nennt ihn den ersten von insgesamt fünf »Hegemonen« (*pa*). Die anderen vier mit dieser Bezeichnung sind die Herzöge Hsiang von Sung (650–637), Wen von Chin (635–628), Mu von Ch'in (659–621) und Chuang von Ch'u (613–591). Tatsächlich aber ist außer Huan nur noch Herzog Wen von Chin vertraglich anerkannter Hegemon gewesen, die übrigen haben nur mit wechselndem Geschick versucht, sich an die Spitze von Bündnissen zu setzen.[5] Das Zustandekommen des ersten Bundes hatte zwei Ursachen: die Bedrohung durch die »Barbaren« im Norden und die erstarkenden Staaten im Süden. Die Bezeichnung »Barbaren«, unter der man die Jung- und Ti-Stämme im Norden und die Man- und I-Stämme im Süden versteht, ist irreführend. Es handelt sich wohl um halbnomadisierende Volksgruppen, die demgemäß auch keine umwallten Siedlungen bauten, die jedoch ethnisch höchstwahrscheinlich den Chinesen zuzurechnen sind. Interessanterweise wird nie berichtet, was die Quellen bei entsprechenden Fällen sonst gern vermerken, daß sie etwa »verschieden« (sc. von den Chinesen) aussähen. Von den Einfällen der Jung und Ti waren besonders kleine

Staaten wie Wei betroffen, Yen wurde fast gänzlich vernichtet. Zwischen dem 8. und dem 6. Jahrhundert löste ein Überfall den anderen ab. Um einige Beispiele aus einem kurzen Zeitraum zu nennen: 669 attackierten die Jung Ch'ao, 648 griffen sie im Verein mit den Ti die königliche Residenz an, bedrängten 619 die Westgrenze von Lu und fielen 616 in Sung ein.

Im Süden des damaligen chinesischen Kulturgebiets aber erstanden den Mittelstaaten neue Konkurrenten. Dort hatten sich die Staaten, die nicht unmittelbar von den Chou belehnt worden waren und die auch nicht in deren Tradition standen, allmählich ausgedehnt. Drei von diesen gelangten schon im 7. Jahrhundert zu beachtlicher Macht, in erster Linie Ch'u (am mittleren Yangtse), dann Wu (in Teilen von Kiangsu und Anhui) und Yüeh (in Chekiang). Im Laufe der Zeit wurde der Begriff der Mittelstaaten auch auf diese Staaten übertragen, doch im 8. Jahrhundert noch hatte sich der Fürst Hsiung-ch'ü von Ch'u demonstrativ als »Barbar« bezeichnet[6] und sich damit als Emporkömmling apostrophiert.

Gegen Ch'u führte 656 der Hegemon Huan unter einem Vorwand einen Feldzug, den Ch'u auf dem Verhandlungswege beilegen konnte. Im Gegenzug unternahm Ch'u in den folgenden Jahren Vorstöße nach dem Norden, was es schließlich um so ungehinderter tun konnte, als die erste große Allianz nach dem Tode Huans 643 rasch wieder zerfiel. Danach versuchte Herzog Hsiang von Sung vergeblich, die Nachfolge Huans anzutreten. Gestützt nur auf die schwachen Kräfte seines kleinen Landes, wagte er 637 eine Auseinandersetzung mit Ch'u, das sein Heer vernichtete und sich Sung botmäßig machte. Herzog Hsiang selbst fiel im Kampfe.

Der Berühmteste unter den Hegemonen war der von Ssu-ma Ch'ien hochgelobte Herzog Wen von Chin. Lange Jahre seines Lebens hatte er auf der Flucht, von Land zu Land reisend, verbringen müssen; seine Gestalt gewann auf diese Weise etwas vom Glanz biographischer Fülle, den uns die Quellen aus dem Altertum sonst wegen ihrer Stereotypie verbergen. Es gelang ihm im Bunde mit Ch'i und Ch'in, 632 durch einen entscheidenden Sieg im südwestlichen Shantung über Ch'u dessen Vormarsch vorerst zu stoppen. Der Chou-König Hsiang selbst besiegelte anschließend auf einer Fürstenversammlung die Einsetzung Wens zum Hegemonen. Nach 628 war es dann Ch'in, das vom Westen her ostwärts vorzudringen versuchte, wo es auf Chin traf. Im Süden sah Ch'in sich Ch'u konfrontiert, das unter seinem vitalen und großmütigen König Chuang (613 bis 591) wieder erheblichen Machtzuwachs gewann und 597 Chin besiegte. Aber dessen östlicher Nachbar, der Staat Wu am unteren Yangtse, fiel plötzlich in Ch'u ein, und zwar unterstützt von Chin. Das Auftauchen Wus, das vorher fast unbemerkt geblieben war und 576 erstmalig an einer Bundesversammlung der Fürsten teilnahm, signalisierte deutlich einmal mehr die wachsende Bedeutung der Staaten an der Peripherie. Da jedoch auch diese sich gegenseitig bekämpften und noch kein einzelner Staat über ein genügend großes materielles und damit auch militärisches Potential verfügte — die bisherige Waffentechnik erlaubte dies nicht —, konnte das Gleichgewicht, wenn auch mühsam, so doch immer wiederhergestellt werden. Bezeichnend dafür ist, daß keiner versuchte, die nur noch rituelle Herrschaft des Chou-Königshauses zu stürzen. So bekräftigte die Allianz von 562, die gegen Ch'in gerichtet war, den Willen, den Chou zu helfen. Dazu kam, daß einige Staaten im Innern durch heftige Auseinandersetzungen des Adels geschwächt wurden. Am schwersten davon betroffen war Chin, wo in der zweiten Hälfte des 6. Jahrhunderts die drei Sippen Chao, Han und Wei das Staatsgefüge aushöhlten.

Zu Beginn des 5. Jahrhunderts trat der Südosten wieder in den Vordergrund. Dort hatte unter König Ho-lü (514-496), den man als einen De-facto-Hegemon ansehen kann, Wu Tzu-hsü, ein Überläufer aus Ch'u, als Minister Wu zu neuer Stärke gebracht und 506 Ch'u besiegt. In diesem Moment aber brach Yüeh, das vor dem 6. Jahrhundert weithin unbekannt war, in Wu ein. Wu konnte sich zunächst noch behaupten, was es auch durch neue Unternehmungen gegen Ch'u unterstrich, aber als König Kou Chien 496 in Yüeh den Thron bestieg (er regierte bis 465), zeigte Wu sich diesem neuen Feinde bald nicht mehr gewachsen.

Damit stehen wir am Ende der Ch'un-ch'iu-Periode, und es beginnt die Agonie des feudalen Staatenverbandes. In Konfuzius erstand damals eine Persönlichkeit, welche durch ihr Wirken die geistigen Grundlagen erarbeitete, die trotz ihrer konservativen Züge zum Eckstein eines neuen Zeitalters werden sollten.

III. KONFUZIUS UND SEINE SCHULE

Die Leistung des Konfuzius, dessen Werk in seiner späteren Ausprägung einen so entscheidenden Beitrag zur Kultur Chinas geliefert hat, ist nur zu verstehen, wenn man sie gegen den geistigen Hintergrund der Zeit absetzt, deren soziale und ökonomische Züge im Obigen geschildert worden sind. Das Leben des Konfuzius fällt in jenen Abschnitt, der durch den Übergang von einer magisch gebundenen Religiosität zur Rationalität gekennzeichnet ist. Über die Religion der frühen Chou-Zeit unterrichten uns die literarischen Quellen recht genau. Wie schon unter den Shang gab es einen ausgeprägten Ahnenkult. Man dachte sich die Toten irgendwie körperlich weiterlebend in einem dunklen Reich unterhalb der Erde, doch ihre Seelen blieben in den Tempeln der Nachkommen lebendig, wo ihnen Bankette und feierlich dargereichte Opferspeisen zuteil wurden. Bei diesen Zeremonien verkörperte ein Nachkomme, meist ein Enkel, den Toten und nahm schweigend in starrer Haltung die Opfer stellvertretend entgegen. Die abergläubische Scheu vor der Sphäre des Todes wirkte sich in zahllosen Tabus aus, und den überlebenden nächsten Familienangehörigen wurden viele komplizierte Riten auferlegt. All das galt nur für die adlige Oberschicht; die Bauern verehrten die Ahnen nicht in eigenen Tempeln, sondern in der Südwest-Ecke ihrer Behausung. Eine über den Rahmen der Familie weit hinausreichende Rolle spielte der Kult des Erdgottes. Jede der Herrschaften, vom Gesamtreich über die großen und kleinen Lehnsterritorien bis zu den Landgemeinden, hatte einen eigenen Erdgottaltar (*she*). Den Erdgott selbst stellte man sich wohl menschlich vor, denn man brachte ihm Fleischopfer; dafür spendete er dem Bezirk, zu dem er gehörte, Glück und Fruchtbarkeit. Die Zeremonien fanden im Freien statt; es gab nur einen Altar auf einem Hügel oder einer aufgeschütteten Erhebung. Von dem Erdgott sind keine Mythen überliefert, und so bleibt er in gewisser Weise »unpersönlich«. Seine Funktion im Götterpantheon Alt-Chinas war der Schutz eines umgrenzten Territoriums. Er ist also kein Vegetationsgott. Diese Rolle fiel dem »Hirseherrn« (Hou Chi) zu, dessen Geburtslegende im »Buch der Lieder« aufbewahrt ist. Andere Götter erschienen jedoch zuweilen in Tiergestalt, etwa der Gott des Flusses, d. h. des Huangho, der sich als Fisch zeigte und dem alljährlich Menschenopfer in den Fluten versenkt wurden, oder der Windgott, welcher ein Vogel war. Der Donnergott erschien als Drache, der Regengott als Kröte. Von der Religion der Bauern können wir heute sagen, daß ihre Zeremonien um das Ackerbaujahr kreisten. Zu Beginn der Bestellungszeit, im Frühjahr, wurden die bösen Geister vertrieben und die Erde unter Gesang und Tanz für den Pflug vorbereitet. Ein ähnliches Fest fand im Herbst nach der Ernte statt, ein Erntedankfest, welches, wie auch das Frühlingsfest, von Lustbarkeit erfüllt war und zu allgemeinen Trinkgelagen führte. Aber ein Kennzeichen der frühen Religion ist allen Schichten des Volkes gemeinsam: persönliche Gefühle und Gedanken, individuelle Momente spielten noch keine Rolle. Alle Kulte waren Vollzug einer Handlung von einer Gemeinschaft für eine Gemeinschaft. Die Riten galten als magisch wirksam; ihre äußerlich richtige Ausübung gewährleistete die erstrebte Wirkung.

Dieser Gemeinschaftscharakter ging im Verlaufe der geschichtlichen Entwicklung allmählich verloren, als die Vielzahl der kleinen Lehen und Territorien sich verringerte und die Einzelstaaten an Umfang zunahmen. An einem Erdgottfest einer kleinen Landstadt konnte noch die ganze Bevölkerung teilnehmen, während das gleiche Fest, für einen größeren Lehnsstaat dargebracht, unvermeidlich zu einer internen höfischen Feier wurde, von der die Masse des Volkes ausgeschlossen blieb. So begannen die Kultformen des Volkes und der Oberschicht sich zu trennen, und bald schaute der Hofadlige mit unverhohlener Verachtung auf die derben Trinkgelage und Erntefeste der Bauern hinab. Die Trennung wurde noch ausgeprägter, als die Schicht der Schreiber und Intellektuellen, zu denen auch die Konfuzianer gehörten, an Zahl und Einfluß gewann. Sie hatten gewöhnlich weder Ar noch Halm und repräsentierten eine Art »intellektueller Bourgeoisie« ohne Bindung an den Boden. In ihrem Denken verblaßten die ursprünglich lebens- und blutvollen Göttergestalten des Altertums zu Schemen und schließlich zu abstrakten Begriffen. Der »oberste vergottete Ahn«, der Hoch- und Obergott Shang-ti, wird mehr und mehr durch den »Himmel« (t'ien) ersetzt, der Erdgott durch die Erde an und für sich. Mit dem Aufkommen des hanzeitlichen Konfuzianismus endlich gewinnt eine entschieden atheistische Richtung den Sieg. Was vordem Götter und Geister hervorriefen, wird nunmehr dem errechenbaren Wirken von abstrakten Naturkräften zugeschrieben. Die Götter sinken ab in die Volkskulte, in den sogenannten Vulgärtaoismus, der den konfuzianischen Intellektuellen stets ein Greuel war. Das Volk aber hing nach wie vor an seinen alten Gottheiten, auch noch, als seit der Han-Zeit die staatlichen Behörden gegen »illegitime« oder »ausschweifende« Kultformen zu Felde zu ziehen begannen.

In dieser Wandlung kommt nun der Gestalt des Konfuzius eine große Bedeutung zu. Sein eigentlicher Name war K'ung Ch'iu. Er stammte aus kleinadliger Familie und war im Staate Lu beheimatet, einem Kleinstaat im heutigen Shantung. Seine Familie leitete ihre Herkunft aus dem Fürstenhaus des Staates Sung ab und damit von den Shang-Königen. Die Schule oder Richtung, der Konfuzius zugehörte, heißt in den Quellen *Ju-chia*, Schule der *Ju*. Eine von Hu Shih[7] aufgestellte Theorie sieht in diesem *Ju* die Nachkommen der Priesterkaste der Shang und nimmt an, daß in diesen Kreisen, die von ihrer ursprünglich priesterlichen Funktion zu Ritualfachleuten herabgesunken waren, immer noch Gedanken an eine Renaissance der Shang lebendig waren und daß Konfuzius die *Ju* durch sein Auftreten und seine Lehren zu neuem Selbstbewußtsein bringen wollte. Wie immer man zu dieser Theorie stehen mag, so bleibt doch eines sicher: daß der Meister selbst in seinem tätigen Leben nicht das erreichte, was er anstrebte. Ein einigermaßen bedeutendes Amt an einem der vielen Fürstenhöfe hat er nie innegehabt und auch auf keinen der damals Mächtigen irgendeinen Einfluß ausüben können. Er zog, meist von einer Schülerschar umgeben, als wandernder Lehrer unstet durch China, eines der vielen Schulhäupter, die sich den Fürsten als Berater oder Beamte anboten. Die Lebensdaten des Konfuzius stehen nicht mit Sicherheit fest; 551-479 v. Chr. sind die gängigen Zahlen, die aber erst von Quellen berichtet werden, die zu einer Zeit geschrieben wurden, als Konfuzius bereits in höchstem Ansehen stand und seine Gestalt von hagiographischer Legende umwoben wurde. Die beste Quelle für sein Leben und Wirken sind die »Erörterungen und Gespräche« (*Lun-yü*). In sich von ungleicher Authentizität, lassen sie doch die Grundzüge seiner Lehre klar erkennen, die dann durch spätere Apokryphensammlungen ausgebaut und ergänzt wurden. Auch Konfuzius hebt sich von der unreflektierten und magisch gebundenen Religiosität der frühen Chou-Zeit ab. Seine große Leistung ist es, die überkommenen Riten (*li*) im Sinne einer individualisierten, personalisierten Ethik umgedeutet zu haben. Er stellt sittliche Forderungen an seine Umwelt. Bei ihm gewinnen altüberkommene Begriffe neues Leben und neuen Inhalt. Die magische Wirkungskraft (*te*) wird bei ihm zu der sittlichen, bewußten und als verpflichtend anerkannten Tugend. Der edle Mensch, *chün-tzu*, wörtlich »Herrschersohn«, bezeichnet nicht mehr eine soziale Kategorie, sondern einen Idealtyp, den »Gentleman«, den »sittlich Edlen«. Auch wenn Konfuzius sich in erster Linie an seine Standesgenossen, den Adel, wendet, so ist doch der Begriff des *chün-tzu* in seiner Lehre allgemeiner gefaßt, ja, an ihm wird der Herrschende gemessen. Zum Herrschen soll allein der Edle berufen sein, und wo ein Fürst selbst diesem Ideal nicht nachzueifern vermag, sollte er wenigstens seine Ratgeber unter den Edlen wählen. Das ist ein ausgesprochen revolutionäres Element im frühen Konfuzianismus, denn das Vorrecht des Erbadels wird hier der Kritik mit ethischen Maßstäben ausgesetzt. Es ist kein Zufall, daß Konfuzius ein idealisiertes Altertum als Leitbild vertreten hat, nämlich die Zeit der Urkaiser Yao und Shun, d. h. derjenigen Herrscher, die das Reich an den Würdigsten gaben anstatt an ihre Nachkommen. Wahlmonarchie statt Erbmonarchie — auf diese zugegebenermaßen überspitzte Formel könnte man den politischen Gehalt des frühen Konfuzianismus bringen. Das Wirken des Edlen in Staat und Gesellschaft findet dabei weniger durch das Vorbild der Persönlichkeit Ausdruck als durch die moralische Wirkung (*te*), die von ihr ausgeht. Unter den Tugenden stehen Rechtlichkeit (*i*), menschliche Güte (*jen*) und kindliche Folgsamkeit (*hsiao*) oben-an, nicht als angeborene oder zufällig erworbene Eigenschaften, sondern als lehr- und lernbare, durch beständige Übung zu gewinnende Haltungen im Leben. Erkenntnis und Wissen sind somit auch ein Teil des konfuzianischen Lehrgebäudes. Aber mit einer systematischen und in sich strukturierten Philosophie haben wir es beim frühen Konfuzianismus noch nicht zu tun. Die *Lun-yü* sind eine Sammlung von Anekdoten, Unterhaltungen und Einzelaussprüchen des Meisters ohne jede gegliederte Anordnung. Philosophie äußert sich im Lehrgespräch, nicht in gelehrter Abhandlung. Reichlichen Gebrauch macht man von historischen Beispielen und Beispielsfiguren. Die Metaphysik blieb Konfuzius durchaus fremd. Der Welt der Götter und Geister ließ er ihr Recht, hielt sich aber fern von ihr. Seine Lehren sind diesseitig und bedürfen nicht der Sanktion durch einen Gott oder göttliche Offenbarung. Um so größeren Wert wird auf die Einhaltung der Riten gelegt, auch sie werden freilich nicht mehr als nur äußerliche Formalität betrachtet, sondern als Ausdruck innerer Haltung und Tugend. Eine ganze Welt unterscheidet solches Denken von der Religionsauffassung der frühen Chou-Zeit.

Aber nicht nur in der Entwicklung des chinesischen Denkens half Konfuzius eine Wende herbeizuführen. Auch die Literatur selbst ist mit ihm verbunden. Die Überlieferung und Lehre waren bis in das 5. Jahrhundert hinein mündlich, und geschriebene Aufzeichnungen der Traditionen, die doch dem Meister so am Herzen lagen, wird es vor seiner Zeit kaum gegeben haben. Die spätere Hagiographie schreibt ihm die Zusammenstellung des kanonischen Liederbuchs (*Shih-ching*) zu, ferner des »Buchs der Schriften« (*Shu-ching*). Dies trifft sicherlich nicht zu; wohl ist dagegen äußerst wahrscheinlich, daß die durch Konfuzius und seine Schule bewirkte Beschäftigung mit dem Altertum den Anstoß zur Niederschrift der Texte gab. Die *Lun-yü* selbst sind im Kreise der Schüler und Enkelschüler abgefaßt worden. Ein weiteres Literaturdenkmal dagegen mag vielleicht doch in näherem Zusammenhang mit Konfuzius selbst stehen. Es ist dies die Chronik »Frühling und Herbst« (*Ch'un-ch'iu*), ein Annalenwerk des Herzogtums Lu, das in karger, telegrammartiger Kürze die wichtigsten Begebenheiten der Zeit von 722 bis 481 aufzeichnet. Konfuzius selbst hat einmal gesagt, man werde ihn wegen dieses Werkes später loben oder verdammen. Soll man daraus schließen, daß er selbst die Chronik aus den Tempelarchiven seiner Heimat kopiert und in Umlauf gesetzt hat?[8] Ganz unmöglich wäre das nicht; sicher ist dagegen, daß in seiner Schule das *Ch'un-ch'iu* als Lehrbuch nicht nur der Geschichte, sondern vor allem der politischen Ethik benutzt wurde. An den politischen Fakten, den Kriegen, Bündnissen und Unternehmungen der Herrscher ließ sich Geschichtsdeutung treiben, galt doch Geschichte als Spiegel für die Gegenwart, in warnendem wie in zur Nacheiferung reizendem Sinn. Lob und Tadel wurden zu Kategorien auch der Historiographie, die später an den konfuzianischen Kardinaltugenden die Personen und ihre Handlungen maß. Das chronologische Gerüst hierzu lieferten die nüchternen Eintragungen des *Ch'un-ch'iu*. Schließlich ließ sich die *Ju*-Schule auch die Sammlung und Tradierung des Ritualwissens angelegen sein. Zwar hat das *Li-chi*, die »Aufzeichnungen über die Riten«, seine heutige Gestalt erst in der Han-Zeit erhalten, aber das meiste in dieser Kompilation ist noch chouzeitlich, manches sogar sehr altertümlich, wie die Kapitel, die sich mit den Trauer- und Begräbnisriten befassen. Die Han-Zeit hat sodann auch noch ein weiteres der kanonischen Bücher des Konfuzianismus mit Konfuzius in Zusammenhang gebracht, nämlich das *I-ching*, das kanonische »Buch der Wandlungen«. Dieser von der Wissenschaft auch heute noch nicht völlig enträtselte, durch vielerlei Zutaten bis zur Han-Dynastie immer mehr aufgeschwemmte und erweiterte Text ist ursprünglich eine Orakelanleitung gewesen, durchsetzt mit uraltertümlichen Merksprüchen in einem archaischen Chinesisch. Wenn die hanzeitliche Überlieferung dem Konfuzius die Verfasserschaft der sog. Anhänge zum *I-ching* zuschreibt, so ist das zweifellos unzutreffend. Aber in den Händen der Konfuzianer wurde das alte Orakelbuch dann zu einem Kompendium der Weltweisheit und zur Handhabe einer kosmologischen Spekulation. Damit haben wir alle fünf kanonischen Schriften des Konfuzianismus erwähnt: *Shih-ching*, *Shu-ching*, *I-ching*, *Ch'un-ch'iu* und *Li-chi*. Ihr Studium wurde seit der Han-Zeit verpflichtend für jeden, der sich der konfuzianischen Ausbildung zuwandte, und durch zwei Jahrtausende läßt sich verfolgen, wie diese Schriften aus dem Altertum ein fester Bestandteil sowohl der Bildung wie auch des Argumentierens wurden, umrankt von einer fast uferlosen Kommentarliteratur. Aus ihnen bezog der Konfuzianismus seine utopischen Idealbilder, denen er die Realität nachzuformen versuchte.

IV. DIE »KÄMPFENDEN STAATEN« IM STREIT UM DIE HEGEMONIE

Von einem politischen Einfluß der Konfuzianer kann in den ersten Jahrhunderten nach Konfuzius noch keine Rede sein. Die politischen Ereignisse spielten sich im Rahmen der Machtpolitik ab und zeigten noch nicht jenes ideologische Moment, welches in späteren Perioden einen Bestandteil der Politik bildete. Die Zeit der »kämpfenden Staaten« (*Chan-kuo*) umfaßte insgesamt rund drei Jahrhunderte, erfüllt von Kriegen, Bündnissen, Annexionen und meist nicht dauerhaften Friedensschlüssen. Der geographische Raum, in dem sich dies abspielte, ist noch nicht identisch mit dem China unserer heutigen Landkarten; weitgehende Übereinstimmung mit den modernen Grenzen weist nur der Norden auf, das Land der »mittleren Staaten«, *chung-kuo*, ein Ausdruck, der dann später für China insgesamt gebraucht wird, in der späten Chou-Zeit aber als Plural-Begriff zu verstehen ist. Im Süden umfaßte das damals als »chinesisch« in kulturellem Sinne zu bezeichnende Gebiet etwa das Stromtal des Yangtse und den Raum der heutigen Provinz Chekiang. Alles südlich davon war noch Barbarenland, bevölkert von Stammesgruppen verschiedener ethnischer und sprachlicher Zugehörigkeit. Aber die Tendenz zur Sinisierung der Außengebiete schritt im Süden wie im Norden, Osten und Westen voran. Hier ist durchaus die Idee des »Reichs« lebendig, chines. *t'ien-hsia*, »was unter dem Himmel ist«. Und das Streben der Einzelstaaten ging dahin, dieses *t'ien-hsia* zu organisieren und zu beherrschen — wenn es sein mußte, auf Kosten der Mitbewerber um die Hegemonie. In den frühen Phasen dieser Entwicklung kann noch vom Bewußtsein einer echten Staatenpluralität gesprochen werden, doch tritt an dessen Stelle mit dem ausgehenden 4. und dem 3. Jahrhundert eine unverhüllte Reichsideologie, die sich verstand als Ausdruck sowohl politischer Einheit wie kultureller Homogenität unter Zurückdrängung der vielfältigen lokalen und regionalen Unterschiede. Noch für Konfuzius, den Nordchinesen, waren die Einwohner des Yangtsetales, insbesondere die Leute von Ch'u, Wu und Yüeh »Barbaren« im Sinne der Verschiedenheit von der in Nordchina erwachsenen Hochkultur. Die Entwicklung zur Einheit ließ dabei völlig außer Betracht, daß es ja auch noch das Herrscherhaus der Chou gab. Aber die Chou-Dynastie hatte, da sie einer Hausmacht entbehrte, für das Einigungswerk keine Bedeutung. Schließlich ist noch anzumerken, daß die fast chaotische Vielfalt des zwischenstaatlichen Geschehens auf dem Weg zur imperialen Einheit nicht durch historische Wendepunkte zu gliedern ist.[9] Man kann nicht sagen, welche Annexionen oder welche Schlachten letzten Endes die Alleinherrschaft des Königs von Ch'in begründet haben. Es ergibt sich so etwas wie eine Zwangsläufigkeit der Entwicklung, zu der wirtschaftliche, soziale und auch geistige Faktoren beigetragen haben. Dies erschwert eine kurzgefaßte Darstellung. Zunächst wollen wir die Änderungen in Wirtschaft und Gesellschaft seit der Mitte des 1. Jahrtausends, also nach dem Ende der Ch'un-ch'iu-Zeit, nachzuzeichnen versuchen; die politischen Ereignisse innerhalb des Pluralismus der

»kämpfenden Staaten« werden in Abschnitt VI geschildert werden (S. 69 - 73).

Die Verringerung der Zahl der Lehnsherrschaften und ihre Annexion durch mächtigere Nachbarn brachten für einzelne Kleinherrscher und ihren Anhang eine soziale Deklassierung. Statt eigene Territorien zu regieren, mußten sie nun in fremde Dienste treten. Für manche Adligen bot sich so wenigstens die Möglichkeit, an einem Zipfel der Macht Größerer teilzuhaben, sei es als Domänenverwalter, sei es als Höfling oder Heerführer. Auch finden sich hier und da Angehörige ehemals regierender Geschlechter unter den »wandernden Philosophen« und ihrem Anhang. Je mehr sich die Zahl der Territorien verringerte, desto mehr wuchs die Menge dieser depossedierten Kleinadligen, zumal im 4. und 3. Jahrhundert. An manchen Fürstenhöfen gab es Tausende von Gefolgsleuten. Nicht alle von ihnen werden Edelleute (*shih*) gewesen sein; Glücksritter und Emporkömmlinge finden sich unter diesen »Klienten« (*k'o*, wörtl. »Gäste«) der Großen ebenso wie Leute aus bessergestellten Familien. Der Begriff *shih* hat im übrigen interessante Wandlungen durchgemacht. Ursprünglich bezeichnet das Wort den Fürstendiener und ist etymologisch verwandt mit dem (anders geschriebenen) Wort *shih* »Dienst«. Dann aber verliert es seinen ursprünglichen Sinn und wird zur Bezeichnung der Schicht, aus der potentiell die höheren Amtsträger kommen konnten. Zur Zeit des Konfuzius ist der Begriff schon so verblaßt, daß er nur mehr den Mann von Erziehung und Tüchtigkeit meint, womit nicht unbedingt literarische Bildung verbunden zu sein braucht. »Gentleman« oder »Edelmann« wäre ein in etwa zutreffendes Äquivalent. Mit der Literarisierung der Oberschicht schließlich bekommt *shih* die Bedeutung »Gelehrter«, die es vor allem seit den Han behalten hat; doch schimmert der ursprüngliche adligherrenmäßige Charakter noch insoweit durch, als auch die Offiziere im Heer *shih* genannt werden. Die Klienten der Zeit der »kämpfenden Staaten« nun waren jedenfalls noch nicht »Gelehrte« im späteren Wortsinne von *shih*, sondern im Gegenteil rauhe Männer, die ihren Herren je nach ihren besonderen Fähigkeiten dienten — als Gesandte, Offiziere, Verwalter, ja auch als beauftragte Meuchelmörder. Sie nahmen eine halbfreie Stellung ein und hatten sich in den Schutz der Großen gestellt, die ihnen Unterkunft und Nahrung boten, schuldeten ihrem Herrn dafür auch Treue und Hingabe. Nur wo dieser durch Geiz oder schlechte Behandlung seine Pflichten verletzte, mußte er mit dem Weggang von Klienten rechnen. Es war also ein zweiseitiges Pflichtenverhältnis: Mannestreue gegen Schutz und Unterhalt, und ein strenger Ehrenkodex herrschte auf beiden Seiten. Wenn irgendwann in der chinesischen Geschichte, so bestand damals ein unmittelbares Verhältnis zwischen Herrn und Klienten, das Ähnlichkeiten mit dem feudalistischen Gefolgschaftswesen bei den Germanen bzw. in Europa aufweist. Überhaupt ist ja für das China der ausgehenden Feudalzeit das personale Element noch vorherrschend, auch in der Politik. Man zieht zu Felde aus Rache, um wirklich oder vermeintlich verletzte Ehre zu wahren, um Ruhm zu gewinnen oder Verwandte zu schützen. Noch ist nicht, wie im späteren kaiserlichen China, die Politik formalisiert und bürokratisiert.

Der politischen Konzentration und dem Verschwinden von immer mehr einzelnen Territorialstaaten entsprach auch eine wirtschaftliche Konzentration. Reichtum sammelte sich in wenigen Händen, zumal denen der Fürsten der Großstaaten. Aber auch die Agrarverhältnisse nahmen andere Formen an. War noch in der frühfeudalen Zeit der Grund und Boden grundsätzlich Herrenland gewesen, so ging er nun mehr und mehr in Privateigentum über. Das betraf zunächst Lehnsnehmer und Amtsträger, die ihr Nutzungsland erblich zu machen verstanden. Doch auch im Bauerntum selbst trat an die Stelle der Hörigkeit und Schollengebundenheit teilweise das Privateigentum. Das hängt mit der sich ausbreitenden Geldwirtschaft zusammen. Durch Geldzahlungen war es dem Bauern möglich geworden, sich von den Fronden und Grundlasten freizukaufen; die einem Adligen zu leistenden Dienste wurden abgelöst durch die für den Fürstenstaat. Entscheidend war, daß Boden verkäuflich wurde. Diese Veräußerlichkeit des Grundeigentums wird jedoch nur zum kleineren Teil den Bauern zugute gekommen sein; die Akkumulation von Land in den Händen der Reichen dürfte vorherrschend gewesen sein. Der Mobilität des Eigentums entsprach auch eine gewisse Mobilität der Menschen. Die Quellen berichten uns von Bauern, die massenweise ihre Heimat verlassen, um sich anderswo, meist in wirtschaftlich noch unterentwickelten Staaten mit geringer Bevölkerung, anzusiedeln. Manche Herrscher forderten geradezu zur Einwanderung auf — unter den agrarischen Wirtschaftsverhältnissen des chinesischen Altertums bedeutete, wie auch noch später, eine große Einwohnerzahl Reichtum für den Staat; die Steuereingänge waren direkt proportional der Zahl der Bauern. Von einer auch nur lokalen Übervölkerung kann noch nicht die Rede sein. Auch die Städte wuchsen. In ihnen wurde ein wenngleich nur bescheidener Luxus entfaltet — bei reichen Kaufleuten, Adligen und natürlich an den Fürstenhöfen selbst. Aber eine gewisse bäuerliche Schlichtheit blieb selbst für die Oberschicht kennzeichnend. Die Bauten, einschließlich der Paläste, waren aus Holz und Lehm, man hockte auf dem Boden (wie im traditionellen japanischen Wohnhaus noch heute); Möbel gab es nicht. Gold und Silber waren selten, Edelsteine so gut wie unbekannt, und im Vergleich zu dem, was wir aus der gleichzeitigen mittelmeerischen Antike wissen, erscheint uns die chinesische Gesellschaft auch in ihren Spitzen im materiellen Zuschnitt noch als durchaus bescheiden. Immerhin genügte selbst dies, um manche Philosophen zu vehementen Attacken gegen Pracht- und Luxusentfaltung der Großen zu veranlassen. Schließlich ist noch zu erwähnen, daß auch das Kriegswesen von der allgemeinen Wandlung der gesellschaftlichen Verhältnisse erfaßt wurde. In der frühfeudalen Zeit und der Ch'un-ch'iu-Periode kämpften kleine Kontingente von Adligen auf Streitwagen, begleitet von einem Aufgebot von Fußsoldaten. Mit dem Anwachsen der Staaten gibt es nun auch Massenheere, die aus der Bevölkerung rekrutiert werden. Sie umfassen auch größere Kavalleriekontingente — eine Folge des Kontaktes der nordwestchinesischen Staaten (namentlich Chao im nördlichen Shansi) mit den Reiternomaden der Steppenvölker, deren Kampfesweise und Ausrüstung von den Chinesen übernommen wird.

So erscheint uns der Fürstenstaat der Zeit der »kämpfenden Staaten« als das Ergebnis eines Wandels auf vielen Gebieten, wirtschaftlich mächtig durch das Steuersystem und eine große Bevölkerungszahl. Institutionen beginnen die feudalistischen personalen Bindungen zu ersetzen. Welchen Zielen nun diese Staatsmacht dienstbar gemacht werden sollte, oder vielmehr, welche Ideologie für Herrscher und Berater verpflichtend sein sollte, darum ging es in erster Linie bei den Rezepten, die die verschiedenen Philosophenschulen anboten. Denn dem gesellschaftlichen Umbruch entsprach die Unruhe des geistigen Suchens. Nie wieder haben in China die Denkenden so vielfältige Lösungen der gesellschaftlichen Antagonismen vorgeschlagen wie in der Chan-kuo-Zeit, die nicht nur eine Ära der Kampfstaaten war, sondern auch das Zeitalter, da die »hundert Schulen« blühten. Vom Konfuzianismus war bereits oben die Rede, aber diese Richtung war nur eine von vielen und zunächst in keiner Weise einflußreich. Sie hatte sich mit anderen Strömungen auseinanderzusetzen, die wiederum einander bekämpften. Es war das klassische Zeitalter der chinesischen Philosophie, lebhaftester Diskussion und Schulenbildung, nie wieder erreicht in seiner Fülle und Grundsätzlichkeit des Fragens. Eine aus den Fugen geratene Welt — die des Feudalismus — suchte die Lösung des Problems, wie das Neue gestaltet werden sollte und wie Staat und Gesellschaft zu leiten seien.

a) Mo Ti und die Mohisten

Konfuzius hatte, als er mit seiner Lehre die altchinesischen religiösen Vorstellungen zu einem philosophischen Weltbild rationalisierte, entschieden revolutionierend gewirkt. Dagegen
stand er der sozialen Wirklichkeit konservativ gegenüber: der
Kern seiner praktischen Philosophie spiegelt den Feudalismus
wider, obwohl dieser bereits in Auflösung begriffen war. Selbst
da, wo Konfuzius die bestehenden Verhältnisse an seinem Ideal
(das gleichzeitig aber auch diesen immanent war) maß und sie
damit kritisierte, hatte seine Theorie dennoch auch affirmativen
Charakter. Die Herausforderung an sie kam von zwei Seiten
her, vom Legalismus und vom Mohismus, über dessen Begründer wir leider so gut wie nichts wissen. Mo Ti, dessen Lebenszeit etwa in die Jahre von 479 bis 381 fiel, wurde nach einer
Version im Fürstentum Lu, nach einer anderen im Lehnsstaat
Sung geboren. Dort war er einige Zeit in niederer Stellung am
Hofe beamtet; in Lu war er als Lehrer seiner Schule tätig. In
bezug auf seine soziale Herkunft ist aufgrund der Bedeutung
seines Familiennamens Mo (»Tusche«) vermutet worden, daß
er einer Sippe von Orakelpriestern oder Schreibern entstammte.[10] Das Werk, das unter seinem Namen überliefert ist, dürfte
um 400 v. Chr. von seinen Schülern aufgezeichnet worden sein.
Im Gegensatz zu den anderen Philosophen-Schulen seiner Zeit
ist in ihm ein religiöses, theistisches Moment enthalten. Obwohl
als höchstes Wesen nur der Himmel (*t'ien*) erscheint und nicht
mehr Shang-ti, trägt jener in seinen Äußerungen wie Liebe und
Haß deutlich personale Züge. Dazu wird an der Existenz von
Dämonen und Geistern festgehalten, und zwar solchen, die mit
Bergen, Flüssen usw. in Zusammenhang gebracht werden, wozu
die der Verstorbenen sich gesellen, die noch strafend und rä-
chend ins Leben hineinwirken können. Die Furcht vor ihnen
wird als Mittel zur Gesittung sanktioniert, ja als hierfür notwendig erachtet. Mo Tis Anschauungen sind auch in anderen
Punkten dem Zeitgeist verhaftet, vor allem darin, das Idealbild
der Gesellschaft im hohen Altertum verwirklicht zu sehen. Desgleichen unterscheidet sich die Methodik des Argumentierens,
wobei die Beweisführung vornehmlich typologisch, an Hand
von Musterfällen, vorgenommen wird, in nichts von der der
anderen Schulen. Aber Mo Ti wendet sich entschlossen gegen
die Grundlage der feudalen Gesellschaft, wie sie in ihrer Fami-
lienethik zum Ausdruck kommt (wenn er auch die Notwendigkeit staatlicher Bindungen und die absolute Position der Fürsten
bejaht). Damit untergräbt er unvermeidlich den Eckpfeiler im

konfuzianischen System. Sein Zentralbegriff der »allumfassenden Liebe« transzendiert die private Sphäre und verbindet sich mit seiner Idee von der Gleichheit, die alle Menschen als »Diener des Himmels« apostrophiert. Wie alle egalitären Ideologien weist auch die seine asketische und utilitaristische Züge auf: sie verwirft den Aufwand, der mit dem Vollzug der konfuzianisch geprägten Riten verbunden ist, z. B. bei Hochzeiten und Begräbnissen. W. Eberhard[11] glaubt, Mo Tis Lehre artikuliere das Interesse der gesamten Oberschicht, was nur heißen kann, daß darin der Geltungsanspruch des niederen Adels vertreten sei. Daß aber der Begriff des »Volkes«, wie Mo Ti ihn versteht, vielleicht doch den der Oberschicht überschreitet und zumindest die freie Bauern- und Handwerkerschaft mit einbezieht, ist nicht so ohne weiteres auszuschließen. Mo Ti teilt mit den Konfuzianern, sicher prononcierter als diese, die Ablehnung des Angriffskrieges. Nun findet sich in Kapitel 39 seines Werkes eine interessante Passage. Es heißt dort: »Weiter wird von den Konfuzianern behauptet, daß der Edle, wenn er im Kampfe siege, die Fliehenden nicht verfolge.« Der Text spinnt dann den Fall weiter aus und setzt ein Beispiel, bei dem ein Weiser ein Heer aufbietet, um Schuldige zu züchtigen, und fährt fort: »Wenn dann der siegreiche Feldherr nach der überlieferten Vorschrift den Soldaten befiehlt, keine Fliehenden zu verfolgen, auf die Umzingelten nicht zu schießen und den Freigelassenen mit Proviant-Wagen zu helfen, so werden die Empörer alle mit dem Leben davonkommen, aber das Reich wird nicht vom Verderben befreit [...] Das ist ein Mangel an Gerechtigkeit, wie er sich nicht schlimmer denken läßt.«[12] Hier wird mit der Spielregel gebrochen, die, wie der Historiker in nahezu allen Kriegen beobachten kann, welche zwischen zwei sozial ähnlich strukturierten Gesellschaften geführt werden, von den beiderseitigen Oberschichten eingehalten zu werden pflegt. Das bedeutet aber, daß sich Mo Ti auf die Seite derjenigen stellt, die unter den Kriegsfolgen zu leiden haben.[13]

Die Lehren des Mo Ti errangen in den folgenden zwei Jahrhunderten einen Einfluß, der dem der Konfuzianer nicht nachstand. Seine Anhänger formierten sich zu straff organisierten Sekten, in denen möglicherweise sogar eine Art Gütergemeinschaft herrschte und die sich auch militärisch ausbildeten. Sie können somit als die Vorläufer jener Geheimbünde gelten, die bis in die Neuzeit hinein immer wieder die aktiven Verfechter der Lebensinteressen der Unterklassen waren. Die Mohisten-Sekten zerfielen später in verschiedene Richtungen, von denen zwei besondere Erwähnung verdienen. Aus der einen ging eine offensichtlich sehr kleine Gruppe von Denkern hervor, die sich Fragen der Logik und Dialektik zuwandten (siehe unten). In der anderen Richtung war eine Gruppe von Technikern vereinigt. Von deren Schriften ist nur ein Bruchteil auf uns gekommen; es sind dies die Kapitel 51-53 des *Mo-tzu*, acht weitere sind verlorengegangen. Sie, die in die erste Hälfte des 3. Jahrhunderts v. Chr. datiert werden, beschäftigen sich mit Grundfragen der Mathematik und Optik, besonders aber auch mit solchen der Mechanik. Schon Mo Ti selbst wurde die Konstruktion von Verteidigungsmaschinen nachgesagt. In den erwähnten Kapiteln werden der Bau von Stadttoren, Katapulten, Armbrustwagen, das Anlegen von Gräben, die Arten der Wasserverteidigung und manches andere beschrieben. Beide Richtungen blieben wirkungslos. Während Technik und Naturwissenschaft sich nicht als akademische Disziplinen zu etablieren vermochten, obgleich technischer Erfindungsgeist immer lebendig und fruchtbar blieb, verschwand die Logik, wenn man von der buddhistischen Philosophie absieht, seit dem 2. Jahrhundert v. Chr. bis ins 20. Jahrhundert völlig als Gegenstand des Nachdenkens in China. Sie teilten damit das Schicksal, das der Mohismus als Ganzes erfuhr.

b) Die Yin-Yang-Schule

Unter der sog. Yin-Yang-Schule im engeren Sinne versteht man eine naturphilosophische Lehre, die in Tsou Yen (4. Jahrhundert v. Chr.) ihren Hauptvertreter hatte. Die beiden Begriffe, die abstrakt die zwei Grundprinzipien *yin* (passiv, weiblich, dunkel) und *yang* (aktiv, männlich, hell) bezeichnen, wurden etwa seit dem 6. Jahrhundert v. Chr. von der philosophischen Spekulation ergriffen und gelangten im Taoismus zu besonderer Ausgestaltung. Einschränkend muß allerdings festgehalten werden, daß sie auch da so allumfassend gedacht wurden, daß in ihnen das Allgemeine nicht durch das Besondere vermittelt wurde. Die Yin-Yang-Theorie, die sicher auch mit Weltentstehungsmythen zusammenhängt, wurde dann mit der Elementenlehre verknüpft, die über Jahrhunderte hinweg das Philosophieren beeinflußte. Die fünf Elemente — Holz, Feuer, Erde, Metall, Wasser — werden zum einen als einander erzeugend, zum anderen als einander vernichtend gedacht. Chinesischer Konzeption gemäß wirken sie auch in die Menschenwelt hinein, was seinen Niederschlag in der Geschichtstheorie vom Auf- und Abstieg der Dynastien fand. Die Anfangsphase eines neuen Herrscherhauses wurde in Verbindung gebracht mit der besonderen zeitlichen Wirksamkeit eines Elements, unter dessen Zeichen sich seitdem die Dynastien jeweils stellten. So wurden auch in den Abhandlungsteil der offiziellen Dynastie-Geschichten Erörterungen über die Elementenlehre aufgenommen.

Die Schriften des Tsou Yen sind sämtlich verlorengegangen. Die wichtigsten Zeugnisse dieser Schule sind im philosophischen Werk *Kuan-tzu* (sog. Pseudo-*Kuan-tzu*) enthalten. Ferner gehört hierzu das Buch *Huang-ti su-wen* (»Des Gelben Kaisers Fragen nach dem Wesen der Dinge«), das erste spezielle Werk der chinesischen Medizin, welches vermutlich in der späteren Han-Zeit (1.-2. Jahrhundert n. Chr.) kompiliert worden ist. Die Hypothese, daß hier indische Anregungen fruchtbar geworden sind, ist nicht verifizierbar. Immerhin wird Tsou Yen eine kosmologische Theorie zugeschrieben, nach der China nur einen kleinen Teil der Erde darstellt, nämlich zusammen mit acht weiteren Ländern eine von insgesamt neun Provinzen — ein doch sehr unchinesischer Gedanke. Als Schule konnte sich die Yin-Yang-Lehre nicht erhalten; die abstrakte Verbegrifflichung ihrer Kategorien wurde von den verschiedenen Systemen betrieben, und was magisch an ihr war, fiel wieder in die Magie zurück. Im Schicksal ihres Gedankenguts aber können wir *in nuce* das Wesen chinesischen Denkens überhaupt erkennen: alle seine Grundkonzeptionen werden, seit sie zum ersten Male erfahren und manifestiert wurden, in ihrer ursprünglichen Intention durchgehalten bis in ihre abstraktesten Ausformungen, nie sondert analytisches Urteil von ihnen ab und trennt die Gegenstände von den Wesenheiten. Der Ethnologe Lévi-Strauss formuliert diesen Sachverhalt, wenn er sagt, daß man in China vielleicht auf das allgemeinste, dort am systematischsten angewendete unter den Modellen treffe, mit denen der sogenannte Totemismus mit Hilfe einer speziellen Nomenklatur Wechselbeziehungen und Gegenüberstellungen, die auch anders in eine Form gebracht werden könnten, ausdrücke; und zwar liefere dies Modell der Gegensatz der beiden Prinzipien von Yin und Yang, männlich und weiblich, Tag und Nacht, aus deren Vereinigung eine organisierte Ganzheit, das *tao*, hervorgehe, das eheliche Paar, ein ganzer Tag. Der Gegensatz, anstatt der Integration ein Hindernis zu sein, diene vielmehr dazu, sie zu schaffen.[14]

c) Die Taoisten

Noch entschiedener als in der Yin-Yang-Theorie der Naturphilosophen zeigt sich in der taoistischen Schule eine Hin- und Rückwendung zur Natur. Diese ist hier zunächst verstanden als das, was nicht künstlich vom Menschen geschaffen, nicht Kultur ist. Ein Zentralbegriff der taoistischen Lehre ist *tzu-jan*, was mit »Ungebundenheit, Spontaneität« übersetzt werden kann. Ihr traute man mehr als den steifen und förmlichen Riten der Konfuzianer und ihrer Ethik. Die bekanntesten und wichtigsten

Texte des philosophischen Taoismus sind das dem Lao-tzu zugeschriebene Buch vom »Tao und seiner Wirkung« (*Tao-te-ching*) und das Korpus, das mit dem Namen des *Chuang-tzu* benannt wird. Bei Chuang-tzu (2. Hälfte des 4. Jahrhunderts v. Chr.) erscheint uns Konfuzius als hilflose und ein wenig lächerliche Figur, und nicht besser ergeht es den disputierfreudigen Logikern, wenn sie in fingierten Gesprächen mit Taoisten vorgestellt werden. Der Taoist strebt die Harmonie der Menschen untereinander und mit dem All an. Der Weg (*tao*) umfaßt Kosmos und Menschenwelt, und der einzelne hat die Aufgabe, sich ohne Reibung dem Tao anzupassen. Nur was im Einklang mit dem Tao der Natur steht, hat Bestand, denn es ruht im Urgrund des Seins. Materielle Kultur ist den Taoisten unwesentlich, ja verderblich. Ein Eimer ist dem, der Wasser mit der hohlen Hand schöpft, bereits ein Stück verwerflicher Unnatur. »Urzustand« (*p'u*, eigentlich »Rohholz«, »unbehauenes Holz«) ist ein Schlüsselwort der taoistischen Philosophie. Auch die Menschen, so wird uns wieder und wieder versichert, täten gut daran, in den Urzustand zurückzustreben. Damit negiert man aber nicht nur die materielle Kultur und den wirtschaftlichen Fortschritt, sondern auch die stratifizierte Gesellschaft. Vor der Natur, dem Tao, ist der ungelehrte, primitive Mensch nicht weniger als der Herrscher über Staat und Menschen. Ein ausgesprochen autoritätsfeindlicher, antistaatlicher, ja anarchischer Zug ist so dem Taoismus eigen. Ihm entspricht sein Individualismus; der einzelne und sein Heil sind wichtiger als die – ohnehin als verderbt aufgefaßte – Gesellschaft. Selbstvervollkommnung und Läuterung des Adepten sind wichtig, nicht die Erfüllung von Pflichten gegenüber Familie und Staat. Losgelöst von allen Bindungen soll der Adept sich ausschließlich den Kräften der mütterlich hegenden und zeugenden Natur zuwenden. Mystische Versenkung in das All-Eine tritt an die Stelle sozialer Verpflichtung. Der wahre Taoist wird also zum Einsiedler. In einer Zeit politischer Wirren und gesellschaftlicher Umwandlung mit all ihrer Unsicherheit flieht er die Gesellschaft, anstatt sie mit abstrakten Regeln formen zu wollen.

Das goldene Zeitalter erscheint dem Taoisten somit als eine Welt ohne Zwang. Sie wird beherrscht durch Nicht-Handeln (*wu-wei*), besser, »Nicht-Eingreifen«, und spiegelt das Sehnen nach einer primitiven Urgemeinschaft wider, man möchte sagen, nach der friedlichen Bauernwelt des Neolithikums. Auch dort, wo in den Schriften der Taoisten von Herrschern des Altertums die Rede ist, sind es nicht tugendhafte Organisatoren wie Yao und Shun, sondern mythische Figuren wie der »Gelbe Kaiser« (Huang-ti), der im volkstümlichen Taoismus zum Patron der ganzen Richtung wird.

Eine Gesellschafts- und Staatsideologie konnte demgemäß aus ihr nicht hervorgehen. Dafür erwuchsen auf dem Boden taoistischer Geistigkeit menschliche Haltungen, die aus der chinesischen Kultur nicht wegzudenken sind. Alle spätere chinesische Naturwissenschaft ist irgendwie taoistisch geprägt, nicht nur die Naturphilosophie. Ob Heilkunde, Alchimie, Chemie, überall sind taoistische Einflüsse am Werk. Manche Kunstübung ist im Rahmen dieser Tradition zu sehen, etwa die Landschaftsmalerei. Sie ist der sinnfälligste Ausdruck des »Zurück zur Natur« der Taoisten. Auch ist durch die Schriften des philosophischen Taoismus erstmals das Individuum als solches in Erscheinung getreten: als Einzelwesen, nicht als Glied einer Gruppe oder Gemeinschaft. Ebensowenig darf vergessen werden, daß die erste große Prosadichtung in China taoistisch ist. Der oder die Verfasser des *Chuang-tzu* (der überlieferte Text ist in sich nicht einheitlich, sondern enthält neben echten, auf den historischen Meister Chuang zurückzuführenden Stücken auch spätere Zusätze) haben die Literatur um ein unvergängliches Meisterwerk der Phantasie und bildhaften Sprache bereichert, das meilenweit entfernt ist von dem etwas hausbacken-belehrenden Ton der konfuzianischen Schriften. Und auch die persönliche Haltung des Taoisten hat Schule gemacht. Immer wieder hat das eremitenhafte Dasein im Schoße der Natur (möglichst in einer reizvollen Landschaft) Menschen angezogen, die dem starren Zwang der Konventionen und der Gesellschaft entfliehen wollten.

d) Spätere Konfuzianer: Meng-tzu und Hsün-tzu

Die von Konfuzius entworfene politisch-moralische Weltanschauung mußte, gerade weil sie die soziale Praxis zum Ziel hatte, in der kriegerischen Periode des sich zersetzenden Feudalismus immer mehr in Widerspruch zur Wirklichkeit geraten. Wenn die »heiligen Herrscher des Altertums« nur dank ihrer Tugenden und ihrer Tüchtigkeit zur Herrschaft gelangt sein sollen, so mußte schließlich angesichts der Skrupellosigkeit der regierenden Fürsten die Frage gestellt werden: Warum eigentlich ist Konfuzius kein Herrscher geworden? Er, den alle Fähigkeiten dazu prädestinierten? Einer, der diese Frage zu beantworten suchte, war Meng K'o (371-289), bekannter unter der Bezeichnung Meng-tzu (Meister Meng). Er entstammte einer der drei großen Sippen in Lu. Sein Persönlichkeitsbild tritt gänzlich hinter sein Werk zurück, das in sieben Büchern von seinen Schülern niedergelegt worden ist und das die wenigen uns bekannten biographischen Daten enthält. Danach war er um die Mitte seines Lebens am Hofe der Lehnsfürsten von Ch'i tätig, anschließend noch an anderen Fürstenhöfen, kehrte nach Ch'i zurück, um dann ab 308 in Lu zu wirken. Seine Antwort auf die oben zitierte Frage beinhaltet einen Kompromiß: Herrscher werden kann nur, wer durch den vorangehenden Herrscher dem Himmel präsentiert worden ist. Das heißt aber, daß individuelle Qualifikation allein nicht mehr ausreichend ist; es müssen objektive Gegebenheiten hinzutreten. Ergänzt wird dieser Gedanke durch die »demokratische« Idee von der weitgehenden Ähnlichkeit aller Menschen: »Der Heilige und ich sind von gleicher Art.« Folgerichtig stellt Meng-tzu eine neue Wertskala auf. In ihr nimmt die Gesamtheit des Volkes die oberste Stelle ein, der zunächst die Schutzgötter des Landes stehen, und erst den dritten Rang besetzen die Fürsten. Am berühmtesten ist aus diesem Gedankenkreis die Lehre vom Entzug des himmlischen Mandats (*ko-ming*) geworden, der den vom rechten Pfad abgewichenen Herrscher einem Bannstrahl gleich trifft, und zu dessen Vollstrecker Meng-tzu das Volk deklariert. Das Recht auf, ja die Pflicht zur Revolution bedeutet dabei aber nicht die Umwälzung der bestehenden Sozialordnung, sondern zielt nur auf die Inthronisierung eines neuen, würdigen Fürsten ab. Rationale Grundlage dieser Gleichheits-Theorie ist Meng-tzus Lehre von der angeborenen Güte der menschlichen Natur. Deren Gefährdung kann nur durch konsequente Erziehung abgewendet werden. Im Zentralbegriff der Sitte, dem moralischen Pfeiler von Staat und Familie, trifft Meng-tzu wieder in den Kern der konfuzianischen Anschauung, den Widerspruch zwischen heiliger Lehre und sozialer Realität versöhnend. Im Rückblick erscheint Meng-tzu oder Mencius, wie die Jesuiten seinen Namen latinisierten, als der nächst Konfuzius wichtigste Gestalt im konfuzianischen Lehrgebäude. Für die Zeit des ausgehenden Altertums trifft dies aber keineswegs zu. Zwar wurde er schon im 2. Jahrhundert n. Chr. als »zweiter Heiliger« (sc. nach Konfuzius) bezeichnet, seine Kanonisierung indes wurde erst in der Sung-Zeit (11./12. Jahrhundert) vollzogen.

Es war Hsün Ch'ing (oder Hsün-tzu), der in der ersten Hälfte des 3. Jahrhunderts v. Chr. die konfuzianische Doktrin zu einem System umformte, das sich als fähig erwies, die ihr immanenten Widersprüche auszugleichen, die wichtigsten Ideen aus dem Legalismus (s. S. 66) und dem Taoismus zu integrieren und in Einklang mit der Entwicklungstendenz der Gesellschaft zu bringen. Auch über sein Leben wissen wir nichts, was uns ihn als Person vertrauter machen könnte. Er wurde um 320 v. Chr. in dem nördlichen Staate Chao geboren. Gleich den meisten Philosophen seiner Zeit erreichte er nie ein bedeutendes Amt. Sein Werk aber bildet den Höhepunkt der Philosophie des chinesischen Altertums. Unter dem Eindruck der aufstrebenden

Zentralgewalt, die sich zunächst mit der Ideologie des Legalismus verband, sah Hsün-tzu sich vor das Problem der menschlichen Natur gestellt, die Konfuzius *expressis verbis* nicht definiert hatte und die von Meng-tzu offensichtlich nicht adäquat erkannt worden war. Gegen letzteren nun setzte er seine Bestimmung, daß der Mensch von Natur aus böse sei, jedoch ausgestattet mit der Fähigkeit zur Erkenntnis, welche es ihm ermögliche, durch Erziehung sich zum Guten zu läutern. Auf göttliche Hilfe kann er dabei allerdings nicht rechnen, denn der Himmel, oberster Begriff auch für Hsün-tzu, wird von ihm als eine von der Menschenwelt unabhängige Naturkraft verstanden, als unwandelbares Naturgesetz. Diese Definition zeigt deutlich den Einfluß der Weltauffassung des Lao-tzu, der auch in Hsün-tzus Psychologie wahrnehmbar ist. Denn die Qualitäten der Leerheit, Konzentration und Leidenschaftslosigkeit, die dem Geist zur Erkenntnis verhelfen, sind ursprünglich taoistische Kategorien. In seiner Theorie der intellektuellen Anschauung — der Begriff »Erkenntnistheorie« ist hierfür wohl zu europäisch — verharrt der Philosoph dagegen auf einem agnostischen Standpunkt, und gleich Konfuzius sind ihm Geister und Dämonen überhaupt kein Thema.

Mit den Lehren von Konfuzius berühren sich am innigsten seine Darlegungen über die Riten (*li*). Sie werden von ihm rationalisiert als Einheit von innerer und äußerer Moralität. Durch sie werden nicht nur die Emotionen gebändigt und geformt, sondern auch die soziale Gesittung und die bejahte hierarchische Ordnung der Gesellschaft geprägt. In seinen politischen Darlegungen vertritt Hsün-tzu eine ständisch gegliederte Gesellschaft; der Fürst an ihrer Spitze ist durch seine persönlichen Verdienste legitimiert. Ihn vergleicht er mit dem Schiff; wie dies vom Wasser wird jener vom Volke getragen. Ihr Verhältnis ist durch die Sitte geordnet; der Begriff der Menschlichkeit (*jen*), der bei Konfuzius noch so zentral ist, muß bei ihm auf Grund seiner Definition der menschlichen Natur konsequenterweise fast verschwinden. So geht ein strenger Zug zur Objektivität durch sein ganzes Denken, und seine Antwort auf die Frage, die sich bereits Meng-tzu vorgelegt hatte, warum Konfuzius nicht Herrscher geworden sei, spiegelt dies deutlich wider. Er drückt sich in einem Gleichnis aus: Selbst der beste Kriegswagenfahrer könne sich nicht entfalten, wenn er ohne Wagen und Pferde sei. Auf Konfuzius angewendet heißt das, daß jener zwar die überragende Fähigkeit, das Reich zu einigen und zu ordnen, gehabt, aber über keinen eigenen Besitz als Ausgangsbasis verfügt habe.

Die Gegner, die Hsün-tzu bekämpft hat, sind die Taoisten Laotzu und Chuang-tzu, vor allem aber der Sozialutopist Mo Ti gewesen. In einem Kapitel seines Werkes, das sich mit der von Konfuzius geschaffenen Theorie von der »Richtigstellung der Namen« (*cheng-ming*) befaßt, greift er den Logiker Kung-sun Lung an, dessen Paradoxe angeblich den korrekten Sprachgebrauch verdürben. Unter den seinen Lehrmeinungen zuwiderlaufenden Ansichten der Konfuzianer bekämpfte er besonders die des Meng-tzu von der angeborenen Güte des Menschen. Hsün-tzus Wirkung war zu seiner Zeit beträchtlich; sie erfaßte sogar die beiden bedeutenden Historiker der Han-Zeit, Ssu-ma Ch'ien und Pan Ku. Später wurde er von der Orthodoxie streng kritisiert, sehr zu Unrecht, denn ihm war es wesentlich zu verdanken, daß sich der Konfuzianismus als die chinesische Staatsdoktrin schlechthin durchsetzte.

e) Die Legalisten

Der Konfuzianismus war, wie wir sahen, in der späten Feudalzeit noch keine politisch oder ideologisch einflußreiche Macht; und auch die Mo Ti-Schule hat in keinem der Einzelstaaten ihre Ideen durchsetzen können. Dafür gewann in den Jahrhunderten der »kämpfenden Staaten« eine andere Richtung an Bedeutung und hat wohl die innere Entwicklung mehr als alle anderen Schulrichtungen bestimmt. Es ist dies der Legalismus. Der Ausdruck ist abgeleitet von der chinesischen Bezeichnung *fa-chia* »Gesetzesschule«. Wie schon der Name sagt, steht für sie das geschriebene Gesetz obenan, ein Gesetz, welches sichern soll, daß Staat und Fürst mächtig und reich werden oder bleiben. Mit Hilfe gesetzten Rechts Neuerungen durchzuführen, widersprach zunächst den Anschauungen der Feudalzeit. Das Recht, vor allem aber das Strafrecht, war noch stark religiös gebunden und ein Bestandteil des ungeschriebenen, aber allgemein anerkannten Herkommens (*li*). Demgegenüber bedeutete es eine einschneidende Neuerung, wenn Rechtssätze kodifiziert und allgemein bekannt wurden. Dies ist anscheinend zuerst in dem Kleinstaat Cheng (im heutigen Honan) erfolgt und wird auf den Minister Tzu-ch'an (Kung-sun Ch'iao) zurückgeführt, einen Prinzen des Fürstenhauses von Cheng, der zwischen 581 und 521 v. Chr. lebte, also ein älterer Zeitgenosse des Konfuzius war.[15] 535 v. Chr. ließ Tzu-ch'an einen Strafkodex formulieren und, wie es heißt, auf bronzene Dreifüße gegossen bekanntmachen. Gegenüber dem nichtgeschriebenen Gewohnheitsrecht bedeutet diese Kodifizierung einen Schritt zur rationalen Beherrschung auch der Rechtssphäre und gehört insofern in den Rationalisierungsprozeß, der im 6. und 5. Jahrhundert wirksam war. Freilich betrachtete die Schule der Legalisten nicht Tzu-ch'an als ihren Ahnherrn, sondern Kuan Chung, einen

Staatsmann aus dem Staat Ch'i (im heutigen Shantung), der sich als Minister unter Herzog Huan ausgezeichnet hatte (s. o. S. 46). Den Namen des Kuan Chung trägt auch ein Kompendium legalistischer Schriften, das Buch *Kuan-tzu*, welches freilich kaum etwas mit dem historischen Staatsmann Kuan Chung zu tun hat, sondern disparates Material aus vielen Jahrhunderten enthält. Warum gerade Kuan zum Schutzpatron wurde, liegt auf der Hand, wenn man weiß, daß manche wirtschaftlichen Neuerungen im Staat Ch'i zuerst zu seiner Zeit eingeführt wurden, so das Monopol auf Salz und Eisen. Man sah also in Kuan einen jener Staatsmänner, die es verstanden hatten, ihren Staat reich und mächtig und ihren Fürsten zum Hegemonen zu machen. Auch eine andere berühmt gewordene legalistische Schrift ist mit dem Namen eines Staatsmannes verbunden, nämlich das *Shang-chün shu*, »Buch des Herrn von Shang«. Es wird dem Wei Yang (gest. 338 v. Chr.) zugeschrieben, der zwar aus Wei stammte, aber 361 im westlichen Grenzstaat Ch'in Dienst nahm, zum Ratgeber des Fürsten aufstieg und sogar als Herr von Shang geadelt wurde. Wei Yang hat den Quellen zufolge in ähnlicher Weise als Reformator gewirkt wie Kuan Chung in Ch'i. Er straffte das Justizwesen, das auf einem rücksichtslos angewandten System von Lohn und Strafe beruhte. Er führte auch eine Einteilung des Staatsgebiets von Ch'in in Landkreise (*hsien*) durch, was eine grundsätzliche Abkehr von der Verwaltung durch mittelbare Lehnsträger bedeutete, denn die bestehenden Herrschaften wurden durch das *hsien*-System einer von der Zentrale eingesetzten Aufsicht unterstellt.

Die klassische Formulierung erhielt die Theorie der Legalisten jedoch durch Han Fei-tzu (gest. 233 v. Chr.). Er entstammte dem Fürstenhaus des Staats Han, hatte jedoch keine politische Stellung inne. Sein Werk ist recht gut überliefert und gibt die wichtigsten Ideen der Gesetzesschule eindringlich wieder. Das Hauptkennzeichen des Legalismus ist die Betonung des abstrakten Gesetzes. Es soll als allgemeine Norm unterschiedslos, ohne Ansehen von Stand und Person, angewandt werden. Für das im Feudalismus so wichtige personale Element bleibt dabei kein Raum, auch nicht für die von den Konfuzianern so betonten Riten (*li*). Im Antagonismus zwischen *li* und *fa* entscheidet sich der Legalist für *fa*, das Gesetz, für dessen Anwendung es gleich ist, ob der Betroffene Bauer oder Sklave, Prinz oder Minister ist. Sitte und Herkommen werden als für die Staatsmacht schädlich abgewertet. Auch der Fürst selbst, der doch absolut herrscht, soll an das von ihm gesetzte Recht gebunden sein. Wendet er es nicht buchstabengetreu an, schadet er dem Staat wie auch sich selbst. Welchem Zweck soll nun das Gesetz dienen? Es soll den

Staat wirtschaftlich und militärisch stärken. Es ist kein Zufall, daß viele legalistische Schriften, zumal die *Kuan-tzu*-Texte, sich ausführlich mit Wirtschaftstheorie beschäftigen. Man kann manche Kapitel geradezu als Handbücher der Nationalökonomie ansehen, in denen ausgeführt wird, was den Staat wohlhabend macht: ein zahlreicher und steuerkräftiger Bauernstand zumal, Staatsmonopole und auch die Ausdehnung auf Kosten der Nachbarn. Die Strenge der Strafen soll der legalistischen Theorie zufolge dazu führen, daß kein Gesetz mehr übertreten wird. In der Abschreckung sieht man den Zweck der Strafe. Wie alle anderen Philosophenschulen entwirft letzten Endes auch der Legalismus eine Utopie. Während aber die sozialen Konflikte für den Konfuzianer durch Riten und ethisches Handeln entschärft werden und so die Harmonie der Gesellschaft garantiert wird, ist es für den Legalismus das Gesetz, das durch rigorose Anwendung den Frieden der Gesellschaft im Innern des Staates sichern kann. Nicht nach außen, denn außenpolitisch ist der legalistisch bestimmte Staat so lange aggressiv, bis er alles, was unter dem Himmel ist, dem Fürsten unterordnen kann. Merkwürdige Beziehungen bestehen zwischen dem Taoismus und dem Legalismus. Es mutet auf den ersten Blick paradox an, wenn etwa ein Teil des Werks von Han Fei-tzu von einem Kommentar zum *Tao-te-ching* eingenommen wird. Nichts scheint dem das Individuum zur steuerzahlenden und gesetzbefolgenden Maschine degradierenden Legalismus ferner zu stehen als der individualistische Anarchismus und Quietismus der Taoisten. Der Angelpunkt, das Scharnier zwischen beiden Schulen liegt im Begriff des Nicht-Handelns (*wu-wei*). Auch der legalistische Monarch kann nämlich *wu-wei* praktizieren, sobald es ihm gelungen ist, durch den unpersönlich funktionierenden Mechanismus der Gesetze den sozialen Frieden und die stabilisierte Harmonie herzustellen.

Insgesamt ist der Legalismus von mächtigster Wirkung auf die Geschichte der chinesischen Institutionen gewesen. Er hat die Staatlichkeit Chinas seit der Schaffung des Einheitsreiches durch Ch'in entscheidend geprägt. Oft genug begegnet im Laufe der Geschichte ein Antagonismus zwischen konfuzianischer, verhüllender Ideologie und legalistischer Praxis. Die Rechtssphäre mag in China noch so sehr konfuzianisiert worden sein, die Anwendung des Rechts richtete sich eher nach legalistischen Kriterien. Eine eigentlich legalistische Philosophie hat es seit dem Ende der Feudalzeit nicht mehr gegeben, wenn man von Einzelgängern absieht, aber es ist bezeichnend, daß solche Einzelgänger stets dann auftauchten, wenn Staat und Gesellschaft in einer Krise standen und man das Gefühl hatte, mit den moralistischen Ermahnungen der Konfuzianer diese Krise nicht meistern zu können.

f) Die Logiker

Auch zu einer weiteren philosophischen Schulrichtung weist der Legalismus Bezüge auf, nämlich der Schule der »Logiker«, wie man den chinesischen Ausdruck *ming-chia* (»Bezeichnungs- lehre«) übersetzen könnte. Bereits die Mohisten, die Anhänger des Mo Ti, hatten sich mit Logik beschäftigt. Was an schrift- lichen Aufzeichnungen davon erhalten geblieben ist, bildet jetzt die Kapitel 40-45 des unter dem Titel *Mo-tzu* (»Meister Mo«) laufenden Gesamtwerks. Darin werden Nominal- und Real- definitionen gegeben und erste, unsystematische Versuche un- ternommen, Induktions- und Deduktionsmethoden zu entwik- keln. Man nimmt an, daß diese Texte um 300 v. Chr. entstan- den sind.

Es gibt aber auch außerhalb des Korpus der mohistischen Schriften einige Texte, die sich solchen Fragen widmen. Leider sind die Werke der *ming-chia*-Schule insgesamt nur sehr fragmentarisch überliefert, und manches an Schriften wie dem *Kung-sun Lung tzu* (»Meister Kung-sun Lung«; er lebte etwa von 320 bis 250) mag apokryph sein. Auch die 21 Paradoxa, die sich im *Chuang-tzu* finden, gehören hierzu. Die Berührung mit dem Legalismus ergibt sich daraus, daß die Schaffung gesetzli- cher Normen Probleme der Definition, der Bezeichnung (*ming*) aufwirft. Auch behandeln die Logiker grundsätzliche Fragen des Denkens. Einige der von ihnen aufgestellten Paradoxa (»ein weißes Pferd ist kein Pferd«) erinnern an die gleichzeitigen Eleaten in Griechenland.

IV. DER AUFSTIEG VON CH'IN UND DAS ENDE DES FEUDALEN CHINA

Zu Beginn des 5. Jahrhunderts v. Chr. wurde der Staat Wu am unteren Yangtse in Kämpfe mit seinem Nachbarn Yüeh (der ungefähr den Raum der heutigen Provinz Chekiang einnahm) verwickelt und schließlich 473 v. Chr. von diesem annektiert. Beide Staaten, vor allem aber Yüeh, waren noch nicht völlig der hochchinesischen Kultur erschlossen. Die Sprache weicht vom Chinesischen ab, und die Yüeh-Leute werden von den Quellen als fremdartig geschildert: sie knüpfen ihr Gewand links, täto- wieren sich, schwärzen die Zähne und sind, im Gegensatz zu den mehr festländisch bestimmten Nordchinesen, große Fluß- und Seefahrer. Die Kultur dieser Küstenstaaten ist durch viele Züge mit der malaiischen und polynesischen Welt verbunden, doch sind sie nicht zur Ausbildung einer eigenen Hochkultur gelangt. In steigendem Maße wurden diese Regionen Südost- chinas den Verhältnissen im Norden assimiliert. Durch den Untergang von Wu wurden die Machtverhältnisse innerhalb des Staatenpluralismus entscheidend verändert. Der Staat Chin in Shansi und Nord-Honan war lange mit Wu verbündet gewesen und wurde nun durch den Wegfall seines Alliierten geschwächt, und es kam durch innere Streitigkeiten zu einer Aufteilung des Staatsgebiets von Chin in drei Nachfolgestaaten: Han, Wei und Chao. Keiner von ihnen war stark genug, um auf die Dauer erfolgreich bestehen zu können oder gar die Hegemonie und die Einigung Chinas zu erreichen. Mächtig blieb dagegen zunächst der Nordoststaat Ch'i im heutigen Shantung, der durch seine Salzgärten am verbrackten Meeresstrand Mittelpunkt des Salzhandels wurde. Nördlich von Ch'i, in der Gegend des heutigen Peking, lag der Staat Yen, der an die Ebenen der Mandschurei angrenzte und genug damit zu tun hatte, die nomadischen Bewohner der Mandschurei von Einfällen abzuhalten. Auch er war nicht stark genug, um entscheidend in das Kräfte- und Intrigenspiel der »kämpfenden Staaten« einzugreifen. Neben Ch'i hielten sich im 5. und 4. Jahrhundert vor allem die Außenstaaten Ch'u und Ch'in. Ch'u besaß ein großes Territorium im mittleren Yangtsetal und war der Träger der chinesischen Kolonisation in den umliegenden Gegenden, die überwiegend noch von nichtchinesischen Eingeborenen besiedelt waren. So ist Ch'u ein Kolonialstaat, in dem sich hochchinesische Einflüsse mit autochthonen Substraten mischten. Trotz der Größe des Territoriums war Ch'u noch wenig entwickelt. Es vermochte sich aus vielen Konflikten herauszuhalten und laufend seinen Umfang zu vergrößern, zuletzt auch Yüeh auszuschalten (333 v. Chr.). Bei all diesen Vorgängen blieb der Königshof der Chou völlig passiv. Der König konnte nicht viel mehr tun, als die durch Krieg und Annexion erfolgten Veränderungen nachträglich zu sanktionieren. Er mußte auch den Territorialherren der Großstaaten die Führung des Königstitels zugestehen, so daß wir um 300 v. Chr. insgesamt sieben größere Staaten als Träger der Politik finden: die drei Nachfolgestaaten von Chin, d. i. Han, Wei und Chao, den Staat Ch'i, dazu die Außenstaaten Yen im Norden, Ch'in im Westen und Ch'u im Süden. Zwischen diesen hatten sich noch einige Kleinterritorien selbständig erhalten können, spielten aber politisch keine Rolle. Unter diesen sieben Bewerbern um die Hegemonie stieg nun Ch'in zu immer größerer Macht auf.

Die Grenzlage im Westen hatte Ch'in immer wieder gezwungen, mit Einfällen von Nachbarstämmen zu rechnen, vor allem dem Volk der Jung. Erst im 4. Jahrhundert konnte Ch'in diese unruhigen Anrainer unterwerfen und sein Staatsgebiet weiter nach Westen hin vergrößern, und zwar bis in die Gegend des heutigen Lan-chou. Nach Osten hin war Ch'in gegen die »mitt-

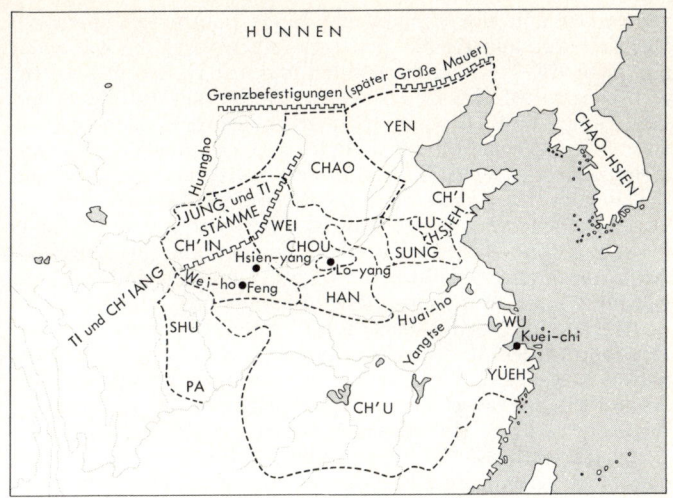

Abb. 1: Die Staaten der Chan-kuo-Zeit um 350 v. Chr.

leren Staaten« durch Gebirge und den Huangho leicht zu verteidigen. Dieser strategische Vorteil erlaubte es den Fürsten von
Ch'in, ihren Machtbereich nach Süden auszudehnen. Dort lag
südlich hoher Gebirgsketten das fruchtbare Becken von Ssuch'uan, wo sich ein halbchinesisches Staatswesen namens Shu
konstituiert hatte. Diese Gebirge konnten von den geübten Hee-
ren Ch'ins überschritten werden, und 316 v. Chr. fiel Shu an den
Angreifer. Weiter östlich lag am Oberlauf des Yangtse das von
Ch'u abhängige Fürstentum Pa, welches anschließend ebenfalls
Ch'in untertan wurde. Im Innern hatten die Reformen von Wei
Yang den Staat Ch'in gestärkt und in den Stand gesetzt, Massenheere ins Feld zu senden. Nichts lag näher, als daß der Ex-
pansionsdrang von Ch'in sich nunmehr auch in östlicher Richtung äußerte, um die fruchtbaren und dicht besiedelten Gebiete
der »mittleren Staaten« in der nordchinesischen Ebene zu erobern.
Dieser drohenden Gefahr waren sich die anderen Staaten bewußt, obgleich sie miteinander verfeindet waren. Das 3. Jahrhundert v. Chr. ist eine Zeit der Koalitionskriege. Zwei Bünd-
nissysteme standen gegeneinander, die »Längsallianz« mit dem
Südstaat Ch'u gegen die »Querallianz« mit Ch'in — denn oft
genug verstand es Ch'in, durch Drohungen, Geschenke oder
Versprechungen Verbündete unter seinen zukünftigen Opfern

zu werben und sich anbahnende Längsallianzen zu sprengen. Die Zeit war günstig für politische Abenteurer. Es war gang und gäbe, daß Politiker die Fronten und ihre Herren wechselten, je nachdem, wo sich ihnen bessere Aussichten auf Rang und Einkommen eröffneten. Die politischen Intrigen jener Zeit bilden den Gegenstand der »Pläne der kämpfenden Staaten« (*Chan-kuo ts'e*), eines Buches, in dem politische Gespräche und Reden von Staatsmännern festgehalten sind. Das Werk ist an vielen Stellen romanhaft, vermittelt aber, wenn man die Übertreibungen und rhetorischen Überhöhungen abzieht, einen guten Einblick in die Politik der »Längs- und Querachse«[16]. Es gab ein ganzes Schrifttum dieser Achsenpolitik, eine politische Rhetorenschule (*tsung-heng chia*), deren Schriften sich wie Handbücher des Machiavellismus lesen. Hier ging es nur um nackte Macht und Vorteil. Die Erinnerungen an die rituellen Bindungen, die noch die politischen Kämpfe der Ch'un-ch'iu-Zeit beherrscht hatten, waren verblaßt. Der Rationalismus der Zeit hatte auch die Politik ergriffen, freilich immer schon mit dem Hintergrund der Einigung dessen, »was unter dem Himmel ist«. Es war nur noch die Frage, *wer* diese Einigung herstellte, nicht mehr, daß sie kam. Die vielen Kriege, die Ch'in auf dem Wege zur Hegemonie führte, müssen mit großer Grausamkeit ausgefochten worden sein. Wir lesen von Massakern unter der Bevölkerung und der Hinschlachtung von feindlichen Truppen, die kapituliert hatten — alles Aktionen, welche im Einklang mit der legalistischen Theorie der Abschreckung standen, die ja auch das Rechtswesen von Ch'in beherrschte. Ch'in wurde, soviel ist sicher, von den anderen Staaten als etwas Verschiedenes angesehen, und man spürte, daß sich in Ch'in etwas Neues angebahnt hatte, nämlich das Zeitalter des rationalisierten, von nüchterner und zuweilen grausamer Kalkulation gelenkten Staates. Dem steht in den anderen sechs Staaten, zumal den kleineren unter ihnen, ein gewisses Festhalten an feudalen Haltungen gegenüber, an Ritter- und Fürstenehre, personalen Elementen in der Politik also, die nicht mehr in die neue Zeit paßten.[17] Wenn Ch'in in den zeitgenössischen Schriften von seinen Feinden immer wieder mit einem reißenden Tiger oder räuberischen Wolf verglichen wird, so ist in diesen Gleichnissen der Gegensatz zwischen der Ideologie des rationalen, legalistischen Verwaltungsstaats und den Resten feudalen Denkens ausgesprochen.

Schon um die Mitte des 3. Jahrhunderts wurde dem Schattenkönigtum der Chou das Ende bereitet. 249 wurde der letzte Herrscher abgesetzt. Das Reich, das ohnehin seit Jahrhunderten nur noch in der Ideologie bestanden hatte, war damit verschwunden. Wenig später kam in Ch'in der Mann zur Regierung, der das Einigungswerk zum Siege führen sollte, König Cheng. Unter ihm wurden die restlichen Staaten entweder nach Kämpfen annektiert oder zur Kapitulation gezwungen — zuerst die kleineren Territorien wie Han, Wei und Chao (bis 225 v. Chr.); es folgten Ch'u, Yen und zuletzt Ch'i (221 v. Chr.). Mit diesem Jahre 221 v. Chr. schließt das chinesische Altertum ab. An die Stelle der Staatenpluralität tritt der Einheitsstaat, das Kaiserreich, das bis 1911 für zweitausend Jahre der staatliche Rahmen Chinas blieb, auch und gerade dann, wenn auf Chinas Boden mehrere Staaten bestanden, denn jeder von ihnen verstand sich als Sachwalter des ganzen *t'ien-hsia*, der Ökumene schlechthin.

3. Das erste Reich und die Han-Zeit (221 v. Chr.—220 n. Chr.)

Der König von Ch'in nahm im Jahre 221 v. Chr. den Kaisertitel an; der Titel eines Königs (*wang*) schien ihm und seinen Ratgebern nicht ausreichend, um die Würde eines Beherrschers der Ökumene wiederzugeben. So machte man Anleihen bei der historischen Spekulation und der Religion. Der Titel »Kaiser«, den die westlichen Darstellungen stets in Anlehnung an antike und mittelalterliche Entsprechungen gebrauchen, soll für das chinesische *Huang-ti* stehen. *Ti* war, wie wir oben gesehen haben (S. 35), der »Vergottete Ahn« und Bestandteil der Bezeichnung des obersten Gottes Shang-ti. Es entspräche also recht gut dem lateinischen *Divus*. *Huang* dagegen hängt etymologisch mit einer Wortfamilie zusammen, deren Glieder den Gedanken des Glanzes und der Mehrung ausdrücken (»Augustus«), und kommt vor zur Bezeichnung der »Drei Urkaiser« (*san-huang*). »Göttergleich erhaben« umschreibt also in etwa das, was die Annahme des Titels *Huang-ti* veranschaulichen sollte. Nach dem Willen des Reichsgründers sollte eine unendliche Kette von Nachfolgern das heilige Kaiseramt wahrnehmen, »für zehntausend Generationen«, und so nannte er sich Shih Huang-ti, den »Ersten Kaiser«. Unter ihm wurde vieles von dem geprägt, was dann für Jahrtausende zu den Kennzeichen des chinesischen Kaiserstaates gehörte. Wieviel dabei auf seine eigene Initiative oder die seiner Berater zurückgeht, läßt sich kaum entscheiden. Unter seinen Ministern ragt Li Ssu hervor (etwa 280-208 v. Chr.), ein Mann, der ursprünglich nicht in Ch'in beheimatet war, sondern aus Ch'u stammte und wie so viele seiner politisch interessierten Zeitgenossen als »Gastminister« nach Ch'in geholt wurde (247). Er hatte zwar bei dem Konfuzianer Hsün Ch'ing studiert, war jedoch auch in nahe Beziehungen zu Han Fei-tzu, dem Klassiker des Legalismus, getreten, wie ja auch Hsün-tzu selbst eine, wenn man so will, legalistische Variante des Konfuzianismus geschaffen hat. In Ch'in wirkte Li zunächst als oberster Hofschreiber, um schließlich über das Amt des Justizministers zu dem höchsten Reichsamt eines Kanzlers (*ch'eng-hsiang*) aufzusteigen. Er hat entscheidend zu dem Umbruch beigetragen, der das Ende des Feudalismus in China herbeiführte. Die selbständigen Staaten waren seit 221 von der Bildfläche verschwunden, aber es mußte in der Hauptstadt (Hsien-yang, nahe dem heutigen Ch'ang-an) mit dem Weiterbestehen der vielen regionalen Verschiedenheiten gerechnet werden, die sich seit Jahrhunderten erhalten hatten. Den regionalen Tendenzen begegnete Li Ssu mit rigorosen Vereinheitlichungsmaßnahmen. Die ehemaligen Staatenterritorien wurden zunächst *de jure* abgeschafft und das Gesamtreich in Landpflegereien (*chün*, eigentlich soviel wie »Herrschaftsgebiete«) eingeteilt, die ihrerseits wiederum in Kreise (*hsien*) gegliedert waren, wie sie auch schon in Ch'in selbst bestanden hatten. Die Chefs dieser Verwaltungsbezirke wurden von der kaiserlichen Kanzlei ernannt und waren jederzeit absetzbar. Der Vereinheitlichung Chinas und seinem Zusammenwachsen zu einem geschlossenen Wirtschaftsraum diente die Standardisierung der Maße, Gewichte und Münzen. Bis weit in das 3. Jahrhundert hinein liefen Münzen der verschiedensten Art und Form um; nicht nur die verschiedenen Fürstenhöfe selbst ließen Münzen gießen, sondern auch einzelne Städte.[1] Mit all diesen lokalen Besonderheiten wurde nun radikal Schluß gemacht. Auch die Schrift wurde uniformiert. Durch die Kanzlei des Li Ssu wurde die sogenannte »kleine Siegelschrift« als allgemein verbindlich eingeführt, eine Weiterentwicklung der älteren, in sich übrigens regional verschiedenen Schriftformen. Das Verkehrswesen erfuhr eine Verbesserung durch Anlage neuer Wagenstraßen; für ihre Benutzung war eine Standard-Spurbreite der Wagen vorgeschrieben. Der äußeren Sicherheit diente ein Grenzwall gegen die nördlichen Anrainer Chinas, unter denen das Volk der Hsiung-nu, der ostasiatischen Hunnen, zu bedrohlicher Macht aufgestiegen war. Dieser Grenzwall folgte dem Verlauf der bisher schon von den nördlichen Staaten Yen und Chao angelegten Grenzwehren, die nun, namentlich durch den Ch'in-General Meng T'ien, verbunden und zusammengeschlossen wurden. Diese »Große Mauer« ist noch nicht identisch mit dem teilweise heute noch bestehenden imponierenden Bauwerk, das in seiner jetzigen Form ja erst aus dem frühen 15. Jahrhundert stammt (vgl. S. 258), verfolgte aber den gleichen Zweck. Den Limes der Ch'in-Zeit müssen wir uns als einen Lehmwall mit in Abständen errichteten hölzernen Wachttürmen vorstellen. Die Anlage der Grenzbefestigung erfolgte wie üblich mit zum Frondienst aufgebotenen Arbeitern und Sklaven.

Alle diese Neuerungen gingen nicht ohne Widerstand zu finden vor sich. Dessen Träger waren natürlich in erster Linie die Angehörigen der depossedierten Fürsten- und Adelshäuser und ihr ganzer Anhang. Um diese potentiellen Gegner des neuen Regimes besser unter Aufsicht halten zu können, wurde befohlen, daß die führenden lokalen Familien ihren Wohnsitz in der Hauptstadt Hsien-yang zu nehmen hätten. Aber nicht nur der ehemals regierende oder über Pfründenterritorien herrschende Adel war den Ch'in feindlich gesonnen. Auch unter den Intellektuellen, den Vertretern des geistigen »Ancien Régime«, war Opposition lebendig, namentlich unter den Konfuzianern. Ihnen mußte das legalistisch orientierte, Riten und Herkommen mißachtende, in gewisser Weise egalitäre System der Ch'in ein Greuel sein. Um nun den Traditionalismus zu unterbinden, schritt Li Ssu zu einem Akt, der ihm als schlimmstes nur denkbares Verbrechen angerechnet wurde, solange die Konfuzianer in China die Geschichte schrieben — also zwei Jahrtausende lang. Es ist dies die »Bücherverbrennung«. Ein Edikt aus dem Jahre 213 stellte den privaten Besitz bestimmter Schriften unter Todesstrafe; alle vorhandenen Exemplare mußten abgeliefert und durch die Behörden vernichtet werden. Die betroffenen Schriften waren das »Buch der Lieder« (*Shih-ching*) und das »Buch der Schriften« (*Shu-ching*), also zwei konfuzianische Klassiker, dazu aber auch alle Aufzeichnungen der Philosophenschulen und jegliches historische Schrifttum — ausgenommen die Chronik von Ch'in. Die Proskription erstreckte sich also auf das politisch relevante Schrifttum und diejenigen Werke, die im Rahmen einer regionalen oder philosophischen Tradition standen. Auch war die Kritik an der Gegenwart unter Berufung auf das Altertum verboten — auch dies unverständlich für einen Konfuzianer, der ja die Utopie seiner Schule in der Vergangenheit unter den »heiligen Herrschern der Vorzeit« verwirklicht sah. Nicht betroffen von der Aktion war das politisch neutrale Sach- und Fachschrifttum über Medizin, Ackerbau, Orakelkunde etc. Im Zusammenhang mit dem Proskriptionsedikt wird Li Ssu auch vorgeworfen, daß er Hunderte von widerstrebenden konfuzianischen Gelehrten habe zu Tode bringen lassen. Nun sind die Quellen über die Ch'in-Zeit ja alle unter der Nachfolgedynastie Han abgefaßt, zum Teil schon unter konfuzianischem Einfluß, und deshalb tendenziös. Aber wenn auch die Historizität oder die faktische Durchführung der Maßnahme im einzelnen in Frage gestellt werden können,[2] so ist an der politischen Willensrichtung des Ch'in-Regimes kein Zweifel möglich: um jeden Preis sollte der Traditionalismus ausgeschaltet und eine Wiederkehr feudaler Einzelstaatlichkeit verhindert werden.

Nicht nur Li Ssu, auch der »Erste Kaiser« selbst gilt also der späteren chinesischen Historiographie als Bösewicht. Aber das hinderte nicht, daß manche der den beiden vorgeworfenen Maßnahmen auch von konfuzianischen Regierungen nachgeahmt wurden. Unter den Dynastien Ming und Ch'ing (1368-1911) kam es öfters zu Bücherverboten und Bücherverbrennungen und zur politischen Verfolgung von Intellektuellen, die als unorthodox galten. Hier zeigt sich wieder die Bedeutung des Legalismus für die politische Praxis. Verbot und Strafe wurden auch von den Neokonfuzianern gerne in Anspruch genommen, um die »wahre Lehre« durchzusetzen. Die Persönlichkeit des ersten Ch'in-Kaisers ist im übrigen, auch nach Abzug möglicher Übertreibungen der Quellen, merkwürdig widersprüchlich und schillernd. Zwar gab er dem extremen Legalismus und Rationalismus in seiner Regierung Raum, war persönlich dabei aber von Aberglauben erfüllt. So ließ er durch eigens ausgeschickte Expeditionen nach dem Elixier der Unsterblichkeit suchen. Seine vielen Reisen, die ihn in alle Gaue des Reiches führten, dienten nicht nur der Inspektion der von ihm eingesetzten Verwaltungsbehörden, sondern gleichzeitig auch zu einer Art rituellen Inbesitznahme des Reiches, das heißt der bewohnten, zivilisierten Welt, durch Besuch der Kardinalpunkte. Von den Inschriften, die er bei solchen Gelegenheiten zur Erinnerung an seinen Besuch und die dabei vollzogenen Opferhandlungen herstellen ließ, hat sich genügend erhalten, um seine religiös gefärbte Reichsideologie erkennen zu lassen. Auf einer dieser Reisen ist Ch'in Shih Huang-ti auch gestorben, fern seiner Hauptstadt (210 v. Chr.). Seine Hoffnung, als erster einer zehntausend Generationen umfassenden Herrscherfolge den Nachkommen einen sicheren Besitz zu hinterlassen, hat sich nicht erfüllt.

Die Gründe, aus denen die Ch'in-Dynastie zu den kurzlebigsten der chinesischen Geschichte gehört, sind vielfältig. Jeder einzelne von ihnen hätte vielleicht nicht ausgereicht, das Werk des Reichsgründers wieder zu zerstören, aber in ihrem Zusammenwirken führten sie das Ende der Dynastie herbei. Der Feudalismus war auch trotz der rigorosen Uniformierung Chinas noch nicht tot. Die Aristokratie und mit ihr die regionalen Kräfte warteten auf eine Gelegenheit, ihre alte Position wiederherzustellen. Aber weit über die Kreise des vormals regierenden Adels hinaus war die Unzufriedenheit mit dem strengen, despotischen und grausamen Justizwesen allgemein verbreitet. Schließlich waren auch die Verhältnisse in der Kaiserfamilie selbst nicht dazu angetan, stabilisierend zu wirken. Der als Thronfolger vorgesehene älteste Sohn des Kaisers hatte sich, vielleicht infolge eines Komplottes, an dem die Minister Li Ssu und Chao Kao beteiligt waren, mit seinem Vater überworfen und war zum Selbstmord gezwungen worden. Er war zu seinen Lebzeiten ein fähiger Heerführer gewesen und hatte sich namentlich bei der Verteidigung der Nordgrenze unter Meng T'ien Verdienste erworben. Eine energische Persönlichkeit wie er hätte vielleicht die Dynastie stabilisieren können; nicht dagegen vermochte das der 210 zur Regierung kommende »Zweite Kaiser« Erh-shih Huang-ti. Er galt vielen als unter fragwürdigen

Umständen auf den Thron gekommen und konnte sich daher nicht auf Legitimität berufen oder auf Loyalität rechnen. Unter ihm verlor auch Li Ssu, der mehr als jeder andere zur Errichtung des Ch'in-Kaisertums beigetragen hatte, als Opfer einer Hofintrige sein Amt; Li endete als angeblicher Hochverräter auf dem Richtplatz (208 v. Chr.).

Kaum hatte Erh-shih Huang-ti seine Regierung angetreten, als ein Aufstand ausbrach, der eine Zeit der Wirren einleitete. Er wurde geführt von Ch'en She, einem armen Landarbeiter, der sich an die Spitze eines Haufens von Fronarbeitern und Staatssklaven stellte und mit ihnen gegen die Regierung losschlug. Sein Ziel war, sich selbst zum Herrscher aufzuschwingen, und so machte er sich zum »König von Ch'u« von eigenen Gnaden. Gegen ihn wurden Truppen der Regierung ins Feld geführt; seine undisziplinierten Gefolgsleute und das Fehlen eines politischen Programms hinderten ihn daran, ein eigenes Regime zu etablieren. Bald erhoben sich andere Führer lokaler Aufstände, teils Abenteurer und Glücksritter dunkler Herkunft, teils Abkömmlinge alter Adelsgeschlechter. Überall im Reich erschienen »Könige« und kämpften mit ihren Anhängern gegen die Regierungsbehörden und -truppen. Unter all den Bewerbern um die Macht, die sich in jenen chaotischen Jahren in ständigem Bürgerkrieg befehdeten, waren zwei, die bald ihre Mitbewerber um die Macht überflügelten: Hsiang Yü und Liu Pang. Sie waren nach Herkunft und Persönlichkeit grundverschieden. Hsiang stammte aus einer adligen Familie in Ch'u und kann als Vertreter der feudalen Reaktion angesehen werden. Er war ein glänzender Feldherr von furchteinflößender Gestalt, maßlos, ja sinnlos tapfer, riesig an Körperkraft, dazu ein Liebhaber von Wein und Frauen. In ihm herrschte ungezügelte Emotionalität vor; von Politik und Organisation verstand er nichts und wollte auch nichts davon wissen. Diesem aristokratischen Haudegen gegenüber verkörperte Liu Pang ein volksnahes Element. Er stammte aus bäuerlicher Familie in Shantung und hatte zunächst ein kleines Amt inne, das ihm als Vertreter der einheimischen Bevölkerung anvertraut worden war, nämlich das eines *t'ing-chang*, wörtlich »Vorsteher eines Wachtturms«. Es entspricht etwa dem eines ländlichen Gendarmerie-Reviervorstehers. Als solcher konnte er ihm ergebene Freunde um sich sammeln und zum bewaffneten Aufstand übergehen. Liu Pang war also kaum mehr als ein Dorfpolizist und ohne jegliche literarische Bildung, ein Haudegen auch er, aber im Gegensatz zu dem romantisch großartigen und wilden Hsiang Yü geschickt und mit Sinn für nüchterne Tatsachen ausgestattet. Liu schloß sich mit seinem Haufen zunächst Hsiang Yü an und wurde einer von dessen Unterführern. 207 konnte Liu die

Ch'in-Hauptstadt Hsien-yang erobern und sich dabei in den Besitz der gesamten Archive und fiskalischen Unterlagen setzen. Er verstand es, Leute mit Büroverstand zu sich zu ziehen, und gewann so einen Vorteil gegenüber anderen Konkurrenten um die Macht. Der dritte und letzte Ch'in-Kaiser Tzu-ying unterwarf sich bedingungslos dem Kommando des Liu Pang. Hsiang Yü aber reute es, daß er Liu die Eroberung der Residenz überlassen hatte, und er zog seinerseits gegen Hsien-yang, das von seinen Scharen geplündert wurde. Auch Tzu-ying kam dabei ums Leben (206 v. Chr.). Sein Ende wird von der chinesischen Historiographie als Beginn der von Liu Pang begründeten Han-Dynastie gerechnet, aber in Wirklichkeit standen Liu noch einige Jahre harten Kampfes mit Hsiang Yü bevor. Erst 202 v. Chr. fand dieser Kampf durch die Niederlage und den Tod des Hsiang Yü seinen Abschluß. Liu Pang nannte seine Dynastie Han, nach dem gleichnamigen Fluß in Mittelchina, denn er hatte noch zu Lebzeiten Hsiangs den Titel »König von Han« getragen. Typisch ist, daß der Dynastiename nicht von einem der früheren Feudalstaaten genommen war, was an sich nahegelegen hätte. Die Traditionslosigkeit Lius zeigte sich hier deutlich.

II. DIE ERSTE HAN-DYNASTIE

Mit Liu Pang kommt zum ersten Male in der chinesischen Geschichte nachweisbar ein Mann des Volkes auf den Kaiserthron. Nicht oft hat sich dergleichen ereignet, eigentlich nur noch einmal, als Chu Yuan-chang (vgl. S. 242) die Ming-Dynastie begründete. Liu Pang hätte es nicht so weit bringen können, wenn er nicht zu seinen Gaben Tapferkeit, Rücksichtslosigkeit und Verschlagenheit auch die Fähigkeit besessen hätte, sich mit weitblickenden Staatsmännern zu umgeben und auf deren Rat zu hören. Er verstand sich auf Menschenbehandlung, blieb freilich zeitlebens instinktiv den Intellektuellen abgeneigt. Man erzählte sich auch, wie er derben, fäkalischen Spott mit konfuzianischen Gelehrten trieb. Philosophische Haarspaltereien waren ihm von Herzen zuwider, und er versuchte auch gar nicht erst, seiner Herrschaft eine ideologische Begründung zu geben. Sein Regierungsprogramm war einfach, ja primitiv: Abschaffung alles dessen, was die Ch'in-Dynastie verhaßt gemacht hatte; das war vor allem das drakonische Strafrecht. Dieses Programm erwies sich als populär; Aufstände von der Art des Ch'en She sind unter seiner Regierung nicht zu verzeichnen. Daß Liu sich nicht für Ideologie interessierte, wird auch dadurch bewiesen, daß er nichts tat, um das »Bücherverbot« der Ch'in wieder aufzuheben. Erst unter seinem Nachfolger wurde eine Aktion in Gang gesetzt, um die konfuzianischen Schriften aus der erzwungenen Vergessenheit wieder ans Licht zu ziehen (191 v. Chr.).

In den Kämpfen des ausgehenden 3. Jahrhunderts v. Chr. hatte sich somit der Bauernsohn gegen den Adligen durchgesetzt. Da sein Regime ohne Tradition und ohne eine durch Abstammung oder ein ideologisches Programm gestützte Legitimierung errichtet worden war, hing seine Stabilität wesentlich von den Persönlichkeiten ab, die den Thron einnahmen. Die Prärogativen des Kaisertums konnten nur dann erfolgreich behauptet werden, wenn ein energischer Mann an der Spitze stand. Viele Mitkämpfer Liu Pangs stammten, wie er, aus kleinen Verhältnissen und waren im Kielwasser seines Erfolges aufgestiegen. Sie hielten sich für nicht schlechter als Liu selbst, und die Kameraderie der Kampfzeit äußerte sich hin und wieder in Aufsässigkeit. Die Herrschaft des Hauses Han war also zunächst gefährdet durch solche unzufriedenen Kampfgenossen. Der Kaiser suchte sie wie auch seine Sippengenossen durch Verleihung von hohen Rängen und vor allem von Territorien zufriedenzustellen, die als Pfründen vergeben wurden — eine Neuauflage des Lehnswesen innerhalb gewisser Grenzen also, die freilich identisch war mit der Schaffung einer neuen, traditionslosen Aristokratie, welche mit den altadligen Familien der »Zeit der kämpfenden Staaten« kaum etwas gemein hatte, kaum mehr als die alten, traditionsschweren Namen der jeweiligen Gaue und Gebiete. So stellte die Verwaltungsstruktur des Han-Reiches während der ersten Jahrzehnte seines Bestehens eine merkwürdige Mischung dar zwischen der von den Ch'in übernommenen Landkreiseinteilung und einer Neubelebung örtlicher Lehnsherrschaften. Dieser Antagonismus zweier im Prinzip unvereinbarer Verwaltungsstrukturen führte denn auch bald zu Konflikten (vgl. unten S. 82).

195 v. Chr. starb Liu Pang an den Folgen einer im Krieg erlittenen Verletzung. Er wurde kanonisiert als Kao-tsu, »hoher Ahnherr«, unter welchem Namen er fast ausschließlich in den Quellen erscheint. Sein Sohn trat als Kaiser Hui die Nachfolge an, doch starb er bereits einige Jahre später. Die Regentschaft führte von 191 bis 180 v. Chr. die Witwe des Dynastiegründers, eine geborene Lü. Sie war eine höchst bemerkenswerte Persönlichkeit, machtgierig, skrupellos, geschickt und grausam — eine jener nicht gerade seltenen Kaiserwitwen der chinesischen Geschichte, die wie eine vergeltende Reaktion gegen den Paternalismus des chinesischen Familiensystems wirken und die ihre Macht gerade auch die Männer der Sippe ihres Gatten fühlen ließen. Die Kaiserin Lü hatte den älteren Bruder von Kaiser

Hui durch Gift aus dem Wege räumen lassen und richtete unter den Nebenfrauen Kao-tsus ein Massaker an. Ihre eigenen Sippengenossen wurden begünstigt; nicht weniger als drei Titularkönigreiche (Chao, Yen und Lu) waren in den Händen ihrer Verwandten. Erst als 180 v. Chr. ein jüngerer Bruder des früh verstorbenen Hui Kaiser wurde, fiel die Macht bei Hofe wieder an die Sippe Liu. Aber die Erscheinung, daß die Clans der Kaiserinnen die Macht usurpierten, zeigte sich unter den Han noch öfter, wenngleich nicht immer in der Kraßheit wie bei der Kaiserin Lü.

Die lange Regierungszeit von Kaiser Wen (180-157) ist im allgemeinen friedlich verlaufen. Der Kaiser und seine Berater sahen ein, daß nach den verwüstenden Bürgerkriegen der Gründerzeit und den schwächenden Hofintrigen unter Kaiserin Lü das Reich nichts mehr brauchte als eine ungestörte Entwicklung. Die Grundsteuer wurde ermäßigt und das Verkehrswesen durch Anlage von Landstraßen, Kanälen und Brücken verbessert. Kaiser Wen selbst war sparsam und bedächtig, was ihm von manchen späteren Geschichtsdeutern als Hang zum Taoismus mit seinem *wu-wei* ausgelegt wurde. In Wirklichkeit jedoch war er ein fleißiger Monarch, der seine Pflichten sehr ernst nahm. Im ganzen ist auch unter Kaiser Wen noch keine Rezeption des Konfuzianismus festzustellen; seine Regierung kann, wie auch die seines Nachfolgers, eher als eine Zeit des pragmatischen Vorgehens bezeichnet werden. Ihm folgte Kaiser Ching (157 bis 141). Er hatte sich auch mit dem Problem der Titularkönigtümer auseinanderzusetzen; außenpolitisch war die alles beherrschende Sorge die Auseinandersetzung mit den Hsiung-nu. Diese Aufgaben wurden schließlich unter Kaiser Wu (141 bis 87 v. Chr.) gelöst, als die innere Struktur und die außenpolitische Stellung Chinas entscheidende Festigung erfuhren. Aus dem Kaisertum der Han wurde durch Wu das Imperium der Han. Dies war jedoch erst möglich, nachdem die Ansätze zu neuer, feudalistischer Zersplitterung zunichte gemacht worden waren.

III. DER STRUKTURWANDEL DER GESELLSCHAFT

An dieser Stelle ist es erforderlich, einige allgemeine Bemerkungen einzufügen. Die Zeit des 2. und 1. Jahrhunderts v. Chr. markiert den wohl gravierendsten Einschnitt in der Geschichte Chinas, obwohl — dies sei vorweggenommen — gerade *keine* Umwälzung stattfand, die sozialen Widersprüche sich *nicht* in einer Revolution entluden. Stabilität und Kontinuität kennzeichneten von da an die Verfassung der Gesellschaft, und zwar auf so bemerkenswerte Weise, daß diese schon von den Jesuiten, die im 17. Jahrhundert dem Westen das erste wissenschaftlich fundierte Bild von China vermittelten, klar erkannt wurde. Damit ist nicht gesagt, daß die chinesische Geschichte keinerlei dynamische Züge mehr aufwies, aber die gesellschaftlichen Bewegungen verliefen insgesamt nicht in einer Richtung, sondern beschrieben eher, bildlich ausgedrückt, die Linien eines hin- und herschwingenden Pendels.

Um das Phänomen theoretisch fassen und die sich aufdrängende Frage, welche Faktoren dieses Ergebnis herbeiführten, beantworten zu können, müssen zunächst die inneren und äußeren Entwicklungen ausführlicher dargestellt werden.

a) Der Kampf im Innern gegen die feudalen Schattenkönige

Als Kaiser Kao-tsu nach der Begründung der neuen Dynastie Han wohl oder übel seine Kampfgefährten 203-202 v. Chr. mit Titularkönigreichen im Osten und Südosten des Reiches belohnen mußte, hatte er vorsorglich bestimmt, daß Rang und Rechte derselben auf die Lebenszeit ihrer Träger begrenzt wurden. Mit allerlei Winkelzügen ging er sodann daran, diese durch eigene Verwandte zu ersetzen, bis er 195 anordnete, daß nur noch Mitglieder seiner Sippe den Königstitel tragen dürften. Revolten und Versuche der Titularkönige, ihren eigenen Machtbereich auszudehnen, ließen nicht lange auf sich warten. Die Empörung des mächtigsten unter ihnen, Han Hsin (er wurde 196 umgebracht), dem das Gebiet von Ch'u zugefallen war, ist allerdings mit Zweifeln behaftet; möglicherweise ist er einer Intrige der Kaiserin und ihres Clans zum Opfer gefallen. Solange die Kaiserinwitwe dann die Regentschaft ausübte, blieb die Machtprobe vertagt. Über ein eventuelles Bündnis der Lü-Sippe mit ehemaligen Lehnsträgern sagen die Quellen nichts; immerhin waren seit deren *politischer* Entmachtung kaum zwei bis drei Jahrzehnte vergangen. Als die Vorherrschaft des Liu-Clans nach der Vernichtung der Lü-Sippe endgültig geworden war und er mit der Wahl Kaiser Wens einen weitgehenden Consensus gefunden hatte, lehnte sich 177 nur Liu Hsing-chü, ein Neffe des Kaisers und König von Chi-pei (im westlichen Shantung), auf. Er wie auch der im folgenden Jahre rebellierende König von Huai-nan versuchten, die Hunnen, die gerade ins Ordos-Gebiet eingefallen waren, zur Unterstützung zu gewinnen. Beider Aufstände konnten rasch niedergeschlagen werden.

Chia I, einflußreicher Berater am Hofe, erkannte daraus die weiterhin latente Gefahr und empfahl, zum Prinzip zu machen, was Kao-tsu bereits mit dem Königreich Ch'u praktiziert hatte, nämlich die großen Territorien zu zersplittern. So wurde 164 das Königreich Ch'i in sieben kleine Lehen aufgeteilt. Kaiser Wu sanktionierte diese zunächst nur vorsichtig befolgte Politik schließlich 127 v. Chr., indem er bestimmte, daß die Territorien nach dem Tode der Titularfürsten unter deren sämtlichen Söhnen aufzuteilen seien. Als Ergebnis davon wuchs ihre Zahl bis zum Ende der ersten Han-Dynastie auf 241. Der Vorgang war naturgemäß langsam und hätte allein vielleicht keine größere Revolte ausgelöst. Aber Zwangsumsiedlungen von reichen Familien und ein Erlaß aus dem Jahre 179, der ihre Oberhäupter in ihren Territorien festhielt — der Möglichkeit von Cliquenbildungen in der Hauptstadt Ch'ang-an sollte vorgebeugt werden —, ließen die Spannungen virulenter werden, die 154 in offene Rebellion mündeten. Anlaß dazu waren Anklagen, die der von Kaiser Ching favorisierte Legalist Ch'ao Ts'o gegen mehrere Könige lancierte, und dessen Plan, dem durch eigene Münzprägung sowie die Produktion von Kupfer und Salz reich gewordenen Wu die wichtigste Provinz zu nehmen. Liu P'i, dem König von Wu, schlossen sich die Königreiche Ch'u, Chao und die vier Nachfolgestaaten des ehemaligen Ch'i an. Auch sie spekulierten auf die Hilfe der Hunnen, die aber ausblieb. Der in Panik geratene Kaiser Ching erkannte nicht die realen Kräfteverhältnisse und opferte seinen Ratgeber Ch'ao Ts'o völlig unnütz; der Krieg mußte ausgefochten werden. Er endete innerhalb weniger Monate mit der totalen Niederlage der Rebellen. Daß sie während des Feldzuges nicht eine einzige größere Stadt hatten einnehmen können, offenbart sichtlich die Schwäche ihrer sozialen Basis: die in den Städten angewachsenen Zwischenschichten und besonders die Beamten waren ökonomisch von der Funktionsfähigkeit des Zentralstaates abhängig, dem sie, da er dynastisch legitimiert war, auch ihre Loyalität erwiesen. Das Bündnis, das die restaurativen Kräfte mit den Hunnen angestrebt hatten, war praktisch nie zustande gekommen. Dennoch vereitelte die durch die massiven Einfälle jener bewirkte offensive Verteidigungspolitik des Han-Reiches zusammen mit anderen Faktoren objektiv, daß der Feudalismus gänzlich überwunden wurde.

b) Der Krieg nach außen: Hsiung-nu, Zentralasien

Der gefährlichste äußere Gegner des Han-Reiches waren stets die ostasiatischen Hunnen (Hsiung-nu). Es ist noch äußerst umstritten, inwieweit und ob überhaupt sie mit den in Europa auftretenden Attila-Hunnen des 4. nachchristlichen Jahrhunderts identisch waren. Auch ist noch nicht sicher, zu welcher Sprachfamilie die Hsiung-nu zu rechnen sind. Die neuesten

Forschungen an Hand der in den chinesischen Berichten überlieferten Hsiung-nu-Wörter haben nicht, im Gegensatz zu früheren Annahmen, eine Verwandtschaft mit den Türksprachen
ergeben, sondern deuten eher auf Beziehungen zu sibirischen
Sprachen (Keto, Samojedisch).[3] Die Tatsache, daß die Hsiung-
nu Hirten- und Reiternomaden waren, kann nicht für die Iden-
tifikationsfrage herangezogen werden. Die steppennomadische
Wirtschaftsweise ist nicht an bestimmte Volksgruppen gebunden gewesen. Erst recht kann man nicht die überlieferten
Hsiung-nu-Titel heranziehen. Herrschertitulaturen gehören
zum kulturgeschichtlichen und linguistischen Wandergut.
Schließlich ist allen in der eurasiatischen Geschichte auftauchen-
den Steppenreichen ein völkisch gemischter Charakter zu eigen
gewesen. Die in der Steppe entstandenen Föderationen umfaßten vielerlei Völker, genauso wie sich im Gefolge und unter der
Herrschaft der Attila-Hunnen so unbezweifelbare Germanen
wie die Goten befanden. Und unter den »Mongolen« Tschinggis Khans war sicher nur ein Teil echt mongolischer Sprache und
Abkunft. Alles kommt bei den Steppenreichen auf die Sprache
und das Volkstum der führenden Clans an; sie geben der Föderation den Namen, manchmal auch ihre Sprache.
Der Aufstieg der Hsiung-nu zu einem für China bedrohlichen
Gegner läuft zeitlich recht genau parallel mit der Schaffung des
chinesischen Einheitsreiches seit dem Ende des 3. Jahrhunderts
v. Chr. Es ist kaum zweifelhaft, daß die Reichsgründung der
seßhaften Chinesen auch ihre nomadischen Nachbarn angeregt
und beeinflußt hat. Dazu trug nicht wenig die Tatsache bei, daß
chinesische Renegaten zu den Hunnen flüchteten — genauso wie
sich am Hofe Attilas auch Römer und Griechen befanden —, oft
politische Flüchtlinge, aber auch kühne Abenteurer und solche
Chinesen, die das freie Steppenleben vorzogen. Auf diese Weise
haben chinesische Einflüsse bereits früh bei den Hsiung-nu
Eingang gefunden. Die Kämpfe und Auseinandersetzungen
zwischen Chinesen und Hsiung-nu bilden die ersten zwischen
China und den Steppennomaden, über die ausführlichere Nachrichten vorliegen. Bis in das 17. Jahrhundert n. Chr. hinein hat
der chinesische Staat sich gegen seine nordwestlichen Anrainer
wehren müssen. Hier liegt eine der Konstanten der chinesischen
Geschichte überhaupt vor. Man hat das Verhältnis zwischen
Seßhaften und Nomaden, wohl nicht zu Unrecht, im Rahmen
eines wirtschaftlich bedingten Mechanismus sehen wollen.[4] Die
Nomaden waren stets auf Getreide zur Ergänzung ihrer schma-
len Nahrungsbasis angewiesen und betrieben deshalb auch
einen kümmerlichen Ackerbau. Solange im Tauschhandel an
der Grenze Chinas die nötigen Getreidemengen gegen Pelze,
Häute, Vieh, namentlich aber Pferde erworben werden konn-

ten, war die Nachbarschaft friedlich. Bei Mißernten und Vieh-
seuchen aber, und zumal wenn China selbst aus klimatischen
Gründen oder infolge innerer Wirren keine Getreideüberschüsse
exportieren konnte, wurde die Notlage der Nomaden akut, und
sie schritten zur Selbsthilfe durch Einfälle, um sich das mit Gewalt zu nehmen, was ihnen sonst der Tauschhandel bot. So
setzte sich eine Kettenreaktion in Gang, die oft genug den chinesischen Regierungen zu schaffen machte.

Unter dem Khan Mao-tun erreichte die Föderation der Hsiung-
nu einen Höhepunkt der Macht. Kaiser Wen der Han versuchte
an den Grenzen dadurch Ruhe zu erkaufen, daß er im Rahmen
einer defensiven Politik den Hsiung-nu Getreide und Seide lieferte. Es kam zu einer ganzen Reihe von Verträgen, die zum
Teil auch die Verheiratung von chinesischen Prinzessinnen an
Hsiung-nu-Herrscher umfaßte. Diese zwangsweise in die Zelte
der Hsiung-nu verbrachten Chinesinnen wurden ihrerseits zu
Trägerinnen chinesischen Kultureinflusses. Die Menge der ge-
lieferten Seide scheint so groß gewesen zu sein, daß die Hsiung-
nu den Überschuß mit Profit nach Westasien verkaufen konnten. Der Handel auf der »Seidenstraße« verdankt somit nicht so
sehr chinesischer privater Kaufmannsinitiative seine Entstehung, als vielmehr den im Rahmen der Verträge von China ge-
lieferten »Tributen«. Der Übergang von einer Politik der Defensive zu der der Offensive fand unter Kaiser Wu statt. Er
entsandte seit 133 v. Chr. mehrere Expeditionskorps in die
Steppe, um die Hsiung-nu in ihren Weidegründen zu einer
Entscheidungsschlacht zu stellen. Nur eines von diesen konnte
das strategische Ziel erreichen. Um 127 v. Chr. war das Ordos-
gebiet, also das Land im Viereck am Oberlauf des Huangho, in
chinesischer Hand. Wiederholte Vorstöße von dort aus in die
Steppe dienten eher der Beunruhigung der Hsiung-nu, denn es
lag nicht in der Absicht Wus und seiner Generale, sich für dauernd in den Weiten der Mongolei festzusetzen. Ein wichtigeres
Angriffsziel bot sich im Tarimbecken. Die dortigen, von einer
indogermanisch sprechenden Bevölkerung bewohnten Oasenstaaten waren unter die Oberhoheit der Hsiung-nu gefallen --
ein Land, das wegen der Karawanenstraßen nach dem Westen
und damit der Kontrolle über den Handel, aber auch als Liefe-
rant von Jade Bedeutung hatte. 121 stieß der General Ho Ch'ü-
ping nach Nordwesten vor und eroberte den »Korridor« von
Kansu, wo Chü-yen eine wichtige chinesische Handels- und Mi-
litärstation wurde. Die dortigen Ausgrabungen haben nicht nur
eine Menge von chinesischen, auf Holz und Bambus geschriebenen Dokumenten zutage gefördert, aus denen sich der Alltag
einer chinesischen Grenzgarnison rekonstruieren läßt, sondern
auch eine Anschauung von dem chinesischen »Limes« vermit-

telt, einer imponierend durchdachten Kette von Stützpunkten gegen die Überfälle der Nomaden.

In die Zeit um 180 fällt die Abwanderung der Yüeh-chih aus Kansu unter dem Druck der Hsiung-nu. Sie hatten schließlich den Boden Griechisch-Baktriens erreicht und sich dort niedergelassen. Der chinesische Hof entsandte den Offizier Chang Ch'ien mit einer Art bewaffnetem Spähtrupp, um Verbindung mit den Yüeh-chih aufzunehmen und sie zu einer Allianz gegen die Hsiung-nu aufzufordern. Dieses diplomatisch-militärische Ziel war nicht erreicht worden, als Chang Ch'ien 126 v. Chr. nach einer abenteuerlichen Fahrt quer durch Asien wieder in der Hauptstadt erschien. Aber er berichtete von einer den Chinesen bis dahin nicht bekannten Welt, der des hellenisierten Iran. Das Ta-yüan der Westlande entspricht der Landschaft Ferghana und gibt wahrscheinlich den Tocharernamen wieder. Von dort erhielten die Chinesen Kunde vom Traubenwein, von einer seßhaften und reichen Bevölkerung; Kulturpflanzen aus Vorderasien gelangten nach China, wie die als Pferdefutter wichtige Luzerne, und auch Pferde. Es ist nach neueren Untersuchungen wahrscheinlich, daß der Import vorderasiatischer Pferde nach China nicht nur merkantilen Interessen diente, sondern auch religiöse Gründe hatte. Die Expeditionen, die Kaiser Wu 104 und 101 v. Chr. nach der Sogdiane schickte, dürften durch den Aberglauben des Kaisers veranlaßt gewesen sein, der in den »Himmlischen Pferden« des Westens ein Mittel zur Gewinnung der Unsterblichkeit sah — eine Haltung, die zu dem stimmt, was auch sonst über die aus Pragmatik und Aberglauben merkwürdig gemischte Persönlichkeit des Kaisers bekannt ist.[5] Diese militärischen Expeditionen der Chinesen brachten das Tarimbecken unter chinesische Oberhoheit und schwächten die Macht der Hsiung-nu. Im 1. Jahrhundert v. Chr. zerfiel das Hsiung-nu-Reich allmählich; 53 unterwarf sich der Herrscher der südlichen Gruppe den Chinesen, und ein neuer Vorstoß der Chinesen nach Westasien fügte den verbleibenden Hsiung-nu-Kräften in der Sogdiane eine neue Niederlage zu. So war etwa seit der Mitte des 1. Jahrhunderts das Tarimbecken unter chinesischer Militärverwaltung; ein weitmaschiges Netz von Garnisonen sicherte die Position der Chinesen, wobei die einheimischen Kleinkönigtümer jedoch weiterbestanden.

Die Vorherrschaft in Zentralasien, die unter Wu und seinen Nachfolgern erkämpft wurde, hat nicht immer aufrechterhalten werden können, wie der spätere Lauf der Geschichte zeigt. Aber dem chinesischen Imperialismus war damit der Weg nach Westen gewiesen. Auch die heutigen Grenzen des chinesischen Staatsgebietes in Innerasien, bezeichnet durch die Provinz Sinkiang, folgen im wesentlichen den Eroberungen, die bereits unter den Han gemacht wurden. Die auf diesem Wege nach China gelangten Kultureinflüsse und -güter aus dem iranischen Raum sind für die Zivilisation Chinas von großer Bedeutung gewesen. Auf den Routen der Seidenstraße erreichte seit dem 1. Jahrhundert n. Chr. auch der Buddhismus und mit ihm eine Fülle von neuen, die chinesische Zivilisation bereichernden Elementen China.

c) Expansion im »chinesischen Raum«

Parallel zu dem Vorstoß tief nach Zentralasien hinein verlief die Kolonisation des »chinesischen Raumes« weiter. Die der chinesischen Zivilisation innewohnende, fast als natürlich zu bezeichnende Schwerkraft, das Gefälle zwischen ihr und den sie umgebenden »Primitivkulturen« zwang sie förmlich dazu, nach allen Richtungen zu den Grenzen der gewaltigen, geschlossenen Landmasse des ostasiatischen Subkontinents zu expandieren. Im Gegensatz aber zur Eroberung Nordamerikas durch die Europäer war das Vordringen der Chinesen nicht mit der Vernichtung der eingeborenen Bevölkerung verbunden. Diese wurde vielmehr nach und nach von der höheren Kultur aufgesogen, und wo dies nicht gelang, lebte sie trotzdem in ihren alten gesellschaftlichen Formen weiter. Auch pflegten nach den militärischen Operationen, die meistens an den Fluß- und Gebirgstälern entlang entwickelt wurden, zunächst nur kleine Verwaltungszentren eingerichtet zu werden; der Nachstrom an Siedlern setzte dann sehr langsam ein, und die Durchdringung und Erschließung neuer Gebiete dauerte manchmal Jahrhunderte.

Etwa um 120 v. Chr. erreichten größere Kontingente von Kolonisten die nördliche Region des Huangho-Bogens. Gleichzeitig wurde dort mit gewaltigem Aufwand begonnen, Verteidigungsanlagen zu errichten, die später dem Gesamtkomplex der Großen Mauer eingefügt wurden. Auch nach Nordosten dehnte sich das chinesische Imperium aus. Mit der Kolonisierung von Ch'ang-hai, dem Gebiet der heutigen Mandschurei, hoffte man außerdem, einen militärstrategisch wichtigen Keil zwischen die verschiedenen »Barbaren«-Stämme des Nordens zu treiben.

108 v. Chr. wurde das koreanische Königreich Chao-hsien unterworfen, und die Chinesen schufen in Nordkorea Präfekturen, die zu Zentren der chinesischen Kultur wurden, namentlich die Stadt Lo-lang. Die dortigen Ausgrabungen haben uns die Kultur der Han-Zeit, wenn auch auf halbkolonialem Boden, in bemerkenswerten Funden erschlossen. Im Süden dagegen vollzog sich die chinesische Expansion langsamer. Zwar war 111 v. Chr. Kanton von einem chinesischen Heer erreicht worden, und

das umgebende Land einschließlich des heutigen Nordvietnam wurde zu einer chinesischen Provinz erklärt. Aber von einem eigentlichen Anschluß an das Reich konnte kaum die Rede sein, da die schlechten Verkehrsverbindungen und die große Entfernung von dem Reichszentrum in Nordchina den dortigen chinesischen Beamten und Generalen soviel Freiheit ließen, daß man fast von Unabhängigkeit reden kann. Der Raum der heutigen Provinz Fukien, der im 2. Jahrhundert noch von einer Anzahl Kleinfürstentümer eingenommen wurde, wurde 138 annektiert, doch blieb Fukien noch auf lange Zeit ein Kolonialland mit einer nur dünnen chinesischen Einwohnerschaft inmitten von Eingeborenen. Die Vorposten chinesischer Kultur namentlich in den Hafenstädten an der chinesischen Südküste blieben weithin isoliert. Nach überallhin aber strahlte der Einfluß der Han-Zivilisation aus und erfaßte alle Nachbarvölker Chinas, die Vietnamesen ebenso wie die Koreaner und, durch diese vermittelt, die Japaner.

d) Verwaltung und Wirtschaft

Die in wenigen Jahrzehnten erfolgte explosionsartige Ausweitung des Imperiums und die Kriege gegen die Hunnen waren nur unter zwei Bedingungen, einer materiellen und einer organisatorischen, ermöglicht worden. Die bedächtige und sparsame Politik Kaiser Wens hatte dem Reiche Wohlstand gebracht. Vor allem vermochte die Landwirtschaft, von keinen Kriegszügen beeinträchtigt und von Naturkatastrophen verschont, beträchtliche Vorratsreserven aufzuhäufen; diese operativ einzusetzen wurde jedoch erst durch die Maßnahmen zur Zentralisierung unter Kaiser Wu gewährleistet. Die beiden bedeutenden Historiker der Han-Dynastie, Ssu-ma Ch'ien und Pan Ku, die noch aus zeitlicher Nähe diese Periode betrachteten, sind allerdings nur hinsichtlich des Kaisers Wen voll einhelligen Lobes, während sie an Kaiser Wu, dem »Kriegerischen«, zwar auf typisch chinesische Weise indirekte, trotzdem aber deutliche Kritik üben.[6] Die Historiographie der späteren Zeit dagegen, als mit dem wachsenden Abstand auch das gleichsam unmittelbare Gefühl für die gewaltigen Leiden, die die Großmachtpolitik notwendig mit sich gebracht hatte, verlorenging und, wie in aller Erinnerung, die Ruhmestaten um so kräftiger hervortraten, verschob die Wertung immer mehr zugunsten von Kaiser Wu. In einem wesentlichen Punkte besteht dessen Glorifizierung zu Recht: es war Wu-tis starke Persönlichkeit, die, vor Grausamkeit und Skrupellosigkeit nicht zurückschreckend, das monarchische Prinzip endgültig durchsetzte. Unter und mit ihm erhielt die Verwaltung des Reiches die Struktur, an deren Grundzügen sich jahrhundertelang die Regierungsformen orientierten.

Legislative und exekutive Gewalt lagen nun, zumindest theoretisch, absolut beim Kaiser, dessen Stellung sanktioniert war, da in ihm als dem »Sohn des Himmels« (*t'ien-tzu*) weltliche und sakrale Macht vereinigt waren. In konsequenter Folge wurde das gesamte Ritual ebenfalls institutionalisiert; von den neun Ministerien war je eines für die staatlichen Opferhandlungen und die kaiserlichen Ahnentempel verantwortlich. Die neun Ministerien stellten alles andere als Fachressorts im modernen Sinne dar, auch waren ihre Leiter keine Spezialisten. Aber die wichtigsten Sachbereiche wie Rechtsprechung, Wirtschaft und Kriegswesen gewannen doch schon an Eigenständigkeit bezüglich ihrer Verwaltung, wobei aber zwischen ziviler und militärischer Administration noch keine scharfe Trennung bestand. Besonders hervorgehoben werden muß die Instanz, die die Staatseinnahmen verwaltete. Da die Bauern das größte Steueraufkommen erbrachten, trug ihr Leiter den bezeichnenden Titel »Direktor für die Landwirtschaft« (*ta ssu-nung*).

Die oberste Stelle der Regierungsbürokratie nahm der Kanzler (*ch'eng-hsiang*) ein, auf den der Herrscher das Recht übertrug, die mittleren und niederen Beamten zu ernennen. Wie bedeutend dessen Amt bereits unter Kaiser Wu gewesen sein muß, geht daraus hervor, daß dieser keinen seiner Kanzler länger als vier Jahre in seiner Position duldete und die meisten von ihnen unter Vorwänden auf unehrenhafte Weise absetzte, ja sogar umbringen ließ. In Kriegszeiten war der Großmarschall (*t'ai-wei*) zweiter Mann hinter dem Kanzler. Ein Amt, dessen Funktion während der Han-Dynastie noch nicht klar umrissen war, gewann Bedeutung erst im Laufe der folgenden Entwicklung. Es ist dies das Kaiserliche Sekretariat (*shang-shu*). Seine Beamten waren, da sie täglichen engen Kontakt zum Herrscher auch in dessen privatestem Bereich, dem Harem, hatten, oftmals Eunuchen, was sich nicht selten als verhängnisvoll erweisen sollte. Funktionsmäßig ähnlich war die Situation beim Amte des »Herrn über die kaiserlichen Sekretäre« (*yü-shih ta-fu*), aus dem später das sogenannte Zensorat hervorging, dem die Kontrolle über die Beamtenschaft und über die Ausführung aller Verwaltungsmaßnahmen oblag. Aus der Reihe der wichtigen Posten ragt noch derjenige des »Kommandanten der Palastwache« (*wei-wei*) hervor, nicht so sehr durch seinen Rang, als vielmehr durch die Rolle, die ihm bei Palastintrigen automatisch zufallen konnte.

Die Prinzipien der zentralen Administration galten *mutatis mutandis* auch für die Lokalverwaltung. Ihr System war noch nicht vereinheitlicht, da neben die von der Ch'in-Dynastie über-

nommenen Landpflegereien oder Präfekturen die neuen Lehnsstaaten (*kuo*) getreten waren (s. oben S. 80). In diesen Staaten
des Adels der Emporkömmlinge stand ein Kanzler (*hsiang*) an
der Spitze, der zusammen mit einem Gouverneur (*nei-shih*) die
Amtsgeschäfte leitete. Beide aber waren von der Zentrale er-
nannte kaiserliche Beamte; schon im 2. Jahrhundert v. Chr.
waren die Könige von der aktiven Regierung ausgeschlossen.[7]
Insofern wurde zumindest prinzipiell gewährleistet, daß die
Verordnungen übereinstimmend im ganzen Reiche durchgesetzt
werden konnten.

Chef einer Präfektur (*chün*) war der Großverwalter (*t'ai-shou*),
dem ein Militärkommandant (*tu-wei*) beigeordnet war. Jede
Präfektur war wiederum in Kreise (*hsien*) unterteilt, denen die
Kreisamtmänner (*ling*) vorstanden. Die nächst kleineren Verwaltungseinheiten bildeten die Landgemeinden (*hsiang*), die die
Zentralregierung nur mehr über die entsprechenden Kreise erfaßte. Je weiter diese von der Metropole entfernt lagen, desto
größer wurde deren faktische Unabhängigkeit. Besonders in den
Einzeldörfern, deren Schulzen im allgemeinen keine Gerichtsbarkeit ausüben durften und Verbrecher dem zuständigen
Kreisamtmann zu überstellen hatten, entfaltete sich der Einfluß
der ansässigen Grundherren weitgehend ungehemmt. Begünstigt wurde diese Autonomie dadurch, daß das Verwaltungsnetz
noch recht locker war. Eine Sonderstellung nahm nur die Hauptstadt selber ein, wie überhaupt festzuhalten ist, daß der Verwaltungsapparat wesentlich auf die Bedürfnisse des Hofes ab-
gestellt war.

Überwacht wurde das gesamte System der Lokalverwaltung
von Inspekteuren (*tz'u-shih*), deren jeder für mehrere Präfekturen verantwortlich war und einen Bereich von der Größe
einer Provinz, welcher Bezirk (*chou*) genannt wurde, kontrollierte.

Sieht man einmal von der politischen Funktion der Zivilbehör-
den ab, so läßt sich als ihre vornehmste Aufgabe die Sicherung
der staatlichen Einnahmen bestimmen. Die Geldeinkünfte
stammten aus der Kopfsteuer (*k'ou-ch'ien*); diese belief sich
für Jugendliche zwischen 7 und 15 Jahren auf jährlich 23 Bronzemünzen, für Erwachsene auf 120. Die Kaufleute mußten auf
Grund einer anderen Berechnungsweise durchschnittlich etwa
das Doppelte zahlen, ein Betrag, der auch von den Besitzern von
Privatsklaven für einen jeden von diesen eingezogen wurde.
Handwerker hatten eine Art Produktionssteuer zu entrichten.
Die Lehnsträger, die das Steueraufkommen ihrer Untertanen
erhielten, mußten davon mehr als die Hälfte an den kaiserlichen
Staatsschatz abführen. Die Grundsteuer wurde nach den Ernten
bemessen und betrug theoretisch $^{1}/_{30}$ des Ertrags. Dazu kam

freilich die Pacht, die der über keinen eigenen Boden verfügende Bauer seinem Grundherrn schuldete und die erheblich über dem staatlichen Steuersatz lag.

Die Leistungen der Landwirtschaft waren damals schon recht beachtlich. Seit dem 3. Jahrhundert v. Chr. wurden die Bewässerungsanlagen intensiv ausgebaut. Unter Kaiser Wu legte man in Shensi Brunnen an, die unterirdisch miteinander verbunden waren. Zum Pflügen diente allgemein das Rind, bzw. der Wasserbüffel. Von verbesserten Anbautechniken kannte man Fruchtwechsel und Düngung. Den Ertrag von 1 *mou* Ackerland (etwa 6 Ar) geben die Quellen mit 1 bis 1,5 *shih* an (1 *shih* entspricht etwa 1 Hektoliter). Für die Zeit um Christi Geburt errechnete W. Eberhard eine Gesamtanbaufläche von 827 Millionen *mou*.[8]

Die Quellen geben als Norm an, daß eine Bauernfamilie von 5 Personen mindestens 2 Arbeitskräfte stellte. Dabei erhielt der Bauer in Form der Frondienste zusätzliche Lasten aufgebürdet, wovon die Beamten befreit waren. Die Möglichkeit der geldlichen Ablösung blieb für die meist am Rande des Existenzminimums dahinlebenden Kleinbauern oder Pächter eine rein theoretische. Die Verpflichtung erstreckte sich auf einen Monat pro Jahr und wurde für die verschiedenen öffentlichen Unternehmungen beansprucht, wie den Bau von Straßen, Deichen, Kanälen usw., aber auch für kaiserliche Luxuszwecke ausgenutzt. Und schließlich trat dazu die Militärdienstpflicht, der sich alle Männer zwischen 23 und 56 Jahren zu unterziehen hatten, mit Ausnahme der höheren Beamten und Adelsränge, wie sich fast von selbst versteht. Sie dauerte zwei Jahre, wovon eines im Garnisonsdienst und das zweite bei den Verteidigungskommandos an den Grenzen abzuleisten war. Söldnerheere gab es zur Han-Zeit noch nicht.

Einen weiteren Eingriff in die Wirtschafts- und Sozialstruktur stellten die Staatsmonopole dar. Unter Kaiser Wu wurde 119 v. Chr. das Monopol auf Salz und Eisen eingerichtet, 112 v. Chr. das für Münzprägung. Angeregt worden war letzteres von einem Beamten namens Chang T'ang (gest. 115 v. Chr.). Interessant ist die Beurteilung Changs durch die konfuzianische Geschichtsschreibung, die hier ihre typische Ambivalenz verrät: sie preist einerseits die kostspielige expansive Außenpolitik und erkennt die Notwendigkeit fiskalischer Kontrolle an; andererseits kritisiert sie aus ihrer feudalistisch geprägten Grundhaltung Chang T'ang. Weitere Monopole erfaßten Erzeugung und Vertrieb von Wein sowie die Nutzung von Bergen und Marschen. Die Entwicklung der Staatsmonopole verlief nicht kontinuierlich, sie wurden verschiedentlich abgeschafft und wiedererrichtet — je nach den Stärkeverhältnissen zwischen der

Regierung und den führenden Gesellschaftsgruppen. Der staatliche Eingriff in das Wirtschaftsleben aber blieb für die gesamte Dauer des Kaiserreichs bestimmend. Abschließend muß zu diesem Komplex noch erwähnt werden, daß in den Monopolen vielfach Staatssklaven eingesetzt wurden. Die Zahl der Staatsund Privatsklaven war jedoch im ganzen recht gering; sie betrug maximal etwa 1 bis 2 % der Gesamtbevölkerung.

e) Regressive und evolutionäre Umwandlung der Gesellschaft

Wir kehren nunmehr zu dem eingangs dieses Abschnitts aufgeworfenen Problem zurück. Die Geschichtstheorie hat schon vor etwa einem halben Jahrhundert erkannt, daß die aus dem Zusammenbruch des altchinesischen Feudalsystems hervorgegangene neue Gesellschaftsordnung, die sich in ihrer Grundstruktur bis zum Ende des 19. Jahrhunderts erhielt, in der Han-Zeit ihre entscheidende Ausformung gewann. Während aber in Europa aus dem Feudalstaat schließlich der bürgerliche Staat entstand, entwickelte sich in China eine Gesellschaftsform, die wesentliche Elemente des Feudalismus perpetuierte. Die Theorien, die zu ihrer wissenschaftlichen Interpretation aufgestellt worden sind, erheben jeweils einen von drei historischen Faktorenkomplexen zur *causa finalis,* nämlich den ökonomisch-materiellen, den sozialen oder den politisch-ideologischen. Diese Theorien sollen kurz zusammengefaßt werden:
1. Die Theorie der »orientalischen Gesellschaft«.[9] Sie macht zum Angelpunkt die sogenannte »asiatische Produktionsweise«, deren wichtigstes Merkmal die Abhängigkeit des Ackerbaus von planvoller Bewässerung sei. Denn in den meisten Landesteilen Chinas erfolgen die Regenfälle nicht rechtzeitig, und dort, wo Reiskulturen im Naßbau angelegt werden, reichen sie nicht aus. Der Anbau mit Hilfe von künstlicher Bewässerung habe nun ökonomische wie politisch-soziale Folgen: er bedinge eine intensive, auf keine hochtechnisierten Geräte angewiesene Bodenbearbeitung, erfordere aber große Gemeinschaftsarbeiten zur Errichtung von Deichen, Kanälen, Staureservoiren und — meist manuell betriebenen — Schöpfanlagen. Diese Gemeinschaftsarbeiten wiederum aber seien, sollten sie das angestrebte Ziel erreichen, von einer zentralistischen Bürokratie abhängig. Das Phänomen der Bürokratie wissenschaftlich in den Griff bekommen zu haben, ist denn auch eines der markantesten Ergebnisse dieser Theorie, zu der Karl Marx nicht unwesentlich beigetragen hat, die jedoch der dogmatisch gewordene historische Materialismus verbannte und durch eine auf dem Schema von der notwendigen Aufeinanderfolge bestimmter Gesellschaftsformationen basierende Definition ersetzte, nach der die chinesische Ge-

sellschaft seit der Han-Zeit semi-feudalistisch sei (vgl. auch oben S. 28).

2. Die Theorie der Gentry-Gesellschaft.[10] Sie geht von der Umstrukturierung des Großgrundbesitzes aus. Mit der Veräußerlichkeit des Bodens sei an die Stelle des alten Adels eine neue Oberschicht getreten, eben die »Gentry«, die den erworbenen Grundbesitz in der Regel an die ehemaligen Kleinbesitzer verpachtet und selbst von den Zinsen gelebt habe. Neben den Stammgütern habe die Gentry sich zweite Wohnsitze in den Städten eingerichtet, wo man die befähigten Sippenmitglieder die Beamtenlaufbahn habe einschlagen lassen, so daß die gleiche Schicht, die den Boden besaß, praktisch auch die Steuern von seinen Bearbeitern eingezogen habe.

3. Die Geschichtsauffassung, die die Rolle der Person als ausschlaggebend ansieht.[11] Für sie ist, kurz gesagt, der »Sieg« des Konfuzianismus, d. h. dessen Durchsetzung in der Beamtenschaft bis zur vollkommenen Identifizierung jener mit diesem, *der* Faktor, der die neue Gesellschaft geformt hat.

Diese drei Theorien stimmen in einer Hinsicht überein: sie klammern die äußere Entwicklung des chinesischen Imperiums völlig aus, deren Einbeziehung in den Zusammenhang dieses Kapitels zunächst auch befremdlich erschienen sein mag. Die Expansion wie die Feldzüge nach Zentralasien sind aber von größter Bedeutung auch für die innere Entwicklung des Han-Reiches und der folgenden Dynastien geworden. Die Weiträumigkeit des chinesischen Subkontinents erwies sich als Ventil für die sozialen Widersprüche, indem sie unaufhörlich und in hohem Grade den Ausweg der Kolonisation eröffnete. Die Gesellschaft wurde nicht durch natürliche Grenzen auf sich selbst zurückgeworfen und gezwungen, ihre Konflikte auszufechten, vielmehr vermochte sie, da die Expansion auf zivilisatorisch weit geringer entfaltete Kulturen stieß, unter günstigen Bedingungen ihre Herrschaftsverhältnisse dort zu etablieren, was zwangsläufig auch auf die eigene Ausgangsbasis zurückwirkte. Als in Europa das Feudalsystem in Auflösung begriffen war, hatte die Siedlungsbewegung im wesentlichen aufgehört — bis auf eine Ausnahme: Polen, wo der Adel durch die zum Teil aus Mittel- und Westeuropa zuströmenden Siedler seine Grundherrschaft ausbauen konnte und wo bezeichnenderweise die feudalen Strukturen sich sehr lange erhielten.

Die großen Feldzüge hatten noch weitere Konsequenzen: sie ruinierten zwangsläufig die Mittelklassen. Schon Ssu-ma Ch'ien warf dies der Kriegspolitik von Kaiser Wu vor. Die Mittelklassen, die Balázs Zwischenschichten (*couches intermédiaires*) nennt, wurden aber auch aus ökonomischen Gründen in ihrer Entwicklung gehemmt. Damit sind nicht nur die Staatsmonopole gemeint; der Aufschwung von Handel und Geldwirtschaft wurde dadurch zusätzlich blockiert, daß der Binnenmarkt nicht über genügende Quantitäten kaufkräftiger Partner verfügte, und ein Außenmarkt existierte praktisch nicht, da ein solcher sich nur zwischen Staaten mit ungefähr gleich hohem ökonomischem Entwicklungsstand bildet. Das war in Europa der Fall gewesen, China aber war umgeben von nomadischen, halbnomadischen oder »primitiven« Völkerschaften. Dementsprechend war der Grenzhandel wirtschaftlich unbedeutend und wurde zudem von der Regierung stark behindert. Chinas größtes Exportgut, Flockseide und gewebte Seide, erreichte zwar in ungeheuren Mengen die Nomaden, es ging indes als Tributzahlung vertragsmäßig besonders an die Hsiung-nu, die vom zweiten vorchristlichen bis zum ersten nachchristlichen Jahrhundert mit diesen Lieferungen friedlich gehalten werden sollten und zum Teil auch wurden.[12] Die Produkte der Textilindustrie wurden somit ein politisches Werkzeug in den Händen der Regierung, konnten aber kaum zur Bildung von Kapital beitragen.

Werfen wir zum Vergleich noch einmal einen Blick auf die Landwirtschaft in Europa, die ebenso wie die in China die dominierende Rolle in der gesamten wirtschaftlichen Produktion spielte. Im Europa des 14. Jahrhunderts verliefen die Landflucht, das Veröden der Siedlungen und der Rückgang des Getreideanbaus parallel zu der Ausdehnung der Viehzucht, folglich des Weidelandes und Futtermittelanbaus. Besonders die Schafzucht ließ, wenn auch nur zum Nutzen einer kleinen Schicht, den Textilhandel florieren und bewirkte außerdem, daß das Getreide aus den Ostgebieten zum Handelsgut wurde. Zwangsläufig entwickelte sich eine bäuerliche Gewerbewirtschaft; in China hingegen herrschte weiter die Autarkie der Bauernfamilien vor. Dort hörten die Grundherren mehr und mehr auf, in den Ackerbau zu investieren, hier diente das Geld zu immer neuen Landkäufen.

Nach W. Eberhard soll die neue Schicht von Großgrundbesitzern, die er Gentry nennt, vorwiegend aus den ökonomischen Prozessen hervorgegangen sein. Der Machtkampf mit dem alten und jungen Adel sei zu ihren Gunsten ausgegangen, und damit habe der chinesische Feudalismus sein endgültiges Ende gefunden. Aber das Bild, das die Quellen vermitteln, welche unter ganz anderen, zeitbedingten Gesichtspunkten abgefaßt wurden, die *jeder* Theoriebildung erhebliche Schwierigkeiten bereiten, kann auch anders interpretiert werden. Erstens setzte sich die Entstehung von Großgrundbesitz auf rein politischem Wege fort. Jeder Prinz des kaiserlichen Clans erhielt neben 200 Sklavon auch 30 *ch'ing* Land (1 *ch'ing* = 100 *mou*), in noch größerem Umfange jedoch wurde Land an die zahlreichen Günstlinge verteilt. So empfing ein einziger von ihnen unter Kaiser Ai (6-2 v. Chr.) 2000 *ch'ing*. Wie verbreitet diese Praxis gewesen sein muß, erhellt die Tatsache, daß 5 v. Chr. Shih Tan, ein hoher Beamter, in einem Memorandum die Festlegung von Höchstgrenzen für Grund- und Sklavenbesitz forderte. Zweitens ist das einzige klar erkennbare Merkmal der Machtkämpfe, besonders in den beiden ersten nachchristlichen Jahrhunderten, der Regionalismus, und drittens war die ökonomische Basis, wie wir zu zeigen versucht haben, zu sehr geschrumpft, als daß sie eine starke soziale Dynamik hätte auslösen können.

Eine letzte Besonderheit ist schließlich noch zu berücksichtigen. Die großen grundbesitzenden Sippen, die für sich selbst bereits die Befreiung von Abgaben erlangt hatten, setzten nach und nach auch die Befreiung der von ihnen Abhängigen von *staatlichen* Steuern und Frondiensten durch.[13] Das aber führte mit dazu, daß im Bewußtsein der Unter- und Mittelklassen die ökonomisch herrschende Schicht schließlich völlig mit dem Staat identifiziert wurde, und jene verloren damit den Orientierungspunkt, an dem sich ihr Bestreben nach Autonomie hätte ideologisch kristallisieren können.

Aus alldem ergibt sich, daß es unmöglich ist, die Gesellschaft des Han-Reiches auf *ein* sozial-ökonomisches Modell hin zu definieren. Das auffälligste ihrer Kennzeichen ist das Weiterbestehen und die Transformation feudaler Strukturen, die sogar in den Prinzipien für die Auswahl der Beamten sichtbar werden, denn persönliche Loyalitäten spielten darin eine große Rolle. Vom Präfekten an aufwärts und nach mindestens drei Dienstjahren konnten die Beamten einen Sohn oder Bruder vorschlagen, welches Privileg weit genutzt wurde. Diese Kandidaten wurden als »Palastjunker« (*lang*) zusammen mit denjenigen, die auf Grund eines Erlasses von 134 v. Chr. pflichtgemäß von den Präfekten zu melden waren, in den verschiedenen Behörden beschäftigt. Seit 100 v. Chr. galt als Richtsatz für die offiziellen Vorschläge ein Beamtenkandidat auf jeweils 200 000 Einwohner. Die Folge war, daß sich um die hohen Würdenträger und die Oberhäupter der großen Sippen eine Art neuer Klienten sammelten, die man als »Schüler« bezeichnete. Da der Vorschlagende für die Zuverlässigkeit seiner Kandidaten haften mußte, kamen automatisch überwiegend solche zum Zuge, deren Bindung an den Promotor absolut garantiert war. Zwei Erlasse aus den Jahren 58 und 93 n. Chr., die sich gegen den Einfluß der reichen Familien und »ungeeignete Personen« bei der Beamtenauswahl wenden, liefern hierfür einen Beweis. In der Regierungszeit Kaiser Wus ist auch schon die Grundlage des späteren Examenssystems mit der Gründung einer nationalen Beamtenakademie gelegt worden, deren Lehrer den Titel »Gelehrte umfassenden Wissens« (*po-shih*) trugen. Mit ihr gewann im Verlaufe der Zeit der Konfuzianismus den institutionellen Rahmen, von dem aus er sich als Staatsdoktrin etablierte.

Mit der Zentralisierung der Verwaltung und dem Ausbau ihres Apparates setzte notwendig nicht nur ein persönlicher Machtkampf um Einfluß am Hofe ein, sondern es traten auch die verschiedenen Sozialphilosophien mit ihren Rezepten, die neuen und komplizierter werdenden Probleme zu lösen, untereinander in Konkurrenz. Der schließliche »Sieg« des Konfuzianismus ist aber keineswegs einseitig als Triumph der Konfuzianer zu verstehen. Ereignisse wie das Opfer, das der erste Han-Kaiser Kaotsu am Grabe des Konfuzius 195 v. Chr. darbrachte und das wohl nur ein Gunsterweis für seinen angesehenen Berater Lu Chia war, oder der Umstand, daß der Konfuzianer Ho Kuang unter Kaiser Chao (87–74 v. Chr.) und Kaiser Hsüan (74–48 v. Chr.) bis zu seinem Tode 68 v. Chr. *de facto* die Regentschaft ausübte, dürfen nicht überschätzt werden. Wenn wir von den politisch-sozialen Verhältnissen ausgehen, so lassen sich die Erfordernisse, denen eine umspannende Staatsideologie genügen mußte, etwa wie folgt umreißen: Sie mußte imperial, d. h. nicht national in einem ethnischen Sinne sein, hatte dem sozialen Kompromiß zu entsprechen, was soviel bedeutet, wie den Interessen der zentralistischen Bürokratie und gleichzeitig auch des fortlebenden Feudalismus zu dienen — mit einem Wort, sie mußte in hohem Maße fähig sein zu integrieren. Dies aber vermochte nur der Konfuzianismus zu leisten. Zweierlei prädestinierte ihn dafür; die entscheidende Umformung, welche er durch den genialen Hsün-tzu erfahren hatte, hatte ihn offen gemacht, die notwendigen legalistischen Prinzipien in sich aufzunehmen, und mit der Legitimitätstheorie erwies er sich als starke Stütze der dynastischen Nachfolge.

Ein eindrucksvolles Beispiel, wie der Konfuzianismus sich insbesondere den Legalismus amalgamierte, liefert das Rechtswesen der Han-Zeit. Der Han-Kodex ist leider verlorengegangen, und auch die Überlieferungen hinsichtlich seiner ursprünglichen Gestalt sind in ihrer Authentizität sehr zweifelhaft. Die Behauptung, daß ein gewisser Li K'uei, der sonst als Person quellenmäßig gut belegt ist, ein gewaltiges juristisches Corpus zusammengestellt habe, stammt aus dem 6. Jahrhundert n. Chr.[14] Als gesichert kann lediglich gelten, daß Hsiao Ho um 200 v. Chr. die Ch'in-Gesetze gesammelt hat. Was der Legalismus einbrachte, ist das Prinzip, das — allerdings nur theoretisch — alle dem Recht unterwirft, und legalistisch ist auch die ausschließliche Kodifizierung des Strafrechts. Wohl mit Ausnahme der Kapitalverbrechen war dieses rein kasuistisch. Zeugenaussagen und materielle Indizien galten als Beweismittel, doch wurde das Geständnis als erforderlich angesehen, das, wenn nötig, mit der Folter erpreßt wurde. Kollektivhaftung war allgemein üblich. Vom Konfuzianismus, feudalistisch in seiner Grundkonzeption und damit grundsätzlich gegen schriftlich fixiertes Recht gerichtet, gingen eher strafmildernde Tendenzen aus. Da seine Repräsentanten stärker den ökonomisch herrschenden Kräften verbunden waren, plädierten sie logischerweise mehr für einen Automatismus, der in ihrem Sinne wirken mußte. So war es konfuzianischem Einfluß zuzuschreiben, daß unter Kaiser Hsüan eine nicht unerhebliche Neuerung eingeführt wurde: Söhne, Enkel und Ehefrauen wurden nicht mehr bestraft, wenn sie Verbrechen ihrer Eltern, Großeltern bzw. Ehegatten verschwiegen (im umgekehrten Falle galt diese Regel aber nicht). Völlig ausgeklammert aus der Gesetzgebung blieb auch in den nachfolgenden Jahrhunderten das Zivilrecht. Im ganzen gesehen spiegelt das Recht der Han-Zeit, in welchem sich auch spekulativ-kosmologische Vorstellungen niederschlugen, ziemlich getreu die Balance zwischen den verschiedenen sozialen und geistigen Kräften wider.

IV. DIE ZIVILISATION DER HAN

Wenn wir hier einige der kennzeichnendsten Züge der Han-Kultur kurz beschreiben, so schließen wir dabei auch schon die spätere Han-Dynastie ein, also die Zeit nach der Wiedererrichtung der Herrschaft des Kaiserhauses der Han und der Familie Liu (25 n. Chr. - 220 n. Chr.). Denn die Han-Kultur selbst wurde durch das (in Abschnitt V zu behandelnde) Interregnum der Wang-Mang-Herrschaft nicht in ihrem Bestande verändert. Das differenzierte Geistesleben ruhte auf der materiellen Grundlage einer im wesentlichen einheitlichen, den Wirtschaftsraum China ausfüllenden Volkswirtschaft. Der ökonomische Austausch zwischen den Provinzen war lebhaft, wenngleich sich am autarken Charakter des Dorfes nichts geändert hatte. Die wirtschaftliche Mobilität war eine Sache des Handels, der Städte und der Oberschicht. Hier zeigten sich auch am ehesten die Tendenzen zu einer Homogenisierung, die es uns erlaubt, von einer gesamt-chinesischen Kultur der Oberschicht zu sprechen, unter der die regionalen Verschiedenheiten in bezug auf Sprache, Brauchtum, volksreligiöse Kulte weiterbestanden. Auch der Reichtum konzentrierte sich in den sicheren, weil von Mauern umgebenen Städten; das Land war relativ arm. Aber im ganzen gesehen ist China in materieller Hinsicht trotz seiner großen Bevölkerungszahl (rund 50-60 Millionen um Christi Geburt) nicht dem vergleichbar, was zur gleichen Zeit das Römische

Abb. 2: Tonmodell eines zweigeschossigen Hauses (Grabbeigabe). Han-Zeit; Fundort: Kuang-chou

Reich an menschlicher Arbeitskraft und sachlichem Aufwand vorzuweisen vermochte. Noch nach zwei Jahrtausenden erregen die Ruinen des antiken Rom unsere Bewunderung. Von den Palästen und Tempeln der Han-Zeit ist nichts erhalten; sie waren aus vergänglichem Material, Holz und Lehm, gefügt. Der Steinbau ist eine Seltenheit gewesen und bezeichnenderweise hauptsächlich in Form unterirdischer Grabkammern auf uns gekommen. Monumentalplastik gab es nicht — sie wurde erst durch den Buddhismus nach China gebracht. Eine hanzeitliche Stadt hatte noch keine »sky-line« charakteristischer Prägung. Zweigeschossige Bauten waren eher die Ausnahme als die Regel, und nur der Begüterte wohnte in einem Wohngebäude mit Oberstock (*lou*). So ist denn das, was wir von städtischem Luxus in der wirtschaftstheoretischen Literatur der Han-Zeit, etwa dem *Yen-t'ieh-lun* »Erörterungen über Salz- und Eisen

[-Monopol]« lesen, im Grunde auch nicht extravagant, wenn man es mit Rom vergleicht. Das Handwerk war allerdings sehr entwickelt, der technische Hochstand zumal der Waffenherstellung beachtlich. Auch die Naturwissenschaft, vor allem die Astronomie, machte Fortschritte. Man konnte Finsternisse vorausberechnen und entwarf ein astronomisch fundiertes Kalendersystem mit Schaltmonaten, das für viele Jahrhunderte unangefochten herrschte.

Eine Erfindung der Han-Zeit hat weltgeschichtliche Bedeutung erlangt: das Papier. In China waren Beschreibstoffe ursprünglich Holz und Bambus, danach auch Seide. Um etwa 100 n. Chr. wurde das Papier erfunden, und man hatte damit ein Material gewonnen, das nicht nur billig, sondern auch fest und dauerhaft war. Manche der Papierdokumente aus dem 2. und 3. Jahrhundert n. Chr. haben sich, begünstigt durch das trockene Klima der Fundorte in Zentralasien, bis heute erhalten. Über die Araber und das Mittelmeer erreichte die Kenntnis der Papierherstellung im Mittelalter (Anfang des 12. Jahrhunderts) europäischen Boden, zuerst in Spanien.

Von der materiellen Kultur können wir uns auf Grund der erhaltenen Steinritzungen, Reliefziegel und gelegentlich in den Gräbern aufgefundener Malereien ein gewisses Bild machen, das den hier angedeuteten, noch teilweise rustikalen Charakter der Han-Zeit unterstreicht. Typisch ist, daß noch alle Kunstübung handwerklich-anonym ist. Die Hochschätzung des Künstlers und die Kunst als Ausdruck der Bildung haben sich erst in der nächsten, mittelalterlichen Periode der chinesischen Kultur herausgeformt.

Die Literatur dagegen ist bereits stark differenziert und durchaus deutlich gegen diejenige der Chan-kuo-Zeit abgehoben. Im 3. Jahrhundert war im Staate Ch'u eine lyrische Dichtung aufgekommen, die, im Gegensatz zu der noch weithin volksliedhaften Anonymität des »Buches der Lieder«, persönlichem Empfinden Raum gab und deren Entstehung mit dem Namen des Ch'ü Yüan verbunden ist. Sie trägt noch manche mythologische Züge und ist in einigen ihrer Langgedichte und Götterhymnen vom Trance-Erlebnis des Schamanen beeinflußt. In der Han-Zeit wird diese Gattung weiter gepflegt, aber entmythologisiert. Daneben tritt eine stilistisch noch durchaus an die »Elegien von Ch'u« angelehnte beschreibende Kunstprosa (fu) hervor, eine fast höfisch zu nennende, prunkvolle und gelehrt-archaistische Dichtungsform. Aber auch schlichtere Lieder entstanden damals, in denen oft genug das tragische Los der Trennung von Gatten durch Kriegsdienst und die Sehnsucht nach Heim und Liebe Ausdruck fanden. Von dieser lyrischen und Prosa-Dichtung ist viel verloren, dagegen von der historischen und

Abb. 3: Der Dichter Ch'ü Yüan (um 300 v. Chr.) nach einer Darstellung aus dem 18. Jahrhundert

philosophischen Literatur relativ viel auf die Gegenwart gekommen. Die wichtigste historiographische Neuerung unter den Han ist der Typus der dynastischen Universalgeschichte. Er wurde erfunden durch den großen Ssu-ma Ch'ien (145 bis etwa 90 v. Chr.). Während die Geschichtswerke der Chou-Zeit entweder karge Chroniken wie das *Ch'un-ch'iu* oder mehr anekdotisch-romanhafte Sammlungen mit moralistischem Akzent (*Kuo-yü, Tso-chuan* und *Chan-kuo ts'e*) waren, bereicherte Ssu-ma Ch'ien, dessen Vater bereits die Universalgeschichte *Shih-chi* (»Aufzeichnungen der Historiker«) zu schreiben begonnen hatte, die Historiographie um neue Kategorien. Dieses in seiner heutigen Form 130 Kapitel umfassende Werk besteht aus fünf Hauptabschnitten: einer annalistischen Geschichte Chinas von den fünf »Urkaisern« bis um 100 v. Chr., einem Tabellenteil mit Herrscherlisten, einer Reihe von Sach-Monographien (z. B. Astrologie und Astronomie, Kaiseropfer, Riten und Musik, Bewässerung, Wirtschaft), einem Abriß der Geschichte der »Erbfamilien«, d. h. der Einzelstaaten der Feudalzeit und der Königslehen der frühen Han-Zeit, und schließlich einer Vielzahl von Biographien, denen auch Monographien über Randvölker wie die Hsiung-nu beigegeben sind. Nur dieser letzte, biographische Teil ist literarisch wertvoll und enthält lebendig geschriebene, zum Teil romanhafte Überlieferungen über Einzelpersonen. Diese Einteilung des *Shih-chi* hat Schule gemacht — sie blieb in ihren Grundzügen für 2000 Jahre das Schema der dynastischen Geschichtsschreibung. Auch das erste ganz auf eine Dynastie beschränkte chinesische Geschichtswerk, das die frühere Han-Dynastie behandelnde *Han-shu,* verfaßt von Pan Ku und anderen im 1. Jahrhundert n. Chr., folgt im wesentlichen den Grundzügen des *Shih-chi. Shih-chi* und *Han-shu* bauen beide auf den Autoren zugänglich gewesenen Vorarbeiten, Dokumenten und sonstigen literarischen Quellen auf. Freie Nacherzählung oder gar literarisch-dichterische freie Gestaltung des historischen Stoffes blieben der Geschichtsschreibung Chinas immer fremd, was jedoch nicht heißt, daß deshalb der dokumentarische Wert automatisch um so höher zu veranschlagen sei. Immerhin — dort, wo der Geschichtsschreiber nur kompilierte und auswählte, hielt er sich oft an den Wortlaut der originalen Dokumente. So sind, vor allem im *Han-shu,* zahlreiche Edikte und Throneingaben, wenngleich überarbeitet, so doch offensichtlich in enger Anlehnung an den ursprünglichen Wortlaut, erhalten geblieben.

In der Han-Zeit entstanden auch die frühesten Texte einer Literaturgattung, die als typisch für das traditionelle China bezeichnet werden muß, nämlich die Enzyklopädien. Mit der fortschreitenden Literarisierung und Bürokratisierung kam das Bedürfnis nach handlichen Nachschlagewerken auf. Hierher gehören auch die Lexika, von denen das paläographische Zeichenlexikon *Shuo-wen* (2. Jahrhundert n. Chr.) für unsere Kenntnis der alten Schriftformen auch heute noch wichtig ist. Ebenfalls auf die Han-Zeit gehen die frühesten bibliographischen Kataloge zurück. Das Literaturkapitel des *Han-shu* ist die Umarbeitung eines Katalogs der Palastbibliothek, wie sie um Christi Geburt bestanden hat. Freilich sind von den dort verzeichneten 596 Titeln fast neun Zehntel verloren oder nur in kärglichen Fragmenten auf die Gegenwart gekommen. Zu den erhaltenen Werken gehören vor allem einige wichtige Philosophie-Kompendien. Für die taoistische Schule bot Liu An (gest. 122 v. Chr.) eine handliche Zusammenfassung von Lehren und Spekulationen, das Werk *Huai-nan-tzu*. Allerdings zeichnet sich unter den Han-Dynastien eine langsame Umwandlung des Taoismus ab. Er nimmt Elemente der Volksreligion auf, und die Literatur über Makrobiotik, Alchimie und taoistische Götter gewinnt an Raum. Aus der philosophisch-meditativen Richtung wird eine neue Religion, die gegen Ende der Dynastie zu politischer Bedeutung aufsteigt (vgl. Abschnitt VIII). Es gab auch rationalistisch gefärbte Gegenströmungen wider den Mystizismus und die uferlose Spekulation mancher Han-Philosophen. Hier ist namentlich Wang Ch'ung (um 27 bis 100 n. Chr.) zu nennen, dessen *Lun-heng* (»Abwägung der Lehrmeinungen«) sich bemüht, Aberglauben und Übertreibungen zu entlarven und die Natur natürlich zu erklären. Seine das Empirische bevorzugende Gedankenrichtung war jedoch ohne tieferen Einfluß; herrschend blieb zunächst die konfuzianische Lehre in ihrer durch die Gelehrten des 2. und 1. Jahrhunderts v. Chr. geformten Ausprägung.

Zu Beginn der Han-Herrschaft war die staatliche Verwaltung noch ebensowenig ideologisiert wie die Kaisersippe selbst, obgleich einige konfuzianische Berater wie Lu Chia und Chia I am Hofe wirkten. Erst unter der Regierung Kaiser Wus erhielt der Konfuzianismus eine neue Form und wurde den Bedürfnissen des im Entstehen begriffenen Beamtenstaats angepaßt. Dies ist in erster Linie das Werk des Tung Chung-shu (etwa 170 bis etwa 100 v. Chr.). Ihm ist nicht nur die Einführung von einer Art Prüfungssystem für Beamtenanwärter zu verdanken, sondern auch die Heranführung des ursprünglich eher gesetzesfeindlich eingestellten Konfuzianismus an die praktischen Anforderungen der Verwaltung. Die Sphäre der Gesetze (*fa*) wird bis zu einem gewissen Grade mit der der autonomen Sitte (*li*) versöhnt. Man erkennt im Han-Konfuzianismus Recht und Institutionen als bedeutsam an; aus einer Adelsethik wird eine Beamtenethik. Aber auch jenseits des Staatlichen wirkten Einflüsse auf den Konfuzianismus ein, in erster Linie die naturphilosophischen Spekulationen der Yin-Yang-Schule mit ihrem eigenartigen universalistischen Weltbild, das von der Lehre von den Fünf Wandelzuständen oder »Elementen« (*wu-hsing*) — Holz, Wasser, Erde, Feuer und Metall — beherrscht wurde. Sie galten in ihrem Ineinanderwirken als Grundkräfte des Universums, und zwar sowohl der Natur wie der Menschenwelt. Jede nur irgend denkbare Wesenheit, von den Himmelsrichtungen über Farben und Töne bis zu den Körperteilen des Menschen, war im Rahmen eines Bezugssystems einem Element zugeordnet. Die Fünferspekulation beherrschte das Denken (woher auch die Fünfzahl der »Urkaiser« zu erklären ist, vgl. S. 20). Dieses fast mathematisch organisierte Weltbild bot eine Möglichkeit der Welterklärung, die freilich nicht empirisch gewonnen war, sondern korrelativ im Rahmen spekulativer Gesetzmäßigkeiten. Diese Theorien waren von eminenter politischer Tragweite. Immer schon hatten in China, wie die entsprechenden Eintragungen im *Ch'un-ch'iu* zeigen, auffallende Naturerscheinungen (ungewöhnliches Wetter in der »falschen Jahreszeit«, Kometen, Stern-Novae, tierische oder pflanzliche Mißbildungen) als Omina gegolten. Die Han-Spekulation verband die Lehre von den Omina mit der Elementenlehre zu einem System, mit dem man glaubte, Vorhersagen machen zu können. Wenn das »Mandat des Himmels« (*t'ien-ming*) einem unfähigen Herrscher entzogen zu werden drohte, dann mußte sich das nach dieser Kosmologie in ganz bestimmten Erscheinungen in der Natur äußern, deren Meldung oder Erwähnung also stets zugleich auch eine politische Propaganda war.[15] Diese Vorstellungen haben sich in China außerordentlich stark eingewurzelt und z. B. die Dynastieinsignien und -farben beeinflußt, aber niemals stärker gewirkt als in der Han-Zeit, als es einem Usurpator möglich wurde, mit diesen magisch-prognostischen Praktiken die Herrschaft zu erringen: Wang Mang.

V. DAS INTERREGNUM DES WANG MANG

Der Aufstieg des Wang Mang (45 v. Chr. - 23 n. Chr.) hängt zusammen mit der Tendenz der Familien der Kaiserinnen, ihre Macht auf Kosten der Herrschersippe Liu auszuweiten. Die Hauptfrau des Kaisers Yüan (48-33 v. Chr.) war eine geborene Wang, die es verstand, ihrem Bruder die höchsten militärischen und zivilen Ämter zuzuschanzen. Die gesamte Reichsverwaltung kam, jedenfalls in ihren entscheidenden Funktionen, bald in die Hände der Wang-Sippe — nicht zum Vorteil des Reiches, wo sich trotz einiger außenpolitischer Erfolge Unzufriedenheit verbreitete, welche auch in einem Aufstand der Staatssklaven im Jahre 12 v. Chr. zum Ausdruck kam, der nur mit Mühe von den Regierungstruppen unterdrückt werden konnte. Ein Neffe der Kaiserin war Wang Mang. Von 1 bis 8 n. Chr. war er Regent für einen unmündigen Kaiser und baute seine Stellung zielbewußt weiter aus. Sein Aufstieg war aber nicht wie so oft in der chinesischen Geschichte einem militärischen Coup zu danken, sondern weltanschaulich-propagandistischen Methoden. Wang Mang war erfüllt von einer seltsamen Mischung aus archaistischen Neigungen und politischem Machtstreben. Sein Ideal war der »Herzog von Chou«, jener Regent, der zu Beginn der Chou-Zeit für einen unmündigen Herrscher die Regierung geführt hatte und auch von Konfuzius als Vorbild eines weisen Regenten betrachtet worden war. Aber darüber hinaus verehrte Wang Mang die Chou-Dynastie ganz allgemein und versuchte, das Han-Reich nach deren Muster, so wie man sie zu seiner Zeit verstand, umzugestalten. Dieser Archaismus fand Nahrung in dem Werk *Chou-li* (»Riten der Chou«), einem teilweise apokryphen Text, in dem sich echte Traditionen ebenso finden wie bereits durch die Elementenlehre beeinflußte Vorstellungen und Systematisierungen. Das Werk wurde in den Rang eines konfuzianischen Klassikers erhoben und galt Wang Mang und seinen Anhängern als eine Art Handbuch für die Gegenwart. Mit Hilfe einer geschickten Propaganda und unter zielbewußter Ausnutzung von Omina erreichte Wang Mang, daß er den Schattenkaiser der Han absetzen lassen und sich selbst zum Kaiser einer neuen Dynastie *Hsin*, »Erneuerung«, machen konnte. Er scheint selbst an seine Auserwählung geglaubt und nicht nur zynisch distanziert die ganze Ideologie zur Stärkung seiner Stellung gesteuert zu haben. Ohne militärische Mittel gelang ihm so der Griff nach der höchsten Macht, und es ist erstaunlich, daß er im Grunde nur gestützt wurde von einer Gruppe gleich ihm an die Vorbildlichkeit der Chou-Zeit glaubender Intellektueller wie dem Philosophen Yang Hsiung (53 v. Chr. bis 18 n. Chr.). Selbst Angehörige der Kaiserfamilie Liu gehörten zu seinen Gefolgsleuten, ein Beweis dafür, daß in der Atmosphäre am Hofe die ideologische Loyalität stärker war als der Sippenzusammenhalt.

Die Regierungsmaßnahmen des Wang Mang bedeuteten in vieler Hinsicht einen Rückschritt, in anderer dagegen stärkten sie die Kaisermacht. So machte er Ernst mit dem alten Leitsatz, wonach alles Land Eigentum des Königs ist, und schuf eine staatliche Kontrolle über die Landwirtschaft unter Berufung auf das »Brunnenfeldsystem«, jenes Erinnerungen an alte Allmendewirtschaft bewahrende Agrarsystem, wonach je acht Familien in Gruppen zur gemeinsamen Feldbestellung zusammengefaßt gewesen sein sollen. Ebenso wurden Staatsmonopole wieder-eingeführt oder neue errichtet, das Münzsystem nach angeblichen Chou-Vorbildern reorganisiert und die Getreidepreise amtlich festgesetzt, der private Getreidehandel dagegen abgeschafft. Privatsklaverei wurde verboten, die Staatssklaverei jedoch beibehalten. An die Stelle privaten Geldverleihs traten staatliche Darlehnskassen — alles Züge, die man als sozialistisch interpretiert hat, die in Wirklichkeit aber Ausfluß reaktionärer und archaisierender Tendenzen waren. Nimmt man noch hinzu, daß sogar die Ortsnamensgebung von der Chou-Manie des Herrschers erfaßt wurde und alte, lange vergessene Namen an die Stelle der gängigen treten sollten, so gewinnt man ein Bild von der wahrhaft umfassenden Neuerungssucht des Usurpators und seinen Bestrebungen. Die hektische Eile, mit der Wang versuchte, seine Reformen durchzuführen, schuf bald ein Chaos, am schlimmsten wohl innerhalb des Behördenapparates selbst, aber auch in der Landwirtschaft. Nicht genug damit, daß die Han-Ämternamen durch archaisierende Bezeichnungen ersetzt wurden, auch die Gehälter und damit der *nervus rerum* jeglichen Beamtentums wurden betroffen: es gab keine festen Saläre mehr, sondern eine bewegliche Entlohnung, die sich nach dem jeweiligen Ernteausfall richten sollte. Nur die Armee blieb erstaunlicherweise in der chaotischen Reformzeit verhältnismäßig intakt und einsatzfähig. Aber zu einer Wiederaufnahme einer offensiven Außenpolitik langte es nicht. Die Hsiung-nu konnten die losen Bande der Vasallität, die sie an das Han-Kaiserhaus fesselten, abstreifen und sich wieder als selbständige Stammesföderation konstituieren. Der Sturz des Wang Mang war jedoch nicht die Folge einer gescheiterten Außenpolitik, sondern von Aufständen, die sich gegen sein Regime richteten.

VI. DER BÜRGERKRIEG UND DIE RESTAURATION

So konfus das Regierungsprogramm Wang Mangs auch war, wie sprunghaft und hektisch er dessen Verwirklichung auch immer voranzutreiben suchte und, wenn er auf Widerstand stieß, es abrupt wieder abänderte oder zurückzog, es hatte dennoch eine Grundtendenz, die letztlich auf die Stärkung der Zentralgewalt hinauslief. Jeglicher Versuch aber, eine »absolutistische« Macht zu etablieren, der mit Notwendigkeit gegen die Schichten gerichtet ist, mit denen ein Regime sich in die Herrschaft teilt, kann anfangs meist mit einer gewissen Billigung des Volkes rechnen. Daß die großen Sippen, nachdem sie zwischen 6 und 9 n. Chr. sich sechsmal gegen Wang Mang aufgelehnt hatten, danach bis zum Jahre 20 keine Revolte mehr riskierten, läßt deshalb nicht ganz zu Unrecht vermuten, daß sie in dieser Zeitspanne für einen erneuten Umsturz keine Chance auf breitere Unterstützung sahen. Und so ist es durchaus denkbar, daß ihre ungebrochene ökonomische Macht sich im Rahmen einer fortlebenden Hsin-Dynastie weiter hätte verfestigen und aufs Politische ausdehnen können. Für das Endergebnis, die Auflösung des Imperiums von innen her, wäre das allerdings ohne Belang geblieben. Doch Naturkatastrophen außergewöhnlichen Ausmaßes wandelten die Lage eines großen Teiles der Bevölkerung zum Schlechten und beschleunigten dadurch den vorgezeichneten sozial-ökonomischen Prozeß.

a) Die »Roten Augenbrauen«

Schon zur Zeit der Regentschaft Wang Mangs hatten sich gewaltige Überschwemmungen am Unterlauf des Huangho ereignet, als dieser seinen Flußlauf änderte. Große Wassermassen waren dabei in den Pien-Kanal, der den Huangho mit dem Huai-Fluß verbindet, gedrängt worden und hatten dort ebenfalls Deichbrüche bewirkt.[16] Das Unglück traf die am dichtesten besiedelten Gebiete des Reiches und zog nahezu die Hälfte seiner Bevölkerung in Mitleidenschaft. Im Jahre 11. n. Chr. erfolgten weitere Flutkatastrophen. Sie alle lösten eine Wanderbewegung in Richtung Süden auf den Yangtse zu aus, in deren Gefolge sich Hunger, Krankheiten und Seuchen verbreiteten. Am schlimmsten betroffen war die Halbinsel Shantung, da diese durch die Überschwemmungen zunächst fast abgeschnitten war. Dort rotteten sich die landlos gewordenen oder an den Auswirkungen des Chaos leidenden Bauern zu Banden zusammen, die sich dann zu einer Bewegung formierten. Diese war recht lose organisiert, jedenfalls vermerken die Quellen nur drei Rangbezeichnungen, die ihre Führer trugen, unter denen Fan Ch'ung die Stellung eines *primus inter pares* einnahm. Da der Aufstand allem Anschein nach keinen religiösen oder sonstigen ideologischen Nährboden hatte und spontan aus einer verzweifelten Lage heraus entstanden war, ist seine organisatorische Schwäche nur natürlich. Dennoch blieben die Truppen, die die Regierung seit dem Jahre 18 gegen die »Roten Augenbrauen« — so wurden die Aufständischen genannt, weil sie sich die Augenbrauen rot färbten — einsetzte, erfolglos. Diese trugen vielmehr den Aufruhr allmählich nach Westen. Als er sich der Präfektur Nan-yang (im südlichen Honan und nördlichen Hupei) näherte, brach dort Ende 22 n. Chr. eine Rebellion großer Clans aus, die von einer Nebenlinie der Liu-Sippe, also des Kaiserhauses der Han, geführt wurde, die jetzt die Situation für günstig hielt, die Macht zurückzugewinnen, und gleichzeitig darauf bedacht war, den »Roten Augenbrauen« zuvorzukommen. An die Spitze einer sehr heterogenen Schar von Gefolgsleuten, zu der wohl auch alle möglichen Deklassierten stießen, stellte sich Liu Po-sheng, und er konnte gleich einige Anfangserfolge über Regierungstruppen erzielen. Es zeigte sich aber sehr bald, daß beide Gruppen von Aufständischen aufeinander angewiesen waren. Denn war die Position der aristokratischen Sippen durch ihre gegenseitige Rivalität geschwächt, so verfügten die Gemeinen weder über ausreichenden ökonomischen Rückhalt, noch besaßen naturgemäß ihre Führer genügende organisatorische und militärische Fähigkeiten, womit allein sie eroberte Gebiete fest in den Griff hätten bekommen können. So ist es nicht verwunderlich, daß jene ebenfalls einen Vertreter der Liu-Familie, nämlich Liu Hsüan, als Thronprätendenten erwählten, da sie erkannten, daß sie nur auf diese Weise ihre Bewegung zu legitimieren vermochten. Es gelang ihnen auch, Liu Po-sheng zu überspielen, und Liu Hsüan konnte im März 23 den Thron des Gegenkaisers besteigen. Nach seiner Regierungsdevise »erneuter Anfang« (*keng-shih*) wird er, da er keinen postumen Tempelnamen erhielt, in den Quellen Keng-shih-Kaiser genannt. Seine vereinigten Armeen erkämpften im Sommer 23 einen großen Sieg über Wang Mangs Heer und eroberten im Herbst des gleichen Jahres die Hauptstadt Ch'ang-an, wobei Wang Mang getötet wurde.

b) Der Bürgerkrieg

Das Zweckbündnis, das den Keng-shih-Herrscher nach oben getragen hatte, erfuhr das Schicksal, das allen derartigen Kompromissen beschieden ist. Nach dem gemeinsam errungenen Triumph brachen die alten Gegensätze wieder auf. Überdies machte der neue Kaiser einen schweren Fehler, als er den Führern der »Roten Augenbrauen« keine Lehen gab und sie mit minderen Titeln abspeiste. Binnen kurzem verließen diese deshalb die Hauptstadt und kehrten zu ihren Truppen zurück. Damit verlor der Keng-shih-Kaiser seine stärkste Stütze, was deshalb besonders verhängnisvoll wurde, weil das unter seiner Kontrolle stehende Gebiet zu klein war, als daß es ihm die nötigen materiellen Ressourcen für größere Operationen hätte liefern können. Denn im Gefolge der Insurrektion in Nan-yang hatten sich überall im Reiche neue Unruheherde gebildet. Die Situation ermutigte Glücksritter und Kondottieri ebenso, wie sie die immer vorhandenen regionalen Sezessionsbestrebungen begünstigte. So eroberte Wei Ao fast ganz Kansu, im Norden schuf sich Lu Fang ein eigenes Heer, in das er auch Tibeter (Ch'iang) und andere Nicht-Chinesen aufnahm, im Westen erhob sich Kung-sun Shu, und am Yangtse war es Ch'in Feng, der sich zunächst zum Beherrscher dieser Region aufschwang. Die meisten der Insurgenten entstammten großen Sippen, die sich also von vornherein auf eine gewisse »Hausmacht« stützen konnten. Sie hatten allerdings nur ihre — lokal begrenzten — Vorteile im Auge. Da die Regierung des Keng-shih-Kaisers aus Vertretern eben dieser Schichten mit ihren divergierenden Interessen gebildet war, fiel sie wie ein Kartenhaus zusammen, als 25 n. Chr. die »Roten Augenbrauen« bei Ch'ang-an erschienen. In den Wirren fand der Herrscher den Tod.

Im gleichen Jahre proklamierte sich Liu Hsiu, ein Bruder von Liu Po-sheng, zum Kaiser. Ihm glückte es schließlich, die Han-Dynastie zu restaurieren. Der Beginn seiner Karriere lag dabei gerade ein Jahr zurück. Unter seinem Vetter Liu Hsüan mit einem kleinen militärischen Kommando betraut, hatte er sehr rasch beachtliches strategisches Können gezeigt. Diejenigen unter den Latifundienbesitzern, die mehr als alles andere das aufrührerische Volk fürchteten, schlossen sich ihm vermutlich als erste an. Aber der Gegner von unten, die »Roten Augenbrauen«, zerbrachen als politische Kraft so schnell, wie diese spontan entstanden war. Schon im Jahre 27 unterwarfen sie sich Liu Hsiu. Von da an kämpfte Kuang-wu (so lautet Liu Hsius postumer Ehrenname) gegen seinesgleichen: Der Bürgerkrieg, der noch bis zum Jahre 36 dauerte, entschied nunmehr einzig über die Macht innerhalb der bestehenden Sozialordnung. Kuang-wus Ehrgeiz war in dieser Auseinandersetzung eine seiner stärksten Waffen. Während die meisten seiner Widersacher nur darauf aus waren, ihre regionale Unabhängigkeit sicherzustellen, und demgemäß defensiv operierten, war er es allein, der entschlossen die Offensive ergriff. Trotz seiner persönlichen Vorzüge war er dennoch vielleicht lediglich der glücklichste der Prätendenten gewesen, dem erste Erfolge mit ihrem Eigengewicht zu weiteren verhalfen. Wie unterschiedlich man aber auch seine Persönlichkeit beurteilen mag, fest steht, daß er Reformen weder in Angriff nahm noch plante. Sein politisches Ziel, die Herrschaft der Familie Liu aufs neue zu begründen, erreichte er. Aber die Verhältnisse, die zum Sturz der ersten Han-Dynastie geführt hatten, blieben damit unverändert bestehen.

VII. DIE SPÄTERE HAN-DYNASTIE

Kuang-wu, der erste Kaiser der späteren Han-Dynastie, die nach der weiter im Osten gelegenen Hauptstadt Lo-yang auch die »östliche« genannt wird, war zugleich der eindrucksvollste in ihrer knapp zweihundertjährigen Geschichte. Man ist fast

versucht zu sagen, daß unter den Bedingungen einer weitgehend feudalen Restauration kein Spielraum mehr für einen
mächtigen Monarchen blieb. Kuang-wu selbst profitierte davon,
daß das Reich durch den langen Bürgerkrieg ausgezehrt war.
Für das Jahr 57 liegen Zahlenangaben vor, wonach die Gesamtbevölkerung auf 21 Millionen Einwohner abgesunken gewesen
wäre.[17] Wenn diese Angaben auch nur der in ihnen angezeig-
ten Tendenz nach stimmen sollten, sind sie noch aufschlußreich
genug. Da zudem keine ernsthafte Bedrohung von außen existierte, blieb auch über Kuang-wus Tod (57 n. Chr.) hinaus dem
Reiche zunächst eine ruhige Entwicklung erhalten. Man unternahm sogar wieder expansive Vorstöße, wenn auch von einer
kraftvollen Außenpolitik keine Rede sein konnte.

a) Eroberungen

Der Bürgerkrieg war vorwiegend in Nord- und Mittelchina ausgetragen worden. So verstärkte sich die Wanderungsbewegung
nach dem Süden, die bereits mit den Überschwemmungskatastrophen eingesetzt hatte. Bis tief nach Yünnan, Annam und
Tongking drangen die Kolonisten vor — in Gebiete, welche
durch den General Ma Yüan enger an das Reich gebunden wurden, als die Regierung ihn 42 n. Chr. nach Tongking entsandte,
wo schon zwei Jahre vorher eine Rebellion ausgebrochen war,
die nunmehr unterdrückt wurde. Die chinesische Oberhoheit
über diese Gebiete dürfte dennoch eher nominell gewesen sein.
Die Abwanderung aus den nördlichen und nordwestlichen Regionen hatte indes noch andere Beweggründe. Während des
Bürgerkrieges waren erneut verschiedene Fremdvölker in eben
diese Landesteile eingeströmt oder gezogen worden. Zwar kam
es 48 n. Chr. zu Uneinigkeit bei den Hsiung-nu, und ihre Kon-
föderation brach auseinander, doch gereichte dies den Chinesen nicht nur zum Vorteil. 19 Stämme der sogenannten südlichen Hsiung-nu unterstellten sich dem Schutz der Han, da sie
sich von den Hsien-pi und Wu-huan bedrängt sahen. Einerseits
waren sie willkommen, weil man hoffte, sie in Shansi und im
Huangho-Bogen zur Sicherung der Grenzen verwenden zu können, so wie man sich das von den geduldeten tibetischen Stämmen zwischen dem Huangho und dem Kuku Nor versprach; andererseits aber bereiteten diese Hsiung-nu und Tibeter ihren
chinesischen Nachbarn durch Plünderungen und Raubzüge viele
Sorgen. Überdies machten sich zwischen 60 und 70 n. Chr. die
nach dem Norden abgezogenen Teile der Hsiung-nu wieder bemerkbar und gewannen Einfluß in Turkestan, wo die chinesischen Tributärstaaten mit Ausnahme des Königs von Yarkend
sich aus der Bindung an das Han-Reich lösten. Im Jahre 73

wurde ein erster Feldzug gestartet, den Tou Ku leitete. Der Tou-Clan, der mit dem Kaiserhaus verschwägert war, gehörte zu den eifrigsten Befürwortern einer Offensivpolitik gegenüber Zentralasien, die dann unter den Kaisern Chang (76-88) und Ho (89-105) in Angriff genommen wurde. Tou Hsien und Pan Ch'ao schlugen in mehreren Kämpfen die nördlichen Hsiung-nu, wobei letzterer im Jahre 94 am weitesten, bis zum Westrand des Tarimbeckens, vorstieß. Doch das chinesische Protektorat hielt sich nicht lange; schon 107 gab man die Außengarnisonen wieder auf. Das Reich war ökonomisch gar nicht in der Lage, auf die Dauer in diesen riesigen Gebieten militärisch präsent zu sein; man mußte sich damit begnügen, daß die Landverbindung nach Vorderasien nicht völlig abriß. Außerdem brachen um das Jahr 107 unter den im östlichen Kansu siedelnden Tibetern Unruhen aus, die ein Jahrzehnt lang immer wieder aufflacker-ten und der Zentralregierung zeitweilig die Kontrolle über die Nordwestregion unmöglich machten. Diese gesamte Entwick-lung war wohl eine der Ursachen dafür, daß der Kontakt und der Handel mit dem fernen Westen verstärkt zur See aufge-nommen wurden.

b) Probleme im Innern

Die innenpolitische Stabilität des Han-Reiches im ersten knap-pen Jahrhundert seit seiner Restaurierung läßt sich am besten charakterisieren als Ausdruck der fast »natürlichen« Beruhi-gung nach den Wirren, die Wang Mangs Herrschaft und ihr Ende zur Folge hatten. Das Problem der im Chaos jener Zeit ihrer Heimat beraubten Bauern löste sich zunächst von selbst. Denn da der territoriale Besitzstand des Reiches gewahrt blieb, konnten diese sich im freigewordenen Land der entvölkerten Gebiete niederlassen. Aber gleichzeitig ging in steigendem Maße der Prozeß weiter, in dessen Verlauf die großen Clans den Boden an sich brachten. Dabei zeichneten sich zwei Ten-denzen immer deutlicher ab: die Grundherren stellten mehr und mehr Land der Viehzucht zur Verfügung, und sie versuchten in größerem Umfange, den Handel mit ihren Produkten in eigene Regie zu übernehmen. Zwar verbot die Regierung, daß eine Person nebeneinander zwei Berufe ausübte, doch wurde ihre tatsächliche Macht, die Verordnungen durchzusetzen, vor allem in den Provinzen zusehends geringer. Die soziale Lage der Un-terklassen verschlechterte sich so unaufhaltsam. Besonders die Kleinbauern verloren ihre Unabhängigkeit und wurden in wachsender Zahl zu Pächtern, die praktisch den Status von Hö-rigen hatten. Beschleunigt wurde die Entwicklung dadurch, daß man auf den Latifundien zu verbesserten Produktionsmethoden übergehen konnte, was den kleinen Pächtern nicht möglich war. So hat man vielleicht schon damals die ersten Wassermühlen in Betrieb genommen.[18]

In der Hauptstadt Lo-yang griffen Günstlingswirtschaft und Korruption immer weiter um sich, wodurch die großen Sippen, obgleich sie untereinander in Konkurrenz standen, direkten Einfluß auf die Administration gewannen. Die Cliquenbildung, die dabei vonstatten ging, ergab aber keine eindeutigen Interessengruppen, sondern ihre Fronten überschnitten sich verschiedentlich. Da war zum einen der Gegensatz zwischen der Hauptstadt und den Provinzen, zum anderen der zwischen den »konservativen«, feudalen Kräften und der »Intelligenz«, d. h. den beamteten Literaten und ihren Familien. Die daraus resultierende Schwächung der Zentralregierung wurde durch zwei Gruppen intensiviert, deren beider Macht bereits während der ersten Han-Dynastie begründet worden war: die Kaiserinnen-Clans und die Eunuchen. Unter Kaiser Ho verzeichnete die Familie der Kaiserin, die Familie Tou, einen gewaltigen Aufstieg, der schon mit der Restauration eingesetzt hatte. Zur Zeit von Kaiser Huan (147-167) spielte der Liang-Clan eine entscheidende Rolle. Von einem Bruder der damaligen Kaiserin, Liang Chi, wird berichtet, er habe ein Lehen mit 30 000 abhängigen Familien besessen.

Den Vorteil des unmittelbaren Kontakts mit der Person des Herrschers, den die Kaiserinnen-Clans genossen, mußten sie mit den Eunuchen teilen. Kaiser Kuang-wu war, wie in vieler Hinsicht, auch darin der Praxis von Wu-ti (141-87 v. Chr.) gefolgt, daß er wichtige Entscheidungen nicht den Ministerien anvertraute, sondern seinem persönlichen Sekretariat (*shang-shu*), das in den Händen der Eunuchen lag. Seitdem festigten diese stetig ihre Position, die im Jahre 135 n. Chr. einen Höhepunkt erreichte, als ein Erlaß von Kaiser Shun (126-144) es ihnen erlaubte, Söhne zu adoptieren. Die Eunuchen, deren Einfluß jeweils individuell begrenzt gewesen war, entwickelten nun so etwas wie ein Gruppenbewußtsein, und ihre erste gemeinschaftliche Aktion wies sie deutlich als einen ernstzunehmenden Machtfaktor aus.

Bei aller Vielfalt der Interessengegensätze zwischen den großen Familien hatte sich eine gewisse Polarisierung der politisch aktiven Kräfte herauskristallisiert: auf der einen Seite standen die Sippen, die die Akademiker stellten, auf der anderen die Eunuchen, während die Kaiserinnen-Clans eine nicht immer genau zu bestimmende Zwischenstellung bezogen, die, was die Beziehung zum Herrscher angeht, durch eine permanente Rivalität mit den Eunuchen gekennzeichnet war. Diese waren aber mächtig genug geworden, um gegen beide Gegner vorgehen zu können. 159 vernichteten sie im Einvernehmen mit Kaiser Huan die Familie Liang, der die Kaiserin-Witwe entstammte, wobei Tausende ums Leben kamen. Die fünf Anführer des Coups wurden anschließend geadelt und erhielten große Lehen; die außerdem gewährte geldliche Belohnung soll 56 Millionen Bronzemünzen betragen haben. Als Kaiser Huan 167 ohne Thronerben starb, gingen die Eunuchen aus dem Streit um die Nachfolge wieder als Sieger hervor. Diesmal waren ihre Kontrahenten die meist konfuzianisch orientierten Akademiker, die zahlenmäßig inzwischen eine beachtliche Partei darstellten. Sie und ihr Sippenanhang wurden im ganzen Reiche verfolgt. Im Zuge der Aktion wurden 168 die Großfamilien Ch'en und Tou ausgerottet, und 170 folgte eine Mordkampagne gegen die Akademiker. Die Zerschlagung der Intellektuellen als Gruppe, die man recht aufschlußreich *i-jen* (oder *i-min*) benannte, was »Kritiker« heißt, aber auch im Sinne von »Träger öffentlicher Meinung« verstanden wurde, war folgenreich. Denn die Eunuchen wurden trotz ihres Triumphes keine Verwaltungsspezialisten, nach wie vor hatten sie keinen Anteil an der Lokaladministration und keine militärischen Kommandos inne. Je weiter sie ihre Machtposition und ihren Reichtum, den sie ja seit 135 vererben konnten, ausdehnten, desto verhängnisvoller mußten folglich die Rückwirkungen auf die gesamte Regierung werden. Schließlich führten die Pressionen gegen die Beamtenschaft und deren moralischer Niedergang zwangsläufig zur Desintegration der Bürokratie überhaupt, die dort besonders zutage trat, wo diese weitgehend selbständige Befugnisse hatte: in den Provinzen.

VIII. DIE REVOLTE DER »GELBEN TURBANE« UND DER BÜRGERKRIEG DER GENERALE

Die innere Aushöhlung des Staatswesens wurde mit einem Schlage sichtbar, als im Jahre 184 der Bauernaufstand der »Gelben Turbane« losbrach. Ihr Name leitet sich her von den gelben Kopftüchern, die sie als Erkennungszeichen trugen. Im Unterschied aber zu den »Roten Augenbrauen« handelte es sich hierbei um eine Revolte, die auf religiösen Sekten basierte. Im Laufe der späteren Han-Dynastie hatte der religiöse Taoismus sich in kirchenähnlichen Sektenbewegungen entfaltet. Eine von diesen war von Chang Ling in Ssuch'uan um die Mitte des 2. Jahrhunderts ins Leben gerufen worden;[19] sie etablierte unter dessen Enkel (?) Chang Lu einen eigenen Kirchenstaat. Vermutlich wegen der Reis-Abgaben, welche die Anhänger zu leisten hatten, nannte man sie Wu-tou-mi (»Fünf Scheffel Reis«-)Sekte. Eine andere hatte sich in Shantung gebildet, und diese stellte auch den ersten Kern der »Gelben Turbane«. Die Richtung, die sie vertrat, ist der sogenannte Huang-Lao-Taoismus, der mit pseudo-medizinischen Heilverfahren Anhänger warb und dessen Hauptgott der Huang-lao-chün (wörtl. »Gelber alter Fürst«) ist.[20] Die Bewegung in Shantung war nach 170 von einem gewissen Chang Chüeh gegründet worden und nannte sich T'ai-p'ing tao (»Der Weg des großen Friedens«). Über ihr Ritual ist nichts Genaues bekannt. Daß Chang Chüeh zielstrebig auf Erweiterung seiner Gemeinde bedacht war, geht daraus hervor, daß er 175 acht Propagandisten, eine Art Apostel, aussandte. Die religiöse Stellung, die er vor der Rebellion einnahm, ist unklar; danach trug er den Titel eines »Generals des himmlischen Herrn« (*t'ien-kung chiang-chün*). Die Truppen unter seinem Oberbefehl wurden kommandiert von 36 *fang* (Regionalführern), die sich in *ta-fang* (Groß-Regionalführer), welche über 10 000 Mann, und *hsiao-fang* (Klein-Regionalführer), die 6000 bis 7000 Mann führten, untergliederten. Darunter gab es noch *ch'ü-shuai* (Großführer).

Der Aufstand breitete sich rasch in den Ostgebieten aus und erfaßte besonders die Provinzen Honan und Anhui. Auch die Wu-tou-mi erhoben sich. Die Entwicklung traf die Regierung offenbar völlig unerwartet, was man als Anzeichen für deren brüchigen Zustand werten kann. Nach einigen Rückschlägen jedoch gewannen die Regierungstruppen entschieden die Initiative. Die Hauptmasse der »Gelben Turbane« zog sich daraufhin nach Shansi zurück und wurde in Kuang-tsung eingeschlossen. Zu Beginn der Belagerung starb Chang Chüeh. Sein Bruder Chang Liang, der an seine Stelle trat, wurde bei der Erstürmung der Stadt getötet. Die Kämpfe in Hunan und Kueichou zogen sich bis in den Winter 184 hin und endeten ebenfalls mit der Niederlage der Rebellen. Nach einem knappen Jahr war die Bewegung als Gesamtes damit zerschlagen, in Splittergruppen allerdings hielt sie sich noch bis zum Ende der Dynastie.

So übersichtlich uns die äußeren Vorgänge des Aufstandes vor Augen liegen, so kompliziert wird es, wenn wir seine Hintergründe und Ursachen erhellen wollen. Diese sind deshalb von hohem Interesse, da in der weiteren Geschichte des chinesischen Kaiserstaates immer wieder soziale und zugleich religiöse Bewegungen der Unterklassen auftraten, die nicht minder zum Scheitern verurteilt waren. P. Michaud hat den »Gelben Turbanen« eine gründliche Untersuchung gewidmet,[21] deren Ergebnisse zunächst überraschen mögen. Danach ist es nämlich sicher, daß keine Elendssituation den Ereignissen zugrunde lag. Überschwemmungen, Dürren, Erdbeben und Seuchen hatten sich im Rahmen des Üblichen gehalten. Die Kurve der Bevölkerungszahlen zeigt denn auch einen normalen Verlauf: im Jahre

105 hatte China etwa 53 Millionen Einwohner, 156 rund 56 Millionen. Auch die Bedrohung von außen war unbedeutend im Vergleich zu anderen Perioden. Michaud erkennt der Bewegung nicht den Charakter eines Geheimbundes zu und stellt heraus, daß sie keine große politische Zielsetzung, etwa die Erreichung eines eigenen überregionalen Staatswesens, verfolgt habe. Er sieht die »Demoralisierung des Han-Beamtentums«[22] als ihre eigentliche Ursache an.

Daß die Forschung hier so unüberwindlich scheinenden Schwierigkeiten gegenübersteht, liegt vor allem an der Eigenart der Quellen, die einseitig vom Standpunkt der Oberschicht aus abgefaßt sind. Diese ihre Parteilichkeit äußert sich schon ganz allgemein in der Kürze, mit der sie die »Gelben Turbane« abtun. Von daher wird es z. B. auch verständlich, daß die Vermutung, Chang Chüeh habe Verbindungen zu einflußreichen Cliquen in der Hauptstadt gehabt, nicht verifiziert werden kann.

Angesichts dieser Sachlage wollen wir versuchen, gerade diesen mangelhaften Quellenbefund gleichsam als Negativbild anzusehen, von dem der Historiker das Positiv abziehen muß. Wir kommen dabei zu folgenden Hypothesen:

1. Der Aufstand war ein Kampf um die geringe Rechte, die den Mittelschichten und den Bauern aus dem Zerfall des alten Feudalsystems erwachsen waren. Die von den Ch'in und Han begründete Staatsform bestand darin, daß der Staat die Vorrechte der Lehnsherren teilweise an sich gerissen hatte. Er hatte das nur vermocht, indem er eine neue Beamtenschaft hervorbrachte, von deren juristischer Untermauerung aber zwangsläufig auch die Mittel- und Unterklassen profitierten, da das Gesetz *alle* verpflichtete. Nach einer zweihundertjährigen langsamen Entwicklung begann dann mit der verstärkten Refeudalisierung diese Struktur sich aufzulösen, was für die Bauernschaft, die mehr und mehr in die fast alleinige Abhängigkeit von den Latifundienbesitzern geriet, bedeutete, daß sie fürchten mußte, den einzigen Garanten für die Verteidigung ihrer ohnehin geringen Autonomie, den Staat, gänzlich in die Hände ihrer Unterdrücker übergehen zu sehen.

2. Der sozial-ökonomische Wandlungsprozeß ging einseitig zu Lasten der Bauern. Da die steigenden Lebensansprüche der Großgrundbesitzer nur mit verbesserten wirtschaftlichen Methoden zu befriedigen waren, wurde die bäuerliche Lebensform gefährdet. Die Geschichte bietet aber unzählige Beweise dafür, daß das Bauerntum auf nichts, Verelendung einbezogen, so entschlossen reagiert wie auf die Bedrohung seiner je traditionellen Lebensformen.

Um unsere Hypothesen noch zu konkretisieren, wollen wir uns des deutschen Bauernkrieges von 1524/25 als eines Modells bedienen. Dieser ereignete sich ebenfalls in einer Periode des niedergehenden Feudalismus. Nach den Forschungen von G. Franz[23] ging auch ihm keine Verelendung der Bauern voraus, sondern die Auflösung der bäuerlichen Gesellschaftsstruktur. Desgleichen ist der rein quantitative Umfang beider Aufstände vergleichbar. Die »Gelben Turbane« stellten 1 bis 3 Prozent der Gesamtbevölkerung. Während aber in Deutschland der Staat sich in seinem Kampf gegen die Feudalmächte des Adels *bediente*, gelang es der chinesischen Oberschicht, wichtige Funktionen desselben zu besetzen und sich mit ihm zu identifizieren. Sehr verschieden war ferner die Rolle der Religion. Die Reformation ließ die Bauernführer sich als Verfechter göttlichen Rechts verstehen, die sich gegen eine wohlorganisierte Orthodoxie stemmten; im China der Han-Zeit fehlte eine solche religiöse Institution — auf der Gegenseite entsprach dem eine ideologisch unklare Position. Denn der Konfuzianismus war noch längst nicht zur offiziellen Staatsdoktrin geworden. Daß die Quellen darüber keinen Aufschluß geben, wie die Ideologie der »Gelben Turbane« sich zu der ihrer Keimzellen, der Sekten, verhielt, deutet deshalb eher auf ihre Zuverlässigkeit. Überdies mangelte es dem quietistischen Taoismus an politischer Stoßkraft. Er blieb zwar auch in der Zukunft ein Nährboden für Volksaufstände, begründete aber keine revolutionäre Tradition. Er wurde im Gegenteil später vom Konfuzianismus bis zu einem gewissen Grade in dessen System integriert, erlangte also nicht den Charakter einer häretischen Lehre.

Schon bei der Unterdrückung der Revolte der »Gelben Turbane« finden wir mit Ts'ao Ts'ao und Tung Cho zwei Generale, die dann, als der minderjährige Kaiser Hsien (190-220) auf den Thron kam, sich der Ohnmacht der Zentralregierung voll bewußt wurden und den Bürgerkrieg um die Macht entfesselten. Dieser hat ganz die Merkmale des Kampfes von »Warlords«, die, um sich zu legitimieren, versuchten, der Person des Herrschers habhaft zu werden. Ihren Truppen fügten sie bedenkenlos Kontingente von Fremdvölkern ein. Nachdem der zunächst mächtigste unter ihnen, Tung Cho, 193 ermordet worden war, schwang sich 199 Ts'ao Ts'ao zum Protektor des Kaisers auf. Er vermochte aber nicht, dem Niedergang des Reiches zu steuern. Er verlor 208 am Yangtse eine wichtige Schlacht und damit die Kontrolle über den Süden und Westen. Der gesellschaftliche Zerfall des Han-Imperiums wurde damit auch politisch besiegelt, und es begann eine lange Zeit der Teilung.

Wie tiefgreifend die Krise des 2. Jahrhunderts war, offenbart dem Historiker am eindrucksvollsten die Philosophie dieser Periode. E. Balázs hat im Leben und in den Ideen von dreien ihrer Denker ein plastisches Bild von ihr gezeichnet.[24] Zwischen

Weltflucht und zynischer Anteilnahme hin und her gerissen, retteten sie sich in Exzentrik oder gaben ihrer Verzweiflung in bitterer Kritik Ausdruck. Ein nihilistischer Zug geht durch ihre Schriften und läßt sie in unseren Augen zu Seismographen der Erschütterung werden, welche die chinesische Gesellschaft damals erfuhr.

4. Das chinesische Mittelalter (200—600 n. Chr.) Teilungen — Invasionen — Religionen

I. ALLGEMEINE ZÜGE DES MITTELALTERS IN CHINA

Die Frage, ob es berechtigt ist, den Ausdruck »Mittelalter« auf die Geschichte Chinas anzuwenden, kann in Kürze kaum beantwortet werden, zumal nachdem die europäische Geschichtsforschung diesen Begriff für den Westen weitgehend relativiert, gleichzeitig aber auch subtiler durchdacht hat. Der Begriff *medium aevum* gewann erst unter dem Eindruck der europäischen Renaissance und des Humanismus seinen Inhalt, zunächst im Negativen dadurch, daß eine Zeit nach dem Zusammenbruch der klassischen Antike und vor der erneuten Rezeption antiken Gutes in der Renaissance postuliert wurde. Die »Dark Ages« hoben sich in dieser Sicht düster ab gegen die lichte Blüte der humanistischen Geistigkeit, wo es, nach Hutten, eine Lust war, zu leben. Aber die Wissenschaft hat in den letzten Jahrzehnten viele Kontinuitäten aufdecken können, die die übliche Schulbuchabgrenzung (1492 — Eroberung Granadas und Entdeckung Amerikas) als willkürlich erscheinen lassen. In der Sozialstruktur und den Staatsformen hat sicher »Mittelalterliches« (und das heißt in Europa zugleich Feudales) bis in das 18. Jahrhundert bestanden.[1] In China ging, wenn man die Parallelen um jeden Preis ziehen will, mit dem Ende der Han-Dynastie ein Zeitalter der klassischen Antike zu Ende, und wie im Abendland ist die Folgezeit unter anderem beherrscht von barbarischen Einfällen. Aber der Umbruch war in China doch weniger ausgeprägt als in Europa, die Kulturtradition nicht so abgerissen wie dort, wo Literatur und Künste auf Jahrhunderte in den Kulturoasen der Klöster Zuflucht suchen mußten. Die Barbarisierung des Römischen Reiches war fast vollständig, während in China sich der ganze Süden des Landes von den Barbareneinfällen freihalten konnte. Dies hat unter anderem zur Folge gehabt, daß die Wesenszüge des chinesischen »Mittelalters« im barbarisierten Norden viel klarer erscheinen als im abseits fast friedlich dahinlebenden Süden. Als solche Wesenszüge können wir neben dem staatlichen Zerfall und der Auflösung des Han-Reichs in eine Staatenpluralität vor allem die gesellschaftlichen und wirtschaftlichen Entwicklungen der Zeit zwischen etwa 200 und 600 hervorheben. Die bereits unter den letzten Herrschern der Späteren Han-Dynastie anwachsende Refeudalisierung mit verstärkter Bildung von Großgrundbesitz gehört dazu. Ihre Kehrseite ist die Verarmung weiter Volksteile; so wurde das Fehlen eines genügend zahlreichen steuerkräftigen Bauernstandes ein beherrschendes Problem dieser Periode. Die soziale Unsicherheit belebte die Religiosität; Buddhismus und religiöser Taoismus boten Formen religiöser Existenz, wie sie bisher in China nie bestanden hatten. Die Philosophie beschritt neue Wege, nachdem die hausbacken moralisierenden Schriften der Konfuzianer kein brauchbares Rezept zur Bewältigung der gesellschaftlichen Krise mehr bieten konnten. Eine neue, ganz persönlich gefärbte Lyrik trat auf den Plan, und auch in den bildenden Künsten wurden neue Wege beschritten. Groß- und Monumentalplastik kommt, hauptsächlich durch den Buddhismus eingeführt, auf, während gleichzeitig die Kalligraphie und die Landschaftsmalerei, ja die Malerei überhaupt zu Formen der geistigen Aussage werden und ihren in der Han-Zeit noch vorherrschenden handwerklichen Charakter verlieren. Die auf allen Gebieten festzustellende schöpferische Potenz der chinesischen Kultur, vornehmlich natürlich innerhalb der Oberschicht, ist so der kulturelle Überbau über einer wirtschaftlichen und sozialen Krise der chinesischen Gesellschaft, ebenso wie die Lebendigkeit und Aktivität der Zeit der kämpfenden Staaten mit den sozialen Umwälzungen des 4. und 3. Jahrhunderts v. Chr. zusammenhingen – beide Epochen der chinesischen Geschichte gehören so wesensmäßig zusammen.[2] Aus dem Zersetzungsprozeß, der Staat und Gesellschaft in diesen Epochen des Übergangs ergriffen hatte, entstanden neue Formen und Verhaltensmuster, die ihrerseits in den Bestand der chinesischen Kultur als Ganzes übernommen wurden.

Noch ein Wort zur Periodisierung des Mittelalters in der chinesischen Historiographie. Sie unterteilt den Zeitraum zwischen den Einheitsstaaten der Han und der Sui wie folgt: 220-280 die Zeit der »Drei Reiche«, der dann ein Zwischenspiel der Reichseinheit unter dem Haus Chin folgt, abgelöst von der Zeit der »Sechs Dynastien« (Liu-ch'ao). Diese sechs sind die von der Historiographie seit der Sung-Zeit im 11. Jahrhundert als legitim anerkannten Staatswesen in Südchina. Die ganze Epoche nach diesen aufeinander folgenden sechs Staatswesen zu benennen, ist also Ausdruck einer Geschichtsauffassung, die von vornherein die nicht-chinesischen Staatengründungen in Nordchina ausklammerte. Eine neutralere, auch gelegentlich in der Historiographie wie der Literatur anzutreffende Bezeichnung ist Nan-pei-ch'ao »Nördliche und südliche Dynastien«.

Das 3. Jahrhundert n. Chr. machte den Zerfall der Institutionen der Han auch dadurch nach außen sichtbar, daß selbst die Einheit des Reiches verlorenging, die doch noch für Jahrzehnte aufrechterhalten worden war, nachdem bereits *de facto* das Haus Liu keine politische Rolle mehr spielte. Als Totengräber des Han-Kaisertums gilt der schon genannte Ts'ao Ts'ao (155 bis 220), einer jener Satrapen und Heerführer, die im Verfolg der Bürgerkriege die tatsächliche Macht an sich gerissen hatten und den Kaiserhof zum Spielball ihrer Interessen machten. Ts'ao Ts'ao gehört zu den Gestalten, die durch den »Roman der Drei Reiche« (*San-kuo yen-i*) und unzählige Theaterstücke jedem Chinesen zu einem festen Begriff geworden sind: verschlagen, skrupellos, machtgierig, glänzend als Feldherr, energisch als Organisator. Aber er war mehr als ein bloßer Räuberhauptmann, den die Wogen einer chaotischen Zeit nach oben spülten. Eine — wohl apokryphe — Anekdote berichtet, daß er in seiner Jugend einen Physiognomen aufgesucht habe, um ihn über seine Aussichten im späteren Leben zu befragen, und als Antwort erhalten habe: »In friedlichen Zeiten ein Bandit, in Zeiten des Chaos ein Held.« Damit ist aber nur eine Seite seines Wesens erfaßt. Der gleiche Mann, der einen Kommentar zu dem strategischen Handbuch *Sun-tzu* (einem Text der späteren Chou-Zeit) schrieb, war auch ein Lyriker von hohem Rang, dem Melancholie und Weltverdrossenheit nicht fremd blieben und der über eine Sprache verfügte, die, von der dichterischen Phantasie eines Ch'ü Yüan angeregt, ein untrennbarer Bestandteil der erneuerten Lyrik zu Beginn des Mittelalters wurde. Sein militärischer Aufstieg ist zunächst dem Kampf gegen die Rebellion der »Gelben Turbane« zu danken gewesen, in dem er sich auszeichnete wie später bei der Bekämpfung des taoistischen Sektenstaates des Chang Lu. Aber der politische Aufstieg hatte bereits 192 eingesetzt, als die Heerführer der Han um die Hegemonie zu kämpfen begannen. Ts'ao konnte bald die absolute Herrschaft über ganz Nordchina gewinnen. Die Inthronisation einer Puppe, des Kaisers Hsien der Han, im Jahre 196 war sein Werk, doch zögerte er, den letzten Schritt zu tun und sich selbst an dessen Stelle zum Kaiser zu machen. Daß er den Hof verachtete, bezeugen uns die Quellen zur Genüge. Er spricht einmal von den Hoffunktionären als »Affen mit Mütze und Beamtengürtel«. Seit er 213 Herzog von Wei geworden war, trennte ihn nur noch ein Schritt von der auch formellen Kaisermacht. Diesen Schritt tat erst sein Sohn, Ts'ao P'ei (187 bis 226), der 220 den Kaisertitel annahm und seine Dynastie Wei nannte.

Ts'ao P'ei war gleich seinem Vater ein bedeutender Lyriker. Der vom Vater geschaffene Staat umfaßte zwar nur einen Teil des früheren Han-Reichs, aber es war der wirtschaftlich wichtigste. Nordchina war aufgrund seiner relativ dichten und dabei nicht zu eng siedelnden Bevölkerung das ökonomische Kerngebiet. Trotzdem erwies sich als das Hauptproblem des Wei-Staates die Untervölkerung des Landes. Viele Bauern hatten im Lauf der Wirren des ausgehenden 2. Jahrhunderts ihr Land verlassen und als vagierende Existenzen ihr Leben zu fristen gesucht, sich wohl auch als Hörige irgendeinem Großen angeschlossen, sei es als Soldaten oder als landwirtschaftliche Arbeiter. Viel Land lag brach. Hiergegen setzte der Wei-Staat eine zielbewußte Ansiedlungspolitik ein. Bereits Ts'ao Ts'ao hatte Wehrbauern-Kolonien geschaffen, wie sie schon unter den Han an den Grenzen bestanden hatten — also Siedlungen, die sich selbst versorgten, etwaige Überschüsse abzuliefern hatten und im übrigen zum Waffendienst in den Grenzgarnisonen verpflichtet waren. Solche Kolonien wurden nun allenthalben angelegt, nicht nur in den Grenzgebieten. Man griff in Wei auch zu recht drastischen Mitteln, um die Wiederseßhaftmachung zu betreiben. In regelrechten Raubzügen wurden ganze Menschengruppen eingefangen und zwangsweise angesiedelt — Polizeiaktionen und siedlungspolitische Maßnahmen fielen zusammen. Wenn man will, kann man Wei als eine Militärdiktatur bezeichnen. Eine ideologische Grundlage hatte der Staat nicht, schon gar nicht eine konfuzianische. Es mutet geradezu rührend an, wenn bemühte chinesische Literaten und Historiographen den Haudegen und Kondottieri jener Epoche, da sie nun doch einmal das Prestige des Herrscher- und Funktionärstums hatten, ein aus den für solche Stellungen üblichen Klischees moralistischer Gemeinplätze gewebtes Mäntelchen umhängen. Im übrigen war die Militärdiktatur des Wei-Staates nicht egalitär. Die sozialen Unterschiede blieben genauso kraß, wie sie es zum Ende der Han-Zeit gewesen waren. Den verarmten Millionenmassen stand ein großer, manchmal extravaganter (immer an chinesischen Verhältnissen gemessen) Luxus weniger reicher Familien gegenüber.

Es liegt auf der Hand, daß die Regierung eines solchen im Grunde ohne tiefere Bindungen geschaffenen Staatswesens es schwer hatte, Loyalitäten zu mobilisieren. Für diesen Staat wie für alle anderen Gründungen jener Zeit trat man so lange ein, wie man von ihm profitieren konnte. So tüchtig Ts'ao Ts'ao und seine Nachfolger auch auf institutionellem Gebiet vorgesorgt haben mochten, so wenig stabil war die Stellung der führenden Gruppen. Das pragmatisch geschaffene Gebäude konnte leicht in neue Hände übergehen. Dies war das Schicksal des

Hauses Ts'ao. Am Hofe gelang es einer gleich den Ts'ao energischen und moralisch rücksichtslosen Sippe, hochzukommen und schließlich 266 den Kaiserthron zu übernehmen, als ein gewisser Ssu-ma Yen den letzten Wei-Herrscher zur Abdankung zwang. Der von Ssu-ma geschaffene Staat erhielt den Namen Chin, in Anlehnung an den alten Feudalstaat der Chou-Zeit, wie auch schon Wei ein alter nordchinesischer Staatenname gewesen war.

Während sich Ts'ao Ts'ao sein Reich in Nordchina schuf, entstanden im Südwesten und Südosten des früheren Han-Imperiums die beiden anderen Reiche Shu und Wu, die zusammen mit Wei die »Drei Reiche« bilden. Auch hier sind die Namen alt. Shu umfaßte im wesentlichen die heutige Provinz Ssuch'uan mit dem fruchtbaren »Roten Becken« und der Hauptstadt Ch'eng-tu als Mittelpunkt. Durch seine geographische Lage nach allen Seiten geschützt, hat das Vierstromland immer wieder den politischen Separatismus begünstigt. Der Gründer von Shu war Liu Pei (161-223), ein entfernter Angehöriger des Kaiserhauses der Han. Er hatte wie Ts'ao Ts'ao seinen Aufstieg militärischer Tüchtigkeit zu verdanken und gegen die taoistischen Sektierer gekämpft. Seit 221 nannte er sich Kaiser von Shu. Sein Regime war wie das von Wei ein Militärstaat, was nicht ausschloß, daß Liu Pei genau wie sein Zeitgenosse Ts'ao Ts'ao sich mit gebildeten und fähigen Anhängern und Beratern umgab. Unter ihnen ragt die Gestalt des Chu-ko Liang (181-234) hervor, eines Mannes, der wie sein Herr zu den Heldenfiguren jener bewegten Zeit gehört, die in der literarischen wie der volkstümlichen Tradition lebendig geblieben sind. Chu-ko Liang war ein brillanter Stratege, dem von der Überlieferung die Erfindung mancher kriegstechnischer Neuerungen zugeschrieben wird, aber auch ein Diplomat voll List und Weitsicht. Freilich war die wirtschaftliche Grundlage und die Bevölkerungszahl von Shu nicht tragfähig genug, um auf die Dauer Sicherheit zu bieten. 263 wurde Shu von dem nördlichen Nachbarn Wei annektiert und verschwand damit als Staat einstweilen aus der Geschichte.

Größere Aussichten hatte das Südost-Reich von Wu. Es umfaßte ein sehr großes Gebiet, nämlich das gesamte mittlere und untere Flußtal des Yangtse, und verlor sich nach Süden in das noch von Nichtchinesen beherrschte Innere Südchinas. Ein günstiges Klima und, in den Tälern, reichliche Versorgung mit Wasser bildeten die Grundlage für intensiven Reisanbau; die Küste mit ihren Häfen öffnete das Landesinnere dem Handel. Aber es fehlte an Menschen. Wu war Kolonialland, und trotz des Zuzugs aus dem vom Kriege verwüsteten Norden blieb die Besiedlung dünn. Auf diesem von der chinesischen Hochkultur

des Nordens noch wenig geprägten Boden entstand ein Großgrundbesitz des Typs, wie er für Koloniallande vielleicht kennzeichnend ist. Die Eingeborenen wurden entweder vertrieben
oder zur Hörigkeit gezwungen, die Einwanderung von Fach-
leuten und Handwerkern, aber auch von tüchtigen Bauern aus
dem Norden dagegen gefördert. Man denkt dabei unwillkürlich
an die deutsche Ostkolonisation im späten Mittelalter mit ihren
ähnlichen Erscheinungen. Der sich in Wu ausbildende »südliche« Feudalismus trägt so einen entschieden kolonialen Charakter. Die Grundherren hatten in dem noch nicht von einer
starken zentralistisch ausgerichteten Behördenstruktur überlagerten Land viele Freiheiten, ja in manchen Fällen konnten
sie sogar die eigentlich dem Staat zustehenden Steuern für sich
einziehen. Diese Feudalschicht mit ihren reichen Großgrund-
besitzerfamilien ist der gesellschaftliche Träger für die Politik
und Kultur der ganzen folgenden »südlichen Dynastien« geblieben.
Gegründet wurde das Reich Wu von Sun Ch'üan (182-252),
der sich 222 zum Kaiser machte. Seine Hauptstadt war Chien-
yeh, das heutige Nanking, und auch alle späteren Süd-Dyna-
stien behielten die verkehrsgünstig gelegene Stadt als Residenz
bei. Nur ein Menschenalter lang bestand der Staat Wu; 280
wurde er von Chin annektiert. Damit war China zwar politisch
wieder geeint, aber die Einigung ruhte auf brüchigem Grund.

III. TEILUNG ZWISCHEN NORD UND SÜD

Die Reichseinheit unter der Dynastie Chin erwies sich nur als
Episode (280-316). Die Traditionslosigkeit und die ungelösten
sozialen Spannungen, die bereits den Wei-Staat gekennzeichnet hatten, blieben auch Merkmale der Chin-Herrschaft. Der
Emporkömmling Ssu-ma Yen handelte ähnlich wie Liu Pang,
als er nach der Reichsgründung seinen Sippengenossen und
Mitkämpfern umfangreiche Ländereien als Lehen und zum Einzug der von der Bevölkerung zu zahlenden Abgaben zuwies.
Aber nicht nur fiskalisch äußerte sich die bedeutende Machtstellung der neu entstehenden Feudalschicht; ihr fiel in den
Lehnsterritorien auch die zivile Verwaltung zu sowie das Kommando über die dort gelegenen Garnisonen und Wehrbauern-
Kolonien. Nur ein starkes und verpflichtendes Ethos hätte unter
diesen Verhältnissen die Begünstigten davon abhalten können,
den Griff nach noch höherem Rang, nämlich dem des Kaisers,
zu wagen. Aber nichts hinderte die neuen Feudalherren daran,
sobald sich an der Spitze Schwäche zeigte. Schon ein Jahr nach
dem Tode des ersten Chin-Kaisers brachen Bürgerkriege aus.

Als sich dazu Einfälle von Grenzvölkern im Norden und Nordwesten gesellten, brach das Chin-Reich auseinander. Teile des Herrscherclans Ssu-ma setzten sich nach Süden ab und errichteten in Chien-yeh/Nanking ein neues Herrschaftszentrum. Ihr Staat, der eine der »Sechs Dynastien« Südchinas bildet, heißt auch, zum Unterschied von der ursprünglichen Gründung des Ssu-ma Yen, »Östliches Chin« — südöstliches wäre eine treffendere Bezeichnung. In Nordchina begann seit Anfang des 4. Jahrhunderts eine politische Zersplitterung, die in mancher Beziehung an die ausgehende Feudalzeit im 4. und 3. Jahrhundert v. Chr. erinnert. Keines der vielen Staatswesen, die sich damals bildeten, fand in der Legitimitätstheorie der Historiographen Anerkennung. Insgesamt haben nicht weniger als 20 Staaten im 4. und zu Beginn des 5. Jahrhunderts existiert, die meisten von ihnen nur für wenige Jahre oder Jahrzehnte, so daß die politische Geschichte jener Zeit unübersichtlich und fast chaotisch wirkt. Nur die wenigsten dieser ephemeren Gründungen waren von chinesischen Herrscherfamilien geschaffen; die meisten waren barbarischen Ursprungs. Aber es war nicht so wie im 2. Jahrhundert v. Chr., als dem Einheitsreich der Han eine mächtige und umfassende Hsiung-nu-Föderation gegenüberstand. Die Barbaren, die seit dem Anfang des 4. Jahrhunderts Nordchina überschwemmten, waren untereinander nach Sprache und Stammeszugehörigkeit verschieden, oftmals nur zahlenmäßig schwache, aber militärisch kühne Horden unter einem verwegenen Führer. Leider gestatten es uns die Quellen meist nicht, Genaueres über die ethnische und linguistische Zugehörigkeit all dieser fremden Volksgruppen zu ermitteln. Wir können hier nicht eine vollständige Übersicht über die Kleinstaaten geben, sondern wollen uns auf eine Aufzählung der wichtigsten Stämme beschränken, die damals auf chinesischem Boden erschienen. Unter ihnen finden wir auch die Hsiung-nu wieder, die sich im nordwestlichen Grenzgebiet als Kaiserstaat etablierten, bezeichnenderweise zunächst unter einem Manne, der den Sippennamen Liu führte — eine Erinnerung an das Vasallen- und Adoptivverhältnis zwischen Hsiung-nu und den Han-Kaisern. Den Hsiung-nu sind wohl auch die Chieh verwandt gewesen, die unter Shih Lo eine Zeitlang in ganz Nordchina herrschten. Eine Reihe von Staatengründungen erfolgte durch das Volk der Hsien-pi unter ihrem Häuptlingsclan Mujung. Zu den Hsien-pi zählte auch der Stamm der Toba, der später noch eine große Rolle spielen sollte (vgl. S. 125). Sprachlich mögen die Hsien-pi verschiedenartige Elemente umfaßt haben, türkische oder auch frühmongolische, aber die wenigen überlieferten Worte der Hsien-pi-Sprache gestatten keine einwandfreie Identifikation. Die Volksgruppen der Ti und Ch'iang, die im westlichen China ihre Staaten errichteten, sind vermutlich den Tibetern zuzuzählen. Und schließlich die Ts'ung, Träger einer wenige Jahrzehnte bestehenden Herrschaft in Ssuch'uan, die ebensogut Tai gewesen sein können wie Angehörige einer tibetobirmanischen Gruppe. Gemeinsam war allen diesen fremden Eroberern, daß sie eine Gesellschafts- und Wirtschaftsform mitbrachten, die hirtennomadisch war, ähnlich wie früher die der Hsiung-nu. Sie bildeten in den annektierten chinesischen Gebieten eine nomadische Herrenschicht über den ansässigen, ackerbauenden Chinesen. Die chinesische Kultur übte aber ihre Wirkung auf sie nicht weniger aus, als die römische die in das Imperium einbrechenden Germanen beeinflußte. Alle Güter höherer Zivilisation, angefangen mit der Schrift und den Rudimenten einer Staatsstruktur, mußten von den Chinesen übernommen werden. Anthropologisch gesehen sind alle in China eingedrungenen Ausländer der mongolischen Rasse zuzurechnen. Von keiner der Eroberergruppen berichten die chinesischen Quellen, daß sie anders ausgesehen hätten als die Chinesen selbst. So sind sie denn auch infolge ihrer im Vergleich zu den Chinesen geringen Zahl spurlos im chinesischen Volkstum aufgegangen, wozu ebenso die Akkulturation beitrug wie Mischehen mit den unterworfenen Einheimischen. Dieser Prozeß läßt sich am besten verfolgen für das Volk der Toba, dürfte sich aber in kleinerem Maßstab auch bei allen anderen fremden Gruppen abgespielt haben.

Keinem der Barbarenstaaten gelang es, auch den Süden Chinas unter seine Herrschaft zu bringen. Ein Feldzug, den das von den Ti gegründete Ch'in-Reich gegen den Süden unternahm, scheiterte 383 und damit der bewußt unternommene Versuch, ein gesamtchinesisches Reich unter ausländisch-barbarischer Führung zu errichten. Erst den Mongolen glückte dies 900 Jahre später zum erstenmal. Als das dauerhafteste der Erobererreiche erwies sich das der Toba. Diese einen Teil der Hsienpi bildende Stammesgruppe hatte sich zu Beginn des 4. Jahrhunderts in Nord-Shansi niedergelassen und dort einen Kleinstaat namens Tai begründet, dessen Name vom in der Chou-Zeit dort gelegenen Kleinlehen herrührte. Mit Shansi als Ausgangsbasis gelang es den Toba, die Hsiung-nu bzw. die von Hsiung-nu getragenen Herrschaften zu stürzen und allmählich ihre Herrschaft auf ganz Nordchina auszudehnen. Um 440 unterstand der ganze Norden den Toba. Ihr Staatsname war der gleiche, den auch Ts'ao Ts'ao seinem Regime gegeben hatte, nämlich Wei. Hinter dem in chinesischer Umschrift (heutiger Aussprache) T'o-pa lautenden Namen verbirgt sich wahrscheinlich der gleiche, der in den byzantinischen Quellen Taugast heißt und vielleicht in seiner Urform Tabgač gelautet haben mag. Von der Toba- bzw. Hsien-pi-Sprache sind nicht ganz wenige Wörter in chinesischer Umschrift erhalten, dazu eine Menge Eigennamen. Eine linguistische Analyse[3] hat versucht, die Urformen zu rekonstruieren, und ist dabei zu dem Resultat gekommen, daß die Mehrzahl der Wörter an türkische Wurzeln angeschlossen werden kann, andere dagegen scheinen Verwandte im Mongolischen zu haben — was freilich ein mißliches Problem aufwirft, denn das Mongolische als Sprache wird erst im 13. Jahrhundert faßbar, und wir wissen gar nichts über Frühstufen oder Vorläufer der mongolischen Sprachen. Vielleicht kann dieser sprachliche Befund dahin gedeutet werden, daß auch die Toba eine aus den verschiedensten Elementen gemischte Föderation gewesen sind.

Der Toba-Staat hat zunächst die überlieferten Formen der Stammesverfassung als Regierungsprinzip beibehalten, dann aber recht bald auch chinesische Verwaltungsformen angenommen. Man hatte erkannt, daß man nicht gut daran tut, die Gans zu schlachten, welche goldene Eier legt — es lohnte sich, die unterworfenen Chinesen auszubeuten und von den Überschüssen der Agrarproduktion zu leben, anstatt die Äcker zu Weidegrund zu machen. Nachdem man sich aber einmal hierauf eingelassen hatte, ergab sich zwangsläufig ein wachsendes Übergewicht der Chinesen, denn auch Ausbeutung mußte organisiert werden, eine Kunst, in der sich Chinesen als willige Helfer erwiesen. Aber auch von seiten der Toba selbst wurde einer kulturellen Annäherung vorgearbeitet. Gegen Ende des 5. Jahrhunderts ergingen sogar eine Anzahl Erlasse, in denen die zwangsweise Angleichung des Toba-Volkes an die Chinesen gefordert wurde. Die Toba-Beamten mußten sich chinesisch kleiden, der Gebrauch der Toba-Sprache wurde am Hofe untersagt, und auch die Familien- bzw. Clannamen mußten durch chinesische ersetzt werden. Hiervon nahm sich der Kaiser selbst nicht aus; an die Stelle des Namens T'o-pa trat der chinesische Familienname Yüan. Noch stärker im Sinne der Einschmelzung beider Volksgruppen mußte das Edikt wirken, wonach Endogamie innerhalb des Clans der Toba verboten wurde, was Mischheiraten besonders mit Mitgliedern der chinesischen Aristokratie förderte. Die kulturellen und wirtschaftlichen Wechselbeziehungen zwischen Chinesen und Toba, seßhaften Ackerbauern und fremder Steppenaristokratie sind sehr eingehend untersucht worden,[4] und man hat zeigen können, daß die früher vielzitierte Fähigkeit der Chinesen zur »Aufsaugung« fremder Eroberer nicht in physiologischen oder auch nur allgemein zivilisatorischen Faktoren begründet liegt, sondern vor allem in der Überlegenheit der chinesischen Sozialstruktur, welche die nomadischen Eindringlinge von vornherein in Nachteil setzte. Als bleibendes

Resultat der von den Toba betriebenen Angleichung bildete sich jedenfalls eine neue Schicht nordchinesischer Aristokratie heraus. In den Adern so mancher Adliger späterer Zeit in Nordchina floß Toba- oder Hsien-pi-Blut, aber niemand von ihnen dachte daran, dies als Auszeichnung oder Makel anzusehen.

Es liegt auf der Hand, daß der Erfolg der erzwungenen Assimilation nur beschränkt sein konnte. Es gab aristokratische Familien, die sich widersetzten, ganz abgesehen davon, daß die Masse des Toba-Volks aus armen Kriegern und Hirten bestand, die von den höfischen Reformedikten nicht erfaßt wurden. Die inneren Spannungen, die zwischen Chinesen und Toba/Hsienpi, Aristokratie und Stammeskriegern, chinesischen Grundherren und Bauern oder Pächtern bestanden, schwächten das Wei-Reich. Sein Ende wurde durch eine Militärrevolte der Grenzgarnisonen herbeigeführt.[5] Die »Sechs Garnisonen« (in Wirklichkeit zehn) waren zum Schutz des Staatsgebiets vor Einfällen namentlich der Jou-jan (Pseudo-Avaren) und Türken angelegt worden und erstreckten sich in einem großen Bogen von Kansu bis zum Gelben Meer quer durch das gleiche Gebiet, das bereits unter den Han die Chinesen von den Steppenvölkern getrennt hatte. Die Masse der Soldaten bestand aus Stammeskriegern der Toba, darunter vielen unzuverlässigen Elementen — war es doch gang und gäbe, nach chinesischem Vorbild den Militärdienst an der Grenze als Kriminalstrafe anzusehen. Die Offiziere waren meist Angehörige der Toba-Aristokratie, teils mehr, teils weniger sinisiert, aber auch sie hatten allen Grund, den Grenzdienst als eine Verbannung zu betrachten. Die unzureichende Versorgung der Garnisonen führte zu Aufständen, die sich ausbreiteten und schließlich darin endeten, daß sich die Masse der unzufriedenen Soldaten unter ebenso unzufriedenen Offizieren in das Landesinnere ergoß. Die Folge war eine chaotische Situation, in der der Wei-Hof zu schattenhafter Existenz absank, während die Militärführer die Macht übernahmen. In den wirren Auseinandersetzungen gelang es einem früheren subalternen Offizier namens Kao Huan, einem sinisierten Toba oder Halbchinesen, den ohnehin nur ein formales Dasein führenden sogenannten Ost-Wei-Staat (534-550) zu stürzen und sich zum Herrscher einer neuen Dynastie, Ch'i, zu machen. Sie bestand auch nur wenige Jahrzehnte (550-577). Dann wurde sie die Beute eines anderen militärischen Emporkömmlings und seiner Nachfolger. Ein Nachfahre der verarmten Stammesaristokratie der Toba, Yü-wen T'ai, hatte es gleichfalls verstanden, Teile des Volkes und vor allem der Truppe hinter sich zu bringen, und richtete sich, nachdem er sich des von Nachkommen der Toba-Kaiser titularisch geführten West-Wei-Reiches (535-556) bemächtigt hatte, einen eigenen Staat ein, dem er den Namen Chou gab (557-580). In die Herrschaft über Nordchina teilten sich also um die Mitte des 6. Jahrhunderts im Westen Chou, im Osten Ch'i. Der Ostteil umfaßte das landwirtschaftlich ertragreichere Gebiet, während der westlicher gelegene Chou-Staat mit seinem Zentrum in Shensi und Kansu zwar ärmer, dafür aber in der strategisch günstigeren Position war — wie schon in der ausgehenden Feudalzeit Ch'in. Yü-wens wichtigster Berater wurde der Chinese Su Ch'o (498-546). Aber die Maßnahmen der Chou-Regierung liefen zum Teil auf eine Wiederbelebung der völkischen Eigenart der Toba hinaus. 549 wurde das die Namensgebung betreffende Assimilationsdekret des Toba-Kaisers Hsiao-wen widerrufen und allen Toba die Wiederannahme ihrer angestammten Namen zur Pflicht gemacht. Generalisierend könnte man fast sagen, daß der Chou-Staat mehr unchinesische Züge zeigte als der sinisierte Ost-Staat Ch'i. Aber in ganz Nordchina blieb der Gegensatz zwischen Toba und Chinesen wirksam. Die Quellen berichten von gegenseitigem Haß und Verachtung, Gegensätzen, die durch die Klassenunterschiede noch akzentuiert wurden. Der mittellose Toba-Krieger mußte mit Neid auf den arrivierten Chinesen in einer Offiziers- oder Beamtenstellung schauen, der Chinese verachtete insgeheim oder offen jeden Ausländer.[6] Die Antagonismen, die im 6. Jahrhundert ein so beherrschendes Element der politischen Entwicklung bildeten, bauten sich nur langsam ab, und zwar im Sinne einer allmählichen Einschmelzung in das chinesische Volkstum. Die Toba/Hsien-pi und alle anderen Fremden verloren ihre sprachliche Sonderstellung, die Armen gingen in der Masse des chinesischen Proletariats auf, die Aristokratie glich sich chinesischen Lebensformen an. Als durch die Sui zwischen 581 und 589 die Reichseinheit wiederhergestellt wurde, verschwanden die letzten dieser Gegensätze erstaunlich rasch, so daß das fremde Volkstum spurlos verlorenging. Die Aristokratie Nordchinas unter den T'ang ist aus jener militärisch geprägten Mischung des 6. Jahrhunderts hervorgegangen, kulturell aber durchaus als chinesisch anzusehen. Die militärische Stärke der toba-chinesischen Staaten Nordchinas zeigt sich auch darin, daß es dem Chou-Staat möglich wurde, das reiche Ssuch'uan der südchinesischen Dynastie Ch'en zu entreißen. Wenn überhaupt eine Einigung Chinas möglich war, so konnte sie nur von Norden her kommen.

Allen diesen Änderungen im Norden gegenüber erscheint der Süden fast statisch — freilich nur, wenn man von der Hofhistoriographie absieht, die genug von Cliquenkämpfen, Intrigen, Pronunciamentos und politischen Schlächtereien zu berichten weiß, und dafür das Augenmerk auf die gesellschaftlichen Entwicklungen richtet. Bei den Auseinandersetzungen, die die ganze Geschichte der südlichen Dynastien erfüllen, ging es kaum um grundsätzliche Fragen, sondern nur darum, welche Adelsclique an die Herrschaft kommen sollte. Diese südliche Aristokratie war rein chinesisch, setzte sich jedoch aus zwei ursprünglich verschiedenen Elementen zusammen. Neben den im Süden altansässigen Familien gab es auch solche, die aus dem Norden eingewandert waren. Diese Gegensätze zwischen Einheimischen und Zugewanderten waren aber spätestens im 5. Jahrhundert bereits ausgeglichen. Kennzeichen aller Regimes im Süden ist, daß die Spitze, das heißt die Kaiser, schwach war, manchmal ein Spielball in den Händen der Adelsfaktionen. Die Kaisergeschlechter hatten keine bedeutende Hausmacht; in den Provinzen schalteten die Großgrundbesitzer nach Belieben und verteidigten eifersüchtig ihre Stellung und ihre Ländereien gegen den Zugriff des zentralen Fiskus. Die Kolonisation des Südens, die bereits ein Kennzeichen des Wu-Staates im 3. Jahrhundert gewesen war, fand auch unter den nachfolgenden Dynastien ihre Fortsetzung. Die Bevölkerungsstatistiken zeigen ein stetiges Vordringen des chinesischen, von der staatlichen Volkszählung erfaßten Elements, und auch die bislang kaum bevölkerte Provinz Fukien wird nun dem Chinesentum erschlossen. Die Eingeborenen wurden auf die Berghänge und -kuppen abgedrängt, wo sich kleine Gruppen von ihnen bis heute gehalten haben, wirtschaftlich und zivilisatorisch um mehrere Stufen hinter den Chinesen zurückgeblieben.

Die nach dem Süden ausgewichene Dynastie Chin wurde 420 durch das Kaiserhaus Sung abgelöst, eine Gründung des Clans Liu, der sich von dem Han-Kaiserhaus herleitete. Den Sung folgte 479 die Dynastie Ch'i, zum Unterschied von der Nördlichen Ch'i-Dynastie auch Südliche Ch'i genannt. Ihr Träger war die Familie Hsiao. Ein Zweig der Hsiao errichtete 502 eine neue Dynastie mit dem Namen Liang, unter der die Buddhisierung des Südens große Fortschritte machte. Die letzte der südlichen Dynastien ist die der Ch'en (557-589). Ihr Gründer hatte mit einigen ihm ergebenen Truppen den verkommenen Hof der Liang verjagt und sich zum Kaiser gemacht — der einzige Herrscher der gesamten chinesischen Geschichte, der seinen Familiennamen auch als Namen der Dynastie proklamieren ließ. Nichts kann das stolze Selbstbewußtsein der südlichen Aristokratie besser kennzeichnen als diese Namensgebung. Zwar kam es unter den Ch'en zu Versuchen, die Zentralmacht zu festigen, aber bevor diese Bemühungen Erfolg zeitigen konnten, kam der Einiger des Reiches, und zwar von Norden. 589 ist die Zeit der Trennung in Nord und Süd beendet.

Die Agrarfrage war das alles beherrschende Problem im Mittelalter. Eine Wirtschaft, in der der einzige Produktivzweig von Belang der Ackerbau war und in der die finanzielle Festigkeit des Staates von der Zahl der ackerbauenden und arbeitsdienstpflichtigen Bevölkerung abhing, brauchte möglichst viele Bauern. Mit Großgrundbesitz war ihr nicht gedient. So ist es das Bestreben aller Regierungen gewesen, möglichst viel Land unter den Pflug zu bringen, gleichzeitig aber zu verhindern, daß sich Latifundien bildeten. Denn da nach den Wirtschaftsanschauungen jener Zeit der Eigentümer steuerpflichtig und der Arbeitsdienstpflicht, auch dem Militärdienst unterworfen war, bedeutete eine Abnahme der Zahl der Bauern durch vordringenden Großgrundbesitz praktisch verringerte Steuereinnahmen. Zu den erklärten Zielen der Agrarpolitik gehörte es auch, dafür zu sorgen, daß das Los des einzelnen freien Bauern erträglich blieb und er sich nicht veranlaßt sah, den Schutz eines Grundherren aufzusuchen, das heißt, seinen Status als freier Bauer aufzugeben und dafür als Höriger oder Pächter das Land eines Grundbesitzers zu bearbeiten. Daß die Unterstellung unter einen Grundherrn nur *eine* Art der Ausbeutung, nämlich die durch den Staat, milderte, die private Ausbeutung aber oft genauso mörderisch sein konnte, steht auf einem anderen Blatt.

Die herrschende Agrarideologie des chinesischen Mittelalters ist die der »gleichmäßigen Landverteilung« (*chün-t'ien*). Sie beherrscht die einschlägige Gesetzgebung für mehr als ein halbes Jahrtausend. Das erste Agrargesetz, von dem wir Kenntnis haben, war von der Chin-Dynastie unmittelbar nach der Wiedervereinigung des Reichs erlassen worden (280). Es sah vor, daß jeder männliche Erwachsene zwischen 16 und 60 Jahren 50 *mou* Land erhalten sollte, Halbwüchsige und Greise entsprechend weniger, desgleichen Frauen. Die Einzelheiten des Gesetzes sind nicht ganz klar erkennbar, vor allem nicht, inwieweit Land zum Nießbrauch ausgeteilt wurde und inwieweit als vererbliches Dauereigentum. Aber die erwähnte Zuteilungsquote (wir müssen sie wohl als statistische Normalziffer für fiskalische Zwecke betrachten, denn über die praktische Durchführung ist nichts bekannt) galt nur für den kleinen Mann des Volkes. Beamte hatten das Recht zu weitaus größerem Landbesitz, abgestuft je nach ihrem Rang, aber auch ihnen war eine Höchstzahl an Ackerfläche vorgeschrieben, ebenso wie es Höchstzahlen für Sklaven und Pächter (die höchste Stufe erlaubte 50 Pächterfamilien) gab. Diese Sklaven und Pächter waren der Steuerpflicht und Arbeitsdienstpflicht nicht unterworfen. Das an sich nicht unvernünftige Gesetz konnte nicht verhindern, daß im südchinesischen Reich der Chin nach dem Verlust des Nordens der Großgrundbesitz wuchs. Die Beamten, die zugleich Grundbesitzer waren, hätten ihren eigenen materiellen Interessen zuwidergehandelt, würden sie auf strikter Einhaltung der Besitzgrenzen bestanden haben.

Etwas anders lagen die Dinge in dem durch die Barbareneinfälle betroffenen Norden. Hier wurden die Verhältnisse kompliziert nicht nur durch die verschiedenen ethnischen Gruppen an sich, sondern auch durch den Antagonismus innerhalb der Erobererschicht, in der die Steppenaristokratie über eine Masse von zumeist mittellosen Gefolgsleuten, Hirten und Hörigen herrschte, selbst aber mehr und mehr in die Rolle eines chinesischen Großgrundbesitzers hineinwuchs. Ein weiteres Problem war die sehr ungleiche Bevölkerungsdichte. Während im untervölkerten Süden kein Landmangel bestand, gab es in Nordchina Gebiete, in denen starker Bevölkerungsdruck herrschte, andere Landesteile dagegen konnten noch zusätzliche Siedler aufnehmen. Schließlich muß auch bedacht werden, daß die meisten der Eindringlinge, wenn nicht alle, als rauhe Krieger und Hirten für Agrarprobleme keinerlei Verständnis hatten. Um so großartiger erscheint auf diesem Hintergrund die Leistung des Toba-Kaisers Hsiao-wen (Regierungszeit 471-499), des gleichen, der die Assimilation von Toba und Chinesen so bewußt gefördert hatte. Im Jahre 485 erließ er ein Edikt zur Durchführung der »gleichmäßigen Landverteilung«. Zwei Formen des Eigentums bzw. der Nutzung waren dabei unterschieden. Das zum Haus gehörige Gartengelände mit Obst- und Maulbeerbäumen galt als Dauereigentum (*yung-yeh* »ewiger Besitz«), das freie Ackerland ohne Bäume dagegen wurde nur zum Nießbrauch und befristet überlassen als »Zuteilung *ad personam*« (*k'ou-fen*). Berechtigt waren Männer zwischen 15 und 70; sie erhielten zum Nießbrauch 40 *mou* (etwa 2,7 ha), dazu 20 *mou* als Erbeigentum. Frauen stand die Hälfte zu. Viehhaltung wurde durch zusätzliche Landzuteilung berücksichtigt: pro Stück Vieh 30 *mou*, aber nur bis zu einer Höchstzahl von 4 Stück. Nur Land, welches die gesetzlich zulässige Höchstgrenze überschritt, durfte verkauft werden. Wir wissen genau, wie die »statistische Normalfamilie« damals aussah: Mann und Frau, 4 Kinder unter 13, 4 Sklaven und 20 Rinder, insgesamt also ein recht stattlicher Hof. Eine solcherart zusammengesetzte Familie hätte rund 25 ha in Anspruch nehmen können, eine Menge, die freilich wohl kaum je erreicht wurde. Die Neuzuteilung des Landes sollte alljährlich auf Grund der Personenstandslisten erfolgen. Nur eine sehr tüchtige Bürokratie in den Dörfern und Landstädten wäre imstande gewesen, diese jährlich fälligen komplizierten Neuberechnungen und Zuteilungen durchzuführen.

Mag auch die Idee des Gesetzes durch die Vorstellungen vom antiken »Brunnenfeldsystem« beeinflußt worden sein und deshalb eines utopischen Zuges nicht entbehren, so ist doch durch zeitgenössische Quellen erwiesen, daß es in seinen Grundzügen angewandt wurde, auch wenn es nicht in jedem Fall zu der maximal möglichen Landzuteilung kam. Mit der voranschreitenden Wiederbesiedlung Nordchinas nahm natürlich das verfügbare Ackerland ab, und es ist bezeichnend, daß unter den Nord-Ch'i 564 neue Anweisungen ergingen, die den Familien-Maximalbetrag von 465 auf 300 *mou* senkten. Und zu Beginn der Sui-Zeit (nach 581) hatte man mancherorts, jedenfalls in den Ballungsgebieten der Bevölkerung, sogar Schwierigkeiten, jedem einzelnen Bauern auch nur 20 *mou* zukommen zu lassen. Dieser Raumnot stand das Privileg der Beamten für ihren Grundbesitz gegenüber. Die Versuchung, größeren Grundbesitz noch zu vermehren, war überwältigend in einer Zeit, die für freies Kapital noch kaum andere Anlageformen kannte als Grund und Boden. Zwar war in der Theorie der Boden unverkäuflich, aber wir wissen aus Dokumentenfunden, daß Erbeigentum verkauft wurde, und daß sogar das nur zum Nießbrauch überlassene Land gelegentlich verkauft, vertauscht oder verpfändet wurde. Verpfändung war meist die Vorstufe zum endgültigen Verlust an den wirtschaftlich Mächtigeren.

Der die ganze chinesische Geschichte durchziehende Gegensatz zwischen Oberschicht und der Masse des Volkes kennzeichnet auch die Gesellschaft des frühen Mittelalters in China. Der aus Tobafamilien und Chinesen bestehenden herrschenden Beamten- und Funktionärsschicht stand nicht nur das Bauerntum gegenüber, sondern in den größeren Ansiedlungen auch die Masse der kleinen und größeren Handwerker, der Laden- und Budeninhaber und der Kaufleute insgesamt. Aber sie alle waren in einer ähnlich abhängigen Lage wie die Bauernschaft. Aus den wenigen verfügbaren Angaben der Quellen müssen wir schließen, daß sie einen halbhörigen Status hatten. Freilich gab es auch innerhalb dieser städtischen Bevölkerung große Unterschiede; der reiche Kaufmann konnte seinen Status den untersten Stufen der in sich hierarchisch nach 9 Rängen gegliederten Oberschicht annähern. Aber die herrschende Klasse tat das ihre, um den Aufstieg auch äußerlich zu erschweren. So existierte unter den Toba-Wei ein Gesetz, welches den Nichtbeamten die Benutzung von Gold, Silber, Seide und Stickereien für ihre Kleidung verbot. Die Tendenz, die bestehenden Ungleichheiten zu zementieren, fand Ausdruck in einem vom Toba-Kaiser Hsiao-wen 496 erlassenen Gesetz, wonach der jeweilige soziale Status und Beruf erblich sein sollten — eine Maßnahme, die zunächst der Aufrechterhaltung der privilegierten Stellung der

Oberschicht diente, welche man danach als Adel zu bezeichnen keine Bedenken zu tragen braucht. Damit verband sich zwangsläufig die Negierung des sozialen Aufstiegs für die Unterprivilegierten. Nur durch kaiserliche Huld konnten für den Einzelfall diese Schranken überwunden werden.

Der dirigistische und hierarchisierte Charakter des Gesamtstaates wie der Gesellschaft zeigt sich auch dort, wo wir den Prozeß der Urbanisierung beobachten können. Hier ist der Ausbau der Stadt Lo-yang unter Kaiser Hsiao-wen und seinen Nachfolgern in gewisser Weise ein getreues Abbild der Gesellschaftsstruktur. Lo-yang war schon Sitz der Regierung unter den verschiedensten Dynastien gewesen, zuletzt unter den »Westlichen« Chin zu Anfang des 4. Jahrhunderts. Unter den Toba-Wei wurde Lo-yang in einer Weise ausgebaut, die die Stadtplanung von Ch'ang-an in der T'ang-Zeit, der größten prämodernen Stadt in der ganzen Welt überhaupt, vorwegnimmt. Die Mauern von Lo-yang zu Beginn des 6. Jahrhunderts maßen ungefähr 2,6 mal 4 km, bedeckten also ein riesiges Areal. Hiervon nahmen die kaiserlichen Parks und Schlösser allein fast ein Achtel ein. Der Sitz der kaiserlichen Verwaltung war streng von den Wohnsitzen der restlichen Bevölkerung getrennt, und zwar galt das nicht nur für die Behörden, sondern auch für die Privatresidenzen der hohen Beamten; im Gegensatz dazu reichten noch im hanzeitlichen Ch'ang-an die Märkte und Buden bis zu den Ämterbauten und Beamtenwohnungen. Das nicht dem Palastbezirk vorbehaltene Stadtareal von Lo-yang war in Stadtviertel (*fang*) eingeteilt, und auch die Vorstädte außerhalb der Mauern (*kuo*) waren in Viertel gegliedert. Deren Bewohner bildeten jeweils bestimmte Berufs- oder Herkunftsgruppen, so daß die Viertel-Einteilung das auch noch heute in manchen orientalischen Städten anzutreffende Bild der Massierung von Berufen bot. Das erinnert äußerlich an parallele Erscheinungen im europäischen Mittelalter, wo sie durch das Zunftwesen bedingt waren. In China dagegen ist diese Trennung und Häufung der Berufe und Stände zunächst obrigkeitlichem Befehl zuzuschreiben, nicht dem Wirken halbautonomer Körperschaften wie der Zünfte und Gilden. Die Stadt Lo-yang nun mit ihren riesigen Flächen, die viel unbebautes Land freiließen, war fast ausschließlich Wohnstadt für die Oberschicht, und in wirtschaftlicher Hinsicht war sie rein auf den Konsum eingestellt. Innerhalb der Mauern befand sich nicht einmal ein Markt; nur in den Vorstädten außerhalb der Mauern gab es Märkte. Diese Beschränkung der Rolle der chinesischen Stadt auf ihre Funktion als Regierungssitz ist in ihren Grundzügen bereits von Max Weber bemerkt, durch neue Forschungen jedoch durchaus bestätigt worden.[7] Lo-yang war auch Garnison.

Man hat errechnet, daß die dort stationierten kaiserlichen Gardetruppen 150 000 Mann umfaßten. Nur der geringere Teil von ihnen dürfte unter den Toba-Wei chinesisch gewesen sein, die Masse dagegen Toba, Joujan oder Tölös-Türken.[8]

V. GEISTIGES UND RELIGIÖSES LEBEN IM FRÜHEN MITTELALTER

Wir sahen, daß der Beginn des Mittelalters in China durch eine allgemeine Unsicherheit auf allen Lebensgebieten gekennzeichnet ist. In einer Zeit, in der sich alle sozialen Bande lockerten, trat das Individuum hervor als Subjekt des Denkens und Fühlens. Nicht mehr Staat oder Familie standen ihm im Vordergrund, sondern das autonome Ich. In der Oberschicht konnte man sich den Luxus leisten, vor den harten und abstoßenden Realitäten der Umwelt in ein Reich der metaphysischen Jenseitigkeit zu flüchten — eine Flucht, die manchmal auch in Richtung auf einen verfeinerten Zynismus, ja Anarchismus verlief. Man erging sich in geistvollen Diskussionen und witzigen Unterhaltungen, anstatt sich, wie es der Konfuzianismus wollte, Gedanken zu machen, wie durch Befolgung der Moralregeln der »Weisen der Vorzeit« Staat und Gesellschaft wieder ins Lot gebracht werden konnten. Die Strömung, innerhalb derer diese Geist und Witz funkeln lassende Geselligkeit gepflegt wurde, hieß »Reines Gespräch« (ch'ing-t'an) — hier ganz im taoistischen Sinne verstanden als vom Alltag abgehoben und frei von unmittelbaren oder gar utilitaristischen Zwecken. Sie ist vornehmlich verkörpert in einem Sammelwerk mit Anekdoten und Aussprüchen, den »Zeitgenössischen Diskussionen und modernen Gesprächen« (Shih-shuo hsin-yü), das uns einen lebendigen Einblick in den sozialen Nonkonformismus des 3. Jahrhunderts erlaubt. Anstelle des immer etwas pedantischen Ernstes der Konfuzianer finden wir hier Exzentrik, Auflehnung, bewußte und gern gespielte Verachtung der Sitten. Ein anarchischer Individualismus wurde Mode; libertinistische Neigungen fanden unverhohlenen Ausdruck. Wenn von so vielen geistig hervorragenden Persönlichkeiten des 3. Jahrhunderts berichtet wird, daß sie dem Wein zugetan waren, so gehört dies sicherlich zu dem freien und ungebundenen Lebensstil jener Nonkonformisten, mag aber auch über alle bukolische Poetik hinaus mit mystischen Neigungen zusammenhängen. Vom Weinrausch erhoffte man sich das Erlebnis der Einswerdung mit dem Tao der Natur. Die weltferne und allem Politischen abholde Stimmung der führenden Geister des 3. Jahrhunderts führte zum Zusammenschluß Gleichgesinnter. Berühmt wurde der Klub der sogenannten »Sieben Genien vom Bambushain« —

Abb. 4: Darstellung eines Tanzspiels nach einem Abklatsch einer Stein-gravierung. Grabmal von I-nan, Provinz Shantung; Han-Zeit

eine Gruppe von Freunden, die sich auf dem Landgut eines der ihren, des Dichters und Musikers Hsi K'ang (223-262), zu treffen pflegte. Alle Mitglieder dieses Kreises waren Künstler und Denker von Rang. Aber die rauhen Winde der brutalen Machtpolitik wehten auch bis zu ihren Elfenbeintürmen. Hsi K'ang selbst geriet gegen seinen Willen in die politischen Wirren hinein und wurde als angeblicher Rebell hingerichtet.[9]

Die geistigen Strömungen im 3. Jahrhundert sind auch in der eigentlichen Philosophie durch eine Hinwendung zur Metaphysik und Abwendung vom sozialethischen und politisch-theoretischen Denken bestimmt. Der Konfuzianismus sinkt in seiner Bedeutung ab. Selbst die konfuzianischen Klassiker werden nun uminterpretiert. Ein origineller Denker wie Wang Pi schrieb sowohl einen Kommentar zum »Buch der Wandlungen« als auch einen solchen zum *Tao-te-ching*, dem Klassiker des philosophischen Taoismus. Hier fand metaphysische Subtilität Eingang in die chinesische Philosophie, bezeichnenderweise nicht in der Form eines selbständigen Werkes, sondern in der exegetischer Kommentare. Es scheint überhaupt, daß seit der Han-Zeit bis zur Sung-Zeit die Philosophen sich der Form des Kommentars und der Exegese bedient haben und das denkerisch Neue sich im Gewande einer Erklärung und Umdeutung des Alten präsentiert hat, jedenfalls innerhalb der konfuzianischen Philosophie.[10] Der Taoismus dagegen brachte gerade im chinesischen Mittelalter eine Fülle neuer Schriften hervor, aus denen die tiefe Umwandlung sichtbar wird, die diese Richtung ergriffen hatte.

Erst in den letzten Jahrzehnten hat die Forschung begonnen, sich in die kaum übersehbaren Büchermassen des taoistischen Kanons einzuarbeiten. Hier ist vor allem der Pionierarbeiten des großen Henri Maspero zu gedenken, der als erster die eigentümliche Gedankenwelt des religiösen Taoismus und seiner Organisationsformen dargestellt hat.[11] Ansätze zu der Entwicklung des Taoismus seit der Han-Zeit boten schon die alten taoistischen Schriften wie *Chuang-tzu* und *Tao-te-ching*. In ihnen finden sich Andeutungen, daß das Ziel des taoistischen Adepten die Erreichung langen Lebens, ja der Unsterblichkeit war. Unsterblichkeit wird hier verstanden nicht als die einer immateriell gedachten Seele, sondern als körperliche Bewahrung. Innerhalb dieser Strömung bildete sich eine eigentümliche neue Religion aus mit einem Pantheon, welches zwar zum Teil alte Volksgötter umdeutend aufnahm, aber doch in weit größerem Maße spekulierender Phantasie sein Dasein verdankte. Die alte taoistische, ja in gewissem Grade gemeinchinesische Vorstellung von der Einheit von Mikro- und Makrokosmos bewirkte eine merkwürdige, typisch taoistische Physiologie und Anatomie. Trotz ihrer bizarren und manchmal geradezu absurd anmutenden Vorstellungen haben sie die Medizin stärkstens beeinflußt. Man kann sogar sagen, daß die heute noch existierende und von den staatlichen Behörden anerkannte einheimische traditionelle Medizin ihre theoretischen Grundlagen weithin den taoistischen Schriften des chinesischen Mittelalters verdankt.

Lebenshygiene und Makrobiotik werden also seit der Han-Zeit zu einem integralen Bestandteil des Taoismus. Man glaubte, daß der menschliche Körper von Lebenszentren erfüllt sei, die jeweils von einem bestimmten Partikulargott regiert würden. Wenn sie verschwinden, wird das betreffende Organ oder der betreffende Körperteil krank. Der Genuß von Wein und Fleisch wurde als schädlich angesehen, und auch die »5 Getreidearten«

galten als unheilvoll. Manche Anhänger dieser Richtung ernährten sich deshalb ausschließlich von Früchten. Zu diesen diätetischen Vorschriften gesellte sich eine ebenfalls theoretisch subtil begründete Gymnastik, deren Ziel es war, den Fluß des Lebensodems, der vitalen Energie (*ch'i*) im Körper aufrechtzuerhalten. Damit verband sich eine Atemtechnik, die stark an ähnliche Vorstellungen im indischen Yoga erinnert. Die »Embryo-Atmung«, eine bestimmte Art, den Atem anzuhalten und, so glaubte man, im Körper kreisen zu lassen, führte zu innerer Reinigung und der allmählichen Ausbildung einer neuen Körperlichkeit, die anstatt von irdischer Nahrung von den reinsten Essenzen, nämlich der Atemluft leben konnte. Wer die höchste Stufe dieser Selbstvervollkommnung erreicht hatte, war ein »Unsterblicher« (*hsien*) geworden, der jenseits der materiellen Schranken von Raum und Zeit zu leben vermochte, in seiner äußeren Erscheinung nicht alterte und weder von Krankheit, Verletzung noch Alter mehr betroffen war. Unzählige Anekdoten und Legenden berichten von solchen taoistischen Adepten, die in der Gebirgseinsamkeit von Kräutern und Wurzeln lebend sich dieser magischen Vollkommenheit widmeten und gelegentlich in der Welt der Menschen auftauchten. Die mit diesen Ideen verbundenen Göttervorstellungen haben auch vor der Vergottung historischer oder als historisch gedachter Persönlichkeiten nicht halt gemacht. Bereits in der Späteren Han-Zeit (165) ist Lao-tzu, der Verfasser des *Tao-te-ching*, zu einem Gott geworden. Mit ihm verschmilzt auch die Gestalt des »Gelben Kaisers« (Huang-ti), einer Gottheit, die als Patron der Magier galt. Gleichzeitig wird das *Tao-te-ching* aus einem philosophischen Traktat zum Sektenkatechismus, um den sich wiederum eine ganze Schicht exegetischen Schrifttums lagert. Selbst das philosophische Prinzip des Tao wird schließlich zur persönlich aufgefaßten Gottheit.

Diese ganze Richtung blieb aber nicht nur die Angelegenheit weniger Auserwählter, die sich dem harten Training, ein »Unsterblicher« zu werden, unterzogen. Zu den Praktiken gehörte auch, daß man sich schlechter Handlungen enthielt; durch gute Werke konnte man den Prozeß der Läuterung beschleunigen. So finden wir, daß Taoisten sich bemühen, solche guten Werke zu tun, etwa für Arme, Waisen und Kranke zu sorgen oder Brücken und Wege zu bauen — all das nicht aus Liebe zum Nächsten, sondern als Bestandteil der Selbstvervollkommnung. Wie sehr die taoistische Religion in den ausgepowerten Volksmassen Wurzel schlug und zu welcher Schlagkraft taoistisches Sektierertum gelangen konnte, haben wir oben anläßlich des Aufstandes der »Gelben Turbane« bereits gesehen (S. 112). Natürlich konnte der volkstümliche Gemeindetaoismus nicht für alle seine Anhänger das rigorose und asketische Programm des Stufenweges zum *hsien* vorschreiben. Diätetik und Krankenheilung waren aber ein wichtiges Element, und mancher Taoist gewann sich Ansehen und Anhänger durch angebliche Wunderheilungen. Das Leben der Gemeindemitglieder war durch eine vorgeschriebene Folge von Reinigungsfesten geregelt, auf denen man nach öffentlicher Beichte und Reinigung Befreiung von Sünden, von allem Unheil und von Krankheit suchte. Es gab fast so etwas wie ein taoistisches »Kirchenjahr«. In manchen taoistischen Gemeinschaften kam es auch zu Praktiken, die von den Außenstehenden mit echter oder gespielter Entrüstung zur Kenntnis genommen wurden. Geschlechtsverkehr unter Beachtung bestimmter Techniken galt als heilsam (»Vereinigung der vitalen Energien«, *ho-ch'i*), und was in den Augen der Umwelt als sexuelle Massenorgie erschien, war für die Gläubigen ein Ritus, der zu höherer Vollkommenheit führte. Die Frau wurde so Werkzeug und Partner zur Erlösung. Die diesen Verhaltensweisen zugrunde liegende Anschauung wurzelte darin, daß man glaubte, durch häufigen, aber geregelten Verkehr mit wechselnden, nach Möglichkeit jungen Partnerinnen die Lebenskraft stärken zu können. Es haben sich in Japan eine Reihe chinesischer Sexualhandbücher des Mittelalters erhalten, in denen diese Vorstellungen im einzelnen ausgeführt werden. Sie sind in mancher Hinsicht von bemerkenswerter Modernität, denn die Frau gilt in ihnen nicht als bloßes Werkzeug, sondern als gleichrangige Genossin mit gleichem Recht auf Erfüllung. Die in diesen Büchern niedergelegten Anschauungen zielten natürlich in erster Linie auf die polygame Familie der Oberschicht, in der es der Mann mit einer Vielzahl von Nebenfrauen zu tun hatte. Aber daß ähnliche Vorstellungen auch in den Kreisen der Anhänger des religiösen Taoismus verbreitet waren, unterliegt keinem Zweifel.[12]

Die äußere Organisation der taoistischen Kirche ist seit der Han-Zeit gekennzeichnet durch das Fehlen einer zentralen Führung. Wie der Buddhismus war auch der Taoismus polyzentrisch. Nachdem seit dem 3. Jahrhundert die Sektenstaaten von der Landkarte verschwunden und ihre Führung ausgeschaltet worden war, konnte keiner der religiösen Führer ein mehr als lokales Prestige gewinnen. Maßgebend waren die örtlichen Priester (*tao-shih*), deren Amt sich zumeist in der Familie vererbte, wie ja auch fast alle anderen Berufe damals erblich waren. Neben ansässigen Priestern gab es auch solche, die im Land umherwanderten oder in einer Art Mönchsklause (*kuan*) allein oder zu mehreren lebten. Die mönchische Lebensweise setzte sich allmählich durch, sicher unter dem Einfluß der konkurrierenden buddhistischen Religion. Zunächst waren die Taoisten verheiratet, aber mit der Zunahme der taoistischen Klöster breitete sich das Zölibat allgemein aus. Es gab auch taoistische Nonnenklöster, alles nach buddhistischem Vorbild. Nur noch ganz gelegentlich hören wir von einem Wiederaufleben ekstatischer und sexueller Praktiken, doch zieht sich durch den Untergrund der chinesischen Religion bis in die Neuzeit eine Tradition, die manchmal an die Oberfläche taucht und zeigt, daß die schamanistischen, ekstatischen und auch das Sexuelle nicht aussparenden Elemente am Leben geblieben sind.

In einer ganz anderen Weise bot der Buddhismus der aus den Fugen geratenen chinesischen Gesellschaft Erlösung an. Er ist die erste fremde Hochreligion, die nach China vordrang. Daß der Buddhismus trotz seiner in fast jeder Hinsicht von den chinesischen Vorstellungen abweichenden Inhalte so an Boden gewinnen konnte und innerhalb weniger Jahrhunderte zu einem fest mit der einheimischen Kultur verschmolzenen Element wurde, ist auf die historische Konstellation zurückzuführen, die die buddhistischen Missionare in China antrafen: eine im Wandel begriffene Gesellschaft und allgemeine Unsicherheit. Die ersten glaubhaften Nachrichten über Buddhismus in China weisen auf das 1. Jahrhundert n. Chr., genauer das Jahr 65. Nicht viele Nachrichten sind aus der Frühzeit der Mission erhalten, doch erlauben sie den Schluß, daß sich, zunächst in den Städten, kleine Gruppen von Buddhisten zusammenschlossen und mönchische Zentren entstanden. Manches spricht dafür, daß es Mitglieder der Oberschicht waren, die sich als erste dem neuen Glauben zuwandten und in dem »achtfachen Pfad« die Erlösung und schließliche Auflösung in das Nirvāṇa suchten, dem Kreislauf der Existenzen für immer entrückt. Die Anfänge der Mission fielen in eine Zeit, da der Konfuzianismus seine Anziehungskraft für viele Gebildete verloren hatte; auch hatten manche im religiösen Taoismus verbreiteten Vorstellungen den Boden für die Aufnahme des Buddhismus vorbereitet. Der Weg, auf dem die Mission China erreichte, folgte den Handelsstraßen durch Zentralasien und war insofern eine Folge des chinesischen Imperialismus, der die chinesische Kultur geographisch mit der Zentralasiens in Berührung gebracht hatte. Die Ausbreitung des Buddhismus wurde sicher teilweise durch die Kaufleute selbst getragen, wie denn auch die Anlage der Klöster entlang der »Seidenstraße« erfolgte. Eingang fand somit in China nicht der unmittelbar aus Indien stammende Buddhismus, sondern seine bereits zentralasiatisch, iranisch-tocharisch gefärbte Spielart. Die frühesten Übersetzer buddhistischer Schriften in das Chinesische waren daher auch weder Chinesen noch Inder, sondern Mönche aus Parthien, Sogdien und dem Kuschana-Reich der Yüeh-chih in Afghanistan und Nordindien. Ihre Leistung kann gar nicht hoch genug eingeschätzt werden, denn die Übersetzung aus dem Sanskrit stieß auf große Schwierigkeiten. Es gibt kaum zwei Sprachen, die nach morphologischer und syntaktischer Struktur so verschieden sind wie Chinesisch und Sanskrit. Dazu kommt, daß auch der Stil der indischen Literaturen mit seiner oft metaphorischen, poetischen Diktion dem an sich eher nüchternen chinesischen Schriftidiom fremd war. Auch waren die terminologischen Probleme beträchtlich, denn es galt, für eine bereits hochentwickelte philosophische und religiöse Fachterminologie chinesische Äquivalente zu finden. Im Laufe der Jahrhunderte lernte man diese Hindernisse zu meistern, und es entstanden Übersetzungen, die nicht mehr in so fremdartigem, ja manchmal barbarisch anmutendem Chinesisch geschrieben waren wie einige der frühen Versuche. Insgesamt wurde der größte Teil des Kanons des »Großen Fahrzeugs« (Mahāyāna) ins Chinesische übertragen. Viele in Indien verlorene Sanskrittexte sind uns nur aus ihren chinesischen (freilich auch aus tibetischen) Versionen bekannt. In der Frühphase der Übersetzungstätigkeit hat für manche Ausdrücke der Taoismus Pate gestanden. Der Zentralbegriff Nirvāṇa etwa wurde zuerst durch das taoistische *wu-wei* (»Nicht-Handeln«) wiedergegeben, das sanskritische *dharma* (»Lehre, Religion, Daseinsfaktor«) durch Tao. Doch stand Tao auch für Ausdrücke wie *bodhi* (»Erleuchtung«) und Yoga (Meditation). Der Arhat, die letzte Stufe auf dem buddhistischen Erlösungswege, wurde mit *chen-jen* (»wahrer Mensch«) bezeichnet, also dem Wort für den taoistischen Adepten. Im Laufe der Zeit bildete sich jedoch eine buddhistische Fachsprache im Chinesischen heraus, und nachdem in der T'ang-Zeit enzyklopädische Wörterbücher des Buddhismus entstanden waren, ist die Übersetzungssprache durchaus standardisiert worden. Grundsätzlich bestanden ja zwei Möglichkeiten, die fremden Namen und Worte wiederzugeben. Man konnte sie mit chinesischen Schriftzeichen lautlich umschreiben oder sie sinngemäß übersetzen. Von beiden Möglichkeiten wurde Gebrauch gemacht; neben den vielsilbigen »Fremdworten« finden wir prägnante, sinnvermittelnde chinesische Wortprägungen. Die lautliche Notierung der Fremdworte mit chinesischen Zeichen hat sich für die moderne Forschung als ein wichtiges Hilfsmittel erwiesen, mit dem die mittelalterliche Aussprache chinesischer Zeichen rekonstruiert werden kann. Die Beschäftigung mit diesen Problemen hat in China selbst schon früh zu einer vertieften und verfeinerten phonetischen Wissenschaft geführt. Die nach An- und Auslauten angeordneten chinesischen Wörterbücher sind ohne die Begegnung mit der im alphabetisch notierten Sanskrit verfaßten buddhistischen Literatur nicht zu denken.

Zunächst war, wie wir sahen, der Buddhismus weitgehend eine Angelegenheit der Oberschicht. Mit der Barbarisierung Chinas im 4. Jahrhundert, aber auch schon vorher, dringt er zu den Volksmassen vor. Während im chaotischen und verwüsteten nördlichen China der »Völkerwanderungszeit« der Konfuzianismus praktisch verfiel, wandten sich viele Menschen der neuen Erlösungsreligion zu. Der Buddhismus erfaßte allmählich alle Schichten der Bevölkerung, Chinesen und Fremde, hoch und niedrig, Bauern und Nomaden, den Kaiserhof wie auch das Dorf. Der Weg der Ausbreitung ging dabei von den Städten auf das Land und von den Hauptstädten in die Provinzen. Schon um 300, also kurz vor den Barbareneinfällen, gab es in den Städten Ch'ang-an und Lo-yang rund 180 größere und kleinere Klöster mit insgesamt Tausenden von Mönchen. Je mehr die Wirren und Kriege das Land ergriffen, desto mehr suchten enttäuschte, verzweifelte Menschen Zuflucht in den Klöstern, freilich wohl auch mancher Angehörige des Lumpenproletariats, der sich Unterkunft und — wenn auch bescheidene — vegetarische Kost im Kloster erhoffte. In verschiedenen barbarischen Staatswesen begünstigten die Herrscher den Buddhismus, der für sie einen Inbegriff höherer Kulturwerte darstellen mochte. Doch ist manche Äußerung buddhistischer Religiosität an den Höfen des Nordens recht merkwürdig gewesen. Es scheint, daß viele Mönche sich solchen unkultivierten Gönnern ihrer Religion als eine Art Magier empfahlen. Regenzauber spielte eine große Rolle, und man gewinnt den Eindruck, als ob die herrschende Schicht und zumal die Fürsten im Buddhismus nicht viel mehr gesehen haben als eine Möglichkeit, durch Gebete, Riten und Wundertaten ihr Wohlergehen und ihre Herrschaft zu sichern, so daß man fast von einer schamanistisch gefärbten Spielart des Buddhismus reden kann. Aber im stillen lebte in den Klöstern auch eine höhere und vergeistigte Religiosität weiter. Die Übersetzungstätigkeit, bei der zentralasiatische Buddhisten mit chinesischen schriftkundigen Mönchen zusammenarbeiteten, nahm ihren Fortgang. Mit den überkommenen Formen der Literatur und ihren Inhalten hatte diese neue buddhistische Gelehrsamkeit allerdings wenig gemein. Der Gebildete schaute, wenn er nicht selbst zu den Anhängern des Buddhismus zählte, mit Verachtung auf die seiner Meinung nach unkultivierten Mönche herab.

Die Patronage durch die Fremdherrscher äußerte sich in immer entschiedeneren Versuchen, Klöster und Mönche den staatlichen Gewalten zu unterstellen. Die chinesische Staatstradition hatte stets im Kaiser eine durch die Würde des Amtes geheiligte Persönlichkeit gesehen und ihn mit einem pseudoreligiösen Zeremoniell umgeben. Hierzu paßte die aus Indien überkommene

Hochschätzung des *homo religiosus* schlecht. Es kam zu lebhaften polemischen Diskussionen über die Frage, ob der Mönch wie jeder andere Untertan dem Kaiser Ehrerbietung zu erweisen habe, oder ob der Herrscher sich vor dem Mönch verneigen müsse. Das Übergewicht der staatlichen Tradition Chinas führte im Verein mit der naiven und unreflektierten Hinwendung der Fremden zum Buddhismus schließlich unter den Toba-Wei zur Etablierung einer buddhistischen Staatskirche. Alle Mönche und ihre Niederlassungen waren der Kontrolle weltlicher Gewalt unterstellt. Die Aufsicht über die Klöster wurde einem durch den Kaiser bestimmten Mönch übertragen, der in seiner Doppelstellung als Mönch und Mitglied der weltlichen Hierarchie den Titel *kuo-shih*, »Reichslehrer«, trug. Die Protektion durch die Tobaherrscher äußerte sich in umfangreichen Stiftungen an die Klöster in Form von Geldzuwendungen oder Schenkung von Ländereien; Übersetzungen heiliger Texte wurden durch staatliche Mittel finanziert, und so manches bronzene Buddhabild in einem Tempel war eine Stiftung der Herrscher. Dafür erwartete man, daß die Mönche ihre religiösen Kräfte und Beziehungen zum Übernatürlichen in den Dienst des Staates stellten; sie hatten für das Wohlergehen von Herrscher und Reich zu beten. Die Toba-Wei haben auch durch gewaltige Unternehmungen ihrer buddhistischen Frömmigkeit dauernden Ausdruck verliehen. In der Nähe der Hauptstadt Ta-t'ung ließen sie in Yün-kang Höhlentempel bauen, die ikonographisch und in ihrer Gesamtanlage ähnliche Kultzentren in Innerasien nachahmten. Ganze Felswände wurden in ein Labyrinth von Statuen, zum Teil kolossalen Ausmaßes, und von Gebetsnischen verwandelt — ein auch heute noch imponierendes Zeugnis des staatlich geförderten Buddhismus unter einer Herrschaft, die Geld und Menschenkraft für die neue Religion mobilisierte. Als die Toba-Wei ihre Hauptstadt nach Loyang verlegten, wurde in der Nähe der neuen Residenz, in Lung-men, ein ähnliches Unternehmen in Angriff genommen, das aber die Toba-Herrschaft lange überleben sollte. Jahrhunderte hindurch, bis in die T'ang-Zeit, baute und meißelte man an diesen Kultstätten, die die an Wirren nicht arme chinesische Geschichte überdauert haben. Die chinesische Kunst ist durch die buddhistischen Bauten und die Kultplastik in entscheidender Weise umgeformt und bereichert worden. Monumentalplastik war im China des Altertums unbekannt gewesen und verdankt erst dem Buddhismus ihre Entstehung. Dabei verloren die Bildwerke allmählich ihren indisch-zentralasiatischen Charakter und wurden im Sinne chinesischer Kunstauffassung der einheimischen Tradition angeglichen.

Die Angleichung an das Chinesentum äußert sich auch darin,

daß der Familienkult in die buddhistische Religion einbezogen wurde. An sich ist der Buddhismus familienfeindlich und eine auf das Individuum hin ausgerichtete Erlösungsreligion. Mönch werden hieß auf chinesisch *ch'u-chia*, »die Familie verlassen«. Aber allmählich wurde der Buddhismus zu einer Familienangelegenheit. Man betete für das Seelenheil oder, buddhistisch ausgedrückt, für günstige Wiedergeburt der Verstorbenen und schließlichen Eingang ins Nirvāna. Viele Heiligen- und Buddhabilder weisen Inschriften auf, die die Namen der lebenden Stifter und der verstorbenen Verwandten aufzählen. Die universale Ethik des Buddhismus, die nicht an eine bestimmte Volksgruppe, Nation oder Klasse gebunden war, tat ein übriges, um den Sinisierungsprozeß zu beschleunigen. Die Wiedervereinigung Chinas unter den Sui wurde dadurch erleichtert, daß in Gestalt des Buddhismus eine Universalreligion im Norden wie im Süden einen großen Teil der Bevölkerung erfaßt hatte. Nicht minder wichtig sind die wirtschaftlichen Auswirkungen des Buddhismus. Die Tatsache, daß der Buddhismus über die Handelsstraßen Innerasiens China erreicht hatte, wirkte sich dahin aus, daß an den Handelsorten Klöster entstanden und umgekehrt die Klöster als eine Art Karawansereien dienten. Handelsleute pflegten gerne in Klöstern einzukehren, und sogar die Mönche selbst ließen sich auf Handelsgeschäfte ein. Sie gaben Darlehen gegen im Kloster deponierte Handelswaren, übernahmen also bankmäßige Funktionen, eröffneten regelrechte Pfandleihen oder veranstalteten Auktionen, selbst Lotterien. Dies alles warf Gewinn ab, der neben den Stiftungen zum Reichtum mancher Klöster beitrug. Natürlich gab es außer solchen durch ihre Lage oder potente Stifter begünstigten Klöster auch viele ärmliche und bescheidene Mönchsklausen, in denen sich wenige Mönche zusammengefunden hatten. Der Typ des »Prälaten« findet sich ebenso wie der des Eremiten und Klausners. In den reichen Klöstern wurde selbstverständlich auch Landwirtschaft betrieben; das Land wurde durch Pächter bebaut. Nicht wenige Bauern zogen eine Existenz als Klosterinsasse der Ausbeutung durch die unersättlichen Steuerbehörden vor — waren doch die Pächter in den Klöstern nicht zu Steuer und Frondienst verpflichtet.

Es konnte nicht ausbleiben, daß reiche Klöster die Begehrlichkeit des Fiskus und die Aufmerksamkeit der Finanzbehörden erweckten, ungeachtet der buddhistischen Frömmigkeit der herrschenden Familien und der Kaiser. Aber erst unter den T'ang wird dieses Problem, die fiskalische Seite des Anti-Buddhismus, relevant. Gelegentliche Verfolgungen des Buddhismus im frühen Mittelalter hatten zumeist nicht solche Hintergründe.[13] Vielmehr konnte eine Buddhistenverfolgung auch im autokratischen Charakter der Regierung so manches nicht-chinesischen Fremdherrschers liegen; nicht eingeschränkt von einer Berufsbeamtenschaft und ihren institutionellen Hemmnissen konnte ein Herrscher seinen persönlichen Neigungen freien Lauf lassen und sich sowohl als glühender Förderer wie auch als Gegner der Buddhisten erweisen. Es sind auch Fälle bekannt, bei denen ein Herrscher sich bemühte, seine nicht-chinesische Herkunft möglichst vergessen zu machen und chinesischer zu sein als die Chinesen, die chinesische Kultur anzunehmen bestrebt war und deshalb den von außen stammenden Buddhismus als ausländischen Import ablehnte. Aber solche Erscheinungen bleiben Ausnahmen. Wichtiger wurde, auch für die gesellschaftliche Funktion des Buddhismus, daß Mönche mitunter zu Führern von Volksaufständen wurden. Die religiöse Grundlage solcher Aufstände war oft der Glaube an Maitreya, den Buddha des kommenden Zeitalters, von dessen Erscheinen man eine Ära des Friedens und der Gerechtigkeit erhoffte. Messianische Strömungen dieser Art lebten natürlich nur in der volksnahen Sphäre des Buddhismus, nicht innerhalb der höfisch-aristokratischen Religiosität. In der chinesischen Religionsgeschichte zeigt sich somit das gleiche Phänomen wie in so vielen anderen Elementen der chinesischen Kultur, nämlich eine Trennung nach Klassen. Diese ist dem Buddhismus wesensmäßig durchaus fremd, aber die hierarchische Struktur der chinesischen Gesellschaft führte unweigerlich und unbewußt zu solchen Scheidungen. Zwischen dem Hofgeistlichen der Toba und dem ländlichen Bettelmönch klaffte ein Abgrund, nicht viel anders als zwischen einem Fürstbischof des 16. Jahrhunderts und einem auf seiten der Bauern stehenden und mitunter sogar kämpfenden Landpfarrer. Daß der Buddhismus als eine im Grunde friedliche Religion, zu deren Hauptgeboten das »Du sollst nicht töten« zählt, überhaupt den Krieg zuließ, ist bemerkenswert.[14] China und das übrige Ostasien sind durch den Buddhismus nicht pazifistisch geworden. Die Gründe hierzu waren mannigfach. Im Mahāyāna-Buddhismus kamen Strömungen auf, die sich auf ethischem Gebiet in einem ausgesprochenen Relativismus äußerten. Wem die ganze Erscheinungswelt ohnehin nur ein Truggespinst der Sinne ist, für den bedeutet auch das menschliche Leben zunächst im philosophischen Sinne nichts Dauerhaftes und Einmaliges. Hier lag eine theologische Rechtfertigung auch der Tötung bereit. Hinzu kommt aber auch, daß gerade unter den nördlichen Dynastien der Buddhismus staatskirchliche Züge aufwies und vom Gebet für den Schutz des Herrschers zur Bitte um Vernichtung seiner Feinde nur ein Schritt ist. Auch war dem Buddhismus die Vorstellung vom Kampf gegen Glaubensfeinde nicht fremd — alles dies Erscheinungen, die sich auf zentralasiatischem und chinesischem Boden herausbildeten und so unindisch sind wie nur möglich.

Zu den die chinesische Kultur im Ganzen bereichernden Elementen im Buddhismus gehörte auch, daß der geographische Gesichtskreis um eine neue Dimension erweitert wurde. Waren unter den Han die Kontakte mit der nicht-chinesischen Kulturwelt des Nahen Ostens die Folge imperialistischer Expansion, so ergaben sie sich im Mittelalter unmittelbar aus der Tatsache, daß der Buddhismus aus Indien kam und Mönche als Reisende an die Stelle der Generale mit ihren Militärexpeditionen traten. Sowohl die indogermanischen Königreiche im Tarimbecken als auch die buddhistischen Reiche in Afghanistan und Nordindien wiesen eine große Zahl buddhistischer religiöser Zentren auf, ganz zu schweigen vom indischen Heimatland des Buddha selbst. Chinesische Pilger reisten zu den Stätten buddhistischer Gelehrsamkeit und suchten in Indien sowohl bisher den Chinesen unbekannte Texte wie auch Reliquien aufzutreiben. Der bekannteste jener Pilger ist Fa-hsien, ein chinesischer Mönch aus Shansi, der 399 eine lange Reise antrat, die ihn über Tun-huang, Khotan und das alte Kultzentrum von Gandhāra nach Magadha in Indien führte, wo er 405 eintraf. Daran schloß sich ein langjähriger Aufenthalt in Indien an, wo er alle Landesteile mit Ausnahme des Innern Südindiens kennenlernte. 411 kehrte er auf dem Seewege über Ceylon und Java nach China zurück und traf schließlich 414 in Ch'ang-an ein. Er verfaßte ein Werk »Bericht über die buddhistischen Länder« (*Fo-kuo chi*), welches über seine religiöse Bedeutung hinaus für die heutige Wissenschaft eine unschätzbar wichtige Quelle geworden ist. Der chinesische Pilger berichtete nicht nur über Klöster, Reliquien und buddhistische Frömmigkeit in den von ihm bereisten Gebieten, sondern hat in seinem recht genauen und zuverlässig beobachtenden Werk eine Fülle von Nachrichten über die allgemeinen Zustände mitgeteilt. Eine solche realistische landeskundliche Literatur gibt es im alten Indien überhaupt nicht, und ohne die Berichte von Fa-hsien und den späteren Pilgern, die auf seinen Spuren reisten, wüßten wir wesentlich weniger über das damalige Indien und Zentralasien. Auch unter den späteren Toba wurden solche weiten Pilgerreisen unternommen. Erhalten geblieben ist in Auszügen der Bericht des Sung-yün, eines Mönches, der 518 zu einer Pilgerfahrt nach Gandhāra auszog.

Insgesamt bietet also Nordchina in der Zeit der Spaltung das Bild einer überwiegend vom Buddhismus beherrschten Kultur, in der den Klöstern als Zufluchtsstätte von Kunst und Bildung kaum geringere Bedeutung zukommt als im europäischen Frühmittelalter. Hier wie dort wurde eine kriegerische Herrenschicht langsam, aber unaufhaltsam durch eine Hochreligion an ver-

geistigte Formen der Zivilisation herangeführt. Und auf staatlichem Gebiet wirkte sich die Erinnerung an den Glanz des Imperiums der Han nicht viel anders aus als die nie ganz erstorbenen Traditionen des Imperium Romanum. Verständlicherweise war für die schönen Künste und die Literatur wie die Philosophie der Boden im Norden nicht günstig. Gestalten wie Su Ch'o mit seinem Versuch einer konfuzianischen Renaissance blieben eine Ausnahme. Die großen Dichter und Schriftsteller lebten während der Zeit der Spaltung ganz überwiegend im friedlicheren Süden. Im Norden gab es dafür eine eigenartige, auch für den heutigen Leser noch reizvolle volkstümliche Dichtung, in der sich Elemente der Lyrik der Steppenvölker nachweisen lassen, ja man hat manche der gesungenen Weisen aus jener Zeit geradezu als Übersetzungen aus der Sprache irgendeines Steppenvolkes ansehen wollen. In der Prosa brachte man ein reichhaltiges Fachschrifttum hervor, welches der eigentlichen Literaturgeschichte nur mit Vorbehalt zuzurechnen ist. Hier ist z. B. das *Lo-yang chia-lan chi* zu erwähnen, welches die Toba-Hauptstadt Lo-yang topographisch genau mit besonderer Berücksichtigung ihrer buddhistischen Kultstätten beschreibt. Das *Shui-ching chu* (»Klassisches Buch der Gewässer mit Kommentar«) ist eine Geographie Chinas, die nicht nach Verwaltungseinheiten, sondern nach Flußläufen angeordnet ist und eine Fülle interessanten Materials zur Kulturgeschichte Chinas enthält, darunter auch lokale Mythen, Legenden und Berichte über Kulte. Die durch die buddhistischen Pilger gewonnenen Kenntnisse von der Welt außerhalb Chinas haben ebenfalls im *Shui-ching chu* Niederschlag gefunden, ist doch auch das buddhistische nördliche Indien in einem Kapitel mit behandelt worden. Innerhalb der mehr praktisch-technischen Literatur ist das *Ch'i-min yao-shu* hervorzuheben. Der Titel besagt soviel wie »Wichtige Verfahren für den allgemeinen Volkswohlstand«. Es ist eine nach sachlichen Gesichtspunkten gegliederte Enzyklopädie der Landwirtschaft und der Haushaltsführung, die einen guten Einblick in die materielle Kultur der Toba-Zeit gibt. In der eigentlichen Dichtung dagegen konnte jene Zeit nichts hervorbringen, was auch nur annähernd mit der großen Literatur des 3. Jahrhunderts zu vergleichen ist, die nicht nur Gestalten wie Ts'ao Ts'ao und seine Nachfolger oder die »Sieben Genien vom Bambushain« hervorgebracht hatte, sondern auch erstmals für China die Literatur selbst als Thema und Problem aufgriff. Die Poetik *Wen-fu* (»Prosagedicht von der Literatur«), verfaßt von Lu Chi (261-303), ist die erste literarkritische Arbeit in China gewesen.
Alle diese Traditionen fanden, wie gesagt, während der Zeit der Spaltung im Süden ihre Fortsetzung. Unter den bedeutenden

Dichtern müssen wir vor allem T'ao Ch'ien (T'ao Yüan-ming, 365-427) erwähnen. Er ist, nicht zu Unrecht, von manchen westlichen Autoren mit Horaz verglichen worden. Aus einer altangesehenen Familie stammend schlug auch er, wie es in seiner Schicht selbstverständlich war, die Amtslaufbahn ein, hat aber recht bald eingesehen, daß für einen Mann seines Schlages das Beamtendasein nicht taugte. T'ao Ch'ien gehört zu den politisch nicht engagierten Dichtern, ja er verkörpert beispielhaft die weltflüchtige und den privaten Freuden wie Leiden zugewandte Richtung der chinesischen Lyrik. Insofern kann man ihn einen Taoisten nennen. Seine Gedichte sind sprachlich schlicht und besingen die Freundschaft, den Wein, die Natur, kurz die einfachen Freuden des Lebens; stets sind sie durchtränkt von einer Melancholie, die sich der Vergänglichkeit alles Irdischen bewußt bleibt. Seine Wirkung auf die Nachwelt war ebenso nachhaltig wie eindringlich. Die bukolische Richtung in der Lyrik kann in ihm ihren Ahnherrn sehen, und unzählige Male sind die von T'ao in Dichtung umgesetzten Themen Gegenstand der Nachahmung gewesen, nur daß das, was bei den meisten seiner Nachfolger zu glatter Routine geworden ist, bei ihm noch von der jugendlichen Frische des Erstmaligen erfüllt ist. Den literarischen Moden seiner Zeit stand T'ao fern. Damals herrschte in der Prosadichtung der sogenannte Parallelstil (*p'ien-wen*) vor, eine höchst verkünstelte und in antithetisch gebauten Satzgliedern strukturierte Schreibweise, die sich von den Prosagedichten der Han-Zeit (*fu*) herleitete. In diesen Produktionen, die sich wegen ihrer vielen Anspielungen und gelehrten Wendungen für eine Übersetzung nur wenig eignen, konnte man mit gelehrter Bildung prunken. Der *poeta doctus* bestimmt diese ganze Richtung. Bleibende Wirkung gewann die Anthologie *Wen-hsüan* (»Auslese aus der Literatur«), eine von dem Liang-Prinzen Hsiao T'ung (501-531) zusammengestellte Sammlung. Sie enthält Dichtungen aller Gattungen der gehobenen Literatur von der Han-Zeit bis zum 5. Jahrhundert und ist im Grunde unsere einzige literarische Quelle für jene Zeitspanne, sowohl was die Kunstprosa wie auch was die eigentliche Lyrik betrifft. Die Einteilung der Sammlung richtet sich nach den einzelnen Gattungen, bietet also gleichzeitig einen klaren Überblick über die damals gepflegten und existierenden Formen der Dichtung. Die Vorrede der Anthologie begründet die Unterscheidung dieser Formen auch theoretisch, und die Gattungstheorie der Dichtungsarten wurde bald klassisch. Aber nicht nur im Formalen gewann das *Wen-hsüan* normativ-vorbildlichen Rang. Auch im Inhaltlichen übte das Werk tiefen Einfluß auf die chinesische Literatur, namentlich die Poesie, aus. Immer wieder verwendeten spätere Dichter, etwa der T'ang-

Zeit, Wortprägungen aus den Dichtungen des *Wen-hsüan*. Wenn man die T'ang-Zeit als das »goldene Zeitalter« der chinesischen Lyrik bezeichnet, so könnte man dem entgegenhalten, daß sie im Grunde schon eine »silberne«, abgeleitete und klassizistische Phase darstellt, die auf der Dichtung des frühen Mittelalters aufbaut und ohne sie nicht zu verstehen ist. Der klassische Rang des *Wen-hsüan* zeigt sich auch darin, daß die Sammlung schon früh mehrfach mit außerordentlich genauen Kommentaren versehen ediert worden ist. Die theoretische Beschäftigung mit der Literatur fand Ausdruck auch in mehreren Poetiken, von denen das *Wen-hsin tiao-lung* (um 500) hervorzuheben ist. Der preziöse Titel könnte annähernd wiedergegeben werden mit »Bildung des Herzens und Schnitzen von Drachen«, also Sinn und Form der Dichtung. In schwieriger, mit Anspielungen überladener Sprache wird hier eine Theorie der Dichtung entworfen und an Beispielen veranschaulicht. Das mehr zweckbezogene Fachschrifttum topographischer, landeskundlicher und überhaupt allgemeinwissenschaftlicher Art ist nur zum Teil erhalten geblieben, aber auch in seinen Resten von Wert für die moderne wissenschaftliche Forschung. Ein neues Element in der Prosadichtung waren die Erzählungen und Novellen in Schriftsprache. Der chinesische Ausdruck für diese Gattung ist *hsiao-shuo* (»kleine Erzählungen«), eine Bezeichnung, die abwertend gemeint war und diese Richtung gegen die weltanschaulich anspruchsvolle Literatur abheben sollte. Die Themen der Novellen und Anekdoten sind vielfältig; sehr häufig finden sich übernatürliche Stoffe, Berichte von Wundern, Geister- und Gespenstererscheinungen, aber auch fiktive Ausmalungen historischer Ereignisse. Unter dem Einfluß des Buddhismus entstanden auch Novellen, die das Thema der Vergeltung im Jenseits behandeln; Leid und Unheil im Leben werden als Folgen böser Taten in einer vergangenen Existenz geschildert. Aber so sehr auch eine solche Einstellung das Sichabfinden mit einer unvollkommenen Welt begünstigte, so unverkennbar ist schon damals eine Tendenz, solche Novellen zum Werkzeug sozialer Kritik zu machen. Was nicht direkt und polemisch geäußert werden konnte, war ohne Gefahr des Anstoßes in solchen *hsiao-shuo* unterzubringen.[15]

Die Hinwendung zum Übernatürlichen, die zweifellos ein Kennzeichen jener ganzen Zeit des frühen Mittelalters bildet, blieb jedoch nicht unangefochten. Der Rationalismus fand Vertreter wie Fan Chen (450 bis etwa 515), der einen gegen die Buddhisten gerichteten Traktat über die »Sterblichkeit der Seele« (*Shen-mieh lun*) verfaßte und zum Anlaß einer mit literarischen Mitteln ausgefochtenen Kontroverse wurde, wie denn überhaupt die geistige Beweglichkeit jener Epoche hervorzuheben bleibt, als sich der Buddhismus nicht nur mit Staat und Institutionen, sondern auch mit der Konkurrenzreligion des Taoismus auseinanderzusetzen hatte.[16] Vieles über die organisierte taoistische Kirche jener Zeit können wir nur aus den apologetischen Schriften der Buddhisten erfahren. Angriffe gegen den Buddhismus, wie sie Fan Chen führte, konnten aber seine Stellung nicht sehr beeinträchtigen. Dafür war er schon zu sehr ein Bestandteil des allgemeinen Lebens geworden.

So wie in der Literatur setzten sich auch in den Künsten neue Haltungen und Formen durch. Die Kalligraphie wurde jetzt zu einer Kunst eigenen Ranges. Der noch etwas steife Duktus der hanzeitlichen Schriftformen wurde durch fließende und elegantere Formen abgelöst, die Schrift wurde zum Ausdruck individueller Haltung. Der größte und bis heute als unübertroffenes Vorbild angesehene Kalligraph war Wang Hsi-chih (321-379). Auch sonst ergriff der allgemeine Wandel die Künste. Die Malerei erhob sich über den handwerklichen Charakter, den sie noch zur Han-Zeit getragen hatte, und wurde zu einer Kunst, die auch vom gebildeten Gentleman ausgeübt werden konnte. Gleichzeitig kam die Landschaftsmalerei auf, tausend Jahre früher als in Europa, und erschloß damit der Kunst neue Dimensionen — ein Wandel, der sicherlich in Verbindung mit dem Taoismus stand (Landschaftsmalerei als Versuch einer Reproduktion des Universums im Kleinen, vielleicht zusammenhängend mit der magischen Weltfahrt als Thema der Meditation).[17]

5. Die Erneuerung des Reiches unter den Sui und T'ang

Gleich der kurzlebigen Dynastie Ch'in, die den langen Zeitraum der Han-Herrschaft einleitete, ist auch die Dynastie der Sui im Vergleich zu den 300 Jahren der T'ang nur kurz an der Macht gewesen. In beiden Fällen ist die Einigung das Werk der Vorläuferdynastie, während die Früchte dieser Konsolidierung einer neuen Dynastie, eben den Han bzw. T'ang, zugute kamen. Und schließlich bleibt als gemeinsamer Zug hervorzuheben, daß die orthodoxe Historiographie Chinas beiden Vorläuferdynastien mit fast unverhohlener Feindseligkeit gegenübersteht — beidemal wohl deshalb, um die Han bzw. T'ang leuchtend von einem düsteren Vorspiel abzuheben. Damit soll nicht gesagt sein, daß Geschichte sich wiederholt oder daß hier ein dynastischer Zyklus am Werk war, denn die Persönlichkeiten, die die Einigung herbeiführten, und die Umstände waren dafür zu verschieden.

Der Dynastiegründer der Sui war Yang Chien (541-604). Er stammte aus einer der aristokratischen Militärfamilien des Nordens und war als Heerführer in den Kriegen aufgestiegen, die damals zwischen dem Südstaat Ch'en und den nördlichen Regimen geführt wurden. 581 machte Yang Chien sich zum Kaiser, nachdem er sich von einem Schatten- und Kinderkaiser der Nördlichen Chou die Regalien hatte übertragen lassen. Sein dynastischer Name war Kaiser Wen der Sui. 583 verlegte er die Hauptstadt nach Ch'ang-an und schloß bald darauf einen Waffenstillstand mit den Türken, die zu einer bedrohlichen Macht an Chinas Nordwestgrenze geworden waren, und gewann dadurch freie Hand gegen seine innerchinesischen Gegner. 588 schritt er zum Angriff gegen die Dynastie Ch'en, nicht in Form eines plötzlichen Überfalls, sondern nach Bekanntmachung seiner Pläne. Der psychologischen Kriegführung diente die Verteilung von 300 000 Exemplaren eines die beabsichtigte Reichseinigung ankündigenden Aufrufs in Ch'en — die chinesischen Teilstaaten waren ja nicht durch eiserne Vorhänge voneinander abgeschlossen. Die eigentlich militärische Seite der Aktion gelang ohne große Mühe. 589 sah sich Kaiser Wen im unangefochtenen Besitz des ganzen Reiches, das fast 400 Jahre lang in selbständige Staaten aufgeteilt gewesen war. Mit hektischem Eifer ging er daran, die institutionellen Grundlagen für die wiedergewonnene Einheit zu schaffen, und schonte sich selbst dabei nicht. Seine Betriebsamkeit und sein Mißtrauen gegen Ratgeber und Beamte ließen ihn ständig auf die Details der Regierung Einfluß nehmen. Er war von krankhaftem Geiz, und seine Frau war gleichfalls eine persönlich wenig einnehmende Gestalt, hart, puritanisch, eifersüchtig und auch im Palast ein Hausdrachen. Diesem psychisch belasteten Elternpaar entstammte der Sohn Yang Kuang, der 604 als Kaiser Yang die Nachfolge seines Vaters antrat. Ihn hat die chinesische Geschichtsschreibung als ausschweifenden Tyrannen geschildert, der durch überspannte Anforderungen seinen Staat und die Dynastie zugrunde gewirtschaftet habe. Gegenüber diesen Vorwürfen darf man aber seine Leistungen genauso wenig unterschätzen wie die seines Vaters. Nicht ungeschickt hat der zweite Sui-Kaiser eine Politik der Zusammenführung der so lange getrennt gewesenen Reichsteile zu einem neuen Ganzen verfolgt. Er selbst war dem Süden zugetan; bewußt warb er um die buddhistischen Kreise der dortigen Aristokratie und begünstigte namentlich die T'ien-t'ai-Sekte. Vor allem aber war ihm daran gelegen, die aristokratischen Militärfamilien des Nordens, deren einer ja auch sein Vater selbst entstammte, zufriedenzustellen und diese potentiellen Bedroher seiner Macht in Schach zu halten. Trotz der Schwarz-in-Schwarz-Malerei der Historiker gehört Kaiser Yang durch seinen Einfallsreichtum und seine Beweglichkeit zu den Herrschergestalten, deren Wirken Geschichte gemacht hat.[1]

Die der politischen Geographie gewidmeten Abschnitte des *Sui-shu*, der Dynastiegeschichte der Sui (eines sachlich ausgezeichneten und sorgfältig redigierten Werks), enthalten eine Bevölkerungsstatistik, aus der das Übergewicht des allmählich wieder erstarkten Nordens klar hervorgeht.[2] Dabei hatte sich der demographische Schwerpunkt vom Nordwesten nach dem Nordosten verlagert. Fast ein Drittel der registrierten Gesamtbevölkerung von etwa 48 Millionen wohnte in den vier nordöstlichen Provinzen; die riesige Südprovinz dagegen, die sich von der Yangtsemündung bis Kanton erstreckte, wies nur rund 10 % der Bevölkerung auf. Hier war noch genügend Siedlungsraum in klimatisch günstiger Landschaft vorhanden. Der Verbindung dieses Entwicklungslandes mit dem Norden diente die Anlage des »Kaiserkanals«, die Kaiser Yang zu danken war. Nicht weniger als eine Million Fronarbeiter sollen für dieses Unternehmen aufgeboten worden sein. Auch sonst ist gerade Kaiser Yang ein fanatischer Bauherr gewesen. Neben der westlichen Hauptstadt Ch'ang-an ließ er Lo-yang als seine östliche Hauptstadt ausbauen und schuf sich im Süden eine dritte Residenz in Chiang-tu, dem heutigen Yang-chou am Yangtse. Die Wiederherstellung des Friedens brachte wirtschaftlichen Aufschwung. Die vielen im Laufe der Kriege herrenlos gewordenen und verlassenen Ländereien wurden nach dem Prinzip der »gleichmäßigen Feldverteilung« (*chün-t'ien*) neu vergeben. Die Steuern wurden neu festgesetzt, für die eingehenden Getreideabgaben öffentliche Speicher angelegt, in welchen durch Hortung des Getreides für Notzeiten vorgesorgt und gleichzeitig eine Stabilisierung der Preise herbeigeführt werden sollte. Die Gehälter der Beamten wurden aus den jeder lokalen Behörde zustehenden »Beamtenfeldern« bzw. deren Erträgen bestritten, was freilich bei günstigen Umständen die Lokalbeamten zu Handelsspekulationen verführte. Die Monopole auf Salz und Alkoholika wurden abgeschafft, doch konnte auch eine solche Maßnahme, die die Entwicklung beträchtlicher Privatvermögen durch Produktion und Handel erlaubte, nicht verhindern, daß der Kaufmannsstand im ganzen diskriminiert blieb. Von den literarischen Examina blieben die Kaufleute ausgeschlossen. Das Bildungs- und Beamtenmonopol der Oberschicht blieb so erhalten.

Die außenpolitischen Erfolge der Sui-Herrscher waren zunächst bedeutend. Die Grenzwälle gegen die Steppe wurden instand gesetzt und Sicherheit und Ordnung an den Grenzen dadurch gewährleistet. Die zunehmende Wirtschaftskraft Chinas wirkte sich auch auf den Innerasienhandel aus, der starken Aufschwung nahm. Das in der Mandschurei lebende Volk der Kitan, welches mehrfach zu Angriffen gegen die Nordgrenze des Reiches geschritten war, konnte in seine früheren Wohnsitze zurückgetrieben werden. In Innerasien selbst hatten sich 604 die Tölös, ein Turkvolk, gegen die chinesische Oberherrschaft erhoben. Der Kaiser entsandte den Feldherrn P'ei Chü mit einer starken Streitmacht, die 608 einen vollen Erfolg gegen die Tölös erzielte. P'ei Chü war nicht nur als Heerführer tüchtig, sondern auch an Geographie interessiert; ihm ist ein aufschlußreicher Bericht über die Westlande zu danken. Die militärische Expansion Chinas beschränkte sich aber nicht auf den Norden. Im Süden drang ein chinesisches Expeditionskorps durch Nord-Vietnam bis nach Čampa vor, einem hinduisierten Staatswesen im Raum des heutigen Süd-Vietnam, und errichtete eine, freilich lose, Oberherrschaft über diesen Staat, der als Handelspartner Chinas besonders Luxusgüter, wie Gewürze, Edelhölzer, Aromatika und Eisvogelfedern (ein für die Damenmode wichtiges Produkt), lieferte. Als 608 auch die Westtürken sich tributpflichtig erklärten, war China unangefochtene Vormacht in ganz Ostasien. Diese Stellung kam auch in den zahlreichen Tributgesandtschaften zum Ausdruck, die andere Staatswesen in Ostasien an den Hof der Sui schickten. Die zentralasiatischen Oasenstaaten im Tarimbecken sandten ebenso Tribut wie Ja-

pan, wobei allerdings zu berücksichtigen ist, daß Tributgesandtschaften nicht unbedingt einen staatsrechtlichen Unterwer-
fungsakt bedeuteten, sondern oft nichts anderes waren als Han-
delsmissionen und Ausdruck freundnachbarlichen *good will*.
Ein Umschwung in der Außenpolitik kündigte sich an, als Feldzüge gegen Korea nicht den erhofften Erfolg zeitigten. 612
scheiterte eine Unternehmung gegen Korea, desgleichen eine
weitere Expedition im folgenden Jahre. Auch ein dritter, mit
noch größerem Einsatz unternommener Feldzug endete nur mit
einem Waffenstillstand (614). Gleichzeitig erhoben sich die Türken an den Nordwestgrenzen des Reiches wieder, und im Jahre
615 stand das Regime der Sui einer außenpolitisch radikal ver-
schlechterten Lage und gleichzeitig Revolten im Innern gegenüber. Die Gründe für die inneren Schwierigkeiten waren zunächst die übersteigerten Anforderungen an die Leistungskraft
des Volkes. Die vielen Bauten, nicht zuletzt auch die Frondienste
für die Anlage des 610 beendeten Kaiserkanals, hatten Unruhe
unter die Volksmassen gebracht. Aber noch entscheidender war,
daß der Sui-Kaiser für den Ausgleich der Lasten seiner Kriegszüge auch auf die Reichen zurückgriff und 610 eine Sonder-
steuer und Kriegskontribution von ihnen forderte, eine Maßnahme, die sich 613 wiederholte. Dieses für den chinesischen
Staat, der doch in erster Linie immer nur die Volksmassen, und
das bedeutete damals der Bauernschaft, zu Leistungen heranzog,
unerhörte Unternehmen erwies sich als Fehlschlag. Die Aristokratie Nordchinas wandte sich vom Kaiser ab, und nicht wenige
aus ihren Reihen sahen eine Chance, als Führer von Aufstands-
gruppen sich selbst an die Macht zu bringen. Der Kaiser fand
sich genötigt, aus dem Norden zu fliehen, und suchte 616 Schutz
in Chiang-tu, wo er 618 einem Mordanschlag erlag.
Die hektische Aktivität, von der die wenigen Jahrzehnte der
Sui-Herrschaft erfüllt waren, blieb nicht auf staatliche Maßnahmen und kriegerische Unternehmungen beschränkt. Auch auf
anderen Gebieten kam es zu einer Renaissance, nicht zuletzt
auf dem des so lange im Hintergrund gebliebenen Konfuzianismus. 589 wurde das konfuzianische Hofzeremoniell festgelegt, und ein Werk wie das *Yen-shih chia-hsün* (»Hausregeln
des Herrn Yen«) von Yen Chih-t'ui (531 bis etwa 601) faßte
die konfuzianischen Vorstellungen vom Familien-»Management« zusammen und wurde so zu einem wichtigen Handbuch
für die Familien der Oberschicht. Nachdem der Dynastiegründer
583 eine großangelegte Büchersammelaktion für die kaiserliche
Bibliothek eingeleitet hatte, kam es zu einer regen Editions-
tätigkeit enzyklopädischer Art. Lu Te-ming (556-627) verfaßte
ein Kompendium der konfuzianischen und taoistischen Schriften, das Florilegium *Ching-tien shih-wen* (»Erklärung der ka-

nonischen Texte«), und um 600 entstand die Enzyklopädie *Pei-t'ang shu-ch'ao* (»Exzerpte aus den Schriften der Nördlichen Halle«), ein umfangreiches Handbuch des Wissens, welches mit seinen 173 Kapiteln einen Thesaurus der vor-suizeitlichen Literatur darstellt und, wie auch das *Ching-tien shih-wen*, wegen seiner Zitate aus im ganzen verlorenen Schriften für die Philologie und Textkritik auch heute noch wichtig ist. 605 wurde das phonetische Lexikon *Ch'ieh-yün* (»Aufspaltung der Reimwörter«) beendet, mit dem die durch die Begegnung mit dem Sanskrit entstandene junge phonetische Wissenschaft eine mustergültige Leistung vollbrachte, die vom Hochstand der damaligen Sprachwissenschaft zeugt. Für die moderne Forschung sind Werke wie das *Ch'ieh-yün* unentbehrlich, da sie eine genaue lautliche Rekonstruktion des Mittelchinesischen erlauben. Der Dynastiegründer selbst war besonders an Mathematik interessiert und lud im Jahre 600 die besten Mathematiker des Reichs zu einem Rundgespräch in den Palast. In diesem Zusammenhang ist auch die Einführung eines neuen Kalendersystems zu sehen, die 597 erfolgte. So sehen wir eine Fülle von Leistungen, die sich ebenbürtig neben die der T'ang-Zeit stellen lassen — die wenigen Jahrzehnte, in denen China damals ein innerer Frieden beschieden war, hatten ausgereicht, um die schöpferischen Kräfte der chinesischen Kultur zu entbinden und eine zweite Phase des chinesischen Mittelalters, eine der Konsolidierung, heraufzuführen, die dann im Imperium der T'ang ihre gültige Ausformung fand.

II. DIE BLÜTE DES IMPERIUMS DER T'ANG

In die Wirren, welche die letzten Jahre der Sui erfüllten, hatte sich ein nordchinesischer Aristokrat, Li Yüan (566–635) eingeschaltet. Gestützt auf ihm treu ergebene Truppen, griff er von Shansi aus in den Bürgerkrieg ein, wobei er sich auch auf die Hilfe oder wohlwollende Neutralität von örtlichen Grundherren verlassen konnte. Zusammen mit seinem Sohn Li Shih-min schlug er Mitbewerber um die Macht aus dem Felde und ließ sich 618 zum Kaiser einer neuen Dynastie mit dem Namen T'ang erheben. Die Formen der Übergabe wurden gewahrt, indem ein Urenkel des Dynastiegründers der Sui als Schattenkaiser eingesetzt wurde, der dann in aller Form die Reichsinsignien an Li Yüan übergeben mußte. Der dynastische Name, unter dem Li Yüan postum in den Quellen figuriert, ist Kao-tsu (»Erhabener Ahn«), eine Namensgebung, welche nicht zufällig die gleiche ist wie die, die dem ersten Han-Kaiser zuteil wurde. Die Rolle des eine kurze Vorläuferdynastie ablösenden Imperiumsgründers war so von der Geschichte vorgezeichnet. Freilich stammte Li Yüan im Gegensatz zu Liu Pang aus vornehmem Hause, was aber nicht hinderte, daß er sich wie Liu Pang zunächst mit seinen Kampfgenossen auseinanderzusetzen hatte, die in ihm einen mehr zufällig aufgestiegenen Emporkömmling sahen. In den anarchischen ersten Jahren nach der einstweilen mehr formellen Dynastiegründung zeigte sich Kao-tsu als ein geschickter Politiker, der es verstand, die Loyalität seiner Mitkämpfer nicht zu sehr auf die Probe zu stellen. Ebenso sah er auf Disziplin der von ihm geführten Truppen und konnte, unterstützt von seinem als Heerführer ebenfalls erfolgreichen Sohn, schon in vergleichsweise kurzer Zeit Ruhe und Ordnung im ganzen Reichsgebiet wiederherstellen.[3]

Der Übergang der Herrschaft Kao-tsus an seinen Sohn Li Shih-min ging unter Umständen vor sich, die man nicht anders denn als Staatsstreich bezeichnen kann. 626 ging Li Shih-min gegen seine Brüder vor, ließ einige von ihnen im Verfolg eines Militärputsches umbringen und trat die Nachfolge seines noch lebenden Vaters an. Da sich unter den ermordeten Brüdern auch ein älterer Bruder befand, hatte Li Shih-min gegen eines der Kardinalgebote des Konfuzianismus, nämlich die Pietät gegenüber dem älteren Bruder, verstoßen. Aber sein Staatsstreich wird ihm von der Historiographie nicht sehr schwer angelastet, ja er wird als Herrscher geradezu idealisiert. Als T'ai-tsung (»Großer Ahn«) postum kanonisiert, hat Li Shih-min von 626 bis 649 regiert und durch seine Leistungen als Soldat und als Politiker Gegenwart wie Nachwelt beeindruckt. Er gehört zu den großen Herrschergestalten Chinas, unter denen das Reich nach innen und außen einen Höhepunkt der Stabilität und Macht erlangte.[4] Auch unter seinem Sohn und Nachfolger Kao-tsung (er regierte 650-683) konnte China seine imperiale Stellung ausbauen. Die Osttürken, die, wie zur Han-Zeit die Hsiung-nu, immer wieder mit Einfällen ins nordwestliche Grenzgebiet das Reich gefährdeten, waren schon durch T'ai-tsung 630 unterworfen worden. Damit war der grenznächste gefährliche Gegner ausgeschaltet und die Bahn zu weiterem Vordringen nach Innerasien frei. Zwischen 639 und 648 wurden mehrere Feldzüge in das Tarimbecken unternommen, wo die Chinesen eine Art Militärprotektorat errichteten und China erneut in direkten Kontakt mit der vorderasiatischen Welt brachten. Chinesische Vorhuten erreichten das Oxus-Gebiet und Afghanistan, doch stellte die chinesische Präsenz in Zentralasien bis zum Pamir mehr eine lose Besatzungsherrschaft dar, als daß eine Einschmelzung der neueroberten Gebiete in die Zivil- und speziell in die Provinzverfassung versucht worden wäre.

Gleichzeitig mit dem Vordringen der Chinesen nach Innerasien waren die Araber bis nach Persien vorgestoßen und hatten das Herrscherhaus der Sassaniden in Bedrängnis gebracht. Die Sassaniden hatten bereits lose diplomatische Kontakte zu den Toba-Wei unterhalten, und als die Araber in Persien erschienen, sandte der Sassanide Jazdagird III. (gest. 651) eine Bitte um Hilfe. Sein Sohn Piruz schickte 654 und 661 weitere Gesandtschaften zu Kao-tsung, doch lehnte dieser ein Eingreifen gegen die Araber ab und beschränkte sich darauf, dem persischen Prinzen einen formellen Rang als chinesischer Militärgouverneur von Chi-ling, d. i. Afghanistan, zu verleihen. Dabei blieb es, bis die Stellung von Piruz unhaltbar wurde und er 675 Zuflucht am chinesischen Kaiserhofe suchte. Dort ist er kurz nach 708 als chinesischer Staatspensionär verstorben. Währenddessen hatten sich auch die Araber bemüht, diplomatische Kontakte mit China aufzunehmen. Bereits 651 traf eine Gesandtschaft des Chalifen Othmān in Ch'ang-an ein, ohne daß sich hieraus politische Weiterungen ergaben. Erst ein halbes Jahrhundert später stießen die Araber von Persien aus weiter nach Osten vor und konnten 713 sogar kurzfristig Kaschgar in Ostturkestan erobern.

Zu den Gegnern Chinas in Innerasien gesellte sich auch bald ein Volk, welches bis dahin noch nicht weltgeschichtlich in Erscheinung getreten war: die Tibeter. Zu Anfang des 7. Jahrhunderts hatte sich in Tibet ein Königreich gebildet, dessen Herrscher sowohl mit Indien und Nepal als auch mit China in diplomatischen und kulturellen Beziehungen standen. 641 heiratete der tibetische König eine chinesische Prinzessin und wurde dadurch zum Verwandten und Alliierten der T'ang-Kaiser. Chinesische Handwerker und Mönche wurden nach Tibet eingeladen und brachten so chinesische Kultur in das Schneeland. Der tibetische Buddhismus wies in jener Zeit sowohl indische wie chinesische Einflüsse auf, doch blieb die tibetische Kultur durchaus eigenständig, von beiden großen Kulturen Asiens bereichert. Die staatliche Konsolidierung Tibets erlaubte im 8. Jahrhundert sogar die Schaffung eines Großreichs, gegen das sich die Chinesen zur Wehr zu setzen hatten. Es umfaßte außer Tibet selbst Nepal, Teile Westchinas, den Südrand des Tarimbeckens und sogar einen Zipfel Nordindiens. Die Abwehr tibetischer Einfälle führte chinesische Expeditionskorps wiederum nach Zentralasien; 747 überschritt der chinesische General Kao Hsien-chung Pamir und Hindukusch, und seine Truppen trafen 751 am Flusse Talas sogar auf arabische Vortrupps. Diese erste kriegerische Begegnung zwischen China und einer islamischen Macht war freilich keine welthistorische Entscheidungsschlacht — keine der beiden Mächte hatte damals ernstlich im Sinne, die andere in der Absicht auf dauernde Eroberungen anzugreifen.

Im Süden Chinas dagegen konnten unter den ersten T'ang-Kaisern weitere Gebiete an das Reich angeschlossen werden, wenn auch nur in loser Form. 679 ist Vietnam chinesisches Militärprotektorat geworden; die hinduisierten Staaten Hinterindiens schickten regelmäßig Gesandtschaften nach Ch'ang-an. Nur im Südwesten Chinas, der heutigen Provinz Yünnan, hielt sich ein einheimisches halbchinesisches Staatswesen, nämlich das Königreich Nan-chao, das 751 sogar ein chinesisches Heer vertreiben konnte und danach *de facto* selbständig blieb, bis in der Mitte des 13. Jahrhunderts die Mongolen seiner Eigenstaatlichkeit ein Ende bereiteten. Die Versuche der Sui, in Korea Fuß zu fassen, fanden unter den T'ang zunächst keine Fortsetzung, bis unter Kao-tsung China auch hier wieder offensiv wurde. Es kam zu einem Bündnis mit dem südkoreanischen Staat Silla gegen die beiden anderen koreanischen Staaten Paekche und Kogurye, das schließlich 668 mit der Oberherrschaft Sillas über ganz Korea der von den Chinesen unterstützten Partei den Sieg brachte. Damit hatte China an seiner Nordostgrenze einen Verbündeten gewonnen und gleichzeitig dem weiteren Vordringen chinesischer Kultur die Wege geebnet. Von Korea aus übernahm dann auch Japan, freilich friedlich, die Kultur der T'ang-Zeit — eine Entwicklung, die im Rahmen der Geschichte Japans zu schildern ist, aber deutlich die kulturelle Überlegenheit Chinas als ostasiatische Vormacht im 7. und 8. Jahrhundert anzeigt.

Wir haben damit über die Regierungsjahre Kaiser Kao-tsungs zeitlich schon hinausgegriffen, um die außenpolitische Stellung Chinas im Zusammenhang darstellen zu können, und wenden uns nun der inneren Entwicklung seit Kao-tsung zu. Schon unter seiner Herrschaft zeigte sich ein Bestreben, das wir bereits unter den Han verzeichnen konnten (S. 80 f.), nämlich der Versuch der Sippen der Kaiserinnen, auf Kosten der Kaisersippe Macht zu gewinnen. Die beherrschende Gestalt wurde nach Kao-tsungs Tod seine Witwe, die Kaiserin Wu.[5] Sie war die Tochter eines reichen Kaufmanns und hatte eine fromm-buddhistische Erziehung genossen. Bereits als junges Mädchen war sie in den Harem T'ai-tsungs aufgenommen und nach dessen Tode von seinem Sohn Kao-tsung übernommen worden, der die energische und intelligente Person 655 zu seiner Hauptgattin erhob. Als Kao-tsung starb, trat einer seiner Söhne formell die Nachfolge an, wurde jedoch auf Betreiben der Kaiserin Wu nach einigen Tagen herrscherlichen Schattendaseins auf dem Thron durch einen ebenso im Hintergrund bleibenden Bruder abgelöst, der dem Namen nach bis 690 regierte. In diesem Jahr tat die Kaiserin Wu einen Schritt, der in der gesamten chinesischen Geschichte einzig dasteht. Sie begnügte sich nicht mehr damit, einen männlichen Kaiser als Marionette auf dem Thron zu belassen, sondern ließ sich selbst auch formell zum Kaiser eigenen Rechts erheben und nahm den Titel *huang-ti* an; gleichzeitig gab sie ihrem Regime den neuen oder vielmehr altehrwürdigen Dynastienamen Chou. Von der Sippe Li vermochte niemand diesen krassen Bruch mit Herkommen und Riten zu verhindern, der zeigt, wozu chinesische Frauen fähig waren — wenn man will, als Revanche gegenüber einer patriarchalischen Gesellschafts-, Familien- und Staatsordnung, in der die Frau nichts zu sagen hatte.[6] Die Kaiserin mußte natürlich ihr Regime irgendwie auch in der Personalpolitik unterbauen und war geschickt genug, sich durch einen Minister- und Beamtenschub Anhänger zu sichern. Viele dieser *homines novi* kamen aus dem Süden Chinas, jedenfalls nicht aus der nordchinesischen Militäraristokratie, aus deren Schoß die Kaisersippe Li hervorgegangen war. Die Kaiserin blieb wie schon in jüngeren Jahren eine glühende Anhängerin des Buddhismus, förderte aber auch Taoismus und Konfuzianismus, ja, auf ihre Anregung hin entstand ein Kompendium synkretistischer Ideen, das von ihr ergebenen Höflingen verfaßt wurde. Trotz ihres reifen Alters soll die Kaiserin (sie lebte von 625 bis 705) ungeachtet ihrer buddhistischen Neigungen den Freuden der Liebe nicht abhold gewesen sein, aber einen Teil dieser Nachrichten wird man wohl tendenziösen Quellen zugute halten müssen. In der Romanliteratur lebt sie jedenfalls als ein weiblicher Wüstling fort, der sich von potenten Mönchen oder hübschen Höflingen befriedigen ließ.

Die Restauration der T'ang-Herrschaft, das heißt der Sippe Li, konnte erst nach dem Tode der Kaiserin im Jahre 705 stattfinden. Damit war ein Zwischenakt abgeschlossen, der zwar ohne nachhaltige Folgen blieb, aber darum doch historisch von Interesse ist, weil er wenigstens in Ansätzen Möglichkeiten aufzeigte, die bislang unangefochtene Geltung des patrilinearen und patriarchalischen Prinzips in ihr Gegenteil zu verkehren. Die Rückkehr der T'ang-Sippe auf den Thron war dadurch erleichtert worden, daß trotz der manchmal exzentrischen Regierungshandlungen der Kaiserin die Verwaltungs- und Militärstruktur des Reiches im wesentlichen nicht gelitten hatte. 710 kam es erneut zu dem Versuch einer Kaiserin, nach dem Beispiel der Kaiserin Wu den Li die Herrschaft zu entreißen, aber nach einem Massaker mittleren Ausmaßes konnte dieser durch den T'ang-Prinzen Li Lung-chi im Keim erstickt werden. 712 wurde der Prinz zum Kaiser erhoben und regierte unter dem Namen Ming-huang (postum Hsüan-tsung) von 712 bis 756.

Seine Herrschaft gilt allgemein als der zivilisatorische Höhepunkt der T'ang-Zeit. Hierzu trug bei, daß der Kaiser selbst den Künsten zugetan war. Er zog Gelehrte und Dichter an seinen

Hof und bevorzugte, allgemein gesprochen, die Intellektuellen, die durch die Examina in die Ämterlaufbahn gelangt waren, vor den Aristokraten des Nordens. Als Protektor des literarisch gebildeten Beamtentums tat sich der Kanzler Chang Chiu-ling (673-740) hervor, der selbst ein bedeutender Dichter war und als Mann des Südens (er stammte aus Kanton) dazu neigte, seine Landsleute zu bevorzugen. Sein Nachfolger Li Lin-fu leitete von 736 bis 752 die Reichspolitik. Er drängte den Einfluß der Literaten-Beamten zurück, was ihn das Wohlwollen der Historiker kostete, die selbst dem gebildeten Beamtentum zugehörten. Sie schrieben ihm das Versagen der Institutionen zu, das sich allmählich abzuzeichnen begann, wohl zu Unrecht, denn die Gründe lagen tiefer als nur in der Personalpolitik des Hofes. Ebenso ist es wohl unbegründet, einer *femme fatale*, der kaiserlichen Konkubine Yang Kuei-fei, die Schuld an der Katastrophe zuzuschreiben, die unter Hsüan-tsungs Regierung das Reich bis in seine Grundfesten erschütterte. Die im Aufstand des An Lu-shan kulminierende verhängnisvolle Entwicklung war vielmehr die Kehr- und Schattenseite gerade desjenigen Faktors, der die Weltmachtstellung des T'ang-Reiches begründet hatte, nämlich der Militarisierung der gesamten Staatsstruktur in den Provinzen, besonders denen des Grenzlandes.

III. WIRTSCHAFT UND VERWALTUNG

a) Die wirtschaftlichen Grundlagen des Reiches

Die Erneuerung des Reiches unter den Sui und T'ang war zunächst eine rein politische Leistung. Der spezifisch chinesische Kosmopolitismus der Oberschicht, der einen ethnisch bestimmten Nationalismus weitgehend vermissen läßt, findet in den historischen Quellen zur Wiedervereinigung sichtbaren Ausdruck: sie preisen vornehmlich die vollkommen wiederhergestellte Legitimität der Herrschaft, kaum jedoch die Abschüttlung fremden Jochs. Dafür waren die barbarischen Regimes zu sehr in den Bannkreis der chinesischen Zivilisation gezogen worden; sie hatten, gewiß zu ihrem Vorteil, nur behutsam und nur so weit in die chinesische Sozial- und Wirtschaftsstruktur eingegriffen, wie es der Sicherung ihrer Interessen dienlich war. Man muß vielmehr feststellen, daß in den Grundlagen von Politik und Ökonomie, also der Rechtsprechung wie der Landwirtschaft, die Dynastien der Sui und T'ang das kontinuierlich fortentwickelten, was sie als Erbe übernommen hatten. Erst nach einem Jahrhundert sprengten die gesamt-gesellschaftlichen Entwicklungen den Rahmen der Institutionen, obwohl diese außer-

ordentlich differenziert organisiert, elastisch und anpassungs-
fähig waren.

Die Parallelität, die, wie bereits herausgestellt, die Geschichte
der Dynastien Han und T'ang kennzeichnet, ist jedoch nicht nur
auf den äußeren Anschein beschränkt. Unter beider Herrschaft
begann nach der Phase der Konsolidierung eine überaus erfolg-
reiche militärische und kolonisatorische Expansion, und in beiden Fällen konnten die inneren sozialen Prozesse damit zwar
nicht aufgehalten werden, doch führten die in ihnen aufbrechen-
den Widersprüche zunächst zu keinen ernsthaften Konflikten.

Am deutlichsten fand die Festigung der bestehenden Sozialordnung unter den Sui und T'ang in der Agrarpolitik ihren
Niederschlag, die das von den Toba-Wei begründete und von
den nördlichen Dynastien Ch'i und Chou aufgegriffene System
der »gleichmäßigen Feldverteilung« (chün-t'ien) in modifizier-
ter Form weiter praktizierte. Die Richtlinien über dessen Anwendung unterschieden sich unter den Sui und T'ang nur geringfügig; wir wollen sie hier anhand der Statuten von 624
darstellen.[7] Danach standen zu: jedem männlichen Erwachsenen zwischen 18 und 60 Jahren 100 mou, wovon 80 mou persönlicher, beim Tode an den Staat zurückgehender Anteil (k'ou-
fen t'ien) waren und die restlichen 20 mou vererbbarer Besitz
(shih-yeh); jedem alten Mann von über 60 Jahren, ferner Kör-
perbehinderten oder sonstwie nicht voll Arbeitsfähigen 40 mou,
aber ausschließlich ad personam, genauso wie die 30 mou für
die verwitweten Frauen.

Die Bearbeitung des Erblandes wurde insofern eingeschränkt,
als auf diesem innerhalb von drei Jahren nach der Zuteilung
jeweils fünfzig Maulbeerbäume gepflanzt werden mußten,[8]
weshalb man das Erbland auch »Maulbeerland« (sang-t'ien)
nannte. In einigen Gebieten des Nordwestens und im Süden
wurde anstelle der Maulbeerbäume Hanf angebaut (danach die
Bezeichnung »Hanfland«, ma-t'ien). Alle diese Bestimmungen
erlangten Gültigkeit nur dort, wo genügend bebaufähiges Land
vorhanden war; Handwerker und Kaufleute, denen im Nor-
malfall die Hälfte der Zuteilung zustand, erhielten in den Regionen mit Mangel an freiem Land überhaupt nichts.

Das Problem, ob und in welchem Umfange die Agrargesetze
auch in der Praxis verwirklicht worden sind, ist mehrfach er-
örtert worden. Es liegt auf der Hand, daß im Gegensatz zum
Buchstaben der Gesetze ihre Durchführung nur auf indirektem
Wege, in Berichten über korrekte Beamte zum Beispiel, die
Mißstände abschafften, in Throneingaben solcher pflichtbewußter Männer usw. den Quellen zu entnehmen ist. Dabei genügt
es aber schon, die Richtlinien für das Erbland des Adels und der
Beamten zu betrachten, die die unterste Grenze mit 60 mou für

die niederen Beamtenränge und die oberste mit 100 *ch'ing*, also 10 000 *mou*, für Prinzen kaiserlichen Geblüts festsetzten, um zu begreifen, wie wenig dem Volk mit diesen Maßnahmen geholfen war. Berücksichtigt man zudem, daß ja schon anderthalb Jahrhunderte lang die Gesetze in ihren Grundzügen in Kraft waren, die etwa unter der nördlichen Ch'i-Dynastie (550-577) den Prinzen die entsprechende Landmenge für bis zu 300 Sklaven zusätzlich zuschanzten, dann wird offensichtlich, daß auch auf legale Weise die Bildung von Großgrundbesitz vonstatten gehen konnte. In der dichtbesiedelten Provinz Kuan-chung (heutiges Nord-Shensi, Süd-Suiyüan, Ost-Kansu) und im Gebiet um die Hauptstadt Ch'ang-an, wo viele Adlige und Beamte ansässig waren, vermochte man deshalb nur 30 *mou* pro männlichen Erwachsenen zu vergeben.

So groß der Spielraum für den Großgrundbesitz innerhalb der Legalität demnach war, so wurde er fraglos weiter ausgedehnt, indem man die Gesetze umging, auch offen gegen sie verstieß. Die häufigste Methode bestand dabei wohl im erzwungenen Landverkauf. Der Tausch und vor allem der Verkauf von Land waren zwar strengen Restriktionen unterworfen worden, doch lockerte man unter den T'ang die einschlägigen Bestimmungen in gewissem Umfang, was vor dem Hintergrund des staatlich geförderten Konfuzianismus zum Teil als nicht ganz frei von Zynismus erscheint, wenn etwa den Armen gestattet wurde, Erbland zu verkaufen, um die teuren Bestattungskosten, die der Konfuzianismus praktisch erzwang, bestreiten zu können! Erleichtert wurden die Mißbräuche dadurch, daß die Behördenapparate in den Kreisen, wo man die Personenstandsregister führte, im allgemeinen viel zu klein waren und man die Aufgabe auf die Dorfschulzen abwälzte, welche oft den ortsansässigen Großgrundbesitzern willfahrten, ganz abgesehen davon, daß die Beamten ihrerseits sich zu bereichern trachteten. Die Kaiser machten hierin keine Ausnahme, wenn sie Günstlinge mit Liegenschaften ausstatteten.

Aber noch andere Faktoren beschleunigten den fortschreitenden Enteignungsprozeß der bäuerlichen Kleinbesitzer. Da waren zum einen die taoistischen und besonders die buddhistischen Klöster, die den Grundstein zu ihrer Prosperität während der Zeit der Spaltung unter den Fremdherrschaften gelegt hatten, als ihnen vielfältige Unterstützung und Begünstigung zuteil geworden waren. Nicht nur wurden die Mönche und Nonnen in die Landzuteilung einbezogen (sie erhielten je 30 bzw. 20 *mou*), auch private Schenkungen vergrößerten den Reichtum der Klöster, so daß wir sie in ökonomischer Hinsicht schließlich als eine neue Kategorie von Latifundienbesitzern vorfinden. Zum anderen wies die Regierung den hauptstädtischen und den Provinzbehörden sogenanntes Amtsland (*kung-chieh-t'ien*) und Dienstland (*chih-t'ien*) zu. Ersteres diente mit seinen Erträgen der Bestreitung öffentlicher Ausgaben, letzteres wurde zur privaten Nutzung an die Beamten vergeben, und zwar in der Größenordnung abgestuft nach dem jeweiligen Beamtenrang und nur für die Zeit der Diensttätigkeit im betreffenden Verwaltungsbereich. Die Bearbeitung dieser Ländereien erfolgte durch Pächter, die sich vornehmlich aus wandernden, wohl auch vagabundierenden Bauern rekrutierten. An solchen herrschte kein Mangel. Seit der Han-Zeit war die Wanderungsbewegung nicht zum Stillstand gekommen, und der große Treck nach dem Süden nahm unter den T'ang gewaltige Ausmaße an. Entfielen im Jahre 609 noch 73,5 % der Gesamtbevölkerung des Reiches auf die nördlichen Provinzen, waren es 742 nur mehr 53 %. Dabei sind in den Vergleichswerten nur die Zahlen der von den Registern erfaßten Haushalte enthalten, wozu noch eine nicht genau zu bestimmende Menge illegaler Siedler kommt, von Landstreichern gar nicht zu reden.

Die Attraktivität des Südens ging nicht bloß vom Neuland aus; das Aufblühen des Handels und die Entwicklung des Bergbaus in den südlichen Provinzen erweckten die Hoffnung auf neue Existenzmöglichkeiten. Dazu gab es Zwangsumsiedlungen größten Stils, so, als 691 mehrere hunderttausend Familien vom Gebiet um Ch'ang-an in die Umgebung von Lo-yang gebracht wurden. Daß es nicht so bald zu gewaltsamen sozialen Konflikten und Aufständen kam, ist wahrscheinlich einzig auf die anhaltende Kolonisation im Süden, aber auch in Zentralasien zurückzuführen. Die originalen Haushaltsregister, die unter den Funden aus Tun-huang und Turfan waren, bezeugen, daß das *chün-t'ien*-System in diesen zentralasiatischen Kolonialgebieten offensichtlich bis weit in die zweite Hälfte des 8. Jahrhunderts bestanden hat.

Die Steuerlasten, die die Pächter-Bauern zu tragen hatten, waren dreifacher Natur. Sie umfaßten die Grundsteuer, Abgaben und Fronden. In dieser Beziehung waren ebenfalls die Dynastien Toba-Wei und Sui das Vorbild gewesen. Das gesamte System der direkten und indirekten Besteuerung war auch jetzt noch vorwiegend naturalwirtschaftlich ausgerichtet. Die Grundsteuer und die Abgaben (Getreide, Rohseide, Hanf usw.) pro Jahr entsprachen ungefähr einem Gegenwert von zusammen 30 Arbeitstagen. Die jährliche Fronarbeit war auf 20 Tage festgesetzt; sie konnte durch Sonderfronden für Bauten aller Art erhöht werden, sollte im allgemeinen aber 50 Tage nicht überschreiten. Bei Naturkatastrophen gewährte man den davon Betroffenen Nachlässe.

Vornehmlich in den nördlichen Grenzprovinzen finden wir

auch wieder, wie schon zur Han-Zeit, die Ackerbaukolonien (*ying-t'ien*), die zum Teil eine Größe von über 50 *ch'ing* hatten. Der Staat wies ihnen nicht nur Arbeitskräfte, oft aufgegriffene Vagabunden, zu, er stellte auch das Saatgut (meistens wurde dort Hirse angebaut) sowie Gerätschaften zur Verfügung. Hervorzuheben ist jedoch, daß die Mitglieder der staatlich geleiteten und überwachten Ackerbaukolonien keineswegs einen Status wie Leibeigene hatten und auch keine Staatssklaven waren.

Wenn wir die Agrarverfassung Chinas in dieser Periode in ihrer Gesamtheit überblicken, zeichnen sich zwei Grundtendenzen ab: das Anwachsen und die Konzentrierung des Privateigentums an Grund und Boden, verbunden mit dessen allmählicher juristischer Legalisierung, auf der einen Seite, und das Verschwinden der Leibeigenschaft auf der anderen. Balázs zog daraus die Folgerung vom endgültigen Zerfall des Feudalismus in China.[9] Ohne hier theoretische Überlegungen anstellen oder terminologische Fragen überstrapazieren zu wollen, scheint es uns doch angebracht, diese Feststellung einzuschränken. Freilich wurden von den Kaisern keine Lehen mit den an sie gebundenen Rechten und Pflichten mehr vergeben, sondern nur Pfründen und Apanagen zu persönlichem Nießbrauch; aber der ökonomische Aspekt im Begriff des Feudalismus deckt sich gleichwohl noch mit vielen Bereichen der wirtschaftlichen Gegebenheiten dieser Zeit: noch wurde weitgehend der Boden bearbeitet und wurden dessen Produkte vereinnahmt, indem man Rechte über die Produzenten ausübte, und diese Rechte, das halten wir für ausschlaggebend, waren rein politischer und nicht ökonomischer Natur. Was diesem Problem seine Bedeutung verleiht und weshalb wir es kurz aufgeworfen haben, ist, daß die aus diesen ökonomischen Verhältnissen abzuleitenden Bewußtseinsformen des Bauernvolkes durchaus feudalistisch geprägt blieben und daß dadurch diese Klasse auch späterhin in ihren Kämpfen zur Niederlage verurteilt blieb, weil sie so nicht zu einer alternativen politischen Zielsetzung finden konnte.

Wir entnehmen den Quellen deshalb auch, daß es nicht die Bauern waren, die sich gegen die in wachsender Zahl errichteten Wassermühlen zur Wehr setzten. Es waren die Großgrundbesitzer, die um die Bewässerung ihrer Felder fürchteten, da diesen von den Mühlen das Wasser entzogen wurde, und es waren Beamte, natürlich selbst von den Folgen Betroffene, die sich zum Wortführer einer massiven Protestbewegung machten.[10] Die Erfindung und der erste Bau von Wassermühlen lagen wahrscheinlich schon zwei bis drei Jahrhunderte zurück, aber erst unter der T'ang-Dynastie wurden sie zu einem wirtschaftlich gewichtigen Faktor. Selbst Mitglieder des Kaiserhauses investierten in die neue Industrie und zogen daraus Profit. So stür-

Abb. 5: Tretrad für Bewässerungsanlage; nach einer Darstellung aus dem 17. Jahrhundert

misch deren Aufschwung jedoch war, so jäh kam er zum Erliegen. Den Protesten mußte stattgegeben und die meisten Mühlen mußten wieder abgerissen werden. Es ist dies ein interessantes Beispiel dafür, wie eine sozial-ökonomische Ordnung eine technologische Entwicklung vereiteln bzw. für lange Zeit aufhalten kann.

Zu einem bedeutenden Produktionszweig wurde auch die Weberei, die im Gebiet der heutigen Provinzen Ssuch'uan und Hopei ihre Zentren hatte. Neben den Werkstätten, die ausschließlich für den Bedarf des Hofes arbeiteten, gab es Manufakturen von Privatunternehmern, die oft eine beachtliche Größe erreichten und mehrere hundert Webstühle vereinigten. Einen nicht minder starken Aufschwung nahm das Bergbauwesen. Die Zahl der Metallerze fördernden Bergwerke stieg auf über 150 an, besonders die Menge des gewonnenen Kupfers vervielfachte sich in jeweils einigen Jahrzehnten, da der Bedarf für die Münzprägung rasch wuchs. Aber auch das Silber und das Gold gewannen mehr und mehr Bedeutung für Handel und Wirtschaft. Den steigenden Anforderungen mußte das Transportwesen gerecht werden. Hier fiel der Binnenschiffahrt die Schlüsselrolle zu. Daß die an sich schon günstigen Naturbedingungen, wie sie mit den verschiedenen Flußsystemen gegeben waren, nicht ausreichten, hatte man früh erkannt. So hatten die Sui gewaltige Anstrengungen zum Ausbau des Großen Kanals gemacht, und in Yang-chou, wo der Kaiserkanal in den Yangtse mündet, entstand nunmehr eine ganze Schiffsbauindustrie.

Wir wollen an dieser Stelle die Darstellung des Wirtschaftslebens zunächst abschließen, um sie in Abschnitt IV wiederaufzugreifen, denn die ökonomische Politik von der zweiten Hälfte des 8. Jahrhunderts an wurde durch die Rebellion An Lu-shans (755) und die ihr folgenden Wirren stark beeinflußt.

b) Zivil- und Militärverwaltung

Aller Glanz, in den für die Chinesen späterer Jahrhunderte die T'ang-Zeit getaucht erscheint, fällt auf die großen künstlerischen Hervorbringungen, vornehmlich die Dichtungen dieser Epoche und ihre Schöpfer. Darüber vergaß man leicht die nicht minder erstaunlichen Leistungen, mit denen die Fundamente der T'ang-Gesellschaft befestigt worden waren und über denen sich eine solche Blüte geistiger Kultur erhob. Und noch ein Weiteres ist bemerkenswert: es bleibt verborgen, welche Kraftquellen es waren, aus denen die chinesische Gesellschaft gespeist wurde, um im Verlauf eines Jahrhunderts dem Reiche eine Verwaltungsstruktur zu geben, die in ihren Grundzügen sich bis in die

Moderne erhalten sollte. Denn keine neue Klasse betrat die historische Szene, keine Revolution beseitigte alte Barrieren, keine neuen Ideen und Leitbilder lassen etwa bisher verdeckte Antriebe hervortreten. Wir erkennen vielmehr nur Evolutionen, allenthalben kontinuierliches Fortsetzen von schon Begonnenem, ohne Unterschied, ob dies fremden oder eigenen Ursprungs war.

Als die augenfälligsten Merkmale des neuen Verwaltungsaufbaus[11] erscheinen uns die Differenzierung innerhalb der Gewalten und Funktionen und, als sicher beabsichtigte Folge davon, die Balance der verschiedenen Machtgruppen. Dem Range nach die höchste Stellung hinter dem Kaiser an der Spitze nahmen die drei kaiserlichen »Lehrer« (san-shih) und die drei »Herzöge« (san-kung) ein. Sie gehörten der ersten von neun Rangklassen an, in die die gesamte Beamtenhierarchie gegliedert war[12] und die nicht mit den durch die Titel bezeichneten tatsächlich ausgeübten Funktionen verwechselt werden dürfen. Die san-shih und san-kung hatten nicht genau zu definierende Aufgaben, die vorwiegend beratender Natur waren. Sie und die jeweils zwei Präsidenten der drei Regierungsabteilungen führten den Titel von Kanzlern (tsai-hsiang) und bildeten eine Art Kronrat.

Von den drei Regierungsabteilungen (san-sheng) war die größte die Staatskanzlei (shang-shu-sheng), geleitet von einem Ersten und Zweiten Präsidenten (tso-yu-p'u-yeh). Ihr waren die sechs Ministerien (liu-pu) unterstellt. Das Beamtenministerium (li-pu) hatte alle Ernennungen oder Absetzungen von Beamten unterhalb der sechsten Rangklasse selbständig vorzunehmen; Beamte oberhalb dieser Stufe durfte es nur vorschlagen, deren personeller Einsatz blieb dem Kaiser vorbehalten. In die Zuständigkeit des Beamtenministeriums fiel ferner die Aufsicht über die unteren Examina, schließlich hatte es noch die Funktion eines Schatzamts und betreute auch die öffentlichen Getreidespeicher. Das Finanzministerium (hu-pu) war eines der wichtigsten, da es für die Personenstandsregister, damit also für die Volkszählungen, die die Grundlage für die Besteuerung bildeten, verantwortlich zeichnete. Die wörtliche Übersetzung von hu-pu drückt diese Funktion aus: »Abteilung für die Haushalte.« Der rein konfuzianische Charakter der höchsten Staatsprüfungen macht es verständlich, daß sie vom Ritenministerium (li-pu) geleitet wurden. Neben seinen Aufgaben im engeren Sinne, die in der Ausrichtung der kaiserlichen Opferhandlungen, der Betreuung der Opfergaben und der Regelung des gesamten Ritenwesens bestanden, übte es mit der Versorgung der Staatsgäste, also der Gesandten fremder Staaten, auch gewisse außenpolitische Funktionen aus. Dem Heeresministerium (ping-

pu) oblag nicht nur die Personalpolitik des Offizierskorps, es war auch für die Produktion der Kriegsgeräte, die Verwaltung der Waffendepots und Verpflegungsmagazine, d. h. praktisch für die gesamte Versorgung der Armeen verantwortlich und hatte damit eine nicht unbeträchtliche Bedeutung für die Wirtschaft des Landes. Eine seiner Abteilungen beschäftigte sich mit den speziellen Problemen der Verteidigung, wozu vor allem die Herstellung von Landkarten gehörte. Das Justizministerium (*hsing-pu*) war gleichzeitig oberste Polizeibehörde, die unter anderem — und das ist wohl eine alte chinesische Gepflogenheit — die Fremden sehr sorgsam und ständig überwachte und kontrollierte. Da die lokalen Verwaltungen selbständig gerichtliche Funktionen wahrnahmen, war das Justizministerium in der praktischen Rechtsprechung letzte und Berufungsinstanz. In sein Ressort fiel schließlich die Aufsicht über die Staatssklaven. Mit dem Ministerium für öffentliche Arbeiten (*kung-pu*) finden wir eine weitere Institution vor, der große wirtschaftliche Bedeutung zukam. Es sorgte für den Bau von Straßen und Palästen (bevorzugt natürlich in den beiden Hauptstädten Ch'ang-an und Lo-yang), aber auch für die Errichtung von Befestigungen und die Anlage wie Verwaltung der Militärkolonien in den Grenzgebieten des Reichs. Ihm unterstanden ferner die kaiserlichen Forsten und Jagden, und eine seiner Abteilungen, das Wasseramt, plante und organisierte die überregionalen Kanalbauten; schließlich betrieb es die Instandhaltung der Transportwasserwege, die nicht mit den Bewässerungssystemen verwechselt werden dürfen, für die die örtlichen Administrationen verantwortlich waren.

Die zweite Regierungsabteilung war die Kaiserliche Kanzlei (*men-hsia-sheng*) unter zwei Präsidenten (*chih-chung*). Ihre Funktion war nicht in allen Details scharf abgegrenzt. Mit ihren Ratgebern und Hofchronisten unterstützte sie den Kaiser bei den Audienzen und rituellen Zeremonien. Im ganzen gesehen waren ihre Aufgaben eng mit denen der dritten Abteilung koordiniert, denn während bei ihr alle Berichte und Memoranden eingingen, war jene, das Kaiserliche Sekretariat (*chung-shu-sheng*), für die Redigierung der herrscherlichen Erlasse und Edikte zuständig. Dem Kaiserlichen Sekretariat waren ferner eine Palastbibliothek und das Amt für Geschichtsschreibung (*shih-kuan*) eingegliedert.

Die wichtigste Neuerung unter den Institutionen stellte das Zensorat (*yü-shih-t'ai*) dar. Unter einem Präsidenten und zwei Vizepräsidenten beaufsichtigten 6 Zensoren die hauptstädtischen Ämter, 9 allein den Palastbezirk, und 15 Inspektionszensoren widmeten sich der Kontrolle der Provinzbehörden. Ihre Aktivität war wesentlich nicht auf die Überwachung der unmittelbaren bürokratischen Tätigkeiten gerichtet, sondern galt eindeutig der politisch-moralischen Überprüfung der Amtsträger, auch wenn die Zensoren über die Einhaltung der Vorschriften für das Rechnungswesen und über die Verwendung der öffentlichen Mittel überhaupt wachten. Ein Anflug von Inquisition umgab diese einflußreiche Instanz.

Für die Bedürfnisse des Kaisers und seiner Familie, in der der Thronfolger eine Sonderstellung einnahm, sorgten der allgemeinen Administration nicht eingegliederte Ämter. Außer dem Kaiserlichen Haushaltsamt und dem Inneren Palastamt, das, mit Eunuchen besetzt, den Harem betreute, gab es noch die neun Büros, in deren Zuständigkeit folgende Aufgabenbereiche fielen: die Staatsopfer, wozu Divination, Musik, Opfertiere und Kleidung gehörten, Erhaltung der Tempel, der kaiserlichen Ahnenhalle und Grabanlagen, Bankette, Genealogie des Kaiserhauses, Empfänge und Audienzen bei Hofe, der Wagenpark und das Gestüt, der oberste Palastrechtshof, die kaiserliche Schatzkammer mit ihren Kunstschätzen sowie die Vermögensverwaltung des Herrschers.

Die Struktur der Provinzialverwaltungen übernahmen die T'ang von den Sui. Die Zentren der lokalen Administrationen waren nicht die Provinzen (*tao*), deren Zahl anfänglich 10 betrug, dann aber auf über 15 erhöht wurde, und die eigentlich nur Inspektionseinheiten darstellten, sondern die Präfekturen (*chou*), von denen es Mitte des 8. Jahrhunderts 328 gab, wenn man einige Grenzregionen, die nicht vorwiegend chinesisch besiedelt waren, ausklammert. Jede Präfektur konnte bis zu 5 Landkreise (*hsien*) umfassen, im angegebenen Zeitraum waren es insgesamt 1573. Der administrative Instanzenzug ging dabei von den Landkreisen zu den Präfekturen, von dort aber im allgemeinen direkt zur Zentrale. Die kaiserlichen Inspektoren oder Kommissare hatten zunächst nur gelegentliche Befugnisse. Das änderte sich während der Regierungszeit von Kaiser Hsüantsung, als auch die militärischen Verwaltungseinheiten eine wichtige Rolle zu spielen begannen. Vornehmlich an den Grenzen hatte man nämlich Militärbezirke eingerichtet, Generalgouvernements (*tu-tu-fu*) und Generalprotektorate (*tu-hu-fu*) (letztere in Kolonialgebieten), deren Befehlshaber (*tu-tu* bzw. *tu-hu*) auch die dortigen Zivilbeamten leiteten. Seit 711 trat dazu eine neue Kategorie unter der Aufsicht von Militärgouverneuren (*chieh-tu-shih*), Bezirke, welche allmählich auch die inneren Landesteile überzogen und die zivilen Verwaltungen mehr und mehr überlagerten. Die *chieh-tu-shih* hatten gegenüber den Zivilbeamten einen gewaltigen Vorteil, insofern sie nicht wie diese alle paar Jahre ausgewechselt wurden und überdies direkte Repräsentanten kaiserlicher Gewalt waren. Dank ihrer Vollmachten konnten sie die Einnahmen aus dem zivilen Sektor nach eigenem Belieben verwenden, und nachdem sie einmal faktische Unabhängigkeit erlangt hatten, machten sie rücksichtslos davon Gebrauch — zu ihrem persönlichen Vorteil und zum Schaden des Reichs, das schließlich darüber zerbrechen sollte.

Dabei war ursprünglich auch der Aufbau des Heeres unter dem Gesichtspunkt erfolgt, keine zu große Machtkonzentration einer Gruppe zu ermöglichen. Folglich hatte man zwei organisatorisch selbständige Heere gebildet: die 16 Kaiserlichen Garden oder Süd-Armee und die 8 Korps der sogenannten Nord-Armee. Sie setzten sich aus Milizen zusammen, also aus zum Wehrdienst verpflichteten Bauern. Das System der Milizen (*fu-ping*, wörtl. »Bezirkstruppen«) war in dieser Form schon im 6. Jahrhundert aufgekommen; zu ihnen wurden Männer zwischen 20 und 60 Jahren eingezogen. Die Hauptverbände bildeten Abteilungen von 800, 1000 und 1200 Mann. Dieses Heer erwies sich aber den Belastungen der großen Feldzüge nicht gewachsen, nicht zuletzt deshalb, weil sich die Bauern häufig dem Militärdienst zu entziehen trachteten. Auf Vorschlag von Chang Yüeh begann man darum seit 722, die Milizen durch ein Berufsheer (*ch'ang-ts'ung su-wei*, »stehendes Gardekorps«) zu ersetzen, das in der ersten Phase dieser Entwicklung auf 120 000 Mann gebracht wurde, dann aber rasch und erheblich an Mannschaftsstärke zunahm. Stationiert waren die Söldnertruppen zunächst in der Hauptstadt und deren Umgebung, bis sie mit dem Aufstieg der *chieh-tu-shih* größtenteils an die Grenzen verlegt wurden. Nicht ohne Bedeutung für ihre Verfassung war auch, daß man in steigendem Maße Nicht-Chinesen für sie rekrutierte. Wie gering die Loyalität dieser Truppe war, zeigte sich nur zu bald.

Nicht minder imponierend als der Aufbau des Verwaltungsapparats war die Institutionalisierung des Ausbildungswesens, welche garantierte, daß jener kontinuierlich und mit einer homogenen Schicht von Funktionären beschickt werden konnte. Um die Erfassung befähigten Beamtennachwuchses auf eine breite Grundlage zu stellen, wurden überall in den Provinzen bis hinab zu den Landkreisen Schulen eingerichtet. Die erfolgreichen Absolventen derselben konnten sich um die Zulassung an den beiden »Universitäten«[13] in Ch'ang-an und Lo-yang bewerben. Selbstverständlich aber stellten die größten Kontingente die meist hauptstädtischen Familien des Adels und der hohen Beamtenschaft.

Die beiden Universitäten waren gleich strukturiert, nur verfügte diejenige in Ch'ang-an über beträchtlichere Studentenquoten. Jede der beiden Universitäten setzte sich aus sechs voneinander unabhängigen Fakultäten zusammen.[14] Es waren dies

1. Die Prinzenakademie (*kuo-tzu-chien*). Sie war den Söhnen des Adels und der obersten Beamten reserviert. Ihre Studentenzahl soll in Ch'ang-an ziemlich hoch gewesen sein (in Lo-yang nur 15). Ihre Lehrer mußten mindestens in der 4. Rangklasse stehen.

2. Die Hochschule (*t'ai-hsüeh*), an deren Studenten die gleichen gesellschaftlichen Anforderungen gestellt wurden wie an die der *kuo-tzu-chien*.

3. Das Kolleg der vier Pforten (*ssu-men-kuan*), an dem zwei Drittel der Studentenschaft aus unteren Beamtenfamilien sowie nichtbeamteten Schichten stammen durften.

4. Die Sektion für Recht (*lü-hsüeh*).

5. Die Sektion für Kalligraphie (*shu-hsüeh*).

6. Die Sektion für Mathematik (*suan-hsüeh*).

An den drei fachlich orientierten Sektionen studierten vermutlich vorwiegend die Söhne aus dem »Mittelstand«. Die Studenten waren, wenn sie in die Universität aufgenommen wurden, in der Regel zwischen 14 und 19 Jahre alt. Dem sozialen Status entsprachen auch die Lehr- und Prüfungsstoffe. Grundprinzip dafür war, daß sich die Studenten in den Sektionen 4 bis 6 der Fachausbildung unterzogen, während die Privilegierten an den ersten drei Fakultäten ausschließlich Literatur, Philosophie und vor allem die konfuzianischen Klassiker studierten. Dieses Prinzip war sehr sinnvoll, denn es kam darauf an, eine homogene, sich weltanschaulich und politisch auf gleicher Basis findende Führungselite heranzuziehen, die alle entscheidenden Posten besetzen konnte und innerhalb dieser austauschbar war. Es ist dasselbe Prinzip, das in modernen Regierungen den Gegensatz zwischen Minister und Staatssekretär bestimmt.

Der höchste Grad, den man erwerben konnte, war der eines *chin-shih*, welcher seinem Träger die Beamtenkarriere eröffnete (er wurde schon um 606 von den Sui eingeführt). Allerdings muß festgehalten werden, daß der Examensweg nicht der einzige war, der zu Amt und Würden führte. Interessant dabei ist aber, daß die Ausnahmen in Gestalt allerhöchster Protektion gesetzlich verankert waren. Ergänzend soll noch bemerkt werden, daß unser Überblick das Schulsystem der T'ang-Zeit keineswegs erschöpfend darstellt. So gab es beispielsweise noch eine Reihe von gelehrten Instituten im Zusammenhang mit den Bibliotheken; um 740 wurde ein Kolleg für taoistische Studien gegründet, und auch die Medizin (Lehre von den Krankheiten, Akupunktur, Massage, Exorzismus) wurde schon gelehrt.

So, wie der Verwaltungsaufbau und das Examenssystem in ihren unter den T'ang geprägten Grundzügen die Jahrhunderte überdauert haben, wurde auch die Gesetzgebung dieser Epoche vorbildlich für die nachfolgenden Dynastien. Und hier wie dort erkennen wir als schöpferische Periode die ersten Jahrzehnte der Herrschaft. Es muß jedoch die Einschränkung gemacht werden, daß dieses Faktum vielleicht nur deshalb in solcher Bedeutung erscheint, weil der T'ang-Kodex der erste chinesische Kodex ist, der vollständig erhalten geblieben ist. Denn nachweislich knüpfen Gesetzgebung und Rechtsprechung unter den T'ang an Formen an, die bereits zur Zeit der Reichsteilung und der Sui entwickelt worden waren, auch ist die Kontinuität gerade innerhalb der Rechtssphäre nicht zu übersehen. Außer dem eigentlichen T'ang-Kodex, der uns unter dem Titel *T'ang-lü shu-i* (»Gesetzbuch der T'ang mit Kommentar«) in der Redaktion von 653 vorliegt, haben wir noch weitere Rechtsquellen, von denen das Handbuch der staatlichen Behörden (*T'ang liu-tien*), das zwischen 722 und 739 kompiliert wurde, besonders aufschlußreich ist. Nach wie vor war das chinesische Recht überwiegend Strafrecht, doch unter dem Eindruck der Institutionalisierung wurden jetzt auch staatsrechtliche Normen konzipiert, entstanden erste Umrisse eines Beamtenrechts. Dazu machte die juristische Formalisierung gewisse Fortschritte. So trennte man die Gesetzgebungsakte nach dem Gesetzbuch (*lü*), den Gesetzen (*ling*), den Dekreten (*ko*) und den Regulationen (*shih*).[15] Noch immer aber war das Problem, inwieweit der Kaiser und die führende Beamtenelite an das Gesetz gebunden waren, aktuell. Immerhin gab es mit dem Justizministerium und dem Palastrechtshof oberste Rechtsinstanzen, doch war der Kaiser ihnen gegenüber weisunggebend, und auch der Umstand, daß die praktische Rechtsprechung noch immer von den Präfekturbehörden ausgeübt wurde, schränkte die Autonomie des Rechts stark ein.

IV. DER ZUSAMMENBRUCH DER INSTITUTIONEN UND DER NIEDERGANG DER T'ANG

Die Kräfte, deren Zusammenwirken das T'ang-Reich gefährdete und denen es schließlich erlag, waren sozialer und politischer Natur. Die glänzende Machtentfaltung der T'ang war nur dadurch ermöglicht worden, daß diese bewußt die Basis der herrschenden Schichten erweitert und die Vergrößerung ihres sozialen Fundaments mit Hilfe der Institutionen abgesichert hatten. Die Rolle des Adels war aber noch keineswegs ausgespielt. Dieser gewann vielmehr an Prestige, da die emporstrebenden Grundeigentümer nicht nur auf den Erwerb von Adelsprädikaten aus waren, sondern sich dann auch als Teil der Aristokratie zu fühlen begannen. Die fortschreitende Enteignung der bäuerlichen Kleinbesitzer führte in wachsendem Maße zu ländlichem

Großgrundbesitz, erzeugte aber keine Mittelklasse, denn die technische und arbeitsorganisatorische Rationalisierung wurde, wie sich am Beispiel der Wassermühlen zeigte, teils staatlich unterdrückt, teils führte der Staat sie in eigener Regie durch, wie es sich an den Monopolen dokumentierte. Dadurch, daß der Staat außerdem die Konzentrierung und Privatisierung des Bodens legalisierte, erhielt er somit die Ursache seiner inneren Widersprüche am Leben, aber wo deren Wirkung in Erscheinung trat, machte er sich sogleich daran, diese aus der Welt zu schaffen.

Eine dieser Wirkungen war die Massenwanderung der entwurzelten Bauern, und an einem Fall von erfolgreicher Bekämpfung solcher Wanderungen enthüllte sich ein weiterer sozialer Gegensatz, nämlich der zwischen der alten aristokratischen Führungselite und der neuen, auf dem Wege über die Examina hervorgegangenen Beamtenschaft. Daß beide Gruppen auf der gleichen ökonomischen Basis fußten, war eher ein verschärfendes als ein abschwächendes Moment. Ein gewisser Yü-wen Jung brachte es mit einem ihm eigens beigegebenen Stab von Mitarbeitern zwischen 721 und 727 fertig, rund 800 000 Haushalte wieder ansässig zu machen und in die Register einzutragen. Yü-wen Jung erwirkte, daß diese lediglich eine spezielle, niedrige Steuer zu entrichten brauchten und von den üblichen Abgabelasten befreit wurden. Seine unkonventionellen Maßnahmen riefen eine starke Opposition in der Bürokratie auf den Plan, und obwohl er ein Angehöriger der alten Aristokratie war, wurde Yü-wen Jung 727 gestürzt.[16]

Unmittelbare Aktualität gewannen aber zunächst die politischen Probleme, aber auch in ihnen wirkten tiefer wurzelnde Triebkräfte. Der Konfuzianismus ist seinem Wesen nach ausgeprägt antimilitaristisch. Der Vorrang, den er der Moral — theoretisch auch in der Politik — einräumt, muß notwendigerweise den Sinn für das Denken in militärischen Kategorien schwächen. So hielt denn die Schulung der Offiziere keinem Vergleich mit dem differenzierten Ausbildungssystem für die Zivilbeamten stand. Auch rückten die höchsten Militärs nur in Kriegszeiten in eine Position, von der aus sie bestimmend in die politischen Entscheidungen eingreifen konnten. Schließlich versäumte es die Regierung der T'ang, die Armeen ausreichend zu kontrollieren, was zumal unter den neuen Bedingungen eines Berufsheeres besonders geboten gewesen wäre. Den Milizen hatte es zwar auf Grund ihrer Instabilität an Schlagkraft gemangelt, aber diese Instabilität war andererseits eine gewisse Garantie dafür, daß sie kein innenpolitischer Faktor wurden. Der Regierung entging jetzt, daß sich innerhalb der Söldnertruppen neue, spezifische Loyalitäten herausbildeten, die sich einseitig an die

Truppenführer banden. Besonders das Offizierskorps fühlte sich in erster Linie seinen Generalen verpflichtet und nicht der Dynastie. Dazu kam, daß viele Kommandeure keine Chinesen waren, und zudem trug die Regierung wohl dem Erfordernis eines Berufsheeres nach langdienenden Offizieren Rechnung, sie kümmerte sich aber kaum um deren politische Zuverlässigkeit. Am schlimmsten war, daß die Befehlshaber in den Militärbezirken den zivilen Apparat in die Hände bekamen und dadurch weitgehend unabhängig von der Versorgung seitens der Zentrale wurden. Alles dies mußte ehrgeizige Kommandeure ermuntern, eigene Ziele ins Auge zu fassen. Einer von ihnen war An Lu-shan (693-757), ein Mann sogdischer Abkunft, der es bis zum Militärgouverneur (*chieh-tu-shih*) gebracht und es verstanden hatte, Beziehungen zum Hofe zu knüpfen. Dort war Kaiser Hsüan-tsung unter den Einfluß einer skrupellosen Clique geraten, an deren Spitze Li Lin-fu stand, der seit 736 fast unumschränkte Macht ausübte. Li Lin-fu erkannte vielleicht die Gefahr, die den Bestand der Dynastie von der Peripherie des Reiches her in Gestalt der *chieh-tu-shih* bedrohte, und versuchte deshalb, die Zentralgewalt zu stärken. Er war es auch, der dem Kaiser die schöne, berühmt-berüchtigte Konkubine Yang Kuei-fei (»Nebenfrau Yang«) zuführte, der eine legendenreiche Literatur eine Art Hexenrolle angedichtet hat. Dabei bestanden ihre Untaten im wesentlichen in dem, was alle Frauen in ähnlicher Situation am chinesischen Kaiserhofe versuchten, nämlich ihre Sippschaft mit Ämtern zu versorgen. Als im Jahre 752 Li Lin-fu starb, stieg ihr Vetter Yang Kuo-chung zum Günstling des Kaisers auf.

An Lu-shan hatte sich inzwischen Meriten in Kämpfen mit den Kitan erworben. Als Befehlshaber über drei Militärbezirke im Norden der heutigen Provinz Hopei gebot er über Truppen in Stärke von rund 150 000 Mann. Als er sich 755 zur Revolte entschloß, war seine Armee fast 200 000 Mann stark. Im folgenden Jahre eroberte er Lo-yang und proklamierte sich zum Kaiser einer Dynastie Yen. Zwar führte Kuo Tzu-i (697-781) eine größere Streitmacht gegen ihn ins Feld, sie konnte indes nicht verhindern, daß auch Ch'ang-an fiel; von dort war Hsüan-tsung nach Ssuch'uan geflohen, und er dankte nun zugunsten seines Sohnes, der später den Tempelnamen Su-tsung (er regierte 756-762) erhielt, ab. Die ganze Misere der Militärpolitik, wie sie die T'ang betrieben hatten, wurde nun offenbar, denn aus eigener Kraft vermochten sie das Kriegsglück nicht zu wenden und mußten fremde Unterstützung in Anspruch nehmen. Von diesen Hilfstruppen aus Türken, Tibetern und Uiguren waren es letztere, die mit ihrer Kavallerie den Ausschlag gaben. 757 besiegten sie das Heer des Usurpators in der Nähe der Hauptstadt, worauf An Lu-shan von seinem eigenen Sohn ermordet wurde. Noch jahrelang wurde die nördliche Region des Reichs von Kämpfen erschüttert, in denen sich zunächst ein General An Lu-shans, Shih Ssu-ming, recht gut behaupten konnte, bis mit seinem Tode der Widerstand zusammenbrach. Dafür waren es nun die ins Land gerufenen Tibeter, die lange Zeit Unruhe stifteten.

In welchem Ausmaße diese Katastrophe den Zusammenbruch der Institutionen mit sich brachte, wird aus zwei Zahlen ersichtlich: hatte man 755 noch fast 9 Millionen Haushalte registriert, waren es 760 nur mehr knapp 2 Millionen. Daß die chinesische Gesellschaft aber keineswegs in ihrem Kern zerstört war, daß ihre Leistungen, die sich so vielfältig manifestiert hatten, nachwirkten, wurde offenbar, als mit der Befriedung des Reichs eine Reihe von Staatsmännern nach vorn drängte, denen bewußt war, daß der Zusammenbruch Ursachen hatte, die im sozialökonomischen System als Ganzem verankert lagen. Ein Jahr vor der Revolte An Lu-shans, also 754, hatten nicht einmal mehr 20 % der vom Zensus erfaßten Bevölkerung, etwa 53 Millionen, Steuern gezahlt (wobei allerdings zu berücksichtigen ist, daß innerhalb eines Haushalts in der Regel mehrere Familienmitglieder unbesteuert waren, so daß, wenn man als Einheit die steuerzahlenden Haushalte zugrunde legt, der Wert etwa 60 % ergibt). Die Entwicklung des Großgrundbesitzes zur Form der Gutshöfe (*chuang-yüan*), die in sich geschlossene Wirtschaftseinheiten bildeten und sowohl Pächter als auch Landarbeiter beschäftigten, war derart vorangeschritten und hatte das *chün-t'ien*-System so tief unterhöhlt und unterlaufen, daß auch das damit verbundene System der direkten Besteuerung funktionsunfähig wurde. Das Chaos in den Jahren nach 755 machte diesen Prozeß lediglich augenfälliger. Was not tat, war, die Konsequenz aus dieser Entwicklung zu ziehen, das hieß aber zugleich, sie zu akzeptieren und zu legalisieren. Unter den weitblickenden Politikern, die hierzu bereit waren, ragte Liu Yen (715-780) heraus, dessen Karriere gerade deshalb nicht ohne Rückschläge verlief. Die neuen Maßnahmen kamen nicht von heute auf morgen zustande und führten über schrittweise vorgenommene Änderungen bis zur Reform des Jahres 780, die dann aber doch nur einen Kompromiß erbrachte. Die ersten Erlasse dienten zunächst der allgemeinen Stabilisierung. So wurde 766 eine Gebühr für das grüne Getreide, »grüne-Sprossen-Gebühr« (*ch'ing-miao ch'ien*) genannt, eingeführt, die 15 Bronzemünzen pro *mou* betrug, wozu noch 20 Bronzemünzen sogenanntes Bodengeld (*ti-t'ou ch'ien*) kamen.[17] Diese Steuern sollten es der Regierung ermöglichen, den Beamten ein ausreichendes Gehalt zu gewähren, denn ohne eine gut funktionierende Beamtenschaft wären alle Reformen von vornherein zum Scheitern verurteilt gewesen. 769/70 wurde die allgemeine Familiensteuer nach 9 Klassen festgesetzt, wobei man die Größe des Grundeigentums als Bemessungsgrundlage nahm. Auch sie war in Geld zu entrichten und wurde in zwei Raten (Sommer, Herbst) eingezogen, gleichzeitig senkte man die Bodensteuer. 780 führte man auf Vorschlag Yang Yens (gest. 781) das Zweisteuer-System (*liang-shui fa*) ein. Yang Yen war ein erbitterter persönlicher Feind Liu Yens, in welchem er den Typ des Finanzspezialisten, der die Fesseln des konfuzianischen Beamtentums sprengte, bekämpfte. Yang Yens Ziel war es, das Steuerwesen den engen Experten zu entreißen und es durch Vereinfachung für die gesamte Beamtenschaft handhabbar zu machen. Die Zweisteuer (sie wurde ebenfalls in zwei Raten erhoben, daher ihr Name) brachte die endgültige Bestätigung der herrschenden Besitzverhältnisse mit sich, da sie bei der Registrierung klar zwischen arm und reich trennte. Auch hob sie die Altersunterschiede, wie sie für die Kopfsteuer typisch gewesen waren, auf. Sie war eine Einheitssteuer in der Form der Grundsteuer; Abgaben und Fronden entfielen, auch verzichtete man nun gänzlich auf militärische Dienstleistungen, zumindest dem Wortlaut der Gesetze nach.[18] Dazu überließ man es den lokalen Behörden, je nach den örtlichen Bedingungen die prozentuale Verteilung der Steuern auf die beiden Raten vorzunehmen. Später, unter Kaiser Hsien-tsung (806-820), wurde das Steuereinkommen dreifach aufgegliedert: als Reichssteuer floß ein Teil an den Hof, ein anderer als Provinzsteuer in die Bezirke und der dritte verblieb den Präfekturen für ihre Bedürfnisse.

Da die Steuerreformen die Staatsfinanzen nicht ausreichend aufbesserten, sich naturgemäß auch erst auf längere Sicht auswirkten, griff die Regierung auf die traditionelle Einrichtung der Staatsmonopole zurück. Das wichtigste von diesen war das Monopol auf Salz, das, von Ti-wu Ch'i inauguriert, 758 wiedereingeführt wurde. In allen Produktionszentren etablierte man Direktorate, deren Hauptquartier nach Yang-chou verlegt wurde. Alle mit der Gewinnung und dem Handel des Salzes beschäftigten Personen wurden zu Angestellten der Salz-Kommissare, die zusammen mit den Transport-Kommissaren zu zentralen Figuren in der gesamten Finanzverwaltung aufstiegen.[19] Ihre Bedeutung erhöhte sich, als sich herauszustellen begann, daß Yang Yens Reform durchaus nicht so effektiv war, wie man das erwartet hatte.

Der Erfolg des Salzmonopols ermunterte die Regierung, diesen Weg weiter zu beschreiten. 763 ließ man alle Hersteller von Alkoholika registrieren, erhob eine monatliche Steuer darauf und verbot allen nicht davon Betroffenen den Handel mit Alkohol. 782 wurde dann das Monopol auf Alkoholika errichtet. Als letztes folgte 793 das Teemonopol. Tee war ein wichtiges Exportgut zu den Uiguren und Tibetern. Die neue Steuer darauf lag nur auf dem Handel, nicht auf der Produktion. Auch hier wurden die Salz-Kommissare mit ihren Behörden eingeschaltet, die ihre Tätigkeit auf diesem Sektor besonders in den Pflanzungsgebieten der Provinzen Anhui, Chekiang und Fukien aufnahmen. Die jährlichen Einnahmen aus diesem Monopol betrugen rund 400 000 Schnüre von je 1000 Bronzemünzen, das waren etwa 12 % der staatlichen Gewinne aus dem Salzmonopol.[20]

Diese Finanzpolitik hatte mannigfache Auswirkungen auf das gesamte Wirtschaftsleben und ließ nicht nur einen schwunghaften Schmuggel entstehen. Der steigende Geldumlauf machte Läden erforderlich, die mit Edelmetallen handelten, sicher auch Monopolwaren in ihre Geschäfte einbezogen und wahrscheinlich auch Pfänder in Zahlung nahmen. Alles in allem können wir diese Läden vielleicht als Vorformen von Banken bezeichnen. Sicher blieb auch die Entwicklung der Städte überhaupt hiervon nicht unbeeinflußt. Zur T'ang-Zeit suchten die chinesischen Metropolen ihresgleichen auf der Welt. Ch'ang-an zum Beispiel, 582 von den Sui neu geplant und damals südöstlich der alten Han-Hauptstadt erbaut, hatte sich zu gewaltiger Größe ausgedehnt. Zwar wissen wir nicht seine genaue Bevölkerungszahl, die Schätzungen für das 8. Jahrhundert schwanken aber immerhin zwischen einer und zwei Millionen. Seine Anlage war rechtwinklig, 11 Hauptstraßen durchschnitten es in nord-südlicher Richtung, 14 von Osten nach Westen, so den Grundriß in lauter kleine Rechtecke unterteilend, von denen jedes für sich einen Stadtteil bildete, der mit eigenen Mauern umgeben war, wodurch er vom angrenzenden isoliert und die Kontrolle durch die Behörden erleichtert wurde. Von diesem Straßennetz nicht durchkreuzt wurde der kaiserliche Palastbezirk. Zwei Märkte befanden sich innerhalb der Stadtwälle, die etwa 10 x 8 km maßen. Aber auch andere Städte, sogar in den Randgebieten des Reiches, blühten auf — wie Kanton (Kuangchou), das etwa 200 000 Einwohner hatte, unter denen zahlreiche Fremde waren.[21] Hatten die Reformen auch die Finanzen und damit die Institutionen konsolidiert, so änderte sich doch nichts an der politischen Struktur des Reichs. Das betraf vor allem die Stellung der Militärgouverneure. In dieser Beziehung zog die Zentralregierung keinerlei Konsequenzen aus der Revolte An Lu-shans, vielleicht weil sie dazu schon nicht mehr in der Lage war. Die *chieh-tu-shih* erhielten im Gegenteil weiteren Machtzuwachs, da es wegen der während der Wirren ins Land gezogenen Uiguren und Tibeter angezeigt erschien, die Truppenkontingente an den Nordgrenzen zu verstärken. Waren die *chieh-tu-shih* bisher faktisch unabhängig gewesen, gingen sie nunmehr sogar dazu über, ihre Stellung auf ihre Verwandten zu vererben. Ihren Beamtenapparat behandelten sie nach Belieben, die Steuern, die sie einzogen, verwendeten sie nach eigenem Gutdünken. Verhängnisvoll für die Dynastie wurde, daß solche Verhältnisse sich auch in den inneren Landesteilen durchsetzten. Der immer latent vorhandene Regionalismus, die partikularistischen Tendenzen mächtiger Sippen begünstigten diesen Verlauf der Dinge. Schon 778 kam es zu Aufständen der Militärs in Mittelchina, und als 781 die Regierung versuchte, deren Machtfülle zu beschneiden, brachen allenthalben Meutereien aus. Erst 786 wurde der Friede durch Kompromisse einigermaßen wiederhergestellt. Und wie im 2. Jahrhundert unter der Herrschaft der Han geriet die Regierung selbst wieder in die zwischen den Literatenbeamten und den Eunuchen bestehenden Interessengegensätze, die zugleich auch ein sozialer Konflikt waren, denn die Eunuchen entstammten zumeist den niederen Klassen, wohl oft auch nicht-chinesischen Familien, denen sie im Kindesalter zwangsweise genommen worden waren. Da die Eunuchen nicht nur im Harem Dienst taten, sondern auch Funktionen im Kaiserlichen Haushaltsamt innehatten, waren ihre wirtschaftlichen Verbindungen und Beziehungen nicht unbeträchtlich. Ihre Stellung konnten sie noch verbessern durch Erringung von Kommandoposten in der kaiserlichen Leibgarde. Und je weiter die Korruption um sich griff, je mehr den Herrschern die Leitung der Staatsgeschäfte entglitt, desto ausschließlicher stützten sie sich in der Atmosphäre allgemeinen Mißtrauens auf die Eunuchen, von denen sie nicht zu Unrecht Ergebenheit und Treue erwarten konnten, da diese ihnen alles verdankten. Und wieder kam es wie zur Han-Zeit zur blutigen Auseinandersetzung, die diesmal von den konfuzianischen Beamten ausgelöst wurde (835), und abermals siegte die Eunuchen-Partei. Zwar endete die Aktion nicht wie im 2. Jahrhundert mit einer Mordkampagne, aber ihre moralischen Folgen waren nicht minder verheerend. Es zeigte sich hierbei deutlich, daß auch das neue Examenssystem die Literatenbeamten nicht zu einem wirklichen politischen Machtfaktor gemacht hatte. Im Spannungsfeld zwischen der Aristokratie, den verschiedenen Gruppen von Großgrundbesitzern mit ihrer ökonomischen Basis in den Provinzen, den Militärführern, die sich auf ihre Söldner stützten, und den Herrscher-Clans stellten sie keine geschlossene und homogene Gruppe dar, waren sie vielmehr selbst untereinander in Cliquen zerstritten.

Die Desorganisation der Verwaltung gab in den Provinzen den

ökonomisch und militärisch Mächtigen nahezu freie Hand für ihre eigensüchtigen Interessen. Dem Volke, in erster Linie den Bauern ging so jeglicher Rückhalt verloren, den sie in Notzeiten, bei Überschwemmungen oder Dürren usw. — wenn auch nur in begrenztem Umfange — in den Behörden gehabt hatten. Unruhen und Hungerrevolten brachen in verschiedenen Gebieten aus. Das ganze Reich erschütterte aber dann der Aufstand, der 875 im südlichen Hopei seinen Ausgang nahm und sich rasch über Ostchina ausbreitete. An der Spitze der Insurgenten, meist verarmten Bauern, stand ein gewisser Huang Ch'ao, ein in den Examina gescheiterter Kandidat. 879 eroberte und plünderte er mit seinen Scharen Kanton, wobei nach einer zeitgenössischen arabischen Beschreibung des Abū Zaid aus Sīrāf 120 000 Fremde, meist Mohammedaner, ums Leben gekommen sein sollen. Auch wenn diese Zahl als zu hoch erscheint, läßt sie doch das Ausmaß des Massakers erahnen. Vom Süden aus stieß Huang Ch'aos Streitmacht nordwärts vor, eroberte 880 Lo-yang und ein Jahr darauf Ch'ang-an. Der Kaiser hatte die Hauptstadt bereits vorher verlassen und war nach Ssuch'uan geflohen, wie vordem Hsüan-tsung. Und wieder konnte nur mit fremder Hilfe der Untergang der Dynastie, obgleich nur für eine kurze Frist, aufgehalten werden. Diesmal waren es die Sha-t'o, ein türkischer Stamm, der unter seinem fähigen Führer Li K'o-yung 883 Ch'ang-an zurückgewann. 884 wurde Huang Ch'ao getötet. Was er fast erreicht hatte, vollendete einer seiner anfänglichen Mitkämpfer und Unterführer, Chu Wen (852-912), der indes 882 zur Gegenseite übergegangen und Militärgouverneur geworden war. Seit 890 stritt er mit Li K'o-yung um die Hegemonie, ein Kampf, in den auch mehrere andere Militärgouverneure verwickelt wurden. Und wieder wurde die Farce inszeniert, die Usurpatoren bei diesen Umständen die Legitimität verschaffen sollte: 904 hob Chu Wen ein unmündiges Kind auf den Kaiserthron, das dann 906 zu seinen Gunsten abzudanken hatte. Chu Wen glückte es jedoch nicht, das gesamte Reich unter seine Herrschaft zu bringen. Mit seiner auf Nordchina begrenzten und sehr kurzlebigen Dynastie Liang war es ihm lediglich vergönnt, das Zwischenspiel der »Fünf Dynastien« einzuleiten.

V. GEISTESLEBEN UND RELIGIONEN UNTER DEN T'ANG
— KOSMOPOLITISMUS UND KULTURERBE

Die chinesische Literaturkritik hat schon früh den einzelnen Epochen besondere Leistungen zugeschrieben. So ragte etwa die Han-Zeit durch ihre Prosagedichte (*fu*) hervor, die T'ang-Zeit durch ihre Gedichte (*shih*), die Sung-Zeit durch die Lieder (*tz'u*), die Mongolenzeit durch die Arien und Opern (*ch'ü*), die Ming-Zeit durch ihre Romane (*hsiao-shuo*). Und in der Tat blühte unter den T'ang die Lyrik, nicht zuletzt auch, weil das Verfertigen von Gedichten als eine Kunst galt, die jeder Gebildete beherrschen mußte. Dichten als Lebensberuf war eine Vorstellung, die in China so gut wie unbekannt war; das Streben der Gebildeten und zumal der erfolgreichen Examenskandidaten ging stets auf ein staatliches Amt. Nur die erfolglosen Intellektuellen blieben darauf angewiesen, ihre erworbenen Kenntnisse irgendwie zu Geld zu machen, sei es, daß sie als Privatsekretäre, sei es, daß sie als Schreiber oder im äußersten Falle auch als Briefsteller oder Winkeladvokaten ihren Unterhalt fanden. Dichtung ist also sehr oft Gelegenheitsdichtung von Angehörigen der Oberschicht, und man wird von solchen Produktionen keine Ewigkeitswerte erwarten. Um so höher waren die formalen Anforderungen an den Autor; nur wer die prosodischen und thematischen Konventionen beachtete, konnte auf Anerkennung im Kreise der Kenner hoffen. Nicht weniger als rund 2200 verschiedene Autoren werden von der Anthologie *Ch'üan T'ang-shih* (»Gesamte Gedichte der T'ang-Zeit«) namhaft gemacht; die Zahl der erhaltenen Gedichte selbst geht in die Zehntausende. Aus den Schöpfern dieser Massenproduktion, die übrigens von späteren Jahrhunderten durchaus erreicht und auch überschritten wurde, ragen einige Dutzend hoher Begabungen und eine Handvoll Genies heraus. Zu ihnen gehört vor allem Li Po, auch bekannt mit seinem Beinamen T'ai-po als Li T'ai-po (701-762). Er gehörte zu den Nonkonformisten Chinas, war ein Bohemien und Schnorrer, von sich selbst eingenommen, dem Trunk ergeben und für eine Beamtenstellung so ungeeignet wie möglich. Zwar wurde er von Kaiser Ming-huan an dessen Hof gezogen, doch machte er sich durch arrogantes und formloses Benehmen selbst bei dem den Künstlern zugetanen Herrscher unmöglich. Aber alle Zeitgenossen waren sich darin einig, daß Li Po eine Gewalt der Persönlichkeit und faszinierende Genialität aufwies, die über sein unkonventionelles Auftreten hinwegtrug. Seine Dichtungen sind oft ichbezogen, im Ausdruck hyperbolisch, und bevorzugen in Form und Inhalt das Ungewohnte und Bizarre. Es ist nicht zu verwundern, daß man in Europa für Li Po schwärmte, als der Expressionismus zur literarischen Modeströmung wurde. Was bei T'ao Yüanming liebenswürdige und schlichte Bukolik ist, gewinnt bei Li Po großartige Bildhaftigkeit und Tiefe. Ganz anderer Art war sein Zeitgenosse Tu Fu (712-770). Er war im Gegensatz zu Li Po ein sozial engagierter Dichter, auch und weil er im Staatsdienst erfolgreicher war als sein genialisch verkommener Rivale.

Abb. 6: Po Chü-i (772–846) nach einer Steinabreibung aus dem Jahre 1878

In vielen formal makellosen Dichtungen läßt Tu Fu den Schmerz und das Mitleid fühlen, das ein sensitiver Mensch angesichts der Katastrophe der Zeit um 755 empfinden mußte. Zu den gesellschaftlich engagierten Dichtern gehört auch Po Chü-i (772-846), eine anziehende und humorvoll aufgeschlossene Persönlichkeit — auch er ein Mensch, der von den Leiden des Volkes berührt wurde und ihnen im Vers Ausdruck verlieh.[22] Die Formen der Dichtung unter den T'ang sind gekennzeichnet durch das Vorherrschen des Gedichtes mit gleich langen Verszeilen (shih), meist mit 5 oder 7 Worten je Zeile, in Strophen zu jeweils 4 Zeilen gegliedert. Die konziseste Form ist der Vierzeiler mit 4 mal 5 oder 4 mal 7 Worten (chüeh-chü), eine Dichtform, die, ohne Epigrammatik im Sinne zu haben, das Stilideal der *brevitas loquendi* für China verkörpert, darin freilich noch übertroffen von den gleichsam hingetupften Haiku der Japaner mit ihren 17 Silben. Gegen Ende der T'ang-Zeit kamen auch freiere Dichtungsformen auf, nämlich das Lied mit ungleich langen Verszeilen (tz'u), gedichtet auf vorgegebene Melodien, die oft genug dem Milieu der Berufsmusikanten, namentlich der Sängerinnen entstammten und auch etwas von der verhüllten Erotik der Stunden spüren lassen, in denen sich die Herren der Oberschicht mit gebildeten und gesangskundigen Kurtisanen entspannten.

Die Prosa der T'ang-Zeit bedeutet eine Abwendung von der hochverkünstelten Artistik der vorhergehenden Jahrhunderte. Man bemühte sich, dem präzisen und prägnanten Stil von Werken wie dem *Tso-chuan* nachzueifern — eine Renaissance des Altertums, die dieser Bewegung den Namen *ku-wen* (»antike Literatur«) eingetragen hat. Sie prägt den Essay, die Throneingabe, die Briefe und Abhandlungen, wie denn überhaupt die *ku-wen*-Literatur immer insofern engagiert ist, als die literarische Produktion ein außerliterarisches Ziel verfolgt. Nicht Wortprunk, sondern klar formulierte Aussage ist stilistisch das Anliegen von klassischen *ku-wen*-Autoren wie Han Yü (768 bis 824) und Liu Tsung-yüan (773-819). Inhaltlich geht diese Richtung mit einer Wiederbelebung des Konfuzianismus parallel und ist deshalb in mancher Hinsicht als Vorläufer der literarischen Produktion im klassischen Jahrhundert des Neokonfuzianismus, nämlich dem 11. Jahrhundert n. Chr., zu betrachten.[23] Die bereits im frühen Mittelalter entstandene Gattung der Novellistik und Anekdotenliteratur (hsiao-shuo) wurde auch unter den T'ang gepflegt. Beliebte Themen dieser Novellistik waren das Übernatürliche und Außergewöhnliche; Geschichten über Geister, Helden und Liebende fanden Formen, die über den wortkargen Berichtsstil der Vorgänger hinaus auch literarische Ansprüche stellten, und sie hatten manchmal berühmte Autoren zu Verfassern. Damals kam auch die Gattung der Novelle mit poetischen Einlagen auf, die sich zu einer eigenständigen Kunstform neben Gedicht und Prosaessay entwickelte.[24]

Erst seit einigen Jahrzehnten wissen wir, daß neben dieser, zum klassischen Bildungsbestand zählenden Literatur in Schriftsprache in der T'ang-Zeit auch eine Literatur in Volkssprache existierte. Die in Tun-huang aufgefundenen Manuskripte umfassen Balladen in Umgangssprache sowie erzählende Texte, in denen buddhistische oder konfuzianische und historische Stoffe für ein ungelehrtes Publikum aufbereitet sind.[25] Diese *pien-wen*, wie der Name für diese neuentdeckte Literaturgattung lautet, wandten sich an das Volk und waren für den öffentlichen Vortrag bestimmt, wobei sie entweder missionarischen Zwecken dienten wie die buddhistischen *pien-wen* oder der Volksbildung und Unterhaltung. Sie sind so die Vorläufer der Prosaliteratur in Umgangssprache, insbesondere der Romane und Novellen. Die weitere Entwicklung der chinesischen Literatur verlief damit seit der T'ang-Zeit zweigleisig: neben die klassische Schriftsprache, die das Medium von Lyrik, Essay, Novellistik und selbstverständlich aller Fach- und Sachprosa bildet, traten die Formen, in denen die Umgangssprache dominiert, zunächst als Vorlage für mündlichen Vortrag, dann auch zur Lektüre der nicht klassisch Gebildeten bestimmt. Erst im 20. Jahrhundert endete diese Zweigleisigkeit dadurch, daß die Umgangssprache zum fast ausschließlichen Medium in allen Gebieten des Schrifttums wurde. Von den sonstigen Leistungen der T'ang-Literatur sind die vielen Enzyklopädien und Anthologien hervorzuheben. Werke wie das *T'ung-tien* (»Umfassende Statuten«) des konfuzianischen Reformers Tu Yu (735-812) waren Handbücher des Wissens, über das ein Staatsdiener verfügen mußte, sind aber auch für die moderne Forschung eine wichtige Quelle für die Geschichte der Institutionen geworden.[26] Die allmähliche Literarisierung der Bildung kommt vor allem in den Anthologien zum Ausdruck, die uns viele sonst verlorene Texte aufbewahrt haben.

Das religiöse Leben in der T'ang-Zeit stand zunächst unter der Herrschaft des Buddhismus. Zwar lebte auch der Taoismus weiter und fand bei Hofe Anklang — die Kaisersippe der Li führte sogar ihren Stammbaum auf Lao-tzu, den als Persönlichkeit freilich kaum greifbaren Verfasser des *Tao-te-ching*, zurück. Aber die taoistischen Klöster paßten sich mehr und mehr buddhistischen Vorbildern an, und ein tiefergreifender Einfluß auf den Kaiserhof und den Staat blieb den Taoisten versagt. Immerhin ist es bemerkenswert, daß auch ein Dichter wie Li Po eine Zeitlang den Taoismus praktizierte und sich in der Alchimie versuchte. Die beherrschende Stellung des Buddhismus dagegen wirkte sich grundsätzlich auf alle Volkskreise aus, den Kaiserhof wie das letzte Dorf. Buddhistische Liturgien wurden in der Hauptstadt gefeiert bei so weltlich-staatlichen Begebenheiten wie der Geburt eines Prinzen. Reiche Stiftungen an Geld, Ländereien und Reliquien flossen den hauptstädtischen Klöstern zu, doch auch auf dem Lande unterhielt die buddhistische Laienfrömmigkeit eine Unzahl von Klöstern und Tempeln. Der Mönch gehörte zum täglichen Leben; er betätigte sich als Wahrsager, Heilkundiger, spendete Zuspruch und Trost in Trauerfällen. Die Einschmelzung des Buddhismus in die chinesische Kultur hatte die fremde Herkunft der Religion weitgehend vergessen lassen. Nichts verdeutlicht diese Entwicklung besser als die Tatsache, daß manche Klöster nun auch zu Zentren der chinesischen klassischen Bildung geworden waren. Mönche zeichneten sich aus als Dichter, Maler und Kalligraphen, nicht viel anders als es die weltlichen Gebildeten taten, und nicht wenige Laien suchten in Klöstern Geselligkeit bei Fastenkost und Gespräch mit wesensverwandten, geistig aufgeschlossenen Mönchen. Ein ausgezeichnetes Bild von der buddhistischen Frömmigkeit aller Stände zeigt uns das Tagebuch des japanischen Mönchs Ennin, der im 9. Jahrhundert China als Pilger bereiste. Sein Reisebericht ist die erste ausführliche Beschreibung Chinas durch einen Ausländer überhaupt und deshalb von höchstem Wert auch für die Geschichtsforschung.[27]

Wie sehr der Buddhismus zu einem nunmehr chinesischen Phänomen geworden war, geht auch daraus hervor, daß er dogmatisch weitergebildet wurde, ja daß völlig neuartige Richtungen sich in China herausbildeten. Man war nicht mehr nur auf die Übersetzung von Sanskrittexten angewiesen, sondern schuf Kommentarwerke und exegetische Traktate in großer Zahl. Von den chinesischen Sonderentwicklungen ist die Meditationssekte die interessanteste. Ihr chinesischer Name ist Ch'an, was eine annähernde lautliche Wiedergabe des sanskritischen *dhyāna* (»Meditation«) ist und im Sino-japanischen Zen lautet. Der Ch'an-Buddhismus predigte die Erlösung durch unmittelbare Erlangung der Buddhaschaft, die jedem Wesen offenstünde, und verachtete Buch- und Dogmenweisheit sowie allen Ritualkram. Eine bekannte Episode erzählt, wie ein Ch'an-Patriarch die Sūtra-Rollen zerreißt. Das Paradoxe diente dazu, in einer Art geistiger Schocktherapie durch überraschende und manchmal groteske Gleichnisse die All-Anwesenheit Buddhas zu verdeutlichen. Die Ausbildung der Ch'an-Mönche vollzog sich im Lehrgespräch mit allerhand spitzfindigen und paradoxen Fragen, auf die nicht weniger paradoxe und bizarre Antworten erwartet wurden. Viele dieser Gespräche sind in Umgangssprache überliefert worden. Aber nichtsdestoweniger machte die philosophische Tiefe und eigenwillige Stilistik die Ch'an-Literatur zu einer Angelegenheit der geistigen Oberschicht. In den Volksmassen faßte diese Richtung dagegen kaum Wurzel.

Zu den ebenfalls geistige Ansprüche stellenden Sekten gehörte die T'ien-t'ai-Schule, die in der Sui-Zeit von dem Mönch Chih-i (538-597)[28] begründet wurde und eine Art Synthese der im einzelnen oft divergierenden dogmatischen Überlieferungen versuchte im Rahmen einer Theorie, die von einer geschichtlich sich entwickelnden Wahrheit der Glaubensinhalte ausging. Unter den T'ang lebte auch die magische Richtung des Buddhismus wieder auf (Tantrismus). In ihm spielen wunder- und zauberkräftige Bildwerke sowie magisch wirksame Sprüche (*dhāraṇī*) eine große Rolle. In China blieb diese Richtung jedoch eher am Rande, während sie in Tibet bis in die Gegenwart geherrscht hat und auch in Japan unter dem Namen Shingon heute noch zahlreiche Anhänger zählt.

Dieses ganze, vielfältig nach sozialen Klassen, Landschaften und dogmatischen Unterschieden differenzierte blühende religiöse Leben erlitt einen schweren Rückschlag, als im 9. Jahrhundert die staatlichen Gewalten sich gegen den Buddhismus wandten. Eine Reihe von in den Jahren 842 bis 845 erlassenen Gesetzen verfügte die Aufhebung Tausender von Klöstern und die zwangsweise Rückführung von über einer Viertelmillion Mönche in den Laienstand. Diese Verfolgung war nicht speziell gegen den Buddhismus gerichtet, sondern traf den Taoismus genauso wie andere religiöse Gruppen, etwa Nestorianer und Manichäer. Der Grund zu diesen Aktionen dürfte eher fiskalisch als weltanschaulich gewesen sein, ja man kann diese Säkularisationsedikte als eine Auswirkung des Umbruchs sehen, der damals die ganze Gesellschaft erfaßt hatte (vgl. oben S. 176). Aber den Buddhismus ganz aus dem chinesischen Leben zu verdrängen, gelang auch dieser Säkularisation nicht. Nach wie vor blieben die buddhistischen Pagoden ein Kennzeichen der Landschaft und beherrschten die Silhouette der Städte.

Dem Buddhismus dankt auch diejenige chinesische Erfindung ihre Förderung, wenn nicht Entstehung, die in der T'ang-Zeit gemacht wurde und sich als ungemein folgenreich erwies, nämlich der Buchdruck. Er hat sich vermutlich aus der Technik, von Steininschriften Abreibungen zu nehmen, entwickelt, und auch die den Chinesen schon seit dem Altertum vertraute Technik des Stempelschneidens hat mitgewirkt. Die ältesten ostasiatischen Drucke sind in das 8. Jahrhundert zu datieren, das älteste erhaltene gedruckte Buch der Welt trägt ein Impressum von 868. Die Drucke der T'ang-Zeit sind, wie auch die meisten späteren chinesischen Drucke, von geschnitzten Holzplatten hergestellt. Ein Verfahren mit beweglichen Lettern hätte sich nur schlecht für die chinesische Schrift mit ihren Tausenden verschiedener Zeichen geeignet. Schon in der zweiten Hälfte des 9. Jahrhunderts wurde der Druck auch für nicht-buddhistische Texte verwendet, etwa für Kalender und Wahrsagebücher; »weltliche« Werke wurden erstmals im 10. Jahrhundert gedruckt. Die Kenntnis des Buchdrucks verbreitete sich von China aus zunächst nach Korea und Japan, und zwar im Gefolge des Buddhismus, später auch nach Tibet und Zentralasien. Ob es sich bei der Erfindung Gutenbergs um eine völlig unabhängige Neuerung handelt oder um das Ergebnis einer aus Ostasien nach Europa diffundierten Anregung, muß dahingestellt bleiben.[29]

Unter den T'ang nahm auch die Reisetätigkeit buddhistischer Mönche ihren Fortgang. Der berühmteste Pilger war Hsüantsang (596-664), der von 629 bis 645 in Indien weilte und dessen »Beschreibung der Westlande« (*Hsi-yü chi*) eine wichtige Quelle für die Zustände im damaligen Indien ist. Er brachte viele bis dahin in China unbekannte Sanskrittexte aus dem Mutterland des Buddhismus mit und gehörte auch selbst zu den bedeutendsten Übersetzern.[30] So trug der Buddhismus dazu bei, den Horizont der Chinesen zu erweitern, wie denn überhaupt die ganze T'ang-Zeit unter dem Zeichen eines ausgesprochenen Kosmopolitismus steht. Die Hauptstadt Ch'ang-an sah damals Angehörige fast aller asiatischen Völker in ihren Mauern, persische und syrische Kaufleute, türkische Fürsten mit ihrem Gefolge, Tibeter, dazu die Gesandten aller umliegenden Staaten und Stämme. Auch die Religionen Vorderasiens wurden in der Hauptstadt praktiziert. Vom nestorianischen Christentum der T'ang-Zeit zeugt eine Stele, die berichtet, daß bereits 635 ein syrischer christlicher Mönch mit kaiserlicher Genehmigung ein Kloster errichtet hat; seine Glaubensbrüder tragen teils syrische, teils chinesische Namen. Es kam auch zu einer — wenngleich vereinzelten — Übersetzung christlicher Texte ins Chinesische. Eine von Paul Pelliot 1908 in Tun-huang gefundene Schriftrolle ist vermutlich um 800 in Ch'ang-an geschrieben und enthält ein chinesisches Gloria in Excelsis. Dieser Text wie auch die anderen zutage getretenen christlich-chinesischen Fragmente weisen eine Eigentümlichkeit auf, die ähnlich schon bei den frühen Übersetzungen buddhistischer Schriften ins Chinesische zu bemerken ist (vgl. oben S. 139): Man bediente sich bei der Übersetzung im Chinesischen bereits vorhandener Wortprägungen aus einem anderen religiösen Umkreis. So, wie die frühen Übersetzungen des Buddhismus Anleihen bei der taoistischen Terminologie machten, finden wir in den christlichen Texten buddhistische Wortprägungen. Aber von einer erfolgreichen christlichen Mission unter den Chinesen ist sonst wenig zu spüren; der Nestorianismus blieb vorwiegend eine Sache der vielen in China ansässig gewordenen Fremden aus Vorderasien.

Ähnlich verhält es sich mit dem Manichäismus. Die Uiguren hatten ihm eine Zeitlang angehangen, und es ist wahrscheinlich, daß auch die Vermittlung dieser Konkurrenzreligion des Christentums durch Uiguren erfolgte. Obgleich wir nichts Genaueres über die manichäische Mission wissen, steht doch fest, daß auch manichäische Schriften ins Chinesische übersetzt wurden, und ebenso, daß manichäische Züge sich im buddhistischen Sektenwesen einnisteten.[31] Eine weitere aus Persien stammende Religion, der Mazdaismus (Zoroastrismus), ist gleichfalls für das t'angzeitliche China bezeugt, doch dürften seine Anhänger ausschließlich unter den in China niedergelassenen Persern zu suchen sein. Alle diese vorderasiatischen Religionen wurden durch die Säkularisierungsedikte des 9. Jahrhunderts ebenso betroffen wie Taoismus und Buddhismus. Ihr Verschwinden aus China hängt jedoch weniger mit diesen staatlichen Aktionen als mit dem Absinken des transkontinentalen Handels und dem Abnehmen der Anziehungskraft der chinesischen Metropole nach der Katastrophe der An Lu-shan-Rebellion zusammen.

Jenseits der religiösen Sphäre nahm die chinesische Kultur manche Elemente der materiellen Kultur anderer asiatischer Länder auf. Man kann geradezu von einer Mode des Exotismus sprechen, die sich eine Zeitlang z. B. auch darin äußerte, daß Türkisches *en vogue* war. Perser und Araber brachten neue Obstarten wie Walnuß, Granatäpfel, Feigen und Mandeln nach China, der Handel mit dem tropischen Asien Gewürze und Drogen aller Art. Ein beliebter Sport am Hofe wurde das aus Persien stammende Polo-Spiel, an dem auch reitkundige Damen teilzunehmen pflegten. Musik und Tanzweisen aus Zentral- und Vorderasien bereicherten das Repertoire der einheimischen Musikkapellen, und auch die bildenden Künste, namentlich innerhalb der buddhistischen Kunst, weisen neben indischen Elementen solche aus dem sassanidischen Persien auf.[32]

Von den Erzeugnissen der T'ang-Kunst muß das allermeiste als verloren gelten. Wie die damalige Architektur aussah, können wir fast nur aus Malereien rekonstruieren — oder aber in Japan sehen, das seine Bauten aus dem 7. bis 9. Jahrhundert unvergleichlich viel besser und zahlreicher erhalten hat als China, wo man für »Denkmalspflege« bis in die Neuzeit wenig Sinn hatte. Auch von der t'angzeitlichen Malerei vermitteln uns am ehesten die in Japan erhaltenen Bilder eine Anschauung, daneben auch die freilich mehr provinzieller Kunstübung auf kolonialem Boden entstammenden Fresken und Rollbilder aus Turfan und Tun-huang. Besser steht es mit dem Kunstgewerbe. Die zahllosen tönernen Grabbeigaben zeigen uns das tägliche Leben, namentlich die Kleidermode, aber auch Hausformen und ähnliches — wie schon zur Han-Zeit, als die Sitte der tönernen Grabbeigaben in größerem Ausmaß aufkam. Die Keramik der T'ang mit ihren porzellanartigen weißen Scherben und bunten, widerstandsfähigen Glasuren wurde zu einem bedeutenden Exportartikel, der bis an den Kalifenhof in Bagdad gehandelt wurde. Die schönsten kunstgewerblichen Erzeugnisse hat uns aber wiederum Japan aufbewahrt, wo seit dem 8. Jahrhundert im Schatzhaus Shōsōin in Nara großenteils von chinesischen Handwerkern geschaffene Gebrauchsgegenstände jener Zeit aufgehoben werden.

So war das China der T'ang in jeder Hinsicht Vorbild für ganz Ostasien geworden. Seine Institutionen wurden in Korea und Japan nachgeahmt, seine Kunstformen übernommen, und zugleich mit der chinesischen Schrift hielt auch die chinesische Literatur ihren Einzug bei bis dahin schriftlos gewesenen Völkern — ein Vorgang, der freilich schon im frühen chinesischen Mittelalter einsetzte, seinen Höhepunkt jedoch zur T'ang-Zeit erreichte. Mag man auch die T'ang-Zeit im Hinblick auf das große Alter der chinesischen Kultur als eine bereits klassizistische Epoche betrachten, für die Nachbarn Chinas wurde das T'ang-China klassisches Vorbild.

6. Die Sung-Zeit: das bürokratische China (10.—13. Jahrhundert)

»In der Legitimität des Reiches fußen und es zur Einheit zusammenschließen, das ist doch wohl das Kennzeichen der legitimen Thronnachfolge [. . .] Wenn aber das Reich in großer Unordnung war, an seiner Spitze keine Fürsten standen, Usurpatoren sich aufschwangen und die legitime Thronnachfolge abgerissen war, in solchen Zeiten nun, da man durch Energie aufstieg und um das Reich kämpfte, waren die Erfolgreichen stark und die die Macht hatten Könige.« Diese Sätze schrieb Ou-yang Hsiu (1007-1072) in einem Essay, worin er sich auch mit dem Problem der dynastischen Kontinuität während der Zeit der Fünf Dynastien auseinandersetzte und für eine nüchterne Anerkennung der historischen Realitäten plädierte — ganz im Gegensatz zur orthodoxen Doktrin, die insbesondere der Späteren Liang-Dynastie die Legitimität absprach und die Zehn Staaten (*shih-kuo*) gänzlich von ihr ausschloß. Ou-yang Hsius Argumentation zeigt darüber hinaus, wie tief die politische Idee des chinesischen Imperiums sich durch die T'ang im Bewußtsein der Führungsschichten verankert hatte. So wurden im 10. Jahrhundert keine Versuche unternommen, die Einheit des *t'ien-hsia* ideologisch in Frage zu stellen.

Der rasche dynastische Wechsel und das Nebeneinanderbestehen verschiedener politischer Schwerpunkte in dieser Zeit waren nur vordergründige Momente. Unter sozial-ökonomischen Aspekten waren die Jahre zwischen 906 und 960, wie die traditionelle Chronologie die Periode der Fünf Dynastien (*Wu-tai*) eingrenzt, durchaus Teil der kontinuierlichen Entwicklung, die die chinesische Gesellschaft insgesamt genommen hatte und auf die, wie schon vom 3. bis zum 6. Jahrhundert, die Einbrüche und Herrschaftssysteme von Fremdvölkern nur stark hemmend wirkten, da diese als Träger halbnomadischer Stammeskulturen immer wieder feudalistische Gesellschaftsstrukturen neu erstehen ließen. Im 10. Jahrhundert aber war dieser Einfluß nach Dauer und Intensität recht ephemer, und wir vermögen keinen Einschnitt oder gar Umbruch zu erkennen. Viel bedeutsamer waren die Vorgänge nach der Revolte An Lu-shans gewesen, als die politische Katastrophe die Legalisierung und institutionelle Sicherung des Zustands erzwang, den der gesellschaftliche Prozeß bereits erreicht hatte. Die Verlagerung des wirtschaftlichen Schwerpunkts nach dem Süden, die sich nun immer deutlicher abzeichnete, wird im allgemeinen als Folge der Hegemoniekämpfe der Fünf Dynastien betrachtet, in die die türkischen Sha-t'o und die Kitan eingriffen. Vielleicht aber trug zur ökonomischen Schwächung der nördlichen Provinzen ebenso bei, daß nur dort der klassenmäßige Konflikt zwischen arm und reich ausgetragen wurde, in dessen Verlauf sich erste Konturen eines in Entstehung begriffenen Mittelstandes abzuheben begannen und die Huang Ch'ao-Rebellion Vertreter der Unterklassen in politische Führungspositionen schwemmte. Denn der Umwandlungsprozeß einer Gesellschaft zu sozial fortgeschritteneren Formen bedingt im allgemeinen eine zeitweilige ökonomische Stagnation, wenn nicht Rezession. Er wurde zudem durch die militärischen Ereignisse gleichsam verdeckt. Die Generale und Militärgouverneure konnten das Vakuum, das der Verfall der Staatsbürokratie hinterließ, füllen, da politische und soziale Macht auseinanderfielen. Und um dies vorwegzunehmen: In dem Maße, wie beider Verhältnis sich neu ordnete, verschwand das Militär als politisch bestimmender Faktor, ja man kann sagen, daß es gerade dadurch, daß es das Reich wieder einte, gleichzeitig seinen eigenen politischen Abstieg besiegelte.

Den Süden des Reiches traf der wirtschaftliche Aufschwung, als infolge der späten Kolonisation noch weitgehend feudale Strukturen intakt waren und sich den neuen Bedingungen anzupassen vermochten. Noch immer bestand hier die Möglichkeit für Neusiedler, unbebautes Land zu erschließen. Steuerfreiheit, die man den Kolonisten für die ersten Jahre einräumte, und verbesserte Anbaumethoden ließen die Agrarproduktion ansteigen. Der Zustrom an Menschen erlaubte es auch in den alten Zentren der Reiskulturen, den Anbau zu intensivieren. Einen gewaltigen Aufschwung nahm der Handel, der auch dadurch begünstigt wurde, daß schon zur T'ang-Zeit Papiergeld (in der Form von Zahlungsanweisungen, die auf Metallgeld lauteten) in Umlauf gekommen war. Wichtigste Exportgüter waren der Tee, aber auch schon Porzellanwaren. Der gegenwärtige Forschungsstand erlaubt es noch nicht, diese Entwicklung genau zu verfolgen, aber das Ausmaß, das sie im 11. Jahrhundert erreichte, zwingt zu dem Rückschluß, daß sie in der Wu-tai-Zeit entscheidende Impulse erfahren haben muß.

Bei der Darstellung des politischen Geschehens können wir uns auf die Hauptlinien beschränken. Was die dynastischen Abläufe betrifft, wollen wir wenigstens eine Übersicht geben. Die Fünf Dynastien im Norden waren: (Spätere) Liang (907-923), (Spätere) T'ang (923-937), (Spätere) Chin (937-946), (Spätere) Han (947-950) und (Spätere) Chou (951-960). Im Süden finden wir die Zehn Staaten, die von der chinesischen Historiographie sämtlich als illegitim betrachtet werden. Es waren dies die Königreiche Wu (901-937) und Nan T'ang (Südliche T'ang, 937-976), deren Gebiet im Raum der heutigen Provinzen Kiangsu, Anhui und Kiangsi lag, Wu-Yüeh (893-978) im heutigen Chekiang, Min (898-946) in Fukien, Nan Han (Südliche Han, 905-971) in Kuangtung und Kuangsi, Ch'u (896-951) in Hunan, Früheres Shu (907-925) und Späteres Shu (926-965) in Ssuch'uan, Nan P'ing (Südliches P'ing, 907-963) in Hupei und Pei Han (Nördliches Han, 950-979) in Shansi, das also gebietsmäßig eigentlich dem Norden angehört.

Schon diese Übersicht zeigt, daß man im Süden eher den Weg zur Eigenstaatlichkeit beschritt und daß die dort entstandenen Königreiche auch länger ihre Eigenständigkeit wahrten. Dadurch wird aber auch deutlich, daß dort Kräfte am Werk waren, die nicht auf die Wiederherstellung des Einheitsreiches drängten, sondern nur regionale Sonderinteressen verkörperten. Folgerichtig fiel die Entscheidung über das künftige Schicksal Chinas im Norden.

Chu Wen (Chu Ch'üan-chung), der Begründer der (Späteren) Liang-Dynastie, war nach seinem Abfall von Huang Ch'ao in kurzer Zeit zum Militärgouverneur (*chieh-tu-shih*) aufgestiegen. Den Regierungsapparat, den er installierte, baute er nach dem Vorbild der Gouvernementsverwaltungen auf. Obwohl er selbst nicht aus den untersten Volksschichten kam (sein Vater war Lehrer der konfuzianischen Klassiker gewesen), brachte er zahlreiche plebejische Unterführer seiner Truppe in Amt und Würden. Auch war er in der Wahl seiner Mittel oft bedenkenlos; so ließ er z. B. bei kriegerischen Unternehmungen Deiche am Huangho durchstechen. Daß die spätere Geschichtsschreibung ihn und seine Dynastie fast nur mit Ressentiment schildert, ist wohl einfach der Tatsache zuzuschreiben, daß er es war, der der T'ang-Herrschaft auch formell das Ende bereitete, und daß er die konfuzianische Beamtenschaft weitgehend ausschaltete.[1]

Anders lagen die Verhältnisse bei dem Türken (Sha-t'o) Li K'o-yung und seinen Nachkommen. Seiner Familie war von den T'ang das Recht zuerkannt worden, den Sippennamen des Kaiserhauses, Li, anzunehmen, so daß viele T'ang-Loyalisten in ihm den legitimierten Sachwalter des T'ang-Erbes erblickten und nach seinem Tode (908) auch seinen Sohn Li Ts'un-hsü unterstützten. So war es nur natürlich, daß nach dem Siege über die Liang der neue Staat den Namen T'ang erhielt. Er umfaßte das Ordos- und Huangho-Gebiet bis einschließlich der Shantung-Halbinsel. Strukturell unterschied sich der neue Staat nur wenig von dem der Liang. Obgleich die gebildete Beamtenschaft das Funktionieren des bürokratischen Apparats gewährleistete, lag doch die eigentliche Gewalt in den Händen der Militärs, deren Truppen zahlenmäßig zwar nicht stark — man schätzt sie auf rund 10 000 Mann —, aber recht schlagkräftig waren. Allerdings bekamen sie es bald mit einem mächtigeren Gegner, den Kitan, zu tun, gegen die sie sich schon 917 zur Wehr setzen mußten und die 926 das P'o-hai-Gebiet (am heutigen Golf von Chih-li) annektierten. Mit Hilfe der Kitan schwang sich auch Shih Ching-t'ang, der Schwiegersohn des T'ang-Kaisers Li Ssu-yüan und ebenfalls ein Sha-t'o, zum Herrscher auf; er benannte seine Dynastie Chin (936). Für ihre Unterstützung mußte er den Kitan 16 Präfekturen in Nord-Hopei (mit Yu, dem heutigen Peking) und Nord-Shansi abtreten sowie Tribute zahlen. Das hinderte die Kitan aber nicht, ihre Aggression südwärts fortzusetzen. Sie eroberten 946 sogar die Hauptstadt Lo-yang, zogen sich jedoch kurz darauf wegen des Todes ihres Herrschers freiwillig wieder zurück. Während des Interregnums vermochte ein weiterer Sha-t'o, Liu Chih-yüan, der Militärgouverneur in Shansi war, seine Truppen aus den Kämpfen herauszuhalten. 947 proklamierte er sich in K'ai-feng zum Kaiser und gab seinem Staat den Namen Han. Offensichtlich aber hatten die dauernden Kämpfe die Kraft des kleinen Sha-t'o-Volkes erschöpft. Es genügte, daß ihm die Spitze genommen wurde, um es als politischen Faktor auszuschalten. Der chinesische General Kuo Wei konnte sich nach Beseitigung des noch jugendlichen Han-Herrschers zum Kaiser machen und 951 die letzte der fünf Dynastien unter dem Namen Chou etablieren. Er vermochte den ganzen Norden Chinas bis zur Grenze des Kitan-Staates zu vereinen, die zerrüttete Wirtschaft langsam wieder in geordnete Bahnen zu lenken und einen Teil der flüchtend umherziehenden Bauern seßhaft zu machen. Sogar Reparaturarbeiten an den Deichen des Huangho und des Kaiserkanals konnten in Angriff genommen werden.

In der Turbulenz der Ereignisse dieses knappen halben Jahrhunderts hatten sich fast unmerklich wichtige Veränderungen in der politischen Machtstruktur vollzogen, die letztlich alle auf eine Stärkung der Zentralgewalten hinausliefen. So war schon seit der Späteren Liang-Dynastie die Finanzverwaltung der Bürokratie entzogen worden. Bedeutungsvoller aber war, daß den unteren Armee-Kommandeuren mehr und mehr jede Selbständigkeit genommen wurde. Seit den (Späteren) Han wurden in steigendem Maße militärische Kontroll-Kommissare (*hsün-chien shih*) eingesetzt, die den Einfluß der Gouverneure beschnitten und die Funktionsfähigkeit der Zentrale stärkten. Schließlich überzog ein ganzes Netz solcher *hsün-chien shih* den Norden Chinas.[2] Damit war die Voraussetzung für eine erneute

Einigung Chinas vom Norden aus gegeben; zugleich aber verstand es sich auch, daß ein solches Unterfangen nur ein Armeeführer verwirklichen konnte. Diese Rolle fiel dem General Chao K'uang-yin (927-976) mehr zu, als daß er sie sich selbst erwählt hätte. Als 959 der Chou-Kaiser Shih-tsung auf einem Feldzug gegen die Kitan starb, wurde Chao K'uang-yin von seinen Unterführern zum Kaiser ausgerufen.

Wir haben die politische Entwicklung im Bereich der »Zehn Staaten« hier gänzlich übergangen, weil in keinem derselben sich eine politisch-militärische Kraft konstituieren konnte, die für die Reichseinigung in Frage gekommen wäre. Nur Li Ching, der Nachfolger des Staatsgründers der Südlichen T'ang, der durch Einverleibung von Wu (937), Min (946) und Ch'u (951) seinen Machtbereich erheblich ausweitete, nahm Verbindung zu den Kitan auf, in der Absicht, seine Hegemonie auch im Norden zur Geltung zu bringen. Doch nach mehreren Feldzügen mußte er 958 die Gebiete nördlich des Yangtse an die (Späteren) Chou abtreten und auf die Führung des Kaisertitels verzichten.

II. DIE ANFÄNGE DES »MODERNEN« CHINA

Chao K'uang-yin, kanonisiert als T'ai-tsu, gab seiner Dynastie den Namen Sung (960). Die neue Hauptstadt wurde Pien, das heutige K'ai-feng. Es bedurfte der gesamten Regierungszeit Kaiser T'ai-tsus (bis zu seinem Tod im Jahre 976), um das Reich zu einen und zu konsolidieren. Politisches Geschick und militärische Tatkraft waren T'ai-tsu in gleicher Weise zu eigen, und er verstand es, beide Fähigkeiten je nach Maßgabe anzuwenden. Den Staat der Nan P'ing verleibte er 963 auf friedlichem Wege seiner Herrschaft ein. Ein Jahr darauf schickte er sein Heer gegen Shu in Ssuch'uan. Bei diesem Feldzug kam es zu Grausamkeiten gegenüber den geschlagenen Truppen des Feindes und zu Plünderungen der Zivilbevölkerung, was den Kaiser veranlaßte, künftig für strenge Disziplin zu sorgen, denn es war ihm bewußt, daß er sein Werk nur würde vollenden können, wenn das Volk nicht ruiniert wurde und er die Loyalität der lokalen Beamten an sich binden konnte. Sein Nachfolger T'ai-tsung beherzigte diese Erkenntnis nicht; unter ihm wurden Textilarbeiter (Ssuch'uan war ein Zentrum der Seidenindustrie) zwangsweise nach K'ai-feng umgesiedelt und der Privathandel mit Seidenbrokat verboten, um nur die schlimmsten der Ungeschicklichkeiten aufzuführen, die von Beamten, welche die Zentrale in Ssuch'uan eingesetzt hatte, begangen wurden. 993 brach ein Aufstand aus, der erst 995 niedergeschlagen werden konnte. Allerdings blieb diese Entwicklung eine Ausnahme. T'ai-tsu machte es zur Regel, auch die entthronten Machthaber der Teilstaaten mit der Übertragung von Hofposten zwar kaltzustellen, gleichzeitig aber materiell zu befriedigen; so wurde mit Liu Ch'ang der Südlichen Han verfahren, nachdem die kaiserlichen Armeen 971 Kanton eingenommen hatten, und so auch mit Li Yü der Südlichen T'ang, dessen Hauptstadt Nanking 975 fiel, der aber den Verlust seines Reichs bis zu seinem Tode (978) nicht verwand, wovon seine Dichtungen aus jenen drei Jahren zeugen.

Unter T'ai-tsung (er regierte 976-997) wurde das Einigungswerk mit der Eingliederung des Staates der Nördlichen Han in Shansi (979) abgeschlossen. Damit war ein Zustand hergestellt, der dem Anschein nach dem zu Beginn der Herrschaft der Han und T'ang vergleichbar war. Der rein äußerliche Eindruck vom Ablauf eines dynastischen Zyklus indes wird hervorgerufen durch die zufälligen Zäsuren, die die Einbrüche und Regimes (halb)nomadischer Fremdvölker in Nordchina setzten. Tatsächlich aber läßt sich eine mit dem Ende der Han-Dynastie beginnende, wenngleich eben mehrfach unterbrochene Umschichtung der chinesischen Gesellschaft erkennen. Der Prozeß, in dessen Verlauf sich das Sozialgefüge differenzierte, war durch das Zwischenspiel der Fünf Dynastien erneut verlangsamt, doch nicht aufgehalten worden und tendierte seit dem 11. Jahrhundert auf ein modernes China hin. Der Begriff der »Moderne« soll hier durchaus in seiner konkret-historischen Bedeutung als Bezeichnung für die Entwicklung der Produktivkräfte seit der industriellen Revolution verstanden werden, wie sie sich im Westen voll entfaltet hat und die, wie sich heute schon mit Sicherheit sagen läßt, auch zum Schicksal Chinas geworden ist bzw. werden wird.

Die Voraussetzungen dafür, daß sich die chinesische Gesellschaft aus sich heraus in gleicher Richtung bewegen könnte, waren zur Sung-Zeit denkbar günstig. Zum ersten Male fand das wiedervereinigte Reich an seinen nördlichen Grenzen militärisch gleich starke Staaten vor, die sogar weite Teile chinesischen Territoriums besetzt hielten. Da im Gegensatz zur Expansion unter den Han und T'ang die Sung-Regierung sich schnell in eine Koexistenzpolitik schickte, war die Gesellschaft auf sich selber zurückgeworfen. Dennoch war der chinesische Lebensraum noch immer gewaltig: seine gesamte Anbaufläche betrug um 1075 etwa 4 600 000 ch'ing (1 ch'ing = etwa 5,4 ha). Zu dieser Zeit hatte man über 10 Millionen Haushalte in den Steuerlisten registriert. Allerdings läßt sich aus dieser Angabe die Gesamtbevölkerungszahl nicht errechnen, weil unklar ist, wieviel Personen unter einem Haushalt steuerrechtlich zusammengefaßt wurden.[3] Der Großteil davon lebte jetzt in den südlichen Regionen des Reiches, die bereits durch Jahrhunderte anhaltende Wanderungsbewegung kam auch unter der Sung-Herrschaft noch nicht zum Stillstand (Ende des 13. Jahrhunderts siedelten etwa 85 % der chinesischen Bevölkerung im Süden). Damit verlagerte sich aber auch das wirtschaftliche Zentrum endgültig nach Süden und Südosten. Begünstigt wurde diese Entwicklung zudem von der militärisch unsicheren Lage an den nördlichen Grenzen, auch wurde das Gebiet am Unterlauf des Huangho, das im 11. Jahrhundert noch nicht von den Chin annektiert war, durch Überschwemmungskatastrophen schwer heimgesucht (besonders durch die Laufänderungen von 983, 1000, 1048 und 1077). Die landwirtschaftlichen Hauptanbauregionen lagen jetzt in den südlichen Teilen von Anhui, Kiangsu sowie in Chekiang. Fortschrittliche Agrartechniken (spezialisierte Akkergeräte, Verwendung von Wasserkraft auch zum Dreschen und Mahlen, verbesserte Bewässerungsanlagen) und Anpflanzung neuer Getreidesorten erhöhten die Produktivität, auch erlaubten die Bedingungen in manchen Gegenden eine zweimalige Aussaat im Jahr. Von weitreichender Konsequenz für die gesamte Volkswirtschaft — und zwangsläufig für die soziale Schichtung der Gesellschaft — aber wurde, daß die einzelnen Regionen ökonomisch nicht mehr autark blieben: Zum Schwerpunkt der Eisenproduktion wurde Nord-Hopei, Zucker wurde besonders in Kiangsi und Fukien gewonnen und verarbeitet, der Reisanbau wurde in den Gebieten um den T'ai-hu-See, in Kuangtung und in Ssuch'uan intensiviert, in den südöstlichen Küstenregionen schließlich nahmen die Manufakturen, in denen der Tee aufbereitet wurde, einen großen Aufschwung. Die rasch wachsende Komplexität der ökonomischen Struktur beeinflußte vor allem Handel und Verkehr. Zahlreiche neue Binnenwasserstraßen wurden angelegt, und in Shensi, Kiangsi und Chekiang entstand eine ganze Schiffsbau-Industrie. Während allein auf dem Kaiserkanal die Menge der Reistransporte sich im Vergleich zur T'ang-Zeit um mehr als das Doppelte erhöhte, kam in steigendem Maße auch die Küstenschiffahrt zu wirtschaftlicher Bedeutung, und zum ersten Male betrieben die Chinesen in nennenswertem Umfang Überseehandel, den sie bisher im wesentlichen arabischen und persischen Händlern überlassen hatten, was — wie wir oben gesehen haben — zu einer beachtlichen mohammedanischen Kolonie in Kanton geführt hatte. Seit dem Ende des 11. Jahrhunderts konnten die chinesischen Seeleute einen geeigneten Kompaß benutzen, ihre Schiffe faßten 500 bis 600 Mann und transportierten mehrere Dutzend Tonnen Ladung. Die wichtigsten Handelspartner Chinas waren Japan, das Königreich Čampa an der Küste von Annam, Malaya und

Küstenstädte in Südindien und Bengalen. Neben seltenen Hölzern, Kampfer und Gewürzen führten die Chinesen vorwiegend Luxuswaren wie Elfenbein, Korallen und Perlen ein, unter ihren Ausfuhrgütern standen Porzellane sowie Seidenstoffe und -brokate an oberster Stelle.[4] Trotz schwerer Strafandrohung für die Übertretung des Verbots von Münzexporten floß Geld in großen Mengen auf dem Wege des Überseehandels ins Ausland ab.

Der Aufschwung der Geldwirtschaft ist mit dem des Handels aufs engste verbunden. Das Gießen der Münzen (die bronzene runde Münze mit einem viereckigen Loch herrschte noch immer vor) war weiterhin ausschließlich staatliches Privileg. Jetzt ließ die illegale Geldausfuhr das Kupfer fühlbar knapp werden, denn Gold und Silber, in Barrenform zwar auch als Tauschmittel benutzt, spielten als Währung eine nur untergeordnete Rolle. Dazu kam, daß Silber als vertraglicher Tribut an die Kitan und die Tanguten ging. Die verstärkte Ausbeutung der Minen konnte die Defizite nicht ausgleichen; so griff man zu einer Notmaßnahme, wie man sie bereits im 10. Jahrhundert praktiziert hatte, nämlich Münzen aus anderen Metallen zu gießen. Während des 11. Jahrhunderts gab es in Ssuch'uan ausschließlich Eisengeld, in Shansi und Shensi Kupfer- und Eisenmünzen nebeneinander und im übrigen Reichsgebiet nur Kupferwährung.

Damit waren aber die Finanzprobleme noch nicht zu lösen. Vor allem das sich rasch ausweitende Handelsvolumen verlangte nach einer größeren Mobilität des Geldes. Schon im Jahre 970 hatte die Sung-Regierung ein Kreditbüro in der Hauptstadt eingerichtet, das Wechsel auf Geld (sogenanntes »fliegendes Geld«) ausstellte, die in jeder Provinz eintauschbar waren. Damit knüpfte man an eine Entwicklung an, die gegen Ende der T'ang-Zeit mehr oder weniger spontan in Ssuch'uan ihren Ausgang genommen hatte. Dort war es auch, wo einige reiche Kaufleute von der Regierung das Monopol erhielten, Geldanweisungen auszustellen. Allerdings ging schon 1023 das Recht, Papiergeld in Umlauf zu bringen, ganz auf die staatlichen Behörden über. Bald waren die neuen Geldscheine im ganzen Reiche verbreitet, obwohl ihre Gültigkeit durchschnittlich auf drei Jahre befristet war und sie nur in der entsprechenden Region eingetauscht werden konnten. Zu Beginn des 12. Jahrhunderts betrug der Gesamtwert des zirkulierenden Papiergeldes schätzungsweise 70 Millionen Schnüre Bronzemünzen. Unter der südlichen Sung-Dynastie nahm die Entwicklung inflationäre Züge an; 1232 waren 329 Millionen Noten in Umlauf. Dazu trug außer den damals steigenden Kosten für das Militär auch bei, daß sich der Überseehandel stark defizitär gestaltete.

Ein weiteres modernes Element im Prozeß der Umgestaltung der sungzeitlichen Gesellschaft stellte das Wachstum der Städte dar. Nun hatte es zwar schon vorher gewaltige Städte gegeben; diese waren aber in der Regel die Metropolen gewesen und hatten ihr Aufblühen allein ihrer politischen Bedeutung zu verdanken gehabt. K'ai-feng dagegen war wesentlich als Handelszentrum zu einer Großstadt geworden und ebenso Hang-chou, beide um 1100 schon Millionenstädte. Daneben erlebten im Südosten Su-chou, Fu-chou und Jao-chou ein geradezu stürmisches Wachstum. Als die südliche Sung-Dynastie zusammenbrach, zählte Su-chou knapp 2,5 Millionen Einwohner und Jao-chou noch mehr. Das Leben in diesen Städten[5] zerbrach jetzt alte Schranken: die früher die einzelnen Stadtteile trennenden Mauern verschwanden, Läden, Werkstätten und Märkte konnten überall etabliert werden und waren nicht mehr an vorgeschriebene Straßen und Plätze gebunden, nur noch die Behörden bildeten einen eigenen Bezirk. Die mannigfachen Gewerbe waren in Gilden zusammengeschlossen, allerdings wirkte dabei wohl staatlicher Zwang mit, da die Organisation bessere Handhabe für die behördliche Kontrolle bot, während im abendländischen Mittelalter die Zünfte und das Patriziat über die Sicherung der berufsständischen Belange hinaus auch wichtige Faktoren in den Autonomiebestrebungen der Städte waren. Aber die ein- und umschmelzende Kraft der Stadt bewies sich auch in China: die soziale Differenzierung machte hier, begünstigt durch eine hohe Spezialisierung innerhalb des Handwerks, nicht minder große Fortschritte. Auch andere Aspekte hatte die chinesische Stadt mit der europäischen gemeinsam: es gab Altersheime und Waisenhäuser, Vergnügungsviertel und öffentliche Friedhöfe, Feuerwehren, Vermittlungsstellen für alle Arten von Dienstleistungen, Schausteller und Prostituierte, Schwindler und Verbrecher.

Eine der Ursachen für das rapide Anwachsen der Städte war die Landflucht. Die Bildung landwirtschaftlicher Großbetriebe in Form der Gutshöfe (*chuang-yüan*), die sich schon zur T'ang-Zeit angebahnt hatte, war am weitesten in den südöstlichen Gebieten des Reiches fortgeschritten. Sie hatte wesentlich dazu beigetragen, diese Region zum Wirtschaftszentrum werden zu lassen, hatte gleichzeitig aber auch das Sozialgefüge schwer erschüttert. Die selbständigen Kleinbauern verschwanden hier fast völlig, da sie mit der Rationalisierung, wie sie nur von den Gutshöfen durchgeführt werden konnte, nicht Schritt zu halten vermochten. Die Pächter (*tien-hu*), zu denen sie wurden, hatten faktisch den Status von Leibeigenen: sie konnten ihr Land freiwillig nicht verlassen und gingen bei Landverkäufen automatisch an die neuen Herren über. Außer der Pacht, die sie zu entrichten hatten, waren sie nach wie vor zu Arbeitsleistungen verpflichtet, auch besaßen sie kein absolutes Verfügungsrecht über ihre Kinder. Der einzige Vorteil für die Pächter bestand in dem Schutz, den ihnen der Gutsherr den Behörden gegenüber gewährte, so daß nicht selten Kleinbauern »freiwillig« zu Pächtern wurden. Oft traten sie in gleicher Eigenschaft auch in die Dienste von buddhistischen oder taoistischen Klöstern, die seit der Säkularisation von 845 wieder an Zahl und Größe zunahmen. Diese Verhältnisse konservierten also ein feudalistisches Element, auch wenn auf der anderen Seite die Grundbesitzer — anders als im europäischen Mittelalter — keine herrschaftlichen Rechte als Territorialherren besaßen. Aber wir haben ja schon mehrfach erkennen müssen, daß der an der europäischen Geschichte entwickelte Begriff des Feudalismus in seiner ganzen Komplexität nicht schematisch übertragbar ist, so daß wir uns jeweils auf diejenigen seiner Konstituenten beziehen, die in der chinesischen Entwicklung konkret nachweisbar sind.

Parallel zu der stärkeren Differenzierung *zwischen* den verschiedenen Gesellschaftsklassen verlief nun aber auch eine *innerhalb* der einzelnen von ihnen. Das betraf nicht zuletzt die Schicht der Grundbesitzer. Da sich die gehobene Beamtenschaft fast ausschließlich aus ihr rekrutierte, mußte die wirtschaftliche Position, die sich oft aus einem Amt herleitete, auch wieder auf das Herkunftsmilieu zurückwirken. Die Verflechtung von Grundbesitz und Bürokratie führte vor allem dazu, daß die Priorität der Agrarprobleme bei der Diskussion um ökonomische Maßnahmen gewahrt blieb. So ist es auch nicht verwunderlich zu sehen, daß das Beamtentum innerhalb der Klasse der Grundherren bald das politisch bestimmende Element und damit in die Lage versetzt wurde, seine ökonomische Basis auch politisch zu sichern. Ein gutes Beispiel hierfür liefert der Politiker Fan Chung-yen (989-1052), der das Institut der Familienstiftung begründete, nach welcher mit Familienvermögen erworbener Grundbesitz der Familie als ganzer erhalten blieb, und zwar ungeteilt. Denn da in China die Primogenitur keine Rolle spielte — mit Ausnahme nur der Feudalfamilien der späteren Chou- und der frühen Han-Zeit —, war unter dem Vorherrschen des Teilungsprinzips der Besitzstand in den mittleren und unteren Klassen immer stärker zerstückelt worden.[6] An der institutionellen Struktur des Beamtenapparats änderte sich im Vergleich zur T'ang-Dynastie nur wenig. Lediglich in einem Punkte wich man, auf Grund der bitteren Erfahrungen, gänzlich vom bisherigen Modell ab: die Militärverwaltung, die unter den T'ang unabhängig gewesen war, wurde nun eindeutig der zivilen Administration unterstellt, und zwar dem sogenannten

»Geheimen Staatsrat« (*shu-mi yüan*). Als Kanzler (*ch'eng-hsiang*) fungierten in der Regel zwei oder drei Beamte, die Hauptlast der Verwaltungsarbeit trug wie bisher die Staatskanzlei (*chung-shu sheng*). Angesichts der sich immer mehr verzweigenden Behörden kam den Kontrollinstanzen erhöhte Bedeutung zu. Hier war es das Zensorat, das eine erhebliche politische Macht repräsentierte. Auch die Lokalverwaltung folgte in ihrem Aufbau dem t'angzeitlichen Vorbild. Die Provinzen hießen jetzt *lu* (»Wegbezirke«); ihre Zahl wechselte, überstieg aber nicht 26. Das System der Präfekturen, Militärbezirke und Kreise blieb ebenfalls erhalten.

Noch größeres Gewicht erhielt das jetzt straffer zentralisierte Examenswesen. Seit 1067 wurden die Prüfungen in einem regelmäßigen Turnus von drei Jahren abgehalten; die Lehrstoffe wurden weiterhin im wesentlichen aus den konfuzianischen Klassikern bestritten, deren Rezitation und Exegese auch im Hofritual fest verankert wurden. Und nach wie vor gab es die institutionell gesicherte Möglichkeit, auf dem Wege der Empfehlung und kaiserlicher Protektion zu Beamtenwürden zu gelangen. Die Grundlagen des Mandarinen-Staates, wie sie für die folgenden Jahrhunderte als typisch galten, waren unter der Sung-Herrschaft schon voll ausgebildet.

III. DIE REFORMEN VON WANG AN-SHIH

Das gewaltige Sozialprestige, das die akademischen Beamten genossen, gleich ob sie reichen oder weniger begüterten Familien entstammten, stand nicht selten in einem krassen Mißverhältnis zur materiellen Lage anderer sozialer Schichten, besonders der Großkaufmannschaft, die, obwohl der gesellschaftlichen Wertung nach fast verachtet, sich eine aufwendige Lebensführung leisten konnte. Die Gehälter und vielfältigen Privilegien (Erträge der Amtsfelder, Steuerfreiheit) boten in dieser Hinsicht keinen genügenden Ausgleich. So war die Versuchung, dem aus eigener Initiative abzuhelfen, für die Beamten beträchtlich, zumal die Gelegenheiten dazu zahlreich waren. Von einfacher Unterschlagung von Steuergeldern bis zur Ausnutzung der amtlichen Stellung für erpresserische Zwecke gab es ein weites Feld von Möglichkeiten der Bereicherung. Auch versuchten sich Beamte im Nebenberuf oder über Strohmänner als Unternehmer, wofür besonders die Verhältnisse an der Nordgrenze zu den Kitan günstig waren, da dort die staatlichen Behörden ohnehin regulierend in den Grenzhandel eingriffen. In allen diesen Fällen von Korruption haben schließlich die nichtakademischen Behördenangestellten eine Rolle gespielt. Als

Abb. 7: Fan Chung-yen (989–1052) nach einer Steinabreibung aus dem Jahre 1827

Kanzlisten und Sekretäre mußten sie des Schreibens und Lesens kundig sein, stammten also keineswegs aus den unteren Schichten, vor allem aber kannten sie sich in den lokalen Gegebenheiten bestens aus, denn sie taten ja Dienst in ihren Heimatorten und wurden auch nicht versetzt. Berücksichtigen wir noch, daß eine sich rasch ausdehnende Bürokratie aus sich heraus Probleme in Fülle erzeugt, wird ohne weiteres verständlich, daß Reformen auf der Tagesordnung standen.

Interessant ist, daß schon von Li Kou (1009-1059), dem ersten, der mit ernst zu nehmenden Reformplänen hervortrat, die allerdings gänzlich einflußlos blieben, einem weiteren Thema größte Aktualität zuerkannt wurde, nämlich der militärischen Lage des Sung-Reiches. Denn eines war frühzeitig offenbar geworden: je mehr die chinesischen Armeen zahlenmäßig anwuchsen, desto geringer wurde ihre Schlagkraft. Hier wirkte sich der Vorrang der zivilen Seite, der oft militärisch untaugliche Beamte auf Kommandostellen brachte, verhängnisvoll aus. Dabei war die Erhöhung der Truppenstärke geradezu vehement: betrug sie im Jahre 960 378 000 Mann, so war sie nach 1041 auf 1 259 000 angestiegen. So ist es nicht verwunderlich, daß Li Kou vorschlug, den Generalen größere Selbständigkeit zu gewähren sowie Bewaffnung und militärische Ausbildung zu verbessern.[7]

Der mit Li befreundete Fan Chung-yen (989-1052) hatte ungleich günstigere Voraussetzungen, seine Ideen zu verwirklichen. Seine Karriere führte ihn zwischen 1043 und 1045 auf den Posten eines Vizekanzlers, doch reichte die kurze Zeit nicht aus, den Widerstand seiner Gegner zu überwinden. Die Heftigkeit der Auseinandersetzung mit diesen erklärt sich hinlänglich aus Fans Programm, das eine Reform des Beamtentums selbst beinhaltete. Er hatte erkannt, daß alle anderen Reformen zum Scheitern verurteilt sein würden, solange nicht dieser entscheidende Apparat, der wie ein Transmissionsriemen die verschiedenen Teile des Gesellschaftskörpers verband, zu voller Leistungsfähigkeit kam, wozu natürlich auch die moralische Integrität seiner Träger gehörte. Fans Erfolglosigkeit machte deutlich, daß ein Reformer nur dann wirksam werden konnte, wenn ihm die Unterstützung des Kaisers sicher war. Wang An-shih (1021-1086) wurde dieses Glück zuteil. Noch im Jahre 1058 fand seine Reformschrift, das »Zehntausend-Worte-Memorandum«, überhaupt kein Echo. Aber der von seiner Persönlichkeit faszinierte Kaiser Shen-tsung (Regierungszeit 1068 bis 1085) berief ihn bereits ein Jahr nach seiner Thronbesteigung zum Kanzler. Noch 1069 ließ Wang eine zentrale Finanzkommission bilden — eine Maßnahme, wie man sie schon im 8. Jahrhundert nach der Rebellion des An Lu-shan getroffen hatte und die jetzt ebenfalls heftige Gegenreaktionen in der Regierung provozierte. Überhaupt ist zu sagen, daß die Jahrzehnte seit Wangs aktivem Eingreifen in die Politik von hitzigen Parteikämpfen erfüllt waren. Gerade an diesen aber offenbarte sich ganz klar die Differenzierung, welche auch die Oberschicht erfahren hatte. Bis in die T'ang-Zeit hinein waren alle Gruppenbildungen vorwiegend sippenmäßig geprägt gewesen; auf Grund der gewandelten Sozialstruktur nahmen sie jetzt einen mehr politischen und regionalen Charakter an.

Für die Bauern erwirkte Wang ein Gesetz, das ihnen staatliche Hilfe in der Form von Darlehen gewährte. Diese wurden zur Zeit der Feldbestellung ausgegeben und waren nach Abschluß der Ernte, natürlich mit Zinsen, zurückzuzahlen. Gleichzeitig versuchte Wang mit neuen Verordnungen, steuerliche Ungerechtigkeiten auszugleichen, besonders aber organisierte Aufkäufe durch die Großkaufleute zu verhindern. Eine gleichmäßigere Verteilung der Lasten, die aus der Arbeitsdienstpflicht erwuchsen, sollten Gesetze erbringen, die 1070 erlassen wurden. Danach hatten alle, die von solchen Leistungen befreit waren, eine gestaffelte Steuer zu entrichten, aus deren Erträgen freie Arbeitskräfte für öffentliche Unternehmungen eingestellt werden konnten. Ferner wurde die staatliche Überwachung des Handels verschärft. Anstelle ihrer Produkte mußten die Gilden nunmehr Abgaben in Geld leisten, und um den Einfluß der Gilden möglichst gering zu halten, gewährte man den mittleren und kleinen Kaufleuten ebenfalls staatliche Kredite.

Traditionell, besonders im Sinne des Legalismus, war die Aufstellung von Bürgschaftsfamilien (pao-chia), die in Friedenszeiten Polizei- und Wachdienste zu übernehmen hatten, im Kriegsfalle eine Art Milizarmee bildeten. Im Grunde aber handelte es sich um eine Wiederbelebung des alten Garantiesystems der Kollektivhaftung. Zehn Familien formierten sich zu jeweils einer Einheit; diese Einheiten wurden dann ihrerseits in größeren Gruppen zusammengefaßt. Soweit sich überblicken läßt, war dieses System auf die Landbevölkerung beschränkt.

Am revolutionärsten waren wohl die Eingriffe in das Examenswesen; aus ihnen dürften Wang die meisten seiner beamteten Gegner erwachsen sein. Denn es wurden nicht nur neue Ausbildungsstätten in den Provinzen geschaffen, sondern die Prüfungen selbst wurden nach ihren Lehrgegenständen reformiert, indem größeres Gewicht auf Sachfächer wie Medizin, Rechtsprechung, Geographie, Finanzwirtschaft und Militärwesen gelegt wurde. Das fachliche Spezialistentum war aber schon immer von der konfuzianischen Beamtenschaft bekämpft worden. Auch vor den Behördenangestellten machte die Reform nicht halt. Dadurch, daß auch sie jetzt ein Gehalt erhielten, sollte erreicht werden, daß Leuten aus mittleren Kreisen der Zugang zu solchen Stellen ermöglicht werden konnte.

Als der Widerstand gegen Wangs Politik, in dem sich auch so berühmte Persönlichkeiten wie Ou-yang Hsiu, Ssu-ma Kuang und Su Shih engagierten, immer schärfere Formen annahm, demissionierte Wang An-shih 1076 aus seinem Amt. Doch solange Kaiser Shen-tsung herrschte, wurde die Reformära nicht unterbrochen. Erst nach dessen Tod (1085) mußte Wang noch erleben, wie seine Gegner triumphierten. Daß diese aber den Erfordernissen ihrer Zeit nicht gerecht wurden und nicht voll im Einklang mit der sozial-ökonomischen Entwicklung standen, erwies sich, als 1093 der 1085 minderjährig auf den Thron gekommene Che-tsung selbst die Regierung in die Hand nahm und den Protagonisten von Wangs Politik die Führung anvertraute.

An Wang An-shihs Person und Ideen hat sich eine intensive Diskussion entzündet, die praktisch schon von den chinesischen Historikern, von denen das Quellenmaterial über diese Periode stammt, eröffnet worden ist. Die meisten Deutungen sind heute noch Interpretationen und keine gesicherten Erkenntnisse.[8] Zumindest eines aber ist unbestritten: durch die Reformen wurde sowohl die Stellung der zentralen Bürokratie gefestigt als auch die Machtposition des Kaisers in Richtung auf den Absolutismus hin gestärkt.

IV. DIE ERNEUERUNG DES KONFUZIANISMUS

Wie wenig sich der Konfuzianismus im Begriff einer Religion, einer Philosophie oder einer praktischen Ethik erschöpft, wird abermals augenfällig, wenn wir seine Erneuerung während der Sung-Zeit betrachten. Tatsächlich gab es für die Konfuzianer nie einen Unterschied zwischen praktischer und theoretischer Vernunft. Sie gewannen allen Teilaspekten, denen sie sich zuwandten, immer wieder die Ganzheitlichkeit der Welt ab, die ihnen solcherart nicht in Form und Inhalt auseinanderbrach. Die Einflüsse, die auf den Konfuzianismus einwirkten, und auch die Antriebe, die von ihm auf die Gesellschaft ausgingen, waren dabei so umgreifend und komplex, daß jedes einzelne seiner Momente nur in bezug auf ihn als Gesamtphänomen zu begreifen ist. Und so vielen Widersprüchen der Konfuzianismus auch Spielraum bot — allen seinen schöpferischen Impulsen blieb als Wesenszug der Wille zur Synthese gemeinsam. Die großen Reformer wie Fan Chung-yen und Wang An-shih und ihre Widersacher wie etwa Ssu-ma Kuang nährten sich aus den gleichen Quellen, standen auf dem gleichen Fundament, wie auch ihre

Intentionen letztlich in gleichen Zielvorstellungen konvergierten.

Auch wenn wir die Protagonisten der konfuzianischen Erneuerung nach Staatsmännern, Philosophen, Wirtschaftstheoretikern oder Literaten klassifizieren, ist dies nur als methodische Darstellungshilfe zu verstehen. Sie waren zumeist alles zugleich, und ihrem Selbstverständnis war eine solche Trennung fremd. So befaßte sich der »Philosoph« Chang Tsai (1020-1077) mit dem Problem der Landverteilung. Er empfahl beispielsweise, alles Land in Staatsbesitz zu überführen und die dabei zu enteignenden Reichen durch Ämter zu entschädigen. Und der »Politiker« Wang An-shih setzte sich philosophisch mit der menschlichen Natur auseinander. Indem er diese mit ihren emotionalen Trieben identifiziert, die, wenn sie auf die äußere Umwelt treffen, erst zu den Gefühlen wie Liebe, Haß, Trauer usw. werden, versucht er die Lehren von Meng-tzu (der Mensch ist ursprünglich gut) und Hsün-tzu (der Mensch ist ursprünglich böse) aufzuheben. Damit stellt Wang An-shih sogar weitgehend das konfuzianische Dogma, wonach die Natur des Menschen aus sich selbst heraus auf die Moral hin angelegt sei, in Frage, und es ist interessant zu sehen, wie sein wirtschaftstheoretischer Rationalismus hier auf rein philosophischer Ebene eine Parallele findet.

Die Diskussion über die menschliche Natur bildete — in geistesgeschichtlicher Sicht — einen der Anknüpfungspunkte für die große philosophische Bewegung, die man als Neo-Konfuzianismus bezeichnet und als deren Ahnherr Han Yü (768-824) gilt. Es ist uns — aus Raumgründen — weder möglich noch halten wir es für sinnvoll, im Rahmen einer Darstellung der chinesischen Geschichte den Neo-Konfuzianismus in allen seinen vielfältigen Aspekten zu beschreiben und zu analysieren. Wir wollen dagegen versuchen, Entsprechungen und Bezüge aufzuzeigen, die ihn als Teilphänomen einer sich wandelnden Gesellschaft ausweisen. Die repressiven Züge, die dem Konfuzianismus insgesamt unverkennbar zu eigen sind, erklären sich aus seiner Funktion als einer Ideologie von Herrschaft. Auch nachdem der Konfuzianismus wesentliche Prinzipien des Legalismus übernommen und seinem System integriert hatte, war das Bemühen seiner Verfechter fast ausschließlich darauf gerichtet, Normen für das soziale Leben der Gemeinschaft zu erarbeiten. Das Verhältnis des Menschen zur Natur blieb zunächst auch weiterhin kein Gegenstand des Nachdenkens. Solange in der chinesischen Agrargesellschaft die Beziehungen der einzelnen Klassen zueinander relativ einfach und überschaubar waren und die technischen Methoden der Naturbeherrschung relativ unentwickelt, solange konnte eine solche Gesellschaftslehre ihre Aufgabe bewältigen. Nunmehr aber, unter den Bedingungen zunehmender sozialer Differenzierung und technologischer Entwicklung, mußte sich der Konfuzianismus naturwissenschaftlichen Problemen öffnen. Diese waren bisher die Domäne des Taoismus gewesen. Unter dessen Adepten hatte sich eine alchimistische Richtung herausgebildet, die proto-wissenschaftliche Untersuchungen mit psycho-physischen Praktiken verband. Ihre »Forschungen« sollten trotz ihrer völlig unmethodischen Form nicht unterschätzt werden. Nicht nur im Westen erfanden Alchimisten, die eine Unsterblichkeitsdroge herstellen oder Gold machen wollten, neue Heilverfahren oder Produktionstechniken (man denke etwa an den Erfinder des Porzellans in Deutschland, J. F. Böttger). Außerordentlich interessant dabei ist, daß der Taoismus in seinen auf die Gesellschaft gerichteten Lehren gegen den Institutionalismus und für anarchische Zustände, d. h. aber in dieser Hinsicht anti-rationalistisch war.[9] Die Verbindung dieser beiden scheinbaren Gegensätze liegt im Begriff des Organischen, wie ihn nun der Neo-Konfuzianismus aufnahm, ohne jedoch seine rationalen Prinzipien, nach denen die menschliche Gesellschaft zu ordnen sei, aufzugeben. Es ist hier wohl nötig, ein weit verbreitetes und offenbar nicht auszurottendes Mißverständnis aufzuklären: wir meinen die immer wieder unternommenen Versuche, zwischen sogenanntem »östlichen« und »westlichen« Denken an sich einen Unterschied zu konstatieren und zu bestimmen. Der Unterschied bestand jedoch wesentlich nur im Objekt, das der Verstand jeweils ergriff und an das er sein Hauptinteresse band. War es im Westen die Natur, die man zum Zwecke ihrer Beherrschung der rationalen Analyse unterwarf, so war es in China der Mensch, besonders in seiner sozialen Verflechtung, den man in rationaler Synthese zu erfassen trachtete.

Die Integration taoistischen Ideenguts in den Neo-Konfuzianismus zwang dazu, Natur und Menschenwelt in ein System zu bringen. Von den Kosmologien, die damals entworfen wurden, ist am eindrucksvollsten die von Chou Tun-i (1017-1073), die in seinem Werk »Erklärungen zur Tafel des Urprinzips« (*T'ai-chi t'u shuo*) niedergelegt ist. Chou geht aus vom Urprinzip (*t'ai-chi*, wörtlich »höchster Gipfel«), das er als das Absolute schlechthin begreift und mit dem Begriff der Unendlichkeit (*wu-chi*) identifiziert. Dieses emaniert die beiden Potenzen *yin* (weiblich, dunkel, passiv) und *yang* (männlich, hell, aktiv), welche alle Entsprechungen bilden und sich auch in Himmel und Erde manifestieren. Im Zusammenwirken mit den fünf Elementen oder Wandlungsphasen (*wu-hsing*) bringen sie alle Erscheinungsformen und Wesenheiten hervor, sind also die Grundkategorien der gesamten phänomenalen Welt. An die Stelle von *t'ai-chi* setzten die beiden Brüder Ch'eng Hao (1032-1085) und Ch'eng I (1033-1108) das Ordnungsprinzip *li* (danach wird der Neo-Konfuzianismus auch *li-hsüeh* genannt), das allen Dingen innewohnt (z. B. das, »wodurch das Feuer heiß ist«), und das als eine Art organisches Naturgesetz begriffen wurde. Chang Tsai wiederum erblickte in der Substanz *ch'i* (»Äther«) das Grundprinzip. Beide Auffassungen versöhnte schließlich Chu Hsi (1130-1200), der zum Haupt der erneuerten Orthodoxie wurde. Indem er *li* und *ch'i* als einander korrespondierend und miteinander verknüpft interpretierte, wobei er nicht so sehr deren An-sich, als vielmehr ihre funktionale Beziehung betonte, schuf er gleichzeitig damit der Moral eine neue philosophische Grundlage. So, wie erst *li* und *ch'i* zusammen die Einheit des Kosmos repräsentieren, entsteht moralische Vollendung aus der richtigen Erkenntnis (die durch *li* ermöglicht wird) der materiellen Welt (die ihrem Wesen nach *ch'i* ist). In der Tradition des Neo-Konfuzianismus steht auch Lu Chiu-yüan (bekannter unter seinem Beinamen Hsiang-shan, 1139-1193), dessen Philosophie wir mit einigem Vorbehalt als idealistisch bezeichnen können. Gegen den Dualismus Chu Hsis setzt er seinen Monismus; für ihn sind Universum und Geist (*hsin*) identisch (»Raum und Zeit sind mein Geist«). Seine Ethik ist dementsprechend subjektivistisch: Gut und Böse sind notwendig korrelativ, Vervollkommnung wird auf dem Wege der Selbsterleuchtung verwirklicht. Lus Theorie des Geistes oder Bewußtseins (*hsin-hsüeh*) ist stark vom Ch'an-Buddhismus beeinflußt, was insofern beachtenswert ist, als überhaupt die Stellung, die die Literaten-Beamten dem Buddhismus gegenüber bezogen, sich wandelte. Han Yü noch hatte den Buddhismus arrogant verspottet und verlangt, man solle dessen Priester gewaltsam wieder zu gemeinen Leuten machen und die buddhistischen Schriften verbrennen. Doch war auch der Buddhismus durch die Säkularisation unter den T'ang als Institution entscheidend gebrochen worden, seine Anziehungskraft auf die Volksmassen hatte er behalten und bildete nach wie vor eine Herausforderung an den Konfuzianismus, der diese aber nur auf philosophischer Ebene annahm. Außer den Lehren der Ch'an-Meditationsschule waren es besonders die der *Fa-hsiang*-Sekte (*fa-hsiang*, sanskrit dharmalakṣaṇa, »Aspekte des Dharma«; die Sekte hatte Hsüan-tsang begründet), die die Auseinandersetzung über das Wesen der Natur und ihre Eigenschaften befruchteten. Auch wurde es durchaus üblich, daß konfuzianische Gelehrte philologische und andere Studien an buddhistischen Texten trieben. Daß eine hohe Stellung in der Ministerialbürokratie sich damit vertrug, beweist Chang Shang-yin (1043-1121), der ein bedeutender Laien-Buddhist und 1110/11 immerhin Vizekanzler

(*yu-p'u-yeh*) war. Auf einem Gebiet allerdings machte der Konfuzianismus keine Zugeständnisse und berief sich weiter auf
seine eigene Tradition: in der Ethik. Zwar ging die philosophische Begründung der Ethik neue Wege, doch die praktische
Morallehre bewegte sich nach wie vor in traditionalistischen
Bahnen. Wir müssen diese Feststellung aber sogleich modifizie-
ren: denn man hat schon zu Beginn der Sung-Dynastie große
Anstrengungen gemacht, den konfuzianischen Staatskult neu
zu beleben und auszubauen. Dieser Aspekt des Konfuzianismus
jener Zeit ist von der Forschung bisher so gut wie übergangen
worden, so daß man ihn noch nicht in seiner politischen Bedeutung einschätzen kann.[10] Es ist wohl möglich, daß man hiermit den verschiedenen »Forderungen des Tages« entgegentre-
ten wollte. Daß man dabei das Heil in der Wiederherstellung
der »reinen« Lehre sah, verdeutlichen die Worte des Historikers
Ssu-ma Kuang: »Ich habe gehört, daß die höchste Obliegenheit
des Himmelssohnes der Ritus ist. Hinsichtlich des Ritus aber ist
nichts größer als die Pflichtenteilung und hinsichtlich der Pflichtenteilung ist nichts größer als die Bezeichnung. Was aber ist
der Ritus? Er ist das Leitprinzip. Was ist Pflichtenteilung? Das
ist Fürst und Diener. Was ist Bezeichnung? Das ist Herzog,
Graf, Minister, Edelmann.«[11]

V. DER FALL DER NORD-SUNG

Zwischen 1085 und 1093 herrschte die Kaiserinwitwe Hsüan-
jen als Regentin. Ihre erste Maßnahme war, Wang An-shihs
Gegner Ssu-ma Kuang zum Kanzler zu berufen. Aber auch
nach dessen Tod 1086 führte sie eine Politik der Gegenreform
weiter. Es war eine turbulente Zeit, erfüllt von Kämpfen verschiedener Fraktionen innerhalb der Regierung. Im ganzen gesehen kam so eine Politik zustande, in der zwar wichtige Errungenschaften der Wang-Ära rückgängig gemacht wurden,
aber doch auch ein gewisser Ausgleich angestrebt wurde. Selbst
die Verteidiger der konservativen Richtung mußten zugeben,
daß die Streitigkeiten eine kontinuierliche Regierungspolitik gefährdeten. Als Che-tsung 1093 selbst die Herrschaft übernahm,
rief er diejenigen in führende Positionen zurück, die die Reformen unterstützt hatten. Unter ihnen stieg rasch ein Mann auf,
den die chinesische Historiographie zum Bösewicht schlechthin
machte und dem sie letztlich auch den Fall der Nördlichen Sung-
Dynastie anlastete, nämlich Ts'ai Ching (1046-1126). Diese
Wertung beruht ganz auf dem Grundprinzip chinesischen Ge-
schichtsdenkens, das der Persönlichkeit und ihrem Wirken aus-
schlaggebende Bedeutung verleiht. Daß der von Ts'ai Ching

eingeschlagene Weg, der den von Wang An-shih vorgezeichneten weiterführte, im Chaos endete, hatte seine Ursachen sowohl
im Widerstreit der sozialen Kräfte, die durch die Reformen teils
entfesselt, teils nur verstärkt worden waren, als auch in der
Verlagerung des außenpolitischen Kräfteverhältnisses zugunsten der nördlichen Grenzvölker, die auch von den Konservativen nicht erkannt worden war. Die Schärfe des Verdam-
mungsurteils gegen Ts'ai Ching erklärt sich auch aus der ambi-
valenten Haltung der Historiker gegenüber Wang An-shih. So,
wie sie die Hauptverantwortung vom Kaiser auf den Kanzler
abwälzten, übertrugen sie ihre Aversion gegen Wang von diesem weg auf Ts'ai Ching. Da die persönliche Integrität Wangs
nicht übersehen werden konnte, konzentrierten sie ihre Abwer-
tung auf dessen wichtigsten Protagonisten.[12]

Bemerkenswert war unter der Kanzlerschaft Ts'ais der Ausbau
des Schulwesens. Zwischen 1106 und 1124 erreichten die Stu-
dentenzahlen ihre bis dahin bestehende Höchstgrenze, als jährlich durchschnittlich 239 Kandidaten zum *chin-shih* promoviert
wurden. Die bedenklichste Maßnahme Ts'ais auf diesem Gebiet
war wohl die Abschaffung des alten Prüfungsgesetzes im Jahre
1104. Später ließ man den akademischen Nachwuchs nach moralischen Prinzipien auswählen, was an sich aber keinen Bruch
mit der konfuzianischen Tradition darstellte.

Die solcherart vergrößerte Bürokratie erforderte eine entsprechende Vermehrung der staatlichen Einnahmen. Die inflatio-
nären Tendenzen aber waren keineswegs der neuen Administration zuzuschreiben. Die Entwicklung in den ersten beiden
Jahrzehnten war nur das Ergebnis der vorangegangenen. Der
Geldumlauf erreichte in der Nachreform-Periode großenteils
nicht die Höhe, die er zur Zeit Wangs hatte. Die Gründe für die
steigenden Schwierigkeiten lagen in der Steuerflucht, in Naturkatastrophen und in der Außenpolitik. Auch waren die Maßnahmen der Regierung nicht frei von Widersprüchen. Die
eigentliche Ursache für Mißerfolge lag aber in der zu starken
Konzentration des Landbesitzes.

Nun war Ts'ai Ching nicht nur kein Wirtschaftsfachmann, sondern er pflegte auch Neigungen, die der Politik eher abträglich
sind, nämlich solche künstlerischer Art. Er war ein hervorragen-
der Kalligraph und leidenschaftlicher Kunstsammler. In beidem
traf er sich mit Kaiser Hui-tsung (Regierungszeit 1101-1125),
der selbst ein Künstler von hohen Graden war. Noch schlimmer
jedoch gestaltete sich der Einfluß, den sowohl Ts'ai als auch der
Kaiser dem Eunuchen T'ung Kuan gewährten. Den politischen
Niedergang beschleunigte vor allem, daß man den Eunuchen
gestattete, militärische Kommandostellen zu übernehmen. Vor
der Zeit Hui-tsungs hatten es die Eunuchen nicht bis zum Re-

gionalkommandeur bringen können, aber seit 1111 drangen sie in immer höhere Befehlsstellen vor. Da die Regierung zudem keinerlei außenpolitische Aktivität entwickelte, konnte T'ung Kuan die Initiative an sich reißen. 1115 schloß er ein Bündnis mit den Dschurdschen (Chin) gegen die Kitan (Liao), das zunächst nicht wirksam und zwei Jahre später erneuert wurde. Die militärischen Vorbereitungen der Sung erlitten indes einen schweren Rückschlag, als in Chekiang ein Aufstand losbrach, der neben religiösen auch wirtschaftliche Motive hatte. Für die Versorgung der Hauptstadt und der Garnisonen hatten die zur Abwicklung der Binnenschiffahrt ins Leben gerufenen Transportbüros große Bedeutung erlangt. Als Kaiser Hui-tsung diese Büros auch für die Beschaffung von Material für seine ausgedehnten Bauvorhaben einschaltete, machte sich rasch Korruption breit. Eine Schlüsselstellung scheint dabei ein Kaufmann namens Chu Mien eingenommen zu haben, der offensichtlich die Zulieferer rücksichtslos ausbeutete. Der Aufstand nun, den ein gewisser Fang La anführte, erhielt Zustrom auch aus den Kreisen der Handwerker und Transportarbeiter. Da er sich ausbreitete, mußten die nach Norden verlegten Truppen zur Niederschlagung zurückgeholt werden.

Als 1122/23 schließlich der Krieg gegen die Kitan geführt wurde, waren es im wesentlichen die Dschurdschen, die das Reich der Liao zerschlugen. Die Hoffnungen, die die Sung daran geknüpft hatten, erwiesen sich als in jeder Hinsicht trügerisch. Vom Siege profitierten allein die Dschurdschen, und als sie die Schwäche ihres ehemaligen Bündnispartners erkannten, schritten sie zum Angriff. Nahezu kampflos und ohne auf ernsthaften Widerstand zu treffen, drangen sie 1126 bis ins Huai-Gebiet vor, eroberten die Hauptstadt K'ai-feng und führten Kaiser Hui-tsung, der ein Jahr zuvor abgedankt hatte, und seinen Nachfolger Ch'in-tsung in die Gefangenschaft.

VI. NORDCHINA UNTER DER HERRSCHAFT NOMADISCHER EROBERER

Der Imperialismus der T'ang, der, wie wir gesehen haben, im 7. Jahrhundert ganz Zentralasien erfaßt hatte, wirkte sich auch hinsichtlich der inneren Struktur der Steppennomaden aus. Die Türkenreiche (vgl. Fischer Weltgeschichte Bd. 16, S. 71 ff.) nahmen manche chinesischen Kulturelemente auf, und eine Menge alttürkischer Wörter sind Entlehnungen aus dem Chinesischen, namentlich Titel und Ausdrücke aus der Sphäre von Staat und Verwaltung. Das Vorbild des chinesischen Kaiserstaates mußte alle Völker und Stämme mit noch wenig ausgeprägten hochkulturellen Zügen in seinen Bann ziehen, und es läßt sich vermuten, daß manchem ehrgeizigen Herrscher der Nomaden das Ziel vorschwebte, selbst einmal als Sohn des Himmels zu regieren. Ähnliche Bestrebungen hatten sich ja bereits gezeigt, als die Invasionen des 4. Jahrhunderts zu barbarischen Staatsgründungen in Nordchina führten. Aber erst seit dem 10. Jahrhundert finden wir barbarische Nachbarn Chinas, die diesen Schritt vom Stammesführer zum Kaiser und von einer losen Föderation zu dauerhaftem, chinesischem Vorbild folgenden Staaten im vollen Licht der Geschichte vollzogen. Hier sind zunächst die Kitan zu betrachten, ein Volk, dessen Herrschaft über Teile Nordchinas einen so nachhaltigen Eindruck hinterlassen hat, daß sein Name noch heute in der slawischen und islamischen Welt zur Bezeichnung Chinas an sich dient. Auch wenn Marco Polo von Kathay spricht, meint er Nordchina. Die Kitan werden bereits im 5. Jahrhundert als Reitervolk in der Mandschurei erwähnt; die Türken kannten sie als Qitay, wie die Orkhon-Inschriften bezeugen, und die T'ang hatten sich wiederholt gegen Einfälle dieses unruhigen Völkchens zur Wehr zu setzen. Wir wissen nicht genau, welche Sprache die Kitan hatten. Rund 200 Wörter sind in chinesischer Umschrift überliefert, vieles davon Titel, die nicht viel aussagen, so daß noch heute Uneinigkeit darüber herrscht, welcher Sprachfamilie das Kitan-Idiom zuzurechnen ist. Die erhaltenen Inschriften sind in einer Schrift verfaßt, die noch nicht verläßlich entziffert werden konnte.[13]

Der Begründer des Kitan-Staates ist Apaoki, ein Mann aus dem Clan Yeh-lü. Er schwang sich kurz nach 900 zum Herrscher über das ganze Kitan-Volk auf und machte sich 907 zum Kaiser, indem er den Titel »himmlischer Kaiser« (t'ien-huang-ti) annahm. Seit 916 legte er sich, auch nach chinesischem Vorbild, eine Regierungsdevise zu. Eroberungen nach allen Seiten verschafften ihm schließlich ein Herrschaftsgebiet, das von der Mongolei im Westen über die Mandschurei bis nach Korea reichte. Seit 937 führte sein Reich den Namen Liao, und zwar nach dem gleichnamigen Fluß in der Mandschurei. Apaoki war als Soldat wie als Herrscher erfolgreich und bemühte sich, in vieler Hinsicht dem chinesischen Kaisertum nachzueifern. So ließ er das chinesische Hofzeremoniell einführen. Die Verwaltung seines Reichs weist eine Mischung steppennomadischer und stammesaristokratischer Züge mit Elementen des chinesischen Beamtenstaats auf. Die militärische Stärke des Liao-Staats beruhte auf der Kavallerie, in der vorwiegend die Kitan selbst dienten, während die Fußtruppen oft Angehörige unterworfener Völker, wie der Chinesen, waren. Die Elite-Kavallerie war in einem besonderen Heerlager zusammengefaßt, welches den türkischen Namen *ordo* führte, ein Wort, von dem auch unser »Horde« abgeleitet ist. Der Herrscher hatte keine feste

Residenz, sondern ihm dienten jahreszeitlich wechselnde Plätze zum Aufenthalt, die zunächst noch den Charakter von Zeltansammlungen trugen und erst allmählich städtische Züge annahmen und mit Mauern und festen Bauten versehen wurden. Insgesamt zählte man nicht weniger als fünf Hauptstädte; zu jeder von ihnen gehörte ein Stadtbezirk, der nach chinesischer Art in Präfekturen und Kreise eingeteilt war. Die Masse des Landes unterstand der Kitan-Aristokratie in einer Art Lehnsverhältnis. Die Bevölkerung des Liao-Reichs war in zwei der Verwaltung nach getrennte Gruppen geschieden, nämlich die in Stämme gegliederten und ihren Häuptlingen unterstehenden Hirtennomaden, und die seßhafte Bevölkerung. Unter den Nomaden ist wiederum zu unterscheiden zwischen den Kriegern, die den *ordo* angehörten, und frei nomadisierenden Stämmen und Clans. Im Gesamtreich bildeten die Kitan nur eine Minderheit von vielleicht einem Viertel. Soziologisch ist also die Liao-Gesellschaft ein Nebeneinander von nomadischer Stammesgesellschaft und seßhafter Ackerbauergesellschaft, überlagert von einem Herrschaftssystem, das chinesische wie steppenaristokratische Züge vereinte. Dieser Dualismus durchzieht alle Lebensbereiche und ist bis zu einem gewissen Grade auch bei den Nachfolgestaaten der Kitan, dem Chin-Reich der Dschurdschen und den Mongolen, anzutreffen.[14]

Die Konsolidierung des Liao-Staates ging ziemlich genau parallel mit der Wiedervereinigung Chinas im 10. Jahrhundert. Zunächst waren die Beziehungen zu den Sung einigermaßen friedlich, doch kam es unter Kaiser T'ai-tsung der Sung zu Konflikten; 979 erlitten die chinesischen Truppen eine schwere Niederlage, und erst recht erschien es ausgeschlossen, die einige Jahrzehnte vorher von den Kitan annektierten »16 Präfekturen« zurückzugewinnen (vgl. oben S. 190). In der Folgezeit zeigte sich, daß weder die Sung noch der Liao-Staat die Lage im nördlichen China entscheidend zu verändern imstande waren. Weder konnten die Sung die Kitan zurückdrängen, noch diese selbst ihre Eroberungen nach Süden hin wesentlich erweitern. Nach langen Verhandlungen kam ein Friedensvertrag zustande, der nach seinem Vertragsort Shan-yüan benannt wird (1005).[15] Die Vertragsdokumente, zwei gleichlautende Schwüre der jeweiligen Herrscher, sind im Wortlaut erhalten geblieben. Das Abkommen selbst führte zu einer gegenseitigen Anerkennung als Kaiser (*huang-ti*), womit der in der Theorie immer noch bestehende Anspruch auf Herrschaft über die ganze zivilisierte Welt aufgegeben war. Der Fiktion, daß es unter dem Himmel nur einen einzigen Kaiser geben könne, war notdürftig dadurch entsprochen, daß die Kaiser von Liao und Sung sich als Brüder betrachteten, wobei der Sung-Kaiser als älterer Bruder angesehen wurde, was ihm angesichts der chinesischen Familienstruktur ein moralisches Übergewicht verlieh. Die Sung verpflichteten sich, den Kitan jährliche Kontributionen zu zahlen (der Ausdruck »Tribut« wurde vermieden). Durch diesen Vertrag sicherte der Sung-Staat seine Nordgrenze, ohne gezwungen zu sein, ein riesiges Heer zu unterhalten. Durch wirtschaftliche Konzessionen hatte man Frieden und Koexistenz erkauft — eine Politik, die bei den Sung zwar umstritten war, aber im Grunde für mehr als zwei Jahrhunderte das Muster im Verhältnis zu den Nordvölkern abgab. Man hat geschätzt, daß die Kontributionen an die Liao weniger als 2 % des Staatsbudgets ausmachten, jedenfalls die Wirtschaft des Sung-Reichs weniger schwer belasteten als eine große Armee oder gar Feldzüge. Der Grenzhandel florierte nach dem Friedensschluß. Die Liao importierten über die jährlichen Lieferungen von Silber und Seide hinaus weitere Textilien, keramische Waren, Tee und handwerkliche Produkte, sowie gelegentlich Reis, während die Chinesen von den Liao Großvieh, vor allem Pferde, bezogen, ferner tierische Produkte aller Art. Natürlich wurde auch geschmuggelt, denn der Außenhandel war staatliches Monopol bzw. durfte nur an den lizenzierten Grenzhandelsplätzen ausgeübt werden. Man kann sicher sein, daß Schmuggel und Grenzhandel auch bei den Liao in chinesischer Hand lagen, denn die nördlich der Grenze wohnende Bevölkerung war ja durchaus chinesisch. Abgesehen von kleineren Korrekturen in der Grenzziehung und einem erneuten, aber die Lage nicht grundsätzlich verändernden Vertrag (1042) blieb der Vertrag von Shan-yüan für über ein Jahrhundert maßgebend und ersparte den Chinesen unabsehbar kostspielige Feldzüge.

Eine analoge Politik verfolgte das Sung-Reich auch gegenüber dem tangutischen Grenzstaat Hsi-hsia im Nordwesten. Dort hatte sich der Herrscher 1038 formell von den Sung losgesagt, nachdem Hsi-hsia schon lange *de facto* selbständig gewesen war. Der Schwerpunkt dieses Staates lag im Ordos-Bogen, seine Bevölkerung war aus türkischen, tangutischen und tibetischen Elementen gemischt und der Kultur nach teils nomadisch, teils seßhaft und handeltreibend. Die Tanguten waren glühende Buddhisten und stark von Tibet her beeinflußt, wie denn auch ihre Sprache dem Tibetischen verwandt ist. Ähnlich wie die Kitan hatten auch die Tanguten eine eigene Schrift geschaffen, die zu entziffern wegen zahlreicher erhaltener Bilinguen und Wörterbücher möglich gewesen ist.[16] Der größte Teil der erhaltenen tangutischen Literatur ist buddhistisch (der ganze buddhistische Kanon wurde in das Tangutische übersetzt), aber auch chinesische Klassiker wurden übertragen, so daß man die Kultur von Hsi-hsia auch als eine Mischung von tibetischen und chinesischen Elementen bezeichnen kann. Dieser Staat nun beherrschte die westlich von China gelegenen Gebiete und damit die Handelswege nach Innerasien, was ihm beträchtliche Gewinne im Zwischenhandel abwerfen mußte. Die im 11. Jahrhundert immer wieder aufflackernden Grenzkonflikte wurden schließlich durch einen Vertrag mit den Sung bereinigt (1043). Die Sung verpflichteten sich zu einer jährlichen Zahlung von Geld und der Sung-Kaiser adoptierte formal den Hsi-hsia-Kaiser als »Sohn«. So erzielte die Diplomatie der Sung auch im Westen eine vertraglich gesicherte Koexistenz, und bis in das 13. Jahrhundert blieb Hsi-hsia ein zwar machtvoller, aber China selbst nicht mehr bedrohender Nachbar, der durch Courtoisie-Gesandtschaften sowohl mit den Kitan wie mit den Chinesen in diplomatischen Beziehungen stand — eine Dreimächte-Konstellation, die auch erhalten blieb, als sich an die Stelle der Kitan ein anderes Nomadenvolk setzte, die Dschurdschen.

Die Dschurdschen waren ein in der östlichen Mandschurei nomadisierendes Hirten- und Jägervolk, das sprachlich dem tungusischen Zweig der altaischen Sprachen zuzurechnen ist. Die chinesischen Quellen bezeichnen sie meist als Ju-chen und erwähnen sie nicht vor dem 10. Jahrhundert. Sie waren den Kitan unterworfen bzw. tributpflichtig; ihre Tributgaben zeigen, daß sie damals ein unbedeutendes Völkchen waren. Ihr Aufstieg zu einer bedrohlichen Macht vollzog sich mit überraschender Schnelligkeit um 1100, als das Liao-Reich Anzeichen innerer Schwäche verriet. Unter Aguda aus dem Clan der Wan-yen wurde aus dem den Kitan untertanen Volk ein selbständiger Staat. Bereits 1115 machte Aguda sich zum Kaiser eines Staates, der den Namen Chin (»Gold«) trug, vermutlich weil die Ursitze der Dschurdschen an einem mandschurischen Fluß lagen, dessen Name mit dem Dschurdschen-Wort für »Gold« zusammenhängt. Wie der Chin-Staat sich zuerst als Verbündeter der Sung gegen die Kitan und dann gegen die Sung selbst zum Herrn über das nördliche China machte, ist bereits oben (S. 207) geschildert worden. Hier sollen nur noch einige Bemerkungen über die innere Struktur des Staates Platz finden, dessen Erforschung bis heute im wesentlichen die Domäne japanischer Gelehrter geblieben ist.[17]

Wie bei den Liao bildete auch im Chin-Staat das Herrschervolk eine Minderheit, zumal nach den Eroberungen von 1127, die Millionen von Chinesen unter Dschurdschen-Herrschaft brachten. Ein Zensus aus dem Jahre 1183 bezeugt, daß rund 85 % der Gesamtbevölkerung des Chin-Reichs Chinesen waren.[18] Aber auch die restlichen 15 % waren nicht ausschließlich Angehörige des Staatsvolks der Dschurdschen, sondern umfaßten ebenso Kitan, Koreaner und andere Volksgruppen. Die Dschurdschen genossen eine privilegierte Stellung und waren militärisch in Hundert- und Tausendschaften organisiert, eine Gliederung, die allerdings über den bloß militärischen Kommandobereich hinaus auch zivile Bedeutung hatte. Daneben gab es, namentlich für die Chinesen, eine rein territorial aufgebaute Verwaltung. Wie bei den Kitan hatte man mehrere Residenzen, von denen Yen-ching (Peking) die wichtigste war; dort regierte der Chin-Kaiser seit 1153. Diese Verlegung eines wichtigen Zentrums in rein chinesisches Gebiet beschleunigte die Entnomadisierung des Volkes und begünstigte das Vordringen chinesischer Kultur. Nur die »rohen« (*sheng*) Dschurdschen im mandschurischen Hinterland blieben von dieser Sinisierung ausgeschlossen. Die Übernahme chinesischer Kultur wurde besonders durch Kaiser Shih-tsung (Regierungszeit 1161-1189) vorgetrieben, einen friedliebenden und kulturell aufgeschlossenen Herrscher. Die Folge war, daß viele Mitglieder der einheimischen Aristokratie mehr und mehr zu Chinesen wurden; allerdings kam es nicht zu einem harmonischen Ausgleich zwischen seßhaften Chinesen und nomadischer Aristokratie. Viele der wirtschaftlich unerfahrenen Dschurdschen-Familien verarmten — ein Vorgang, zu dem nicht zuletzt auch die geographischen Bedingungen beitrugen. Das Chin-Reich war im Grunde arm. Der ausgepowerte Boden Nordchinas war in keiner Weise mit den gerade unter den Sung aufblühenden Regionen in Mittel- und Südchina zu vergleichen. Es gab wenig Bodenschätze, und die periodischen Überschwemmungen des Huangho, die gerade die einzig ertragskräftige Bevölkerungsgruppe, nämlich das chinesische Bauerntum, trafen, ließen keinen Wohlstand aufkommen. Man suchte dem Metallmangel durch Papiergeld abzuhelfen, ein Währungssystem, das allenfalls in einer florierenden Volkswirtschaft toleriert werden konnte, sich aber selbst im unvergleichlich reicheren Sung-China als eine zweischneidige Angelegenheit erwies. Trotz mancher militärischer Erfolge gegen die Sung im Laufe des 12. Jahrhunderts stand also die Macht des Chin-Reichs auf lange Sicht gesehen auf schwachen Füßen.

Die Quellen berichten uns von zwei Schrifterfindungen bei den Dschurdschen. 1119 wurde unter dem Reichsgründer Aguda die sogenannte »große Ju-chen-Schrift« geschaffen, die vermutlich eine Adaption der Kitanschrift gewesen ist. 1138 schuf man dann eine neue, die sogenannte »kleine Schrift«, die in einigen Inschriften auf Stein in den Rückzugsgebieten des Volkes in der Mandschurei erhalten geblieben ist und bis ins 16. Jahrhundert in Gebrauch war. Sicher hat es auch eine Literatur in Ju-chen-Sprache gegeben, aber nichts davon ist auf die Nachwelt gekommen. Die chinesische Kultur erwies sich als übermächtig, so daß die Kenntnis der angestammten Sprache selbst am Hofe rapide nachließ. Was an Literatur im Chin-Reich die Zeiten überlebt hat, ist auf chinesisch verfaßt. Auf religiösem Gebiet hingen die Dschurdschen wie die Kitan dem Buddhismus an. Man druckte den gesamten buddhistischen Kanon — auf chinesisch. Als das Chin-Reich 1234 dem Ansturm der mit den Sung verbündeten Mongolen erlag (vgl. unten S. 223 f.), war von einer eigenständigen Dschurdschen-Kultur kaum noch etwas vorhanden. Das zugleich gehaßte und bewunderte Chinesentum hatte gesiegt.

VII. DAS REICH DER SÜD-SUNG

Die nationale Katastrophe von 1126/27 hat für mehr als ein Jahrhundert die Innen- und Außenpolitik des Sung-Reichs beherrscht. Zunächst kam alles darauf an, daß nach dem Verlust der Hauptstadt K'ai-feng und ganz Nordchinas die Reichsregierung sich wieder konsolidierte. Der neue Kaiser Kao-tsung hatte die schwere Aufgabe übernehmen müssen, aus dem Zusammenbruch zu retten, was zu retten war. Zunächst wurde Nanking der Sitz der Regierung, doch beschloß man 1138, den Hof noch weiter südlich, nach Hang-chou, zu verlegen. Die neue Residenz wurde absichtlich und euphemistisch nur als »vorübergehender Reiseaufenthalt« (hsing-tsai) bezeichnet, ein Wort, das als Quinsai bei Marco Polo und anderen westlichen Reisenden noch im 13. Jahrhundert begegnet. Die militärische Lage war nach 1127 noch auf lange Zeit hinaus chaotisch. Manche chinesischen Städte hatten nicht kapituliert, sondern setzten den Widerstand fort, auch als Kontingente der Chin wiederholt Versuche machten, bis zum Yangtse vorzustoßen. Der Krieg löste sich in eine Folge unzusammenhängender Gefechte und Belagerungen auf, bei denen bald die Sung, bald die Chin Erfolge erzielen konnten. Unter den Heerführern, die sich auf chinesischer Seite beim nationalen Abwehrkampf auszeichneten, ragte Yüeh Fei (1103-1141) hervor. Er genoß zunächst das Vertrauen des Herrschers und wurde 1134 zum Militärgouverneur ernannt. Seine Feldzüge führten mehrfach tief in das feindliche Hinterland, d. h. in die von den Chin beherrschten Teile Nordchinas; 1140 erreichten seine Vorhuten sogar Lo-yang. Aber eine völlige Wiedereroberung des verlorenen Nordchina hätte noch ganz andere Anstrengungen auf seiten der Sung erfordert. Gegen die durch Männer wie Yüeh Fei vertretene Revanchepolitik regten sich alsbald Kräfte am Hof, die für eine Koexistenz mit dem Chin-Reich eintraten. Diese Richtung fand ihren Hauptvertreter in dem Kanzler Ch'in Kuei (gest. 1155) und konnte schließlich auch den Kaiser selbst für sich gewinnen. Der tiefere Grund für die Politik des »appeasement« dürfte neben finanzpolitischen Erwägungen wohl auch die Erinnerung an die Übermacht der Truppenkommandeure im 8. und 9. Jahrhundert unter den T'ang gewesen sein; eine intensive Militarisierung des Reichs hätte den Heerführern eine Macht verliehen, die nicht leicht unter Kontrolle zu bringen gewesen wäre. So läuft wohl der Gegensatz zwischen Revanchisten und Koexistenzlern letzten Endes auch auf den Gegensatz zwischen Militär- und Zivilbürokratie hinaus.

Das Opfer dieses Umschwungs am Hofe wurde Yüeh Fei. Um die sich am Horizont abzeichnenden Verhandlungen mit den Chin über einen Verständigungsfrieden nicht zu gefährden, wurden die Generale, unter ihnen auch der siegreiche Yüeh Fei, zurückbeordert. Ihre Unzufriedenheit suchte man durch Titularränge ohne tatsächliche Kommandogewalt zu beschwichtigen und stieß dabei verständlicherweise auf Fälle von Renitenz. Yüeh Fei wurde unter dem Vorwand des geplanten Hochverrats inhaftiert und schließlich im Kerker ermordet. Sein Tod machte ihn in den Augen vieler Zeitgenossen zum Märtyrer des Patriotismus, der er, nicht zuletzt auch durch eine Fülle volkstümlicher Romane und Theaterstücke, bis zum heutigen Tag geblieben ist.[19] Sein Widersacher Ch'in Kuei dagegen gehört zu den exemplarischen Schurken der chinesischen Geschichte — eine Gegenüberstellung von strahlendem Schlachtenhelden und intrigierendem Schleicher, die ihren Eindruck auf die Nachwelt nicht verfehlte.

Der Frieden mit dem Gegner mußte von den Sung teuer erkauft werden. Die im Winter 1141/42 eingeleiteten Verhandlungen wurden 1142 durch einen formellen Eidschwur beider Parteien bekräftigt. Die Sung mußten den Huai-Fluß als Grenze akzeptieren und den Chin einen jährlichen Tribut von 250 000 Unzen Silber und 250 000 Rollen Seide zusagen, aber sich auch als Vasallen der Chin bezeichnen. Die Chin versprachen dafür, Frieden zu halten und die Särge der Kaiserinmutter und des Kaisers Hui-tsung, der 1135 in der Mandschurei verstorben war, nach China zurückzuführen; es war dies ein Vertragspunkt, der angesichts der Bedeutung des Ahnenkults nicht gering veranschlagt werden darf. Auch nach Abschluß des Vertrages blieben die Bestrebungen nach Wiedereroberung des Nordens lebendig, fanden jedoch in der Politik einstweilen noch keine aktive Verwirklichung. Die Koexistenz zwischen Sung und Chin hat seit 1142 das politische Bild beherrscht. Sie wurde nur zweimal unterbrochen, einmal durch die Chin und einmal durch die Sung selbst.

Im Chin-Staat hatte sich 1150 ein Usurpator aus der Kaisersippe zum Herrscher aufgeschwungen und 1161 einen groß an-

Abb. 8: Die Reiche der Südlichen Sung, Chin und Hsi-hsia um 1180

gelegten Feldzug gegen die Sung vom Zaune gebrochen. Seine Truppen erreichten über die Huai-Grenze hinaus vorstoßend an mehreren Stellen den Yangtse, mußten jedoch schwere Verluste hinnehmen. Dies führte zu Widerständen in der Heeresführung, die bald in offene Meuterei ausarteten und in der Ermordung des Usurpators gipfelten. Sein Nachfolger wurde der bereits erwähnte Shih-tsung, der das Unternehmen nach einiger Zeit als erfolglos abbrechen ließ. Wie schon in den Jahren vor 1141 war es keinem der beiden Staaten möglich, einen militärisch entscheidenden Erfolg zu erzielen. Die Chin konnten nicht, wie sie erhofften, ihre Grenze bis an den Yangtse vorschieben, noch waren die Sung imstande, das verlorene Gebiet nördlich des Huai zurückzugewinnen. 1165 kam wieder ein Friedensvertrag zustande. Die Grenzen änderten sich nicht, doch gelang es den Sung, ihre jährlichen Zahlungen herabzusetzen und die

— wenngleich nur formelle — Oberhoheit des Chin-Kaisers los-
zuwerden. An die Stelle des Vasallenverhältnisses trat wieder,
ähnlich wie seinerzeit bei den Kitan, eine fingierte Verwandtschaft: der Sung-Kaiser als »Neffe« titulierte den Chin-Kaiser
als »Onkel«. Sogleich nach Friedensschluß wurde auch der Handel wiederaufgenommen. Er wurde über die konzessionierten
Grenzmärkte abgewickelt und muß ein beträchtliches Ausmaß
erreicht haben. Die Chin importierten aus Sung-China Textilien,
Tee, handwerkliche Erzeugnisse und Luxuswaren, während sie
nach Süden Pferde lieferten, ferner Arzneimittel wie das in der
Mandschurei vorkommende pflanzliche Tonikum Ginseng, aber
auch Erzeugnisse des Gewerbefleißes ihrer chinesischen Untertanen aus Honan und Shantung.[20]

Zu Anfang des 13. Jahrhunderts kam in Hang-chou die Re-
vanchistenpartei ans Ruder. Der Kanzler Han T'o-chou löste
1206 plötzlich einen Krieg gegen das Chin-Reich aus, und seine
Heere konnten auch anfänglich in das Hinterland vordringen.
Aber der Gegenangriff der Chin ließ nicht auf sich warten, und
trotz tapferer Verteidigung mancher Sung-Städte gegen die Invasoren wandte sich die Lage für die Sung zum Schlechteren,
zumal der Provinzkommandeur von Ssuch'uan sich den Chin
anschloß und damit die ganze Westfront ins Wanken zu kommen drohte. Die Chin aber waren nicht minder zu Friedensverhandlungen geneigt, denn in ihrem Rücken hatte sich be-
drohlich die Macht der Mongolen entfaltet. 1206 war Tschinggis Khan zum Oberherrn aller Mongolen gewählt worden und
damit Herr einer Militärmacht, die das Chin-Reich zu einem
Pufferstaat degradierte. Die Friedensverhandlungen wurden dadurch erschwert, daß die Chin die Auslieferung der »Kriegs-
verbrecher« forderten. Noch bevor es zum Frieden kam, wurde
Han T'o-chou durch einen Offiziersputsch gestürzt und ermordet (1207). Kurz danach wurde der Friede geschlossen (1208).
Er bestätigte den 1142 festgesetzten Grenzverlauf, jedoch mußten sich die Sung zu einer höheren Geld- und Warenlieferung
als bisher bereiterklären und außerdem eine Kriegsentschädigung zahlen.

Dieser Krieg war die letzte größere Auseinandersetzung mit
dem Chin-Reich, das für fast ein Jahrhundert der wichtigste
äußere Gegner Sung-Chinas war. Das 13. Jahrhundert steht
außenpolitisch im Zeichen des Mongolensturms, der die Herrschaft der Chin wie der Sung schließlich beseitigt hat. Die inneren Verhältnisse im Sung-Reich waren relativ friedlich. Trotz
der ständigen Zahlungen und Kontributionen an die Chin ist
kein wirtschaftlicher Abstieg zu verzeichnen gewesen, und auch
die inneren Unruhen, die in der entscheidenden Übergangs-
phase vom nationalen Krieg 1126/27 zur Koexistenz stattfan-

den, konnten in Grenzen gehalten werden. Die Verlagerung des wirtschaftlichen Schwergewichts und der politischen Führung aus Nordchina nach dem Süden ließ die Hafenstädte aufblühen, zu denen auch die Hauptstadt Hang-chou selbst gehörte. Chinesische Dschunken befuhren die Meere Ostasiens; der Handel mit Japan und Südostasien nahm im 12. und 13. Jahrhundert einen beachtlichen Aufschwung. Eine Art Handels-Baedeker des frühen 13. Jahrhunderts, das *Chu-fan chih* (»Aufzeichnungen über die Barbarenländer«), führt die Länder auf, aus denen Waren nach China importiert oder die von chinesischen Schiffen angelaufen wurden. Sogar eine — wenn auch vage — Kenntnis europäischer Örtlichkeiten, vermittelt durch arabische Seefahrer, hat in diesem Werk Niederschlag gefunden.[21] Zu einem maritimen Imperialismus kam es im sungzeitlichen China indessen nicht, und es gehört zu den Ironien der Geschichte, daß ausgerechnet das binnenländische Steppenvolk der Mongolen nach Erringung der Herrschaft über China sich auf solche Unternehmungen einließ — gestützt freilich auf die unter den Sung entstandenen Handelsflotten chinesischer Kaufleute.

VIII. GEISTIGES LEBEN, LITERATUR UND KÜNSTE

Das Kaiserreich der Sung war eine militärische Gründung gewesen, doch ist es erstaunlich, wie rasch dieser militärische Charakter verlorenging. Wenige Jahrzehnte nach dem Tode des Reichsgründers wurde die Politik von konfuzianisch gebildeten Beamten bestimmt. Es war dies das erstemal in der chinesischen Geschichte, daß der Literaten-Beamte zu den höchsten und entscheidenden Positionen aufstieg — noch unter den T'ang überwog ja im Grunde das aristokratisch-militärische Element. Der Hof wurde von Zivilisten beherrscht, eine Tatsache, an der selbst die Abwehrkämpfe gegen die Kitan und Dschurdschen nichts ändern konnten und der Yüeh Fei zum Opfer fiel. Der zivile Charakter der Sung-Kultur äußerte sich auch darin, daß es mitunter Zivilbeamte waren, die sich als Organisatoren der Grenzverteidigung auszeichneten — der Nur-Soldat blieb bei alledem eine argwöhnisch betrachtete Erscheinung. Wirkliches Sozialprestige war in der Oberschicht nur durch Bildung zu gewinnen, und es ist bezeichnend, daß selbst Yüeh Fei neben seinen militärischen Tugenden und Leistungen ein Literat von Distinktion war. Der bloße Troupier hatte im Sung-Reich keine Chancen.

Die Geistigkeit der Zeit, von der der Neokonfuzianismus nur einen Aspekt darstellte, ist auch geprägt durch Rationalismus und einen Hang zur Systematik. Die Naturwissenschaften und

Abb. 9: Äquatorial-Armillarsphäre zur Bestimmung der Sternorte; nach einem Entwurf von Kuo Shou-ching (um 1276), nachgebaut vermutlich von Huang-fu Chung-ho (um 1437). Observatorium auf dem Purpur-Berg bei Nanking

die Mathematik der Sung-Zeit sind erst neuerdings, insbesondere durch die einmalige Forscherleistung von Joseph Needham, gebührend zur Geltung gebracht worden. Persönlichkeiten wie der Polyhistor Shen Kua (1030-1090) vereinten mit der als selbstverständlich vorausgesetzten klassisch-literarischen Bildung eine große Aufgeschlossenheit auch der Natur und ihren Erscheinungen gegenüber. Der technologische Stand der Sung-Zeit kann klar aus dem umfangreichen Fachschrifttum abgelesen werden, welches damals entstand, etwa dem Architektur-Handbuch *Ying-tsao fa-shih* (»Muster für Bauten«) oder der strategisch-militärtechnischen Enzyklopädie *Wu-ching tsung-yao* (»Sammlung des Wichtigsten aus den militärischen Klassikern«). Damals ist auch das Schießpulver für die Kriegstechnik benutzt worden, vor allem als Brandsatz für mit Katapulten geschleuderte Geschosse. Der Buchdruck wurde technisch vervollkommnet; neben den Klassikern druckte man auch historische und literarische Werke, ja bald wurde das im Kreis der Literaten zirkulierende Manuskript zur Ausnahme.

Die Sung-Literatur pflegte alle Formen, die bereits vorher bestanden hatten. Der Essay wurde zum bevorzugten Medium namentlich bei den konfuzianisch orientierten Literaten, und einige der größten *ku-wen*-Autoren gehören der Sung-Zeit an, darunter Leute wie Ou-yang Hsiu (1007-1072) und Ssu-ma Kuang (1019-1086), die ihrerseits als Historiker und Politiker führend waren. Die historische Literatur der Sung-Zeit hat eine große Zahl von durch Nüchternheit und kritischen Sinn ausgezeichneten Kompilationen hervorgebracht, wie z. B. das *Tzu-chih t'ung-chien* (»Durchgehender Spiegel zur Hilfe bei der Regierung«) des Ssu-ma Kuang, das eine annalistische Geschichte Chinas von der Chan-kuo-Ära bis ins 10. Jahrhundert bietet. Auch die Zeit der südlichen Sung wies Historiker von Rang auf, denen großangelegte Dokumentensammlungen und Regestenwerke zu danken sind, so daß die Fülle des Materials den heutigen Forscher fast überwältigt. Erst für die Zeit seit dem letzten Drittel des 12. Jahrhunderts fließen die Quellen weniger reichlich. Von der philosophischen Literatur war bereits früher (S. 201 f.) die Rede. Die schöne Literatur gipfelte in dem Universalgenie Su Shih (Su Tung-p'o, 1036-1101), einem *arbiter elegantiarum* seiner Zeit, als Mensch anziehend, geist- und humorvoll, gleich bedeutend als Essayist, Lyriker, Maler und Kalligraph.[22] Die lyrische Dichtung der Sung-Zeit pflegte die überkommene Gattung des Gedichts mit gleich langen Zeilen (*shih*), doch den größeren Nachruhm erntete sie mit den Liedern (*tz'u*). Diese schwierige, weil prosodisch komplizierte Gattung wurde zur Form des gefühlsgetränkten Ausdrucks, manchmal zart erotisch, oft kontemplativ und von Melancholie durchweht.

Das Ideal des Literaten war seit der Sung-Zeit der umfassend gebildete Mensch, der *wen-jen* (»Mann von Bildung«); diesem Ideal eiferten unausgesprochen alle führenden Geister der Epoche nach. Die Literaturkritik der Sung-Zeit versuchte sich an neuen Kategorien, etwa in dem Werk *Ts'ang-lang shih-hua* (»Ts'ang-langs Gespräche über die Dichtung«), in dem die Terminologie des Ch'an-Buddhismus zur Klassifizierung und Interpretation von lyrischen Dichtungen verwendet wurde.[23] Überhaupt ist der Buddhismus in der Sung-Zeit so weit sinisiert worden, daß die indische Herkunft der Religion kaum noch durchscheint. Es ist bezeichnend, daß die Kenntnis des Sanskrit verfiel — man hatte genug an den auf dem Boden Chinas entstandenen Religionsschriften und der riesigen Übersetzungsliteratur. Die Klöster waren zu Mittelpunkten chinesischer Bildung geworden, und die alkoholfreie Geselligkeit im Kreise der Mönche führte zu dem ästhetisierenden Ritual des Teekults, der später durch Japan übernommen und zu einem typisch japanischen Kulturelement wurde.

Zu der mit der Geselligkeit zusammenhängenden Literatur gehört auch eine unter den Sung besonders gepflegte Gattung, nämlich die »Pinselaufzeichnungen« (*pi-chi*). Es sind dies formlos hingeworfene Notizen über Erlebtes und Erlesenes, Anekdoten und Betrachtungen, die einen guten Einblick in das Leben der Oberschicht geben und uns manche Persönlichkeiten mit ihren mehr individuellen Zügen vorführen, während die offizielle Biographik stets von den Topoi der Funktionärsbiographie beherrscht blieb.[24] In manchen dieser *pi-chi* kommt auch politischer Parteigeist zum Ausdruck; man kolportierte Klatsch über Zeitgenossen, denen man nicht gewogen war. Im übrigen verfehlte der wirtschaftliche Aufschwung unter den Sung seine Wirkung auch auf die Literatur nicht. Nicht zuletzt dank des Buchdrucks konnten viele reiche Leute sich Bibliotheken leisten, wie sie zur T'ang-Zeit allenfalls wenige Behörden gehabt hatten. Die chinesischen Bibliographien bis zur Sung-Zeit waren, wenn wir von den Bücherverzeichnissen der Klöster einmal absehen, Titellisten der Palastbibliothek des Kaisers gewesen. Unter den Sung beginnen erstmals auch Privatleute Kataloge ihrer Bibliothek zu veröffentlichen. Im Zusammenhang mit dem privaten Sammeln von Handschriften und Drucken kommt auch die Literaturgattung des Sammelwerks (*ts'ung-shu*) auf, worunter die Kompilation einer Anthologie von zahlreichen Einzelschriften der verschiedensten Verfasser zu verstehen ist. Das älteste dieser Sammelwerke ist das um 1200 entstandene *Po-ch'uan hsüeh-hai* (»Meer der Gelehrsamkeit mit hundert Zuflüssen«). Diesem enzyklopädischen Zug der Zeit verdanken auch großangelegte, staatlich geförderte Werke ihr Entstehen, so das *T'ai-p'ing yü-lan* (»Vom Kaiser veranlaßter Überblick aus der T'ai-p'ing-Zeit«) (983) oder das die Novellistik und seltsame Begebenheiten sammelnde Schwesterwerk *T'ai-p'ing kuang-chi* (»Erweiterte Aufzeichnungen aus der Regierungsperiode T'ai-p'ing«).

Die bedeutendste literarische Neuerung unter den Sung war jedoch nicht innerhalb der schriftsprachlichen Gattung zu finden. Zum erstenmal — wenn wir von den noch ungelenken Vorformen der t'angzeitlichen *pien-wen* absehen — erreichte die umgangssprachliche Unterhaltungsliteratur feste Formen. Im Kreise der berufsmäßigen Geschichtenerzähler wurden die Vorlagen für das Erzählen niedergeschrieben. Der Name dieser Vortragsbücher ist *hua-pen* (»Erzählbücher«). Sie sind die Frühform der Romane und Novellen und behandeln stofflich entweder historische Themen oder malen taoistische und buddhistische Legenden breit und phantasievoll aus. Der umgangssprachliche Stil konnte dabei aus der lebendigen Sprache schöpfen und ist infolgedessen unmittelbarer als das prägnantsteife Schriftidiom. Eingestreute Verse sorgten für Auflockerung des Vortrags, und feststehende Floskeln der Erzähler gliederten den Text, alles Eigenheiten, die ein fester Bestandteil der umgangssprachlichen Prosaliteratur bis in die Neuzeit wurden. Da diese Art mündlich tradierter und zunächst nur für die Erzähler selbst schriftlich fixierter Literatur sich an das Volk wendete, nicht aber an die Gebildeten, entspricht der obenerwähnten Zweigleisigkeit der chinesischen Literatur auch eine soziale Trennung. Die Mitglieder der Oberschicht verachteten weithin die volkstümlichen Literaturgattungen, und keiner der Literaten von Rang und Namen hat sich dazu hergegeben, volkssprachliche Texte zu verfassen — ein Umstand, der mit dazu beitrug, daß so wenig von diesen *hua-pen* erhalten geblieben ist. Zu der volkssprachlichen Literatur sind auch die Theatertexte zu zählen, doch haben keine Bühnenlibretti der Sung die Zeiten überdauert. Wir wissen nur, daß das Theater damals aus einer Art Varieté mit akrobatischem Einschlag entstanden ist; ganze Dramen kennen wir erst aus dem 13. Jahrhundert, und zwar aus dem unter fremder Herrschaft stehenden Nordchina.

In der bildenden Kunst weist die Sung-Zeit unvergängliche Meisterleistungen auf. Vom Hofe gefördert wurde, namentlich unter dem als Maler und Kalligraph selbst ausgezeichneten Kaiser Hui-tsung, eine akademisch-höfische Malerei in Farben. Landschaften, Tiere, Pflanzen, Figuren und Architekturen waren ihre Gegenstände, naturtreue Abbildung das Ziel. Daneben setzte sich allmählich die Tuschmalerei mit ihren auf Schwarz und alle Abstufungen des Grau beschränkten Tönungen durch; sie wurde im Kreise der Ch'an-Buddhisten beliebt. Einige der größten Maler Chinas, wie Mu-hsi, waren Mönche. Die Literatur über Kunst blühte ebenso wie die Kunst selbst. Man trieb Archäologie, sammelte Bronzen, Bilder, Kunstgewerbe und verfaßte sowohl Kataloge wie technisch-ästhetische Traktate. Die Keramik der Sung-Zeit, die mit ihrem Steinzeug und raffinierten Glasuren bei schlichtesten Formen ein Höchstmaß von Wirkung zu erzielen verstand, gehörte dagegen zu den handwerklichen Kunstübungen, die anonym blieben. Wir kennen den Namen jedes auch nur drittrangigen Malers, wissen aber nicht, wer die Sung-Seladons in den staatlichen Werkstätten geschaffen hat, die für den Bedarf des Hofes arbeiteten. Anonym ist gleichfalls meist die Plastik und die Freskomalerei in den Tempeln geblieben. Selbst durch die Malerei zieht sich also die Klassengrenze, die die ganze chinesische Gesellschaft kennzeichnet. Was wir vom ungelehrten Volk wissen, verdanken wir nur dem nicht untendenziösen Spiegel der gehobenen Literatur. Die Stimme des Volkes selbst kommt in der ganzen Literatur der Sung-Zeit wie auch in ihren Künsten kaum zu Worte.

7. China als Teil des mongolischen Weltreichs

Wir können uns hinsichtlich des Aufstiegs der Mongolen und der Jugendzeit des Tschinggis Khan kurz fassen und auf den Band 16 der Fischer Weltgeschichte (insbes. S. 98 ff.) verweisen. Diese Ereignisse fielen zusammen mit einer Phase der Geschichte der Steppenvölker, in der die stammesmäßige Zersplitterung langsam durch die Tendenz zur Bildung einer großen Föderation abgelöst wurde. Gestützt auf die zusammengefaßte Macht der mongolischen und türkischen Steppenvölker, die ihn 1206 zum Oberherrn gekürt hatten, griff Tschinggis Khan zunächst die ihm benachbarten Staaten an, nämlich den Tangutenstaat Hsi-hsia und das Dschurdschenreich Chin. Die Vorstöße gegen Hsi-hsia brachten zunächst keine nachhaltigen Erfolge, wohl dagegen der 1211 begonnene Feldzug gegen Chin. Das Heer der Chin war dem neuen Gegner nicht gewachsen, sicher auch, weil die völkische Zusammensetzung seiner Truppen unzuverlässige Elemente, wie unterworfene Kitan und Chinesen, umfaßte. Die Lage im Chin-Reich wurde auch dadurch prekär, daß sich unter den Chinesen regelrechte Widerstandszentren bildeten und der Volksaufstand der »Rotjacken« die Regierung in Gefahr brachte. 1214 mußte der Chin-Kaiser vor dem mongolischen Druck weichen und seine Residenz von Peking nach K'ai-feng verlegen. 1215 fiel Peking in mongolische Hand; ein wichtiger Teil Nordchinas und die Kernlande der Dschurdschen in der Mandschurei unterstanden nun mongolischer Oberhoheit.[1] Der Chin-Staat existierte seitdem nur noch auf Abruf, zumal auch im Süden die auf Revanche hoffenden Sung gerüstet blieben. Allein die Feldzüge der Mongolen in Innerasien gaben dem Osten des Kontinents noch eine Ruhepause und Gnadenfrist. Aber 1224 hatte sich der Hsi-hsia-Herrscher mit den Chin gegen die Mongolen verbündet, was diese als Verletzung des Vasallenverhältnisses betrachteten, welches sie den Tanguten aufgezwungen hatten. Eine Strafexpedition folgte, die mit dem völligen Untergang des Hsi-hsia-Reiches endete. Die mongolischen Verwüstungen und Massaker waren deshalb besonders grausam, weil Tschinggis Khan selbst auf dem Feldzug vom Tod ereilt worden war. Erst 1229 wurde sein Sohn Ogodai als Nachfolger gewählt.

Unter Ogodai finden sich die ersten Ansätze zu einer Organisierung der in Ostasien neueroberten Gebiete. Sie sind verbunden mit der Gestalt des Yeh-lü Ch'u-ts'ai (1189-1243), eines Angehörigen des ehemaligen Herrscherclans der Kitan.[2] Er war ursprünglich Beamter unter den Chin gewesen, hatte sich aber schon früh den Mongolen angeschlossen. Von umfassender Bildung, dabei als Persönlichkeit imponierend, verstand er es, den Mongolenkhanen klarzumachen, daß mit den bisherigen Methoden nicht weiterzukommen war. Ganz Nordchina, soweit es unter mongolischer Herrschaft stand, muß damals in einem chaotischen Zustand gewesen sein. Jeder mongolische Garnisonskommandant und Stadtvogt requirierte nach Gutdünken Waren und Sklaven; Ackerland wurde zu Weidegründen gemacht, und die schutzlos preisgegebene Bevölkerung zog massenweise vagabundierend umher, stets auf der Flucht vor den Requisitionskommandos der neuen Herren. Dank Yeh-lü Ch'u-ts'ai zog jetzt wenigstens eine gewisse Ordnung ein; diejenigen mongolischen Großen, die am liebsten ganz Nordchina in eine Pferdeweide verwandelt hätten, konnten ihre Pläne nicht durchsetzen. Die Ausbeutung nahm nun geregeltere Formen an. Eine Grundsteuer und eine Kopfsteuer wurden eingeführt, dazu Staatsmonopole auf Waren wie Salz, Essig, Wein und Mineralien. Den Kaufleuten erlegte man eine Umsatzsteuer auf. Geistliche aller Religionen waren von Frondienst und Steuern befreit. Insgesamt also bedeuteten die besonders in den Jahren 1229/30 eingeführten Reformen eine teilweise Rückkehr zu den in China erprobten Formen staatlich-fiskalischer Ausbeutung.[3] Auch die Verwaltung erhielt festere Formen, und zwar dadurch, daß dem Großkhan eine Zentralkanzlei (*chung-shu sheng*) zur ständigen Beratung beigegeben wurde.

Die Verwaltungsprobleme, denen sich die Mongolen gegenübersahen, wurden vervielfältigt, als sie auch den Rest des Chin-Reiches annektierten. Dessen Untergang wurde durch ein Bündnis zwischen Sung und Mongolen herbeigeführt; in den Kämpfen trugen jedoch die mongolischen Truppen die Hauptlast, während der sung-chinesische Beitrag zum Sieg unerheblich war. 1234 fiel K'ai-feng, und der letzte Chin-Herrscher fand den Tod. Die chinesische Bevölkerung begrüßte, so verhaßt die Herrschaft der Dschurdschen auch gewesen sein mochte, die Mongolen nicht als Befreier, denn die neuen Herren erwiesen sich als nicht weniger ausbeuterisch als ihre Vorgänger. Hinzu kam, daß der chinesische Einfluß auf Ogodai zurückging und der Großkhan sich mehr und mehr auf islamische Berater verließ. Manche der von Yeh-lü Ch'u-ts'ai veranlaßten Reformen wurden wieder aufgegeben und durch Praktiken ersetzt, wie sie in Vorderasien üblich waren. So wurde die Einziehung der Steuern Privatleuten anvertraut, die eine vom Fiskus bestimmte

Quote an Erzeugnissen abzuliefern hatten — eine Gelegenheit zu Durchstecherei und maßloser Bereicherung. Das Auftreten der landfremden Ausbeuter und Geschäftemacher trug dazu bei, das mongolische Regime unbeliebt zu machen, so daß die inneren Zustände in den nunmehr südlichsten Provinzen des Mongolenreichs ungefestigt blieben. Die Grenze zwischen Sung und Mongolen verlief entlang dem Huai-Fluß, folgte also der Linie, die die Sung schon 1142 als Nordgrenze hatten anerkennen müssen. An die Stelle des Chin-Reichs war damit für die Sung seit 1234 ein noch viel gefährlicherer Gegner getreten; andererseits war am Hofe in Hang-chou die Hoffnung noch nicht ganz vergangen, einmal unter Ausnutzung der Unzufriedenheit der chinesischen Bevölkerung in den »mittleren Ebenen« Nordchinas die verlorenen Gebiete wieder heimzuholen. Die Koexistenz zwischen den Sung und dem Mongolenreich war jedenfalls noch weit prekärer, als es die zwischen Sung und Chin gewesen war.

Unter dem Großkhan Möngke schritten die Mongolen zu neuen Annexionsfeldzügen. Sie eroberten das Tai-Reich von Nan-chao und drangen bis Nord-Vietnam (Annam) vor, hatten sogar an einigen Punkten den Yangtse erreicht, als der Großkhan in Ssuch'uan starb. Sein jüngerer Bruder Kublai, der sich bei der Truppe befunden hatte, kehrte in die Mongolei zurück, um dort seinen Anspruch auf den Kaiserthron gegen die anderen Prätendenten durchzusetzen. Damit war einstweilen für das Sung-Reich die Gefahr vorbei, ja man konnte den Abzug der mongolischen Heere aus Ssuch'uan sogar als Sieg deuten. Die Leitung der chinesischen Politik lag damals in der Hand des Kanzlers Chia Ssu-tao (1213-1275). Er war der letzte bedeutende Staatsmann der Sung und hat wie Ts'ai Ching und Ch'in Kuei als Sündenbock herhalten müssen. Ihm schreibt die orthodoxe Historiographie den schließlichen Untergang des Reiches zu, und die Literatur hat das Bild des Erzbösewichts Chia noch mit allerhand pikanten Zügen ausgemalt. Die wirklichen Gründe für die schlechten Zensuren bei Zeitgenossen und Historikern liegen wohl auf wirtschaftlichem Gebiet. Unter den Süd-Sung hatte das alte Übel Chinas, die Steuerflucht der Großgrundbesitzer, ein hohes Ausmaß erreicht. Die Geldwirtschaft war durch die Ausgabe von Papiergeld inflationistisch gefährdet, zumal auch der Krieg gegen die Mongolen die öffentlichen Finanzen überforderte. Das für die Armeeversorgung benötigte Getreide war im allgemeinen durch Zwangsankauf beschafft worden, die Zahlung in Papiergeld erfolgt. Angesichts dieser Lage griff Chia Ssu-tao zu einem Radikalmittel. Er ließ 1263/64 Gesetze verkünden, die praktisch eine teilweise Enteignung des Großgrundbesitzes bedeuteten. Alles Land, das über eine bestimmte Fläche hinausging, mußte zu einem Drittel dem Fiskus verkauft werden. Die Bezahlung der angekauften Ländereien erfolgte in Steuergutscheinen, Beamtenpatenten, Silber- oder Papiergeld. Je mehr ein einzelner Grundbesitzer verkaufte, desto attraktiver wurde die Bezahlung gestaltet. Das angekaufte Land wurde in staatliche Regie übernommen, seine Erträgnisse wurden unmittelbar in die öffentlichen Speicher eingeliefert. Insbesondere in der reichen, landwirtschaftliche Überschüsse bringenden Provinz Chekiang wurden diese Reformen durchgeführt. Bald befand sich ein Fünftel des bebauten Landes in staatlicher Hand. Die Versorgung der Truppe konnte damit gesichert werden, freilich auf Kosten der Popularität der Regierung. Die Schicht der Grundbesitzer, die ja zumeist auch die hohen Beamten stellte, fühlte sich durch die Enteignungen benachteiligt, die Loyalität der Beamtenschaft insgesamt lockerte sich.

In dieser Lage sah sich das Sung-Reich mit den Mongolen konfrontiert. Kublai hatte nach seiner Wahl zum Großkhan den Sung zunächst Koexistenz zubilligen wollen, doch hielten diese seinen Gesandten an der Grenze fest, da man in ihm einen gefährlichen Spion vermutete. Man fühlte sich in Hang-chou sicher genug, um den Mongolen diesen Affront zumuten zu können. Chia Ssu-tao beging nun einen taktischen Fehler, der den Zusammenbruch beschleunigte. Er wollte den Vorrang der zivilen Führung sichern und verfügte wiederholt Rechnungsprüfungen bei den Truppenführern, deren Treue zum Kaiserhaus damit auf eine schwere Probe gestellt wurde.[4] In der letzten Phase des Krieges, der nach 1268 wiederaufflammte, ergaben sich viele Sung-Kommandanten mit ihren Städten kampflos. Als 1273 auch Hsiang-yang, die strategisch wichtige Festungsstadt am Han-Fluß, kapitulierte, lag der Weg nach Süden frei vor den Mongolen. Zwar versuchte man am Hofe die Lage dadurch zu retten, daß die Chia feindlichen Kräfte die Regierung übernahmen, aber auch unter Chias Nachfolgern wendete sich das Blatt nicht. Der mongolische Feldherr Bayan rückte 1276 in Hangchou ein, der minderjährige Kaiser und die als Regentin eingesetzte Kaiserinmutter mußten den Weg in die Internierung nach Peking antreten. Der nationale Widerstand war aber noch nicht ganz erloschen. Einige loyal gebliebene Heerführer und Zivilbeamte brachten zwei kaiserliche Prinzen vor den anrückenden Mongolen in Sicherheit und flohen in die südlichen Provinzen des Reiches. Die Verlagerung der Regierung wurde zur planlosen Flucht, die in der Provinz Kanton endete.[5] 1279 suchte eine letzte Gruppe der Loyalisten mit den Prinzen Zuflucht auf hoher See; in ausweisloser Lage stürzte sich ihr Führer zusammen mit den Prinzen in die Fluten. Dieses dramatische Ende der einst so glanzvollen Dynastie bedeutete gleichzeitig die

Annexion des gesamten China durch die mongolischen Invasoren. Zum erstenmal in der Geschichte war es damit barbarischen Eroberern aus dem Norden gelungen, das ganze Land unter ihre Herrschaft zu bringen und China zum Teil eines Weltreichs zu machen, das sich vom Fernen Osten bis nach Rußland erstreckte.

II. KUBLAI KHAN UND DIE DYNASTIE YÜAN

Kublai Khan (1215-1294) gehört unstreitig zu den größten Herrscherpersönlichkeiten Chinas. Im Gegensatz zu seinen Vorfahren war er ehrlich bemüht, ein positives Verhältnis zur chinesischen Kultur zu finden, auch wenn er selbst nur wenig oder gar kein Chinesisch konnte. Er umgab sich nach seiner Erhebung zum Großkhan vorwiegend mit nichtmongolischen Beratern, mit Chinesen, aber auch Moslim aus Zentral- und Vorderasien. Auf sie schien ihm mehr Verlaß als auf die stets zur Fronde geneigten mongolischen Stammesführer. Seine lange Regierungszeit (1260-1294) ist gekennzeichnet durch eine vielfach nach chinesischem Vorbild gehandhabte Stabilisierung seiner Herrschaft über das zahlenmäßig größte Volk Ostasiens. Schon bei seiner Thronbesteigung nahm er wie andere chinesische Kaiser eine Regierungsdevise an, und 1271, also noch vor der Eroberung des Südens, erhielt der Staat den dynastischen Namen Yüan (»Uranfang«), den ersten Dynastienamen in China, der nicht auf einem der alten Staaten- oder Sippennamen oder einer geographischen Bezeichnung beruhte, sondern auf einer frei gewählten Wortprägung, die in diesem Falle dem klassischen »Buch der Wandlungen« entnommen war.

Kublai war ein Nachkomme des Tolui, des jüngsten Sohnes des Tschinggis Khan. Die Ausschaltung der Linie Ogodais und des ältesten Sohnes Tschaghatai schuf ihm Gegner in diesen übergangenen Zweigen seiner Familie. Hier war es namentlich Khaidu, der ihm Schwierigkeiten machte. Khaidu schloß sich zunächst dem Arigh Böge an, einem jüngeren Bruder Kublais, der gegen den älteren Bruder rebellierte, setzte aber auch nach Arigh Böges Tod die Opposition von der Mongolei aus fort. Immer wieder kam es zu Kämpfen gegen Khaidu, und bis ins 14. Jahrhundert hinein kann man den Gegensatz zwischen den in der Mongolei verbliebenen Teilen der Mongolen und den Khanen in China feststellen. Jene hielten an den nomadischen Traditionen fest, während der Mongolenhof in China sich als Sachwalter höherer Staatlichkeit gegen die »Barbaren« zu fühlen begann. Die Abwendung von der Steppe kommt auch darin zum Ausdruck, daß unter Kublai die Residenz aus dem mongolischen Karakorum nach Peking verlegt wurde.

Die außenpolitische Expansion des mongolischen Imperialismus hatte mit der Annexion des Sung-Reichs 1276-1279 ihren Höhepunkt erreicht. Zwar richteten sich verschiedene Expeditionen gegen Länder im Süden, mit denen bereits die Sung in diplomatischem Verkehr gestanden hatten, aber dauernde Resultate vermochte keiner der mit großen Kosten ins Werk gesetzten Feldzüge zu erzielen. Die beiden Unternehmungen gegen Japan 1274 und 1281 scheiterten, und auch diejenigen in Annam und Čampa haben das mongolische Imperium nicht territorial erweitert, ebensowenig Expeditionen gegen das nördliche Burma (1278, 1283). Man begnügte sich auf mongolischer Seite damit, durch militärische Pressionen den örtlichen Herrschern ihre Tributpflicht gegenüber China ins Gedächtnis zu rufen und sie zur Erklärung ihrer Vasallität aufzufordern. Im Innern blieben alle südostasiatischen Staatswesen selbständig; auch gab es dort keine mongolischen Garnisonen. Die Unternehmen gegen Java (1281 und 1292) blieben ebenfalls folgenlos, ja vielleicht haben alle diese militärisch verlustreichen Überseeaktionen keine direkte territoriale Erweiterung des chinesisch-mongolischen Kaiserreichs angestrebt, sondern dienten eher zur Rekognoszierung. Bleibt so außenpolitisch über die spätere Regierungszeit Kublais nicht viel zu sagen, so muß dafür die innere Struktur des Reiches etwas eingehender geschildert werden. Sie weist eine bemerkenswerte Mischung von traditionellen chinesischen und von den Mongolen eigentümlichen Merkmalen auf.

Zu den in der Steppentradition begründeten Zügen gehörte es, daß man nicht nur eine, sondern zwei Hauptstädte einrichtete. Sommerresidenz wurde Shang-tu, die »obere Hauptstadt« in der Gegend von Dolon-nor in der inneren Mongolei, Winterresidenz Ta-tu, das heutige Peking, die »große Hauptstadt«. Seit 1267 wurde Peking ausgebaut und eine ganz neue Stadtanlage nordöstlich der aus der Dschurdschen-Zeit stammenden begonnen. 1272 verlegte Kublai Khan die zentralen Behörden nach Peking, das seitdem an Bedeutung und Bevölkerungszahl ständig zunahm. Unter dem türkischen Namen Chan-Balyq (»Herrscher-Stadt«) wurde es in der ganzen Alten Welt bekannt; es ist das »Cambaluc« der lateinischen und sonstigen europäischen Quellen.

Der Behördenaufbau in der Hauptstadt ahmte die Vorbilder der Chin nach, auch darin, daß die Namen meist chinesisch waren.[6] Manche Titel jedoch blieben mongolisch, so etwa derjenige des *darughači*, was soviel wie Statthalter oder Kommandant bedeutet. Die literarischen Examina, die unter den Sung die Beamtenkarriere eröffnet hatten, fielen fort und damit die traditionelle Rekrutierungsweise für die Oberschicht. Die Verwaltung wie die Regierung lagen vorwiegend in der Hand von Nicht-Chinesen, und nur wenigen chinesischen Beratern Kublais gelang es, zu Einfluß am Hofe zu gelangen. Im Finanzwesen zumal herrschten die Ausländer, was natürlich nicht zur Beliebtheit des Mongolenregimes beitrug. Die chinesischen Quellen berichten immer wieder mit spürbarem Gusto von Unbildung und Unfähigkeit der ausländischen Beamten, wie denn überhaupt die Quellen über das chinesische Mongolenreich fast ausschließlich von Chinesen verfaßt sind und deshalb ein etwas schiefes Bild von der tatsächlichen Lage geben. Daß dergleichen antimongolische und der Tendenz nach fremdenfeindliche Auslassungen geschrieben und gar im Druck verbreitet werden konnten, deutet auf eine tiefe Kluft zwischen den Besatzern und der einheimischen Intelligenz hin. Man gewinnt fast den Eindruck, als sei den Mongolen das, was ihre chinesischen Untertanen dachten, so gleichgültig gewesen wie einem schlechten Kolonialbeamten das Treiben der Eingeborenen, sofern nur die äußere Ordnung einigermaßen gewahrt blieb.

Für die Folgezeit hatte die Mongolenherrschaft auf dem Gebiet der gesamten Administration wichtige Auswirkungen. Der Absolutismus des Hofes, der unter den Sung noch durch eine homogene, mit starkem Korpsgeist ausgestattete Beamtenschaft in Schach gehalten worden war, wurde übermächtig und auch durch die institutionelle Gesetzgebung nicht sehr eingeschränkt. Das Zensorat war unter den Mongolenkhanen weniger ein Ventil für Mißstände und Organ der Kritik an der Reichsführung als vielmehr ein Werkzeug der Zentrale, um die lokalen Behörden zu kontrollieren. Auch war das höfische Zeremoniell der Sung eine gewisse Bremse für autokratisches Herrschertum gewesen, die nun wegfiel, als rauhere und manchmal gewalttätige Sitten am Hofe herrschten.

Die Verwaltungssprache war neben dem Mongolischen im allgemeinen das Chinesische. Die meisten der fremden Beamten konnten bestenfalls etwas Chinesisch sprechen, waren aber der chinesischen Schrift nicht mächtig. So finden wir in den Stellenplänen der Behörden eine große Anzahl von Dolmetschern und mehrerer Sprachen mächtiger Schreiber als festen Bestandteil der jeweiligen Institution. Da das chinesische gelehrte Beamtentum innerhalb der Bürokratie nur eine mindere Rolle spielte, trat anstelle des steifen althergebrachten Dokumentenstils ein der Umgangssprache angenähertes Aktenidiom — eine Vulgarisierung der Kanzleisprache. Manche der erhaltenen Texte sind in einem barbarischen Chinesisch geschrieben, namentlich diejenigen Aktenstücke in Kompilationen wie dem *Yüan-tien chang*, die ursprünglich Interlinearversionen zu einem mongolischen Original waren. Da neben jedem mongolischen Wort das entsprechende chinesische stand, kam es zu einer Aktensprache, in der chinesische Vokabeln nach mongolischer Syntax angeordnet waren, was das Verständnis dieser Texte ungemein erschwert.

Die Einwohner Chinas wurden in vier Klassen mit abgestuften Rechten eingeteilt. Die Mongolen waren das herrschende und in jeder Hinsicht privilegierte Staatsvolk, an Zahl kaum einige hunderttausend gegenüber einer Gesamtbevölkerung Chinas von rund 60 Millionen (zu Beginn des 14. Jahrhunderts), die sich aber recht ungleichmäßig verteilte. Mehr als 80 % der ackerbauenden und Steuern zahlenden Bevölkerung lebten im Süden, im ehemaligen Sung-Reich. Der Norden war nicht nur durch die chaotischen Verhältnisse zu Beginn der Mongolenherrschaft ausgepowert und entvölkert, sondern auch fiskalisch sozusagen refeudalisiert worden: die Mongolen hatten die Einwohner ganzer Landstriche ihren Generälen und Fürsten als Apanage geschenkt; die örtlichen Abgaben fielen also an die mongolische Aristokratie und nicht an die Staatskasse. Die Wirtschaftskraft des Reiches lag somit im Süden und hier wiederum in der Überschuß-Provinz Chekiang, die darum auch den größten Anteil an den Steuerlasten trug.

Nach den Mongolen rangierten die »Personen mit Spezialstatus« (*se-mu jen*). Es waren dies die zentral- und vorderasiatischen Verbündeten der Mongolen, meist Türken, aber auch Perser, Syrer und andere Fremde. Sie haben, wie erwähnt, im Finanzwesen eine bedeutende Rolle gespielt, stellten aber oft auch die Hausmeier und Vermögensverwalter der mongolischen Aristokratie. Unter ihnen kam es zu gildenähnlichen Zusammenschlüssen, den *ortoq* oder *ortaq*, die der Finanzierung von Bank- und Geschäftsunternehmungen dienten, insbesondere des Karawanenhandels. Die *ortoq* übten, gestützt von den mongolischen Großen, als Geldverleiher auch bankmäßige Geschäfte aus — eine Tätigkeit, die sie wegen wucherischer Praktiken bei den Chinesen, die doch in dieser Hinsicht schon einiges gewohnt waren, besonders verhaßt machte.[7]

Die dritte Bevölkerungsgruppe waren die *Han-jen*, was eigentlich »Chinesen« bedeutet, aber in der Mongolenzeit alle Einwohner Nordchinas bezeichnet, gleich ob es sich um Chinesen, Kitan, Dschurdschen oder Koreaner handelte. An vierter und letzter Stelle kamen die *Man-tzu* (wörtlich »Süd-Barbaren«), die Einwohner des früheren Sung-Reiches. Sie blieben von allen wichtigen Ämtern ausgeschlossen, obwohl bereits Kublai Khan den einen oder anderen Sung-Chinesen an seinen Hof zog, wie etwa den Schriftsteller und Maler Chao Meng-fu (1254–1322). Noch unter den vier Bevölkerungsklassen sind die Sklaven einzustufen. Ihr Status war erblich und ging zumeist auf die massenweisen Versklavungen in der Frühzeit der Mongolenherr-

schaft zurück. Die ungleiche Rechtsstellung der Bevölkerungsklassen dokumentieren sehr anschaulich die Gesetze, Verordnungen und Rechtsfälle von juristischen Kompilationen wie
dem *Yüan-tien chang*.[8]

Das Literaten-Beamtentum war also durch die Ereignisse wie
durch die Gesetze als politischer Faktor ausgeschaltet und
machtlos. Sofern freilich die betreffenden Familien die Erobe-
rungszeit schadlos überstanden hatten, konnten sie ihre wirtschaftliche Position behaupten, denn die Eigentumsverhältnisse
im ehemaligen Sung-Reich wurden von den Eroberern grundsätzlich nicht angetastet. Die Ausschaltung der gelehrten Beamten aus der Regierung und Verwaltung bedeutete andererseits
aber auch den Fortfall eines soziologischen Faktors, der den
Aufstieg anderer Klassen, insbesondere der Kaufmannschaft,
gehemmt hatte. Der transkontinentale Handel wie auch die Küstenschiffahrt blühten auf, und es kam zur Bildung großer Vermögen in privater Hand. Einigen Unternehmern gelang es sogar, ein staatliches Monopol für den Getreidetransport aus Chekiang nach der Hauptstadt Ta-tu zu erhalten und dadurch reiche
Profite zu erzielen. Das skrupellose Auftreten dieser Glücksritter und Halb-Piraten erregte indes so große Mißstimmung, daß
das System zu Beginn des 14. Jahrhunderts abgeschafft wurde.
Die Verwaltung mußte nun nach anderen Mitteln suchen, die
Überschüsse des Südens in den Norden zu führen, und ließ zu
diesem Zweck den Kaiserkanal wiederherstellen. Damit wurde
die wirtschaftliche Einheit des jahrhundertelang gespalten gewesenen China wieder gestärkt. Diese in erster Linie dem Binnenhandel und damit der Kaufmannschaft zugute kommende
Wiederzusammenführung Gesamtchinas wurde auch durch das
Postwesen der Mongolen begünstigt, das ein Netz von Kurier-
diensten über das ganze Reich legte und außerordentlich lei-
stungsfähig war, freilich auch hier wieder vorwiegend auf Kosten der Bevölkerung, die für die Pferde, die Unterkunft und
Verpflegung der Kuriere aufzukommen hatte.[9]

Unter den wirtschaftlichen Entwicklungen der Yüan-Zeit ist
insbesondere das Papiergeldwesen zu erwähnen. Die wichtigste
Neuerung dabei ist, daß zur Mongolenzeit das Papiergeld zur
alleinigen Währung erklärt wurde, während unter den Sung
und Chin Papiergeld immer nur subsidiär zu Kupfermünzen
und ungemünztem Silber in Umlauf gewesen war. Der Grund,
warum man sich von der Kupferwährung abwandte, kann unter
anderem vielleicht in dem enormen Bedarf des buddhistischen
Kultus, insbesondere des vom Hof geförderten Lamaismus, an
Bronze für die Heiligenbilder gesucht werden.[10] Die Quellen
lassen erkennen, daß das Papiergeld im Lauf der Jahrzehnte
immer mehr an Wert verlor, ein Vorgang, der an sich, da über

einen langen Zeitraum erstreckt, noch nicht katastrophal zu sein brauchte, solange die Volkswirtschaft als Ganzes produktiv genug blieb. Erst in den letzten Jahren der Mongolenherrschaft wurde das Papiergeld zu wertloser Makulatur. Andererseits hat es Handelstransaktionen erleichtert und damit zum Emporkommen des Kaufmannsstandes beigetragen.

Die Religionspolitik der Mongolenherrscher war zunächst indifferent. Die einheimischen Religionen wie Buddhismus und Taoismus konnten sich auch unter den Eroberern halten. Zu ihnen trat seit der Mitte des 13. Jahrhunderts die tibetische Abart des Buddhismus, der Lamaismus, der am Hofe bis zum Ende der Yüan-Dynastie herrschend blieb. Der Hof übte über den gesamten Buddhismus im Reich die Kontrolle durch den »Reichslehrer« (*kuo-shih*) aus, der nicht nur der Hauskaplan der Kaiserfamilie war, sondern auch höchster Vorgesetzter aller Buddhistenmönche im Reich. Die chinesischen Quellen werden nicht müde, Korruption und Habgier des lamaistischen Klerus zu schildern, der es sich in der Gunst des Hofes wohl sein ließ. Der Konfuzianismus — wenn wir ihn überhaupt als Religion gelten lassen können — war in gewisser Weise den anderen Religionen gleichgestellt, aber für lange Zeit in den Hintergrund getreten. Erst unter dem Kaiser Jen-tsung (Regierungszeit 1311 bis 1320), der 1313 auch wieder literarische Examina einführte, kam es zu einer gewissen Reaktivierung konfuzianischer Traditionen, etwa zur Wiedereinrichtung der jährlichen Opfer in den Konfuzius-Tempeln. Aber man wird den Eindruck nicht los, daß der mongolische Hof dies alles als eine Pflichtübung auf Zureden chinesischer Berater empfunden hat. Auch die Examensabsolventen waren meist Nicht-Chinesen, was darauf deutet, daß wenigstens einige Angehörige der privilegierten Minderheit sich ernsthaft mit chinesischer Kultur und Tradition beschäftigten. Der Lamaismus selbst blieb den Chinesen fremd; dafür wurden die chinesischen buddhistischen Klöster zu Zentren der kulturellen Selbstbehauptung, ja des Nationalismus.

Die vorderasiatischen Weltreligionen Christentum, Judentum und Islam konnten von der allgemeinen Toleranz im Mongolenreich profitieren. Ihre Anhänger waren zumeist aber nicht Chinesen, sondern Ausländer. Der Nestorianismus war über Zentralasien nach China gekommen, getragen hauptsächlich von Turkvölkern wie den Önggüt und Kereit. Das türkische Element im damaligen Christentum zeigt sich auch in den erhaltenen christlichen Grabinschriften, die überwiegend in mit uigurischer Schrift geschriebenem Türkisch und chinesischer Beischrift abgefaßt sind. Die Zahl der Nestorianer war bald so groß, daß noch unter Kublai Khan 1289 eigens eine Behörde zur Aufsicht über die Kirchen und Klöster geschaffen wurde.[11] Auch die christlichen Religionsdiener genossen Steuerfreiheit, genauso wie die islamischen Mullahs und die taoistischen und buddhistischen Mönche. Eine ganze Reihe von zweisprachigen Inschriften auf Stein hat sich erhalten, in denen den Geistlichen auf mongolisch und chinesisch die Steuerfreiheit auf Grund kaiserlichen Edikts bestätigt wird.[12] Die Zahl der Islamanhänger in China war in der Mongolenzeit insgesamt noch recht gering, und die in den Quellen erwähnten Moscheen dienten wohl eher den eingewanderten islamischen Ausländern als konvertierten Chinesen. Das Judentum ist ebenfalls nachweisbar, doch werfen die chinesischen Autoren Juden und Mohammedaner oft in eins.

Alle diese ethnischen und religiösen Minderheiten in China haben also zu einem Kosmopolitismus geführt, der dem der T'ang-Zeit nicht nachstand. Der größte Teil der Fremden blieb jedoch außerhalb der chinesischen Kultur. Nur eine Minderheit unter ihnen bemühte sich, Zugang zu chinesischer Sprache, Schrift und Literatur zu finden und bei den einheimischen Literaten Anerkennung zu erlangen. So kam es dazu, daß Türken, Perser und gelegentlich auch Mongolen auf chinesisch schrieben und dichteten oder im chinesischen Stil Kalligraphie und Malerei trieben. Dabei ist es auffallend, wie wenig die Produktionen dieser Fremden von ihrer ausländischen Herkunft verraten. Sie bewegen sich völlig in den chinesischen Stilformen, und man trifft kaum auf Elemente, die im Sinne einer Kultursynthese zu deuten wären.[13] Das gilt insbesondere auch für die Religion. Die chinesischen Schriften eines türkischen Nestorianers etwa erscheinen fast peinlich bemüht, keinerlei christliche Elemente zu erkennen zu geben. Auch wurde, abgesehen von einigem Fachschrifttum in Astronomie und Mathematik, kaum etwas aus vorderasiatischen Sprachen in das Chinesische übersetzt. Auch die unter den Mongolen doch recht intensiven Kontakte zu einer so hochstehenden Kultur wie der persischen haben die Selbstgenügsamkeit der chinesischen Kultur nicht erschüttern können. Die bereits unter den Sung sich abzeichnende Abschließung der chinesischen Kultur von ausländischen Anregungen fand also auch unter den Mongolen ihre Fortsetzung, und zwar verstärkt durch die latente oder auch offene Abneigung der einheimischen Bildungsträger gegen die Fremdherrschaft und die mit ihr ins Land geströmten Ausländer.

Die chinesische Literatur selbst wurde nicht direkt von der mongolischen Besatzung beeinflußt, wohl aber zeigten sich Entwicklungen, die nicht ohne die Fremdherrschaft zur Reife gekommen wären. Die beamteten Literaten waren in ihrer politischen Bedeutung zurückgedrängt worden, und literarische Leistungen allein verbürgten nicht mehr eine prestigeträchtige Karriere, wenn sie es je zuvor vermocht hatten. Nur noch privater Ruhm im Kreis der Gebildeten war zu gewinnen, wie denn überhaupt eine gewisse Wendung nach innen, ein »Eremitismus«, nicht zu verkennen ist.[14] Diese Wendung hat ihrerseits die Bahn für die weitere Entwicklung der nicht von den Gelehrten-Beamten getragenen Literaturformen frei gemacht. Die Roman- und Novellendichtung in Umgangssprache blieb zwar weiterhin von den Intellektuellen der Oberschicht verachtet, doch setzte sie sich lebenskräftig durch. Noch mehr gilt das für die Theaterliteratur. Die Sammlung der »Hundert Theaterstücke des Yüan« (*Yüan-ch'ü hsüan*) gibt einen guten Eindruck von der damaligen Bühnenliteratur. Zwar sind die Stoffe des chinesischen Theaters der Mongolenzeit überwiegend dem traditionellen Bildungsschatz entnommen — entweder historisch oder religiös-moralistisch oder auch aus der schriftsprachlichen Novellistik entlehnt —, es sind Opernlibretti, in denen neben rezitativischen Stellen in Prosa lange gesungene Arien stehen; aber sowohl Rezitativ wie Arie sind in Volkssprache abgefaßt und verdanken ihre Lebendigkeit der biegsamen und ausdruckskräftigen Alltagssprache. Die Verfasser der Theaterstücke entstammten in den allermeisten Fällen nicht der ehemals beherrschenden Literatenelite; viele Stücke sind anonym, und auch dort, wo die Verfasser greifbare Persönlichkeiten sind, ist festzustellen, daß sie nicht der chinesischen Gesellschaftselite und der literarischen Prominenz alten Stils zugehörten. Insofern kann man also von einer Verbürgerlichung der Literatur reden, die bereits unter den Sung für einige ihrer Gattungen eingeleitet wurde, aber unter den Mongolen erst zu vollem Durchbruch gelangte. Die ungemeine Volkstümlichkeit des chinesischen Theaters, die bis in die Gegenwart angehalten hat, geht jedenfalls genauso wie seine literarische Form auf die klassische Zeit der Bühnendichtung im 13. und 14. Jahrhundert zurück. In den bildenden Künsten ist die gleiche Tendenz wie in der Literatur festzustellen, nämlich eine Abweisung des Fremden. Mit fast so etwas wie Trotz hielten die großen Maler der Mongolenzeit, angefangen bei Chao Meng-fu, an den Sung-Traditionen fest, nur daß an die Stelle des höfischen Akademismus, dem unter den wenig interessierten Khanen am Hofe der Boden entzogen war, die Literatenmalerei, das heißt: der malende Dichter trat, dem Bild wie Vers zum Ausdruck seiner Gedanken und seiner Persönlichkeit dienten. Die mongolenzeitliche Landschaftsmalerei im 14. Jahrhundert ist nicht zu Unrecht als klassisch bezeichnet worden, und Gestalten wie Ni Tsan (1301-1374) gehören zu den größten chinesischen Malern überhaupt.[15] Die Kunst jener Zeit ist gleichfalls nach innen gewandt, bestimmt für einen kleinen Kreis von Kennern, unabhängig von den staatlichen und politischen Mächten. Der Mongolenhof selbst förderte vorwiegend eine lamaistische Devotionalienkunst, wenngleich im 14. Jahrhundert einige Kaiser schon ein gewisses Verständnis für chinesische Kunst und Literatur zeigten und mit ihren rudimentären Kenntnissen der chinesischen Schrift gelegentlich zu prunken suchten.[16]

III. CHINA UND DAS ABENDLAND IN DER MONGOLENZEIT

Man hat die Beziehungen zwischen China und dem Westen unter den Mongolen gern unter das Stichwort *Pax Mongolica* gestellt und angenommen, daß der Aufschwung des Asienhandels in erster Linie der Tatsache zu verdanken gewesen sei, daß ein Imperium, welches ganz Asien überspannte, die politischen Voraussetzungen für den Handel gegeben habe. Dies kann jedoch nur mit Einschränkungen angenommen werden, denn die politische Einheit des Mongolenreichs hatte sich bereits gegen Ende des 13. Jahrhunderts zu lockern begonnen, während der Handel wie auch die China-Mission ihren Höhepunkt erst im 14. Jahrhundert erreichten. Es ist deshalb nicht unwahrscheinlich, daß der transkontinentale Handel zu einem wesentlichen Teil durch eine innereuropäische wirtschaftliche Entwicklung aufblühte, eine »Handelsrevolution« analog der »industriellen Revolution« im 18. Jahrhundert. Auf europäischer Seite war der Chinahandel im wesentlichen eine Domäne der italienischen Handelsrepubliken Venedig und Genua, die sich bereits während des 13. Jahrhunderts im Vorderen Orient in den dortigen mongolisch beherrschten Territorien Stützpunkte und Faktoreien geschaffen hatten.[17] Im frühen 14. Jahrhundert ist dann auch China in den Kreis der Handelspartner der italienischen Kaufleute eingetreten. Das Handbuch *Pratica della Mercatura* beschreibt die Karawanenwege nach Gattaio, das ist Kathay, also Nordchina, und die Waren, die von dort bezogen werden konnten. Unter diesen nimmt die Seide den wichtigsten Platz ein. Nicht wenige chinesische Seidenbrokate fanden damals ihren Weg nach Europa, und in den Sakristeien einiger Kirchen findet man noch heute Kaseln und Dalmatiken, die aus chinesischen Stoffen gefertigt sind.[18] Wann die ersten Europäer nach China kamen, ist nicht ganz sicher auszumachen. Tatsache ist jedenfalls, daß die Angehörigen der Familie Polo entgegen ihren eigenen Behauptungen nicht die ersten Europäer waren, die China erreichten, denn schon einige Jahre vor ihrer Ankunft berichtet ein chinesisches Regestenwerk für 1261 das Auftreten von Leuten aus *Fa-lang*, dem Frankenlande, am Hofe Kublai Khans.[19]

Die Familie Polo hat durch ihre Reisen Geschichte gemacht, weil durch Marco Polo ein ausführlicher Bericht auf die Mit- und Nachwelt gekommen ist.[20] 1271 brachen die Brüder Maffeo und Nicolò Polo zusammen mit Marco, dem Sohn Nicolòs, nach Hochasien auf und durchquerten das ganze, damals noch eine Einheit bildende mongolische Weltreich. Das Buch Marcos trägt den Titel »Beschreibung der Welt« und ist nicht nur ein Reisebericht, sondern eine Kosmographie, denn auch von den Polos nicht bereiste Länder werden notorisch abgehandelt. Es gibt kaum ein weltliches Werk des Hochmittelalters, dem ein solcher Erfolg zuteil wurde wie dem des Marco Polo. Zum erstenmal erhielt das Abendland genaue Kunde von dem mächtigen und zivilisierten Reich des Großkhans im Fernen Osten. Man kann sagen, daß durch Marco Polo das europäische Wissen von der Welt eine neue Dimension gewonnen hat. Die Entdeckung Amerikas durch Kolumbus ist indirekt eine Folge des Bestrebens gewesen, die von Polo beschriebenen Länder des Ostens auf dem direkten Seeweg zu erreichen. Für alle Fälle hatte Kolumbus ein Exemplar des Marco Polo an Bord. Die Genauigkeit mancher Detailangaben in Polos »Beschreibung der Welt« ist, was China angeht, erstaunlich. Zwar kommen auch bei ihm noch gelegentlich die üblichen kosmographischen Topoi und Legenden vor, aber insgesamt leitet sein Werk, zusammen mit den Reiseberichten der Franziskaner Johann von Plano Carpini und Wilhelm von Rubruck, im 13. Jahrhundert eine neue Epoche der geographisch-völkerkundlichen Literatur ein.

Die Kontakte mit China, die Europa im 13. Jahrhundert hatte, erfuhren noch eine Vertiefung, als um die Wende um 14. Jahrhundert die Kurie in Rom ihre Missionstätigkeit nach dem Fernen Osten ausdehnte. Die China-Mission des römischen Katholizismus ist vor allem durch den ersten Franziskaner-Papst Nikolaus IV. gefördert worden.[21] Unter ihm wurde Johannes von Monte-Corvino mit einigen weiteren Franziskanern nach China geschickt und als Erzbischof von Chan-Balyq (Peking) eingesetzt. Dieser Erzdiözese unterstand seit 1323 ein Suffraganbistum in der südchinesischen Hafenstadt Ch'üan-chou, dem Zayton der lateinischen und arabischen Quellen. Unter den weiteren Franziskanermissionaren, die im ersten Drittel des 14. Jahrhunderts in China wirkten, ist vor allem Oderich von Pordenone zu erwähnen, der 1330 wieder in Italien eintraf und in seinem Bericht einige Angaben über Land und Leute macht, die über das rein Missionarische hinausgehen. Es scheint aber, daß sich die römisch-katholische Mission nicht so sehr an die Chinesen gewendet hat wie an die in China lebenden Ausländer, da stets nur von »Tataren« und »tatarischer« Sprache die Rede ist. In den chinesischen Quellen, die sonst über die Nestorianer allerhand zu berichten wissen, hat die Franziskanermission keinen Niederschlag gefunden, und wenn nicht 1951 ein archäologischer Fund die Anwesenheit römisch-katholischer Christen bezeugt hätte, könnte man fast an der Historizität der Mission zu zweifeln beginnen. Dieser Fund ist der sogenannte »lateinische Grabstein« von Yang-chou, einer Stadt, die im 14. Jahrhundert ein wichtiges Handelszentrum am Yangtse war. Der Stein enthält eine Inschrift, wonach 1342 eine gewisse Katharina, Tochter des Dominikus von Viglione, begraben wurde. Sie war vermutlich die Tochter eines Angehörigen der venezianischen Familie Vilione, von der man weiß, daß sie im Orienthandel aktiv war.[22]

Aus dem 14. Jahrhundert ist nur *ein* Kontakt zwischen Europa und China aus chinesischen Quellen zu verifizieren, nämlich die Gesandtschaft des Johannes von Marignolli. 1336 schickten alanische Christen einen Brief an die Kurie von Avignon, und es ist auch gelungen, seine Absender mit yüanzeitlichen Quellen genannten Personen zu identifizieren. Der damalige Papst Benedikt XII. entsandte von Avignon aus Johannes von Marignolli mit einem Antwortbrief nach China. Über das Reich der Goldenen Horde und ganz Zentralasien erreichte der Legat Peking und wurde vom damaligen Kaiser Toghon Temür in Audienz empfangen. Wir kennen sogar das genaue Datum: es war der 19. August 1342. Die Quelle nennt als Herkunftsland *Fu-lang*, also wiederum den Frankennamen, der im ganzen Orient damals für die Europäer allgemein galt. Der Legat überreichte als Geschenk (natürlich nennt die Quelle es »Tribut«) ein Pferd, welches durch seine Größe auffiel und einer ganzen Anzahl chinesischer Literaten Gelegenheit gab, den zivilisierenden Einfluß des Kaisers bis zu den fernsten Ländern, die nun ihren Tribut brächten, zu feiern — stets in bewußter Anspielung auf die »himmlischen Pferde« der Han-Zeit (vgl. oben S. 86). Vom Papst ist in den chinesischen Texten nie die Rede — die ganze Gesandtschaft wird ausschließlich im Bezugssystem der sinozentrischen Weltreichsvorstellung gesehen. Europa blieb trotz der durch das mongolische Imperium erweiterten geographischen Kenntnisse in China so gut wie unbekannt. Auf eine kurze Formel gebracht läßt sich sagen: China hatte in der Mongolenzeit keinen Marco Polo, keinen Johannes von Monte-Corvino und Wilhelm von Rubruck — aber auch keinen Indienreisenden wie Hsüan-tsang. Die Selbstgenügsamkeit der chinesischen Kultur im Ganzen wurde auch durch die Mongolenherrschaft nicht in Frage gestellt, sondern als Folge einer latenten Xenophobie eher noch verstärkt. Zu einer solchen Einstellung berechtigte freilich bis zu einem gewissen Grade auch die Tatsache, daß China im 13. und 14. Jahrhundert in der ganzen

Welt technologisch und zivilisatorisch eine Spitzenstellung einnahm. So schwierig es auch sein mag, Kulturen gegeneinander abzuwägen und nach einem externen Wertsystem einzustufen, so drängt sich doch die Beobachtung auf, daß gegenüber dem noch in feudaler Zersplitterung befindlichen Europa vom Standpunkt der mobilisierbaren Wirtschaftskraft und der Effizienz der Institutionen, aber auch der zivilisatorischen Verfeinerung und Urbanisierung her gesehen das damalige China überlegen war. Wenn man im Städtewesen und dem Aufstieg des Bürgertums das wesentliche Merkmal der beginnenden Neuzeit in Europa sieht, stellt man fest, daß China zwar Städte hatte, die an Größe jeder europäischen Stadt überlegen waren; aber das städtische Bürgertum kam trotz der den Handel begünstigenden Politik der Mongolen niemals zu einem sozialen und politischen Selbstbewußtsein. Wir finden also damals im Osten wie im Westen des eurasischen Kontinents städtische Kulturen im Frühstadium, aber die weitere Entwicklung war nicht in gleicher Richtung angelegt. Die Tradition des bürokratischen Kaiserstaats und der durch die Mongolenherrschaft verstärkte Absolutismus der Zentrale lasteten in China zu schwer auf den zu einer bürgerlichen Selbstbehauptung prädestinierten Schichten, als daß es zu einer Europa analogen Entwicklung hätte kommen können.

8. Die nationale Dynastie Ming: Blütezeit der Mandarinengesellschaft (1368—1644)

Die Geschichte der letzten Jahrzehnte der Mongolenherrschaft über China zeigt bereits viele Elemente des Verfalls auf. Von den Kaisern konnte es keiner an Bedeutung mit Kublai Khan aufnehmen; um so mehr bestimmten Intrigen der mongolischen Adelsfamilien gegeneinander das Bild der Politik am Hofe. Es war eine Zeit der Cliquenkämpfe, die äußerlich vielleicht an die Faktionenbildung in der Endphase der Nördlichen Sung-Dynastie erinnern, nur daß es damals um politische und wirtschaftliche Grundsatzfragen ging, während die Kabalen der Mongolenfürsten gegen den Kaiser und untereinander jedes sachliche Moment vermissen ließen und auch, im Gegensatz zu den zivilisierten Formen politischen Kampfes unter den Sung, oft gewalttätig vor sich gingen. Von einem tieferen Verständnis der Traditionen chinesischer Regierungspraxis war bei den meisten mongolischen Großen und weitgehend auch den Kaisern selbst nicht viel zu spüren. Im ganzen gesehen lebten die mongolische Herrenschicht und ihre Verbündeten neben den Unterworfenen her, eine Militärregierung, der es nur darauf ankam, daß Geld einging und die Ruhe bewahrt blieb. Das wenigstens als Ideal in den rein chinesischen Staatswesen immer festgehaltene Ethos des Beamtentums war von den ausländischen Amtsträgern nicht zu erwarten, und chinesische Autoren verfehlten auch nicht, auf solche ihrer Vorstellungswelt fremde Willkür und Gewaltsamkeit in der Beamtenschaft tadelnd hinzuweisen — ein düsterer Hintergrund, von dem sich die wenigen Mongolen und sonstigen Ausländer leuchtend abhoben, die in Verhalten und Denkweise jenen praktischen Humanismus verkörperten, der im günstigsten, wenngleich auch unter den Chinesen nicht unbedingt vorherrschenden Fall der Ausdruck des konfuzianischen Ethos sein konnte. Unter diesen Umständen ist es fast zu verwundern, daß die Chinesen sich erst nach etwa 1325 zu Aufständen entschlossen. Einige der rasch unterdrückten lokalen Bewegungen hatten die Restauration der Sung als ihr Ziel proklamiert, wie denn überhaupt der Sung-Loyalismus, der zumindest in manchen Kreisen der Intelligenz lebendig geblieben war, nicht mehr an die Person eines Kaisers geknüpft, sondern zu einem Wert an sich geworden war.

Der letzte Mongolenherrscher Toghan Temür (chines. Shun-ti, 1320-1370; Regierungszeit 1333-1368)[1] war nicht der Mann, um der Herrschaft seines Volkes neue Anerkennung zu gewinnen. Er ist aber als Persönlichkeit interessant genug, wenn man die historiographischen Topoi des »bösen letzten Herrschers« ausklammert. Als Kind war er, als Folge der Intrigen am Hofe, in ein buddhistisches Kloster in Südchina geschickt worden, wohl in der unfrommen Hoffnung, daß er dem ungewohnten Klima erliegen möge. Dort erhielt er eine buddhistisch geprägte Erziehung unter chinesischer Aufsicht und erlernte auch einiges an chinesischer Bildung. Er war persönlich nicht ohne liebenswürdige Züge, aber weich und mit einem Hang zur Sinnlichkeit. Durch eine weitere Intrige wurde er als Knabe nach Peking geholt und 1333 als Kaiser eingesetzt. Die eigentliche Macht am Hofe wurde in den ersten Jahren seiner Regierung durch einen mongolischen Adligen namens Bayan ausgeübt, einen jener Mongolen, die von Grund auf antichinesisch eingestellt waren und sich durch harte Maßnahmen bei den Unterworfenen verhaßt machten. Nachdem er mit Billigung des jungen Herrschers durch einen Coup ausgeschaltet worden war (1340), stieg ein anderer Mongole namens Toqto (1313-1355) in beherrschende Positionen auf. Toqto hatte Sinn für chinesische Bildung und setzte abermals die Wiedereinführung der literarischen Examina durch, die bereits unter Kaiser Jen-tsung (Regierungszeit 1312-1320) für einige Jahre erneut bestanden hatten. Ihm ist auch die Kompilation der Reichsgeschichten der Staaten Sung, Liao und Chin zu danken. Männer wie Toqto hätten es vielleicht vermocht, das wankende Regime zu festigen, aber die hofüblichen Verleumdungen wurden auch sein Verderben. Der Kaiser selbst zog sich mehr und mehr von den Staatsgeschäften zurück und geriet nach 1350 unter den Einfluß tibetischer Lamas, die sexuelle śaktistische Kulte am Kaiserhof einführten, an denen der Kaiser mit seiner Umgebung teilnahm, was von den chinesischen Quellen mit lüsterner Abscheu geschildert wird. Er blieb auch untätig, als 1351 in der Provinz Chekiang Aufstände gefährlichen Ausmaßes ausbrachen. Diese reiche und dicht bevölkerte Gegend war potentiell stets einer besonders starken Ausbeutung ausgesetzt, wie bereits der Aufstand des Fang La gezeigt hatte. Die Führer der Rebellion entstammten dem Bodensatz der damaligen Gesellschaft: sie waren subalterne Polizeibeamte, Schmuggler und sich für wundertätig haltende Mönche und sonstige Sektierer. Ein weiteres Problem tauchte auf, als die Pekinger Regierung die katastrophalen Überschwemmungen des Gelben Flusses durch ein riesiges Deichbauunternehmen einzudämmen suchte. Die Fronarbeiten führten zu Rebellionen in der nordchinesischen Ebene und im Huai-

Gebiet. Bald stand auch ganz Mittelchina im Zeichen lokaler Aufstände, die zunächst noch ohne Zusammenhang untereinander blieben. Die Folge davon war, daß die Getreidetransporte auf dem Kaiserkanal, die das Zuschußgebiet der Millionenstadt Peking versorgten, stockten und die Lage so prekär wurde, daß die Regierung zu Maßnahmen schritt, um den Anbau im vernachlässigten Norden zu fördern. All dies, zusammen mit den militärischen Expeditionen gegen die Aufständischen, überforderte die staatlichen Kassen und Speicher; man druckte Papiergeld zur Bestreitung der Kosten, erreichte aber damit nur, daß die schleichende Inflation ein galoppierendes Ausmaß annahm. Angesichts solcher Zustände ist es erstaunlich, daß sich immer noch Beamte und Offiziere bereit fanden, das wankende Regime zu stützen. Wir treffen auch Chinesen unter ihnen an, denn die Aufstände richteten sich zunächst gegen die Oberschicht insgesamt, nicht nur gegen die Mongolen und die Fremden.[2] Chinesen von Rang und Stand nahmen an den Aufständen anfangs noch nicht teil. Die Verbindung von sozialer und nationaler Erhebung gelang erst Chu Yüan-chang.

Die Gründe für den Niedergang und den schließlichen Sturz der Mongolenherrschaft sind, wie selbst aus der obigen kurzen Darstellung hervorgeht, recht komplex gewesen. Es ist manchmal behauptet worden, die Mongolen seien durch die anderthalb Jahrhunderte während Existenz als parasitäre Herrenschicht verweichlicht und hätten ihre militärischen Fähigkeiten in China eingebüßt. Daß eine solche Interpretation nicht zutreffen kann, beweist am besten die Tatsache, daß die Mongolen nach ihrer Vertreibung aus China ihren Anspruch auf den Kaiserthron aufrechterhielten und auch unter den Ming ein bedrohlicher Gegner Chinas blieben. Eher läßt sich die Ansicht vertreten, daß ihr Sturz durch Entwicklungen herbeigeführt wurde, in denen der schwache bürokratische Apparat sich mit agrarsozialen Spannungen konfrontiert sah. Wie man mit solchen Krisen fertig werden konnte, blieb den Mongolen ein Geheimnis, da ihnen überhaupt das Verständnis dafür fehlte, wie ein Agrar- und Handelsstaat zu regieren war. Hinzu kam das zahlenmäßige Mißverhältnis. Bei dem Stande der damaligen Kriegstechnik war die Herrschaft von einigen hunderttausend über Dutzende von Millionen Menschen auf die Dauer nicht aufrechtzuerhalten, sobald es einmal zu Kampfhandlungen kam. Das Verbot des Waffentragens für die Chinesen und andere diskriminierende Maßnahmen erwiesen sich schließlich als wirkungslos. China war zu groß, um von einem fremden Eroberer auf die Dauer gehalten werden zu können, es sei denn, die Invasoren vertrauten sich in ihrer Regierungsweise den stabilisierenden Kräften der chinesischen Institutionen an. Gerade dies aber war den Mongolen nicht gelungen, und vielleicht war es auch gar nicht von ihnen gewollt.

II. CHU YÜAN-CHANG UND DIE GRÜNDUNG DER DYNASTIE MING

In den chaotischen Bürgerkriegen der 1350er Jahre kämpfte sich Chu Yüan-chang (1328–1398) allmählich nach oben.[3] Er entstammte einer verarmten Bauernfamilie Mittelchinas und hatte in seiner Jugend Zuflucht in einem Kloster gesucht. Dort kam er in Verbindung mit der buddhistischen Sekte »Weißer Lotos«, die mit ihren messianischen Impulsen lokale Aufstände vorangetrieben hatte. Im Huai-Gebiet setzte sich der frühere Mönch an die Spitze einer zunächst noch kleinen Kampfgruppe und erwies sich bald als so erfolgreich, daß er zum Befehlshaber einer größeren Streitmacht wurde und sich schließlich 1356 in Nanking zum Herrn eines Territoriums machte, das den alten Landschaftsnamen Wu führte; Chu selbst nannte sich »Herzog von Wu«. Sein Versuch, vom Yangtse-Tal aus das wirtschaftliche Schlüsselgebiet Chekiang zu erobern, scheiterte aber vorerst, da sich inzwischen ein Insurgent namens Chang Shih-ch'eng als Gouverneur vom Mongolenhof hatte bestätigen lassen und vorübergehend so etwas wie Ordnung in die Provinz brachte. Angriffe der von Chu geführten Rebellen gegen von gemischten mongolisch-chinesischen Truppen hartnäckig verteidigte Städte scheiterten zunächst. Aber in diesen entscheidenden Jahren veränderte sich allmählich der Charakter des Aufstandes. Waren in der Frühphase der Erhebung die Soldaten und Unterführer Chus wie er selbst noch aus dem ländlichen Proletariat gekommen, so schlossen sich ihm jetzt auch Angehörige der Intelligenz und der begüterten Schichten an, und zwar in gleichem Maße, wie der Aufstand seinen ausschließlich sozialrevolutionären Charakter verlor und das nationale Ziel der Vertreibung der mongolischen Fremdherren in den Vordergrund trat. Innerhalb eines Jahrzehnts konnte Chu alle anderen lokalen Aufstandsführer durch Sieg oder Kapitulation ausschalten und auch den mongolischen Truppen entscheidende Niederlagen zufügen. 1368 fiel Ta-tu (Peking), und der Mongolenkaiser Toghan Temür mußte mit seinem Anhang in die Steppe ausweichen. Damit war das Land frei, und dem Kaisertum des ehemaligen proletarischen Revolutionärs stand nun nichts mehr im Wege. 1368 wurde er in Nanking, seiner Hauptstadt, zum Kaiser erhoben; sein Staat führte den Namen Ming. Auch Ming ist kein Landesname, sondern wie Yüan eine Dynastiebezeichnung mit Sinngehalt (*ming* = hell, klar). Man hat vermutet, diese Namensgebung hänge damit zusammen, daß der Manichäismus (chinesisch *ming-chiao*, »helle Lehre«) in der Sekte »Weißer Lotos«, der ja auch Chu Yüan-chang zunächst anhing, unterirdisch weitergewirkt habe — eine ingeniöse Hypothese, die freilich die Nachwirkungen des Manichäismus überschätzen dürfte.[4]

Chu Yüan-chang, der als Regierungsdevise die Bezeichnung Hung-wu (»umfassendes Kriegertum«) wählte, hatte bereits vor seiner Erhebung zum Kaiser durch seine Berater konfuzianisches Gedankengut kennengelernt, und es ist faszinierend zu sehen, wie aus dem ehemaligen Banditen und Rebellen allmählich ein konservativer Herrscher wurde. Die Aufgaben, die vor dem neuen Regime lagen, waren gewaltig. Die zentrale Reichsverwaltung wurde reorganisiert, im wesentlichen nach dem institutionellen Vorbild der Sung, jedoch mit dem wichtigen Unterschied, daß die Stellung des Kaisers noch absoluter war als unter den Sung. Ebenfalls wirkte hierbei — wie auch bei der rigorosen und rücksichtslosen, ja despotischen Regierungsweise des Kaisers — die Barbarisierung der Herrschaft durch die Mongolen mit.[5] Den Literaten-Beamten wie überhaupt allen Funktionären gegenüber blieb der Kaiser stets mißtrauisch. Unter ihm wurde die alte Institution der staatlichen Studienanstalt *kuo-tzu chien* zu einem Werkzeug, gehorsame Diener des Hofes heranzuzüchten. Zwar bildeten die kanonischen Schriften des Konfuzianismus nach wie vor die ideologische Grundlage der Ausbildung wie auch der literarischen Examina, aber bezeichnend ist, daß die Schriften des Meng-tzu, die erst durch den Neokonfuzianismus der Sung zum klassischen Buch erhoben worden waren, zunächst aus dem Kanon ausgeschieden wurden, da in ihnen etwas zuviel vom Volk und seinen Rechten gegenüber dem Fürsten die Rede war.

Der unter der harten Hand des Kaisers wiedergewonnene innere Friede ließ binnen kurzem die Wirtschaft wiederaufblühen. Der Neuordnung der Agrarverhältnisse diente, nach alten Vorbildern, eine Neuverteilung von Grund und Boden, der zu einem Teil durch Flucht oder Tod der Grundeigentümer herrenlos geworden war. Die Neubesiedlung brachliegender Landstriche wurde mit Energie und Geschick durchgeführt und durch fiskalische Maßnahmen wie Darlehen und Steuererleichterungen gefördert. Mit der katastermäßigen Erfassung des Bodens ging natürlich auch eine Volkszählung zu fiskalischen Zwecken einher, alles in der Hoffnung, die bei ähnlichen Aktionen unter früheren Dynastien aufgetretenen Mißstände wie die Steuerhinterziehung durch die größeren Grundbesitzer vermeiden zu können. Das Prinzip der egalitären Bodenverteilung wurde nicht wiederaufgegriffen, obgleich dies gerade wegen der agrarproletarischen Herkunft des Kaisers und mancher seiner Mit-

kämpfer der ersten Stunde nahegelegen hätte. In der Finanzpolitik hielt man sich zunächst an die Papierwährung der Mongolenzeit, doch wurden in den staatlichen Werkstätten auch
Kupfermünzen gegossen, und für größere Transaktionen wurde
trotz des gesetzlichen Verbots Silber benutzt. (Zur wirtschaftlichen und institutionellen Entwicklung im einzelnen s. Abschnitt III.) Mit dem Problem der nationalen Minderheiten
wurde die neue Regierung bald fertig. Zwar hatten sich auch
nach der Einnahme Pekings und der Flucht des Mongolen-
kaisers im Reich noch an manchen Stellen, namentlich im Südwesten, mongolische Kontingente gehalten, ganz zu schweigen von mongolischen Zivilisten und sonstigen Fremden, die
über das Reich verstreut in China lebten. Allen Ausländern
wurde die Annahme chinesischer Namen anbefohlen und die
Endogamie verboten. Diese staatlich verordnete Desegregation
durch Heirat mit Chinesen ließ die Fremden in Kürze völlig
im Chinesentum aufgehen; ihre durch die mongolische Gesetzgebung bewirkte soziale Vorrangstellung war ohnehin seit
1368 aufgehoben, und so sanken die früher bevorrechteten Herren zum Teil bis ins Proletariat ab.[6]
Als Chu Yüan-chang 1398 starb (er wurde als T'ai-tsu kanonisiert), hinterließ er seinem Nachfolger einen institutionell ge-
festigten Staat. Weniger stabil freilich stand es um die personelle Seite der Zentralgewalt. Das im Alter bis ins Krankhafte
angewachsene Mißtrauen Chu Yüan-changs gegen seine Umgebung hatte auch die höchsten Funktionäre nicht verschont, so
daß die letzten Regierungsjahre unter dem Vorwand angeblicher
Verschwörungen gegen den Kaiser eine Folge von politischen
»Säuberungen« am Hofe gebracht hatten. Der junge Thronfolger (er regierte als Hui-ti 1399-1402), ein Enkel des Kaisers
und Sohn des vor seinem Vater verstorbenen Kronprinzen, war
der Regierung in der unsicheren und mißtrauischen Atmosphäre
des Hofes nicht gewachsen und stieß auf Opposition, sogar
innerhalb seiner eigenen Familie, denn seine Onkel, die Söhne
des Kaisers T'ai-tsu, machten ihm die Herrschaft streitig. Einer
von ihnen, der als König von Yen belehnte und in Peking residierende Chu Ti (1359-1424), griff zu Waffengewalt, rückte
1402 mit Truppen in Nanking ein und erhob sich nach einem
Massaker unter den Hui-ti treu gebliebenen Anhängern selbst
zum Kaiser. Unter ihm, der die Regierungsdevise Yung-lo
(»Ewige Freude«)[7] annahm, erreichte der Ming-Staat endgültig
die Formen, die er für Jahrhunderte beibehalten hat, und vermochte es sogar, dem imperialen Anspruch des chinesischen
Kaisertums nach außen hin wieder neue Geltung zu verschaffen.

Autokratie und Despotismus sind die beiden Begriffe, mit denen die Herrschaft T'ai-tsus im allgemeinen charakterisiert wird. Sie reichen jedoch nicht aus, zu erklären, wie es zu dieser — abgesehen von Fremdherrschaften — höchsten Ausbildung des Absolutismus in China gekommen ist. Und war es ein Zufall oder ermöglichten es die persönlichen Führungsqualitäten, daß der ehemalige Plebejer Chu Yüan-chang eine solche Machtfülle auf sich vereinigen konnte? Im Gegensatz zu derjenigen Absolutismus-Forschung, die außenpolitische Konstellationen in der Genese dieses Phänomens für ausschlaggebend hält, erscheint uns die innere soziale Lage als von gleicher Bedeutung. Nationale Freiheit und nationales Sendungsbewußtsein, das in China religiös und in der geistigen Tradition allgemein tief verwurzelt war, haben gewiß als Antrieb und Zielvorstellung bei der Befreiung von den Mongolen gewirkt, machen das Ergebnis aber dennoch nicht hinlänglich verständlich. Sicher war auch die Herrschaftsform der Mongolen-Kaiser ein Vorbild, aber es bleibt das Problem, welche sozialen Verhältnisse den Aufstieg Chu Yüan-changs getragen und überhaupt ermöglicht hatten. Es war das Gleichgewicht der sozialen Kräfte. Keine von ihnen war stark genug, eine Oligarchie zu errichten, auch ideologisch war hierfür der Boden nicht bereitet. In der Phase aber, da sich die neue Staatsgewalt formierte, trug sie die Hoffnungen der kleinen selbständigen Landwirte und der Masse der Pächter-Bauern. Den Großgrundbesitzern blieb nur die Wahl zwischen Anarchie oder Despotie, und natürlich wählten sie letztere. War also Chu Yüan-chang ein »Verräter« an seiner Klasse? Keineswegs, er war gerade als absolutistischer Herrscher auch ihr Produkt. Denn die Pächter waren unfähig zu politischer Organisation: sie stellten zwar eine ungeheure Masse dar, wurden aber durch ihre Produktionsweise voneinander isoliert und nicht in wechselseitige Beziehung gebracht. Die Intensivierung besonders des Reisanbaus verhinderte weitgehend die Arbeitsteilung, die Bauernfamilien waren noch immer selbstgenügsam, sie hatten keinen Verkehr mit den anderen Teilen der Gesellschaft. Die kleinen Parzellen der Pächter schafften nur lokale Zusammenhänge, bildeten aber keine übergreifenden Gemeinschaften. Mit einem Wort: die Pächter konnten sich nicht selbst vertreten, sie mußten vertreten werden.

Unter T'ai-tsu kam es in den nördlichen Ebenen zu einer Restauration bäuerlichen Kleinbesitzes, und zwar im Zuge der Bemühungen, diese in den Wirren beim Untergang der Yüan-Dynastie schwer verwüsteten Gebiete neu zu besiedeln. Bis zum

Abb. 10: Reisfelder bei Hongkong

Ende des 14. Jahrhunderts wanderten fast 150 000 Haushalte
landloser Pächter aus Kiangsi und Chekiang nordwärts in die
Huai-Provinzen. Um die Rücksiedlung attraktiv zu machen,
wurde das Land dort zunächst von jeglicher Steuer ausgenommen, eine Maßnahme, die erst gegen 1430 aufgehoben wurde.
Von da an gerieten die Kleinbauern rasch wieder in den halbhörigen Status als Pächter — der Absolutismus, den sie mit
heraufgeführt hatten, entwickelte sich zum Gesetz ihres neuer-
lichen Pauperismus. Zwangsweise Umsiedlungen dienten auch
der Verteidigung: etwa 70 000 Familien, unter denen sich mon-

golische befanden, wurden in die Gegenden nördlich von Peking gebracht. Auf der anderen Seite ließ T'ai-tsu etwa 45 000 Haushalte reicher Sippen aus dem Südosten gewaltsam in die Umgebung seiner Hauptstadt Nanking überführen, wo er sie besser unter Kontrolle halten konnte. Vervollständigt wurden diese Maßnahmen durch die Errichtung von Gemeinschaftsfeldern, in denen nach alter Tradition die ärmste Landbevölkerung und Vagabunden in Kolonien zusammengefaßt wurden, zu denen sich solche militärischen Charakters gesellten, die die Versorgung von Garnisonen zu gewährleisten hatten.

Daß die Landwirtschaft ihre Produktivität jetzt erheblich zu steigern vermochte, verdankte sie nicht technologischen Neuerungen, sondern der Züchtung besserer Reissorten. Schon zu Beginn des 11. Jahrhunderts hatte der Sung-Kaiser Chen-tsung schnell reifenden und dürrebeständigen Reis aus dem Königreich Čampa in Indochina einführen lassen, der von der Verpflanzung bis zur Ernte nur hundert Tage benötigte, während es vorher fast doppelt so viele gewesen waren. Im Laufe des 12. Jahrhunderts brachte man Sorten hervor, deren Reifezeit nur noch 60 Tage betrug. Die Verbreitung derselben war naturgemäß ein langer Prozeß, aber im 15. Jahrhundert hatten sie sich schließlich in allen wichtigen Anbaugebieten durchgesetzt und ermöglichten dort überall eine zweimalige Ernte im Jahr. Ihr weiterer Vorteil bestand darin, daß dieser Reis ohne allzu kostspielige Bewässerungsanlagen auf dem hügeligen Gelände im Südosten anzubauen war. Von nicht minderer Bedeutung war, daß sich in den Reisanbaugebieten zusätzlich Weizen und Gerste verbreiteten. Kluge Wirtschaftspolitiker wie der Kanzler Hsü Kuang-ch'i (1562-1633) lenkten die Aufmerksamkeit von Bauern und Beamten auf die Tatsache, daß in Gebieten, die im Herbst oft überschwemmt wurden, die Weizenernte meist vorher rechtzeitig eingebracht werden konnte.[8] Im 16. Jahrhundert fanden auch der Mais, die süße Kartoffel und die Erdnuß aus Amerika — wahrscheinlich über portugiesische Händler — den Weg nach China und spielten bald eine Rolle für die Volkswirtschaft.

Noch verlief die Kurve der Bevölkerungsentwicklung im langsamen Rhythmus der vorangegangenen Jahrhunderte. Um 1395 zählte das Ming-Reich rund 65 Millionen Einwohner. Daß man etwa 150 Jahre später nur rund 60 Millionen registrierte, war sicher keinem Bevölkerungsrückgang zuzuschreiben, sondern lag an der Steuerflucht der Großgrundbesitzer, die die wirkliche Zahl ihrer Pächter verheimlichten. Denn nach alter Tradition waren Volkszählung und Steuerregistrierung praktisch identisch. Kaiser T'ai-tsu ließ 1381/82 die sogenannten »Gelben Register« (huang-ts'e) anlegen — als Grundlage für die Steuererhebungen und die Dienstleistungen. In ihnen wurden alle Familien in drei Kategorien eingeteilt, und zwar Volk (min), Handwerker (chiang) und Militär (chün), wobei jede der drei weitere Untergruppen bildete. Diese Registrierung erhielt einen besonderen Rechtscharakter dadurch, daß T'ai-tsu die Erblichkeit aller Berufe in einer Familie zum Gesetz hatte erheben lassen. Diese Maßnahme sollte die Stabilität der Gesellschaft fördern. Der Kodex der Ming drohte schwere Strafen an für den Fall, daß »jemand sich in betrügerischer Weise als zu einer anderen Berufsgruppe gehörig ausgibt, um so den Arbeitsdienstpflichten seiner eigenen zu entgehen«.

In Ergänzung dazu begann man 1387, das Land neu zu vermessen und in eine Art Grundbücher einzutragen, die nach ihrem Aussehen »Fischschuppen-Karten und -Register« (*yü-lin t'u-ts'e*) genannt wurden. Sie dienten der Berechnung der Grundsteuer. In ihnen waren die Größe des jeweiligen Landbesitzes und dessen Eigentümer vermerkt, die nach Haushalten erfaßt wurden. Ein Haushalt bestand in der Regel aus Großeltern, Eltern und Kindern; 1371 machte dies im Durchschnitt 4,2 Personen. Genau durchgeführt wurde die Aktion allerdings nur in den Provinzen Chekiang und Kiangsu, trotzdem waren die *huang-ts'e* und *yü-lin t'u-ts'e* bis zum Ende des Kaiserreiches die Grundlage für die gesamte Finanzpolitik. 1398 maß das besteuerte, das heißt also: genutzte Land rund 813 Millionen *mou*. Diese Angabe erlaubt aber keinen Rückschluß auf die tatsächliche Größe, denn da das Land unter dem Gesichtspunkt der Besteuerung verzeichnet wurde, mußte auch seine Produktivität klassifiziert werden. So gab es das Einteilungsprinzip nach drei Hauptgraden mit jeweils drei Untergraden, oder anders ausgedrückt, es wurde zwischen wirklichem und fiskalischem *mou* unterschieden, wobei das wechselseitige Verhältnis je nach Provinz anders ausfiel und im Durchschnitt eine Skala ergab, die bis zum sechsfachen *mou* (bei schlechtem Boden) reichte.

Unregistriert blieb anfangs vor allem das steuerfreie Land, das vom Kriege verwüstet war und dessen Neubesiedlung auf diese Weise forciert wurde. Später waren es mächtige Sippen von Großgrundbesitzern, die die Registrierung erfolgreich hintertrieben. In diesem Zusammenhang muß aber auch der kaiserliche Clan erwähnt werden, dessen Vorrechte durchaus feudalistischen Gepräges waren.

T'ai-tsu, der sich im klaren darüber gewesen war, daß eine »nationale« Politik allein ihm noch nicht die Unterstützung der Oberschicht sichern würde, hatte deshalb schon 1371 die reichen Grundbesitzer in den Bezirken zu Steuereinnehmern bestimmt.[9] Seit 1381 verknüpfte er dieses System mit dem der Nachbarschaften. Die ländliche Bevölkerung, zum Teil auch diejenige in den Randzonen der Städte, wurde in Gruppen von zehn Haushalten (*chia*) organisiert, die dann wieder übergeordnete Einheiten (*li*) von 110 Haushalten bildeten. Von diesen fungierten die zehn reichsten als Gemeindevorsteher (*li-chang*), denen nunmehr die Steuereintreibung übertragen wurde. Es herrschte dabei ein Rotationssystem: die Gemeindevorsteherfamilien insgesamt wurden für zehn Jahre eingesetzt, übten aber, einander ablösend, jeweils nur für ein Jahr die praktische Amtstätigkeit aus. Die Neuauflage der alten Einrichtung der Kollektivhaftung, um die es sich hierbei ja handelt, zeigt deutlich, daß die Ming-Herrschaft jeglichen revolutionären Impuls verloren hatte. Die Machtergreifung des ersten Ming-Kaisers ähnelt so eher einem Staatsstreich: von einer sozialen Bewegung nach oben getragen, löste er sich, im Bewußtsein von deren Schwäche, aus der einseitigen Bindung und machte sich schließlich als Kompromißkandidat aller Richtungen zum Herrn der gesamten Gesellschaft.

Die letzte der grundlegenden Verordnungen T'ai-tsus betraf das System der Dienstleistungen.[10] Es hier in seiner Vielfalt und Entwicklung darzustellen ist natürlich unmöglich. Wir wollen es deshalb unter dem Aspekt seiner sozialen Auswirkungen behandeln. Seine Hauptbestimmung legte fest, daß für jedes *ch'ing* Land ein arbeitsfähiger Mann (*ting*) zu stellen war (um dies vorwegzunehmen: später wurde die Erhebung der *ting* zum Angelpunkt der reformierten Finanzpolitik). Nur Bauern, die Landbesitz hatten, konnten herangezogen werden. Waren die Ländereien einer Familie zu groß, als daß sie die entsprechende Anzahl von Arbeitskräften hätte stellen können, durfte sie auch ihre Pächter dazu verwenden, mußte diesen aber einen Ausgleich in Naturalien und Geld zukommen lassen. Von den Dienstleistungen befreit waren die höheren Beamten, gewisse Kategorien von nicht-akademischen Unterbeamten und die Studenten, die die niederste Staatsprüfung (*sheng-yüan*) bestanden hatten.[11] Aus leicht verständlichen Gründen erhob sich ein starker Widerstand gegen die Befreiung der *sheng-yüan*, deren Zahl denn auch sogleich rapide anschwoll. Es war den reichen Familien natürlich ein leichtes, mit Hilfe von Privatlehrern auch die wenig begabten unter ihren Söhnen über diese Klippe zu bugsieren. Unter den drei Dingen, die das Volk bedrückten, nannte deshalb der große Gelehrte Ku Yen-wu (1613 bis 1682) auch die *sheng-yüan*. Sein Urteil entsprang jedoch nicht nur dem Mitleid mit dem Volk, sondern auch der Sorge um das Niveau und die Integrität der Literaten-Beamtenschaft.

Für alle öffentliche Arbeiten, zu denen die Dienstpflichtigen herangezogen wurden, war das Arbeitsministerium verantwortlich. Sie umfaßten die Herstellung von Waffen und Ausrüstungen, den Einsatz in den staatlichen Münzen, bei der Brennholz- und Kohlebeschaffung usw. Die Zeit, die die Arbeitspflichtigen abzuleisten hatten, betrug ein Jahr auf zehn. Neben den regulären gab es noch die sogenannten vermischten Dienste (*tsa-fan*), die vorwiegend der Entlastung der Kreis- und Bezirksverwaltung dienten. Es waren dies Funktionen als Amtsbüttel, Gefängnis- und Speicherwärter, Postangestellte, Pförtner und auch Polizisten. Die besondere soziale Bedeutung der *tsa-fan* wird erst ersichtlich vor dem Hintergrund der Arbeitsausgleichsreform, die, da zu viele Mißstände aufgetreten waren, im 16. Jahrhundert vorgenommen wurde. Sie beinhaltete, kurz gesagt, eine »gleichmäßige Verteilung der Arbeitsleistungen« (*chün-yao*), sollte also die Reichen stärker belasten. Vor allem aber gestattete sie die Ablösung durch Geldzahlungen, wobei nachdrücklich betont wurde, daß diese Regelung für die Armen bestimmt war, während die Reichen nach wie vor Dienstleistungen zu verrichten hatten. Weil die Ablösesummen zunächst nicht hoch waren, erfreute sich das System einer gewissen Beliebtheit im Volke. Die Kehrseite davon aber war, daß die Reichen, da sie ja in der Lokalverwaltung verwendet wurden, sowohl tieferen Einblick in die Struktur der Administration als auch unmittelbaren Einfluß auf sie gewannen, letztlich also davon erheblich profitierten.

Wir haben oben bereits kurz geschildert, wie T'ai-tsu, um seine Macht entscheidend zu festigen, die Beamtenbefugnisse eingeschränkt hatte, ja auch vor Gewaltanwendung gegen die Literaten nicht zurückgeschreckt war. Nach der Hinrichtung seines einstigen Favoriten und Kanzlers Hu Wei-yung (1380) und der harten Verfolgung von Beamten, auf die nur ein Schatten von Verdächtigung gefallen war, hatte T'ai-tsu unter Ausnutzung aller günstigen Umstände für seine Person eine absolutistische Stellung erklommen. Dem Ziel, diese institutionell zu untermauern, galt seine Umgestaltung der Regierung. Die sechs Ministerien (Beamten-, Finanz-, Riten-, Kriegs-, Justiz- und Arbeitsministerium), die die gleiche Benennung wie zur T'ang- und Sung-Zeit hatten, unterstellte er sich direkt. Die Provinzverwaltungen, die noch unter den Yüan selbständig gewesen waren, wurden der Leitung und Aufsicht von drei Beamten (*san-ssu*) anvertraut, die, der Zentrale angeschlossen, deren strenger Kontrolle unterworfen waren. Da alle Fäden nunmehr an der Spitze zusammenliefen, mußte wegen der damit verbundenen Häufung der Geschäfte und der daraus resultierenden Arbeitsüberlastung eine neue Behörde geschaffen werden. So wurde ein »Inneres Kabinett« (*nei-ko*) aus drei bis sechs Großsekretären gebildet, die dem Kaiser bei der Koordinierung und Anleitung der sechs Ministerien beistanden. Seit etwa 1425 stieg die Zahl der Beamten im *nei-ko* auf rund 30, um später, zur Ch'ing-Zeit, bis auf rund 200 anzuwachsen. Die Mitglieder des *nei-ko* waren zwar nur Berater und verfügten demnach nicht über Entscheidungsbefugnisse; als engste Vertraute des Monarchen aber hatten sie eine Schlüsselposition inne. Praktisch war das *nei-ko* zuständig für die Redaktion der kaiserlichen Verfügungen, trug die Verantwortung für die Erziehung des Kronprinzen und beaufsichtigte die höchsten Staatsprüfungen. Ferner präsidierten die Großsekretäre den kaiserlichen Ahnenopfern und allen Versammlungen, auf denen die Staatszeremonien neu geregelt wurden.[12] Die Anforderungen, denen somit die Mitglieder des *nei-ko* genügen mußten, führten dazu, daß nicht selten einige von ihnen aus der *Han-lin*-Akademie hervorgingen, dieser schon zur Sung-Zeit entstandenen gelehrten Einrichtung, die bereits 1367 wieder ins Leben gerufen worden war und das wichtigste Hilfsinstrument des *nei-ko* wurde.

Der Macht und dem Einfluß des *nei-ko* erstand aber sehr bald ein Konkurrent in Gestalt der Eunuchen. Unter Kaiser T'ai-tsu war ihnen noch jede politische Einmischung streng untersagt gewesen, es durften höchstens hundert von ihnen Dienst im Palast verrichten; vor allem aber war ihnen streng verboten, lesen und schreiben zu lernen. Unter Kaiser Yung-lo jedoch wurde diese Regelung durchbrochen. 1426 ließ er eine spezielle Eunuchen-Schule einrichten, und der daraus hervorgegangene Obereunuch Wang Chen (gest. 1449) erhielt wahrscheinlich als erster die Vollmacht, alle Vorschläge des *nei-ko* zu entscheiden.[13] Der Gegensatz zwischen Literaten-Beamten und Eunuchen durchzog von da an wieder die gesamte Politik des Hofes; in dieser Auseinandersetzung genossen die Eunuchen, wie schon früher, den Vorteil der größeren Intimität mit dem Kaiser. Da sie wesentliche Kontrollfunktionen ausübten und als Inspizienten ihre Protektion überallhin wirksam werden lassen konnten, erlangten sie sogar Einfluß auf die Armee, was ihnen ein zusätzliches Übergewicht verschaffte.

Die letzte, keineswegs aber unwichtigste zentrale Behörde war das Zensorat (seit 1380 trug es die Bezeichnung *tu ch'a-yüan*); auf Grund der Konstellation zwischen Innerem Kabinett und den Eunuchen kam ihm vielmehr eine gesteigerte Bedeutung zu. Ursprünglich hatte man es in der Form übernommen, die es unter der Mongolen-Dynastie gehabt hatte. Seit 1382 erhielt es nach und nach eine neue Organisation, die dann von 1421 an, mit der Etablierung der Hauptstadt Peking, konstant blieb. Geleitet wurde es von zwei Hauptzensoren (*tu yü-shih*), denen zwei Stellvertreter und vier Assistenten beigegeben waren. Die eigentliche Kontrolltätigkeit lag in den Händen von 110 Untersuchungsbeamten (*chien-ch'a yü-shih*), deren Aktivitäten sich auf den gesamten Behördenapparat des Reiches erstreckten.[14] In erster Linie verlief die Überwachung natürlich von oben nach unten, doch hatten die Zensoren auch das Recht, die Anordnungen der Regierungsspitze, ja des Kaisers selbst zu kritisieren. Daß dies nicht ohne Risiko war, beweist das Schicksal des wohl berühmtesten aller Zensoren aus der Ming-Zeit, Yang Lien. Nachdem er sich schon in zahlreichen Richtungskämpfen innerhalb der führenden Beamtenschaft und mit den Eunuchen exponiert hatte, wagte er es 1624, den diktatorischen Obereunuchen Wei Chung-hsien anzuklagen, welche Kühnheit er mit seiner Entlassung und ein Jahr darauf mit dem

Leben bezahlen mußte. Alles in allem war die Institution des Zensorats gerade unter der Ming-Herrschaft eines der wesentlichsten Elemente der Regierungsorgane und nicht zuletzt der Bewahrer konfuzianischer Tradition.

Seit sich in der T'ang-Zeit das Prüfungswesen seinen festen Platz in Praxis und Theorie erobert hatte, bildete es einen unverzichtbaren Bestandteil der staatlichen Institutionen. In ihm verschmolzen in der Vorstellungswelt der geistigen Elite wie sonst wohl nur im Staatskult selbst konfuzianisches Ethos und von diesem geprägtes politisches Handeln zum Ideal untrennbarer Einheit von menschlicher Gesittung und ihrem wirkungsmächtigen Ausgreifen in die Gesellschaft. Es kann fast zum Maßstab für die Lebendigkeit und schöpferische Kraft chinesischen Geistes und seiner sozialen Quellen dienen: immer dann, wenn sich neue Kräfte in der Gesellschaft geregt haben, wurde auch das Ausbildungssystem zum Gegenstand von Reformen oder der Erneuerung. Das gilt in hohem Maße für die Endphase der nördlichen Sung-Dynastie, als in China zum erstenmal das entstand, was man als Schulwesen bezeichnet. Es spricht für die Intuition Chu Yüan-changs, daß manche der von ihm angeregten schulpolitischen Maßnahmen den Stempel der Ideen von Wang An-shih tragen. Im wesentlichen aber ist das unter den Ming auf diesem Gebiet Geleistete als Restauration und Ausbau zu bezeichnen. Was zunächst die Schulen anbetrifft, so muß einem Mißverständnis vorgebeugt werden: die chinesische Schule dieser Zeit war keine in unserem Sinne; die Grundkenntnisse, die man heute in ihr erwirbt, brachte man damals aus dem Elternhaus (Privatlehrer) oder einer der wenigen öffentlichen Unterrichtsstätten mit.[15] Sie war vielmehr eine Anstalt, in der die Vorauslese für die Amtsanwärter stattfand und diese das hierfür notwendige Training erhielten. Wer eine der Provinzschulen erfolgreich absolviert hatte, hatte damit gleichzeitig die erste Stufe zur Beamtenkarriere erklommen. Daraus wird auch ersichtlich, daß die sozial Privilegierten nach wie vor das Hauptkontingent aller Kandidaten stellten — die Söhne aus den Unterschichten scheiterten schon an den mangelnden Möglichkeiten, die erforderlichen Vorqualifikationen zu erreichen.

Bereits 1368 waren die ersten Verordnungen in bezug auf die Quoten in den Provinzschulen ergangen. Das gesamte System wurde dann sehr rasch ausgebaut, so daß man um 1430 über 30 000 Amtsanwärter im Reiche zählte. Die wirtschaftlichen Grundlagen der verschiedenen Provinzschulen waren dabei recht dürftig. In der Regel teilte man jeder ein Stück Land zu, aus dessen Pachterträgen der Unterhalt zu bestreiten war. Private Stiftungen oder auf dem Strafrechtswege eingezogenes

Land ergänzten oft die schmale Basis. Der Beruf eines Lehrers in den Provinzen war kaum mit Prestige verbunden, ja wurde meist ziemlich geringgeschätzt. Eine der Ursachen hierfür bestand darin, daß praktisch alle, die die höchsten Prüfungen erfolgreich absolviert hatten, in die lukrativen, zumindest aber hochangesehenen Amtsstellen einrückten. So war der Lehrer im allgemeinen kein Graduierter, eher, wenn man will, ein Gescheiterter, seine Funktion kam der eines Korrepetitors näher als der eines Pädagogen. Der große Philosoph Wang Yang-ming (1472-1529) brandmarkte diese Verhältnisse mit den Worten: »Die Lehrer der Kleinen von heute — wie sie sie täglich nur anleiten, die Sätze zu pauken und die Lektionen nachzuschreiben!«[16]

Bei der Wiedereröffnung der staatlichen Studienanstalt *kuo-tzu-chien* (seit 1421 gab es zwei, eine in Nanking und eine in der neuen Hauptstadt Peking) machte T'ai-tsu den Versuch, den Studenten, die sich dort auf die höchste Prüfung (*chin-shih*) vorbereiteten, ein wirkliches Studium angedeihen zu lassen. Im Jahre 1382 wurden die Examina neu geordnet. Bei den Lehrstoffen wurde jetzt größeres Gewicht auf die Kommentierung der Klassiker gelegt, das Auswendiglernen blieb aber weiterhin die unabdingbare Voraussetzung dazu. Auch vom Kaiser verfaßte Schriften und Edikte wurden herangezogen. Die wichtigste Neuerung war formaler Natur: Hauptstück der literarischen Prüfung wurde der »achtgliedrige Aufsatz« (*pa-ku wen*), dessen Aufbau und Stil genau festgelegt waren. Die strenge Formalisierung entartete nur zu bald zum starren Schema, dessen Beherrschung nichts als hart geübte Geschicklichkeit erforderte und aus dem schließlich jeglicher originale Geist verbannt war.

Die Anzahl der Studenten oder besser Kandidaten auf der *kuo-tzu-chien* war bis zu einem gewissen Grade abhängig von der Durchführung des Auswahlsystems — 1384 waren es 980, im Jahre 1392 bereits 1309, ein Jahr darauf 8124; der Durchschnittswert dürfte bei anderthalb- bis zweitausend gelegen haben. Erwähnt sei noch, daß es auch eine Art Privatakademien (*shu-yüan*) gab, und gerade sie waren mitunter »die Trägerin[nen] der neuen Ideen, die das China der letzten tausend Jahre geprägt haben«[17].

Was die strenge und karriereträchtige Erziehung für die Oberen, das ist die Polizei für die Unteren — so ist man geneigt, ein wenig ironisch zu formulieren. Nicht nur der Ming-Kodex mit der Dürre seiner Paragraphen, die alle Gesetzesbücher auszeichnet, überzeugt uns davon; viel anschaulicher tut das die Novellistik, gerade weil sie durch Humor die wirklichen Verhältnisse entschärft. Der absolutistische Herrscher aber hat, wenn auch in unterschiedlicher Weise, alle Gesellschaftsklassen zum potentiellen Feind. Chu Yüan-chang trug dem früh Rechnung, indem er die sogenannte »Brokatkleid-Garde« unter militärischer Führung aufstellte, die zur Abwehr gegen subversive Strömungen — der Oberschicht! — bestimmt war. Aus ihr entwickelte sich eine Geheimpolizei, die unter Yung-lo den Charakter einer regelrechten Spitzelorganisation annahm und schließlich das ganze Volk überwachte. Eine besondere politische Färbung erlangte sie, als die Eunuchen es vermochten, in ihr die beherrschenden Führungspositionen zu besetzen. Hier offenbarte sich eine Zwangsläufigkeit der Entwicklung, die viele Historiker dazu verführt hat, Absolutismus und Despotie als fast identisch aufzufassen. Für China trifft dies wohl auch in einem höheren Maße zu als für die europäische Geschichte, weil dort die aufsteigenden Gesellschaftsklassen so gut wie keine Autonomie für sich haben erkämpfen können.

Unsere Darstellung der Staatsstruktur der Ming-Dynastie wäre unvollständig, wenn sie nicht auch kurz den Aufbau des Heeres berücksichtigte. Das Problem, das noch die T'ang und Sung beschäftigt hatte, nämlich das der Balance mit der zivilen Administration, löste sich für Chu Yüan-chang relativ einfach. Nicht nur, daß er als Heerführer und von einem allgemeinen Consensus getragen an die Spitze des Staates gekommen war; die gleichen Bedingungen, die ihm die gesamte Gesellschaft unterworfen hatten, wirkten sich auch auf das Militär aus. Dazu kam, daß der neue Nationalismus, der alle Teile des Volkes erfaßte, innenpolitischen Engagements der Militärführung entgegenarbeitete. Der Apparat des Kriegsministeriums war vierfach aufgegliedert in die Zuständigkeiten für die Besetzung der Offiziersstellen, die Ausarbeitung der Operationen, die Ausrüstung und die Versorgung. Das Heer selbst wies drei Hauptabteilungen auf: die kaiserliche Garde in und um die Hauptstadt, die Provinzgarnisonen und Verteidigungskontingente an den Grenzen und Küsten. Spezialtruppen mit Feuerwaffen oder für den Einsatz unter besonderen Geländebedingungen ergänzten die Verbände. Das System der Rekrutierung entsprach dem bisherigen; neben den regulären Aushebungen wurden auch Sträflinge und unterworfene Fremde in die Armee aufgenommen. Die Heeresstärke dagegen war geringer als zur Sung- oder Mongolen-Zeit (1371 rund 208 000 Mann) — wohl als Folge verbesserter technischer Ausrüstung.

Als Chu Ti sich 1403 auf fast usurpatorische Weise des Thrones bemächtigte und unter dem Namen Ch'eng-tsu (bekannter aber unter der Benennung seiner Regierungsdevise Yung-lo) die Herrschaft antrat, war das Reich im Inneren geordnet und gestärkt für außenpolitische Aktivitäten. Unter Yung-lo kam es dabei zu einem Unternehmen, das in der chinesischen Geschichte keine Parallele hat. Im Zuge des Zusammenbruchs der Mongolenherrschaft war in Südwest-China und Hinterindien, bis wohin die mongolische Einflußsphäre sich erstreckt hatte, ein gewisses militärisches Vakuum entstanden. Als in Annam Unruhen ausbrachen, entsandte Yung-lo Expeditionskorps dorthin. Es gelang ihnen, 1406 das Gebiet um den Golf von Tongking botmäßig zu machen und für zwei Jahrzehnte dem Ming-Reich, wenn auch nur locker, einzugliedern. Das neu erwachte Interesse an diesen Gebieten äußerte sich nun auch im Bau einer Flotte, mit der Cheng Ho, ein Eunuch, 1405 seine erste Fahrt in die Südsee antrat, die ihn bis Java und Sumatra führte. Zwischen 1408 und 1411 erreichte Cheng Ho mit seinen Schiffen Ceylon, 1412-1415 drang er bis zum Persischen Golf vor. Am weitesten westwärts kam er auf seiner letzten Fahrt 1431-1433, und zwar bis zur Hafenstadt Djidda am Roten Meer.[18] Aber so erfolgreich Cheng Ho mit seinen Vorstößen auch war, so seetüchtig sich dazu die chinesischen Schiffe erwiesen, das Unternehmen fand keine Fortsetzung. Dabei hätte eigentlich das Vorbild der Japaner die Ming-Regierung davon überzeugen sollen, welche Vorteile eine gute Flotte einbringen kann. Denn japanische Händler tauchten immer öfter an der Südost-Küste auf, und 1419 erlaubte man ihnen, regelmäßig die Häfen der Provinz Chekiang anzulaufen. Überdies erschienen 1517 zum erstenmal die Portugiesen vor Kanton. Auch ihnen wurde die offizielle Handelsgenehmigung erteilt, bis es 1522/23 zu Reibereien kam, die die Regierung veranlaßten, die Portugiesen zum Abzug zu zwingen. Das gleiche Verdikt traf die Japaner, durch die es in Ning-po zu Unruhen gekommen war. Doch seitdem belästigten ständig japanische Seepiraten die chinesischen Küsten. Statt sich aber auf die eigenen guten Erfahrungen zu besinnen und selbst auf dem Meer die Initiative zu ergreifen, begnügte man sich damit, die Küstenbefestigungen auszubauen — eine Maßnahme, die angesichts der Länge der Küsten von vornherein wenig Erfolg versprach. So war es nicht verwunderlich, daß es den Japanern um die Mitte des 16. Jahrhunderts gelang, mehrere Häfen an der Küste von Fukien zu besetzen. Erst ein halbes Jahrhundert später konnten die Eindringlinge wieder vertrieben werden. Diese hatten mittlerweile aber eine neue Front eröffnet. Der Shogun Toyotomi Hideyoshi (1536-1598) schickte 1592 eine starke Streitmacht nach Korea, dem die Ming militärisch zu Hilfe kamen. Der Krieg dauerte bis 1595 und wurde erst beendet, als sich die Japaner wegen Nachschubschwierigkeiten zurückzogen. Aber schon zwei Jahre später landete erneut ein japanisches Heer in Stärke von 140 000 Mann an der koreanischen Südostküste, dessen Vormarsch bei Chiksan von koreanischen Truppen im Verein mit chinesischen gestoppt wurde. Als die koreanische Flotte die überlegene japanische schlug und auch zu Lande die Armeen der Koreaner und Chinesen zur Offensive übergingen, befahl Hideyoshi den Rückzug seines Expeditionskorps. All das konnte die Ming-Regierung nicht bewegen, eine aktive Flottenpolitik aufzunehmen. Außerdem hatten sich 1557 die Portugiesen in Macao niedergelassen, und in den ersten beiden Jahrzehnten des 17. Jahrhunderts setzten sich die Holländer auf Formosa fest.

Die traditionelle Sorge um die Nordgrenzen blieb auch den Ming nicht erspart. Nachdem die Mongolen aus China vertrieben worden waren, kam es unter ihnen zu zahlreichen inneren Kriegen, in deren Verlauf sich die bestehenden Stammesunterschiede stärker herausbildeten — oder vielleicht nur deutlicher zutage traten? — und zur Entstehung der Völker der Chalcha, Burjäten und Oiraten führten. Gleichzeitig aber und wohl auch als Folge davon festigte sich ihre militärische Schlagkraft wieder, wie sich in mehreren Angriffen zeigte. 1410 drang erstmals ein Ming-Heer in die Mongolei ein und konnte das Unternehmen auch siegreich gestalten, ohne aber bleibende Gewinne zu erzielen. Ein weiterer Feldzug in die Mongolei wurde 1422 unternommen.

In den folgenden Jahren entwickelten sich die Oiraten zur beherrschenden Macht in der Mongolei. Da sich ihr Handel mit den Chinesen nicht zu ihrer Zufriedenheit gestaltete, begannen sie, die Grenzen des Reiches zu beunruhigen. 1449 entschloß sich deshalb Kaiser Ying-tsung (Regierungszeit 1436-1449) zu einem erneuten Vorstoß, der aber kläglich endete. Der Kaiser wurde mit seinen Truppen bei Tu-mu eingeschlossen und geriet in Gefangenschaft, aus der ihn nur die Zahlung eines Lösegelds befreite.

Größere Kämpfe ereigneten sich dann erst wieder um die Mitte des 16. Jahrhunderts. Unter ihrem Fürsten Anda (Altan Khan, 1507-1583) fielen die mongolischen Tumet ständig in die Grenzgebiete ein und richteten schwere Verwüstungen an. Offensichtlich unterschätzte man am Hofe in Peking die Stärke der Mongolen und war deshalb ziemlich überrascht, als Anda mit seinen Truppen 1550 vor Peking auftauchte und die Hauptstadt sogar einige Tage lang belagerte. Schließlich bequemte man sich, in Ta-t'ung (in Nord-Shansi) und Hsüan-fu (in Chahar) staatliche Grenzmärkte einzurichten, die es den Mongolen ermöglichten, Handel — besonders mit Pferden — zu treiben. Trotzdem kehrte noch keine Ruhe ein; Anda machte sogar einige Eroberungen im nördlichen Shansi. Erst als Anda 1571 einen chinesischen Titel annahm, wurde der Friede hergestellt.

In den letzten beiden Jahrzehnten des 16. Jahrhunderts bahnte sich in der Mandschurei eine Entwicklung an, die schließlich zum Untergang der Ming-Dynastie führen sollte. Dort saßen tungusische Stämme der Dschurdschen, die nach der Vernichtung ihres Reiches durch die Mongolen im 13. Jahrhundert diesen untertan geworden waren, nach dem Zusammenbruch der Mongolenherrschaft in China aber faktisch ihre Selbständigkeit zurückgewonnen hatten. Die nunmehr dort bestehenden Verhältnisse schildert das 1842 erschienene *Sheng-wu-chi* (»Bericht über die militärischen Leistungen unserer erhabenen Dynastie«) folgendermaßen: »Damals teilten sich die Nationen [der Tungusen] also: Die Mandschunation mit den fünf Stämmen Suksuhu, Hunehe, Wanggiya, Donggo und Jecen; die Nation des Langen Weißen Gebirges mit den beiden Stämmen Neyen und Yalu; die Nation des Ostmeeres mit den drei Stämmen Weji, Warka und Kurka; die Hulun-Nation mit den vier Stämmen Yehe, Hada, Hoifa und Ula. Es waren von der Chin-Dynastie hinterlassene Staaten mit ummauerten Städten, Ackerbau und Jagd, in keiner Weise den nomadisierenden Nationen der Mongolen vergleichbar. Jeder war Herr seines Gebietes, und man stritt miteinander um die Vorherrschaft.«[19] In diese Kämpfe griffen die Chinesen vermittelnd und schlichtend ein, und es kam zu einer Abgrenzung der verschiedenen Stämme untereinander. Daß die Chinesen damit dazu beitrugen, ihrem späteren Beherrscher zu innerer Konsolidierung zu verhelfen, konnten sie damals freilich nicht ahnen.

Abschließend bleibt uns in diesem Zusammenhang noch zu erwähnen, daß im Zuge der Verteidigung der Nordgrenzen die Große Mauer zum Teil erheblich ausgebaut wurde, ja man kann sogar sagen, daß der Limes seine so eindrucksvolle Gestaltung, die oft fälschlich mit der Aura hohen Alters umgeben wird, erst seit der Ming-Zeit erhielt.

V. INNERE ENTWICKLUNG IM 15. UND 16. JAHRHUNDERT

Den militärischen Anstrengungen der Ming blieb, alles in allem, der Erfolg nicht versagt. Zwar konnten die Mongolen nicht besiegt werden, und es gelang auch nicht, die Kampfhandlungen entscheidend auf deren Gebiet zu verlagern, ganz zu schweigen von etwaigen Annexionen; doch die chinesischen Kernlande wurden von Feinden frei gehalten. Die Stabilität der Nordgrenzen aber mußte teuer erkauft werden, und auch die später nach Korea entsandten Expeditionskorps waren finanziell verlustreiche Unternehmen. Eine 1569 vorgenommene Revision des Staatsschatzes ergab eine äußerst bedenkliche Bilanz: die 1 725 000 Unzen Silber, die der Salz-Austausch-Handel (s. u.) erbracht hatte, waren bis auf einen Rest von 109 000 Unzen für die Grenztruppen verbraucht worden, und dabei hatte man die Schulden für 1569 noch nicht vollständig beglichen! Ferner waren mehr als 9 290 000 Unzen Silber aus den regulären Steuereinnahmen ausgegeben worden, und den verbleibenden 2 700 000 Unzen standen Verbindlichkeiten in Höhe von 3 Millionen gegenüber.[20] Allerdings muß füglich bezweifelt werden, daß das Verhältnis der Aufwendungen für die Verteidigung zur Produktivität der gesamten Volkswirtschaft derartig ungünstig war, wie es sich von der reinen Kostenrechnung her darstellt, denn das Geldwesen unter den Ming wurde den ökonomischen Bedingungen nicht gerecht.

1375 hatte T'ai-tsu das Papiergeld wieder eingeführt, das aber nicht mehr konvertierbar war, so daß es neben den Bronzemünzen praktisch als zweite Währung bestand, welche aus Gründen, die noch nicht zu übersehen sind, einem raschen Wertverfall ausgesetzt war. Hatte 1375 eine Unze Silber den Wert von 1 *kuan* (= 1000 Bronzemünzen) Papiergeld, so drei Jahrzehnte später bereits den von 35 *kuan* und Mitte des 15. Jahrhunderts von über 1000 *kuan*.[21] Maßnahmen wie zum Beispiel eine Salzsteuer zur Abschöpfung des Geldüberhanges erwiesen sich als wirkungslos. Dazu gestaltete sich das Umtauschverfahren von alten Noten in neue zusehends problematischer. Schließlich wurde die Diskrepanz zwischen dem amtlichen und dem tatsächlichen Kurs immer größer, was zu betrügerischen Manipulationen geradezu herausforderte. Einsichtige Beamte wie das Mitglied des *nei-ko* Ch'iu Chün unter Hsiao-tsung (Regierungszeit 1488-1505) forderten deshalb, der Währung eine dreifache Basis (Silber, Papiergeld, Bronzemünzen) zu geben, wobei Silber den Standard setzen sollte. Der Vorschlag kam nicht von ungefähr; die Silberwährung wurde nicht nur durch die Regierung selbst gefördert, die in wachsendem Maße die Steuern in diesem Zahlungsmittel verlangte, sie gewann auch durch den Außenhandel ständig an Bedeutung und Umfang. Zu Beginn der zweiten Hälfte des 16. Jahrhunderts, als man begann, den mexikanischen Silberdollar nach China einzuführen, und auch der Goldkurs gegenüber Silber anstieg, war schließlich die Papiergeldwährung völlig zusammengebrochen.

Abb. 11: Guß von Bronzemünzen, nach einer Darstellung aus dem 17. Jahrhundert

鑄錢圖

模印錢母

Hier zeigte sich, daß die Finanzpolitik mit der allgemeinen ökonomischen Entwicklung nicht Schritt gehalten hatte. Der Traditionalismus der Beamtenschaft und ihres Ausbildungswesens erfuhr damit seine erste Widerlegung durch die historischen Gegebenheiten. Die Hartnäckigkeit, mit der die Konfuzianer jegliches Fachspezialistentum verachtet, bekämpft und verhindert hatten, auch dort, wo es sich gleichsam spontan zu bilden versucht hatte, rächte sich bitter. Der Grundirrtum, dem die Ming-Regierung erlag, war, eine Papiergeldwährung nur auf administrativen Regulierungen aufbauen zu wollen, nicht aber auf Kredit, also der Konvertierbarkeit, oder allgemein ausgedrückt: nicht auf volkswirtschaftlichen Prinzipien.[22]

Unvermeidliche Folge dieser Misere war ein ebenfalls katastrophaler Preisverfall, besonders für die Agrarerzeugnisse. So wurde die Hauptlast, die die Umstellung auf die Silberwährung mit sich brachte, wieder einmal auf die Bauernschaft abgewälzt, und der kleine Landbesitz schmolz immer mehr zusammen. Hatte um 1500 ein *mou* Ackerland noch bis zu 100 Unzen Silber kosten können, mußte es gegen Ende der Ming-Zeit oft für ein bis zwei Unzen verschleudert werden. Die Zahl der Heimatlosen (*liu-min*, eigentlich »streunendes Volk«) stieg denn auch gewaltig an. Inwieweit sich die Steuerreform, die Mitte des 16. Jahrhunderts in Angriff genommen wurde, hier auswirkte, kann nicht gesagt werden, da sie noch nicht genügend erforscht ist.

Bezeichnenderweise aber setzte sich diese zuerst im Süden durch, also dort, wo die Konzentration des Grundbesitzes am stärksten war. Interessant ist auch, daß man bei ihr dem gleichen Prinzip der Vereinfachung huldigte wie schon bei der Reform vom Ende des 8. Jahrhunderts, um ihre universelle Handhabung zu ermöglichen. Mit ihr wurde das System der Dienstleistungen mit dem der Grundsteuer zu einer Einheitssteuer verschmolzen, die *i-t'iao-pien* (wörtlich »Ein-Zweig-System«, meist »Ein-Peitsche-System« genannt) hieß. Sie war zum größten Teil in Silber zu entrichten. Ihre Berechnung erfolgte nicht mehr auf der Grundlage der Haushalte, sondern der *ting*, also der erwachsenen, bisher zur Dienstleistung verpflichteten Männer. Dazu wurde in einigen Landesteilen eine neue Methode der Registrierung eingeführt in Form der *fu-i ch'üan-shu* (»Vollständige Bücher der Steuern und Arbeitsdienste«), die den Realitäten besser Rechnung trug. Die Hoffnungen, die sich an die *i-t'iao-pien* geknüpft hatten, wurden nicht erfüllt.

So ungeordnet, fast chaotisch die Geldwirtschaft auch war, eine Schicht vermochte dennoch größten Profit daraus zu ziehen, nämlich die Kaufleute. Die inzwischen starke regionale Differenzierung innerhalb der Gesamtproduktion des Reiches bewirkte einen Aufschwung des Handels, wie es ihn bis dahin in China nicht gegeben hatte, und die Einheitssteuer gesellte sich zu den ihn fördernden Faktoren. Denn bei der Auflösung des alten Dienstleistungssystems schob sich der Privathandel an dessen Stelle, besonders hinsichtlich der Versorgung der Grenzgarnisonen. Hier wurde die bisherige staatliche Praxis, den Transport der Nachschubgüter über entsprechende Büros und mit dienstverpflichteten Arbeitskräften abzuwickeln, ersetzt durch den sogenannten Salz-Austausch-Handel. Salzhändler brachten jetzt vor allem das notwendige Getreide in die Grenzgebiete und erhielten dafür Gutscheine auf Salz.[23] Diese sehr flexible Methode erwies sich als praktikabel und gewinnbringend zugleich; sie wurde bald auch auf die Versorgung der in Kueichou und Yünnan stationierten Truppen angewandt. Überhaupt entwickelte sich ein Teil der Händler zu Heereslieferanten. Der Reichtum der Großkaufleute wuchs — für chinesische Verhältnisse — ins Unermeßliche. Nach dem Zeugnis eines Zeitgenossen der Spätperiode der Ming betrugen die Vermögen einzelner Händler in der Provinz Anhui bis zu einer Million Unzen Silber, was nach anderen Quellen noch nichts gewesen sein soll im Vergleich zu dem, was Kaufleute in Shansi zusammentrugen. Immerhin heißt es in Du Haldes berühmter Beschreibung Chinas,[24] daß der chinesische Binnenhandel größer als der gesamte in Europa sei. In bisher unbekanntem Umfang bildete sich auch der Zwischenhandel aus. Nur in einem Punkte griff der Staat, getreu seinen überlebten traditionalistischen Prinzipien, hemmend ein. Während der Außenhandel über Land (Tee nach Zentralasien, Jade, Seide usw. nach Burma im Austausch gegen Elfenbein und bestimmte Metalle) ungestört vonstatten gehen konnte, verbot die Regierung den privaten Überseehandel. Die Gründe hierfür waren wohl militärischer Art und hatten die Abschließung der Seegrenzen zum Ziel, bewirkt wurde aber nur, daß die ausländischen Händler (Portugiesen, Japaner) einen Vorteil erlangten und daß entschlossene und mutige Unternehmer den Handel illegal betrieben. Die Verbotspolitik wurde schließlich 1567 aufgegeben, und in kürzester Zeit kam es zur Ausbildung neuer Häfen und Märkte.[25] Jetzt begann u. a. die Einfuhr von Tabak aus der Südsee, wohl auch schon von Opium.

Der Handel stimulierte das gesamte Wirtschaftsleben und griff auch verändernd in dieses ein. So wurde z. B. in Fukien auf ehemaligen Reisfeldern Zuckerrohr angebaut, weil die Händler den wachsenden Bedarf nicht mehr befriedigen konnten, und sicher hatte auch der Textilhandel Anteil daran, daß die Baumwolle in Chihli, Shantung, Honan, Hupei und anderswo verstärkt angepflanzt wurde. Positiv beeinflußt wurde gleichzeitig das Handwerk. Gab es in den ersten hundert Jahren seit Gründung der Dynastie noch in relativ weitem Ausmaß die Gruppe der Handwerker, die im Zuge des Dienstleistungssystems nur zeitweilig gewerblich tätig waren (*lun-pan*), sonst aber in der Landwirtschaft, so setzte sich danach immer mehr der freie Handwerker durch. Hier wirkten sich staatliche Zwangsmaßnahmen eher förderlich aus, denn von den 27 000 dienstverpflichteten Handwerkern etwa, die Kaiser Yung-lo in Peking zusammenziehen ließ, um die neue Hauptstadt in ihrer Entwicklung voranzutreiben, dürften viele nicht wieder in ihre Heimatorte und zu ihrer ursprünglichen Hauptbeschäftigung zurückgekehrt sein.

In den Städten entstanden nun auch große Manufakturen: die der Prozellan- und Töpfereiindustrie besonders in Kiangsi, der Textilindustrie (mit großen Baumwollspinnereien) mit den Zentren in Shanghai und Nanking, der Seidenweberei in Su-chou. Die Eisenverhüttung hatte ihren Schwerpunkt in der Provinz Hopei und die Färberei in Anhui. Die Landflucht lieferte das nötige Arbeitskräftereservoir. Wer von den ehemaligen Bauern sich anpassen konnte und geschickt genug war, vermochte sich eine bessere Existenz zu schaffen als zuvor.

Unter den Gewerben war es nicht zuletzt der Buchdruck, der, schon seit der Sung-Zeit aufs engste mit der städtischen Kultur verbunden, aufblühte. Das sich ausbreitende ständische Wesen bescherte ihm einen neuen Konsumentenkreis, der zugleich eine neue Bildungsschicht repräsentierte. Aber Kaufleute und Handwerksmeister verlangten als Leser einen anderen Stoff als die Literaten-Beamten, denn der alte Gegensatz zwischen beiden Gruppen bestand unvermindert weiter. Es waren der Roman und die Novelle, die die geistigen Bedürfnisse der neuen Bildungsträger befriedigten. Einer der wesentlichsten Ursprünge der in der Volkssprache geschriebenen erzählenden Literatur — diese Ursprünge reichen bis zur T'ang-Zeit zurück — lag in der buddhistischen Missionstechnik, die die breiten Volksschichten anzusprechen suchte. So fern diese Literatur aber auch dem konfuzianischen Ideengut insgesamt lag, die ethischen Wertmaßstäbe, an denen sie ihre Helden maß, waren im Grunde mit denen des Konfuzianismus identisch. Die Literatur bestätigt uns hier ein weiteres Mal, was wir schon aus der Sozialgeschichte wissen: daß die Schichten, die wir mit einigen Abstrichen als »bürgerlich« bezeichnen können, politisch keinerlei Autonomie für sich errungen haben. Andererseits enthüllt sich darin wohl auch das nationale Bewußtsein — die beliebteste Gattung der Prosaliteratur in der Volkssprache war der historische Roman. Von diesen muß zuerst das *San-kuo chih yen-i*

(»Die Geschichte von den Drei Reichen«) genannt werden. Die Autorschaft des Romans ist umstritten; er wird meist Lo Kuan-chung (14. Jahrhundert) zugeschrieben. Er spielt zur Zeit der drei Dynastien, die sich im 3. Jahrhundert nach dem Untergang der Han gebildet hatten. Ihm kommt an künstlerischem Rang das *Shui-hu chuan* (»Die Geschichte vom Flußufer«) gleich, als dessen Verfasser Shih Nai-an gilt und in dessen Mittelpunkt eine Rebellenschar steht, die gegen Ende des Reiches der nördlichen Sung in Shantung ihr Wesen treibt und deren Organisation aufs Haar der des Staatsapparats gleicht! Altes Überlieferungsgut, buddhistische und taoistische Legenden fließen in dem mythologischen Roman *Feng-shen yen-i* (»Erzählung von der Investitur der Götter«) ineinander, der wahrscheinlich von Lu Hsi-hsing (1520-1601) stammt.[26] Buddhistische Einflüsse zeigt auch das anonyme *Erh-tu mei* (»Das Wunder der zweiten Pflaumenblüte«). Obwohl es historische Begebenheiten aus dem 8. Jahrhundert aufgreift, kann es nur bedingt als historischer Roman gelten. Der geschichtliche Hintergrund erscheint eher als Dekor, der das Geschehen realistisch einbettet und es gestattet, Zeitkritik verhüllt darzubieten. Ganz eindeutig bedient sich das berühmte und gleichfalls anonyme *Chin-p'ing-mei* (»Pflaumenblüten in der Goldvase«) dieser Methode: Im Gewande des 12./13. Jahrhunderts schildert der Sittenroman die sozialen Verhältnisse der späten Ming-Zeit (der Erstdruck erschien 1610). In ihm fand die bürgerliche Welt sich widergespiegelt. Daß er 1687 als Pornographie indiziert worden ist, hat seiner Verbreitung kaum Abbruch tun können. Einen leicht satirischen Einschlag hat das *Hsi-yu chi* (»Die Reise nach dem Westen«) des Wu Ch'eng-en (um 1510 bis um 1580), das im Anschluß an Hsüan-tsangs Reisebericht *Hsi-yü chi* aus dem 7. Jahrhundert eine bunte Welt aus Religion, besser Religionen, Allegorie und Legende phantasievoll vorführt.

Die Hinwendung zur »bürgerlichen« Lebensform und die gesellschaftlichen Aspekte teilt der Roman mit der Novelle, einer Gattung, die in der Ming-Zeit in vollster Blüte stand. Was die Darstellung der Personen angeht, so ist in den Novellen oft eine starke Typisierung zu beobachten, wie sie überhaupt in der psychologischen Vertiefung des Stoffes nicht an die besten Romane heranreichen, was natürlich auch auf die Gesetzlichkeit der Kurzform zurückzuführen ist, der es mehr auf die pointierte Handlung ankommt. Bei den Autoren möchten wir uns auf die Nennung zweier Namen beschränken, Feng Meng-lung (1574 bis 1645) und Ling Meng-ch'u (1584-1644), dessen *Erh-p'o ching-ch'i* mit seinem Titel anzeigt, wie beliebt auch Erzählungen von allerlei humorig-skurrilen Dingen und übernatürlichen

Erscheinungen waren: »Zwei Sammlungen von Geschichten, bei deren Lektüre der Leser unwillkürlich mit der Hand auf das Lesepult schlägt.«

Wie sehr die Funktionsfähigkeit des absolutistischen Regimes von der Spitze her bestimmt wurde, zeigten die Zustände unter dem minderjährig auf den Thron gekommenen Ying-tsung, die von den Intrigen des Eunuchen Wang Chen und einer mächtigen Sippe Yang herbeigeführt wurden. Der klägliche Ausgang des Feldzuges gegen die Mongolen (1449) war dafür ein bezeichnendes Symptom. Auch die Verwicklungen um den Bruder des Herrschers, den man während dessen Gefangenschaft zum Kaiser ausrief, bestätigen diese Einschätzung. Mit Ying-tsungs zweiter Regierungsperiode (1457-1464) nahmen die Cliquenkämpfe immer härtere und blutigere Formen an. Eine der Ursachen dafür war, daß die Literaten-Beamtenschaft nicht homogen genug war, um die Verhältnisse stabilisieren zu können. Wie sich auch auf sie die unterschiedliche ökonomische Entwicklung des Reiches auszuwirken begann, hatten erste Auseinandersetzungen bereits unter Kaiser Hsüan-tsung (Regierungszeit 1426-1435) demonstriert: Seit der Sung-Zeit war die oberste Beamtenschicht in ständig steigendem Maße aus dem Wirtschaftszentrum im Südosten gekommen, wogegen sich wachsender Widerstand der Zurückgesetzten regte; das hatte dann zu dem Kompromiß geführt, daß aus jeder Staatsprüfung ein Drittel aus dem Norden stammender Kandidaten hervorgehen mußte. So stand vor allem den Eunuchen keine geschlossene Einheitsfront entgegen, und es nimmt nicht wunder, daß die Prosperität, die China unter Lung-ch'ing (Regierungszeit 1567-1572) und noch während des ersten Jahrzehnts der Herrschaft von Wan-li (Regierungszeit 1573-1619) erlebte, wesentlich dem Wirken eines Politikers zu danken war, der zu den größten Staatsmännern Chinas überhaupt zählt, nämlich Chang Chü-cheng (1525-1582).[27] Aus der *Han-lin*-Akademie hervorgegangen, durchlief er eine steile Karriere und wurde 1567 Großsekretär. Die Konstellation an der Regierungsspitze zwang ihn, dem die jugendlichen Herrscher Lung-ch'ing und Wan-li die Verantwortung überließen, an mehreren Fronten zugleich zu bestehen, gegen die Eunuchen und gegen die zersplitterte Beamtenschaft. Daß sein Bild in der Geschichte, wie es die beamteten Historiker entworfen haben, schwankte, ist denn auch ganz erwartungsgemäß, desgleichen, daß die ihn von daher treffenden Vorwürfe auf sein Privatleben zielen — seine Politik war unbestritten erfolgreich. Der Machiavellismus, der ihn gleichwohl auszeichnete und ohne den er sich nicht hätte behaupten können, traf ihn selbst erst ein Jahr nach seinem Tode, als Wanli ihn postum aller seiner Titel entkleidete. Kaiser Wan-li wurde von da an immer extravaganter und despotischer und überließ die Regierungsgeschäfte dem Selbstlauf, d. h. den stärksten Interessengruppen. Unter solchen Umständen setzten die Eunuchen sich wieder in den Besitz der Staatsgewalt, und gerade in den zwanziger Jahren des 17. Jahrhunderts, als Kaiser Hsi-tsung (Regierungszeit 1621-1627) herrschte und die Lage des Reiches immer bedrohlicher wurde, erreichte die Eunuchendiktatur unter ihrem Führer Wei Chung-hsien einen neuen Gipfel.

Charakteristisch für die Situation der Literaten-Beamtenschaft angesichts solcher Verhältnisse war, daß auch deren profilierteste Gruppen ihre Hauptaufgabe nicht in der Bekämpfung der Eunuchen sahen, sondern sich untereinander zerstritten. Wir können die vielfach verwickelten Auseinandersetzungen hier nicht ausführlich schildern; es bleibt uns nur die Möglichkeit, die wichtigsten Richtungen zu skizzieren. Deren Zentren bildeten die *shu-yüan*-Akademien, wo sich politisch-literarische Clubs formierten. Besondere Bedeutung gewann der Kreis um die 1604 von Ku Hsien-ch'eng wiederbegründete *Tung-lin*-Akademie (ihr Name leitet sich her von ihrem Standort, einem kleinen Park in Wu-hsi in Kiangsu, und heißt übersetzt »östlicher Hain«).[28] Die meisten ihrer Mitglieder waren entweder degradierte Beamte — wie Ku Hsien-ch'eng selbst — oder Gelehrte, die aufgrund ihres Vermögens auf ein Amt verzichteten. Ihre Gegnerschaft zur Eunuchenpartei spitzte sich unter dem Regiment des Wei Chung-hsien immer mehr zu, bis schließlich eine Proskriptionsliste aufgestellt wurde, für die — was sehr bezeichnend ist — nicht die Eunuchen, sondern ein Beamter verantwortlich war, der die *Tung-lin*-Gruppe schon lange bekämpft hatte. Die Liste umfaßte über 700 Namen und war den Eunuchen eine hochwillkommene Gabe. In der Folge wurden mehrere *Tung-lin*-Anhänger eingekerkert, gefoltert und zu Tode gebracht. Als nach dem Thronwechsel Wei Chung-hsien beseitigt wurde (1627), konnte die *Tung-lin*-Partei für kurze Zeit einen gewissen Einfluß gewinnen, dann eroberte sich die Gruppierung der *Fu-she* (»Restauration der Gesellschaft«) eine führende Rolle, ohne aber ernsthaft in die Reichspolitik eingreifen zu können.

Wir hatten schon erwähnt, daß für die konfuzianische Beamtenschaft die innere geistige Auseinandersetzung auf philosophischer Ebene im Mittelpunkt stand. Ehe wir auf diese näher eingehen, wollen wir einige wissenschaftliche Leistungen aufführen. Die größte von ihnen war wohl die Kompilation der Universalenzyklopädie *Yung-lo ta tien* (»Enzyklopädie aus der Regierungsperiode Yung-lo«), die 1408 abgeschlossen wurde und von deren über 1100 Bänden nur rund 400 erhalten geblieben sind. 1596 veröffentlichte Li Shih-chen sein *Pen-ts'ao kang-mu*, ein Kompendium der Materia Medica. Die technologische Praxis beschreibt das *T'ien-kung k'ai-wu* (»Die Schöpfungen der Natur und des Menschen«) des Sung Ying-hsing (gest. um 1660).²⁹ Besondere Pflege erfuhr auch die Geographie; die Anregung dazu gaben zum Teil die Seereisen des Cheng Ho und die Landreisen des Hsü Hsia-k'o, der z. B. entdeckte, daß der Mekong und der Salwin zwei selbständige Flüsse sind.

Beherrscht aber wurde das Denken der Gelehrten noch immer von der Philosophie. Wang Yang-ming (1472-1529) versuchte, Chu Hsis neokonfuzianisches System mit dem Meditationsbuddhismus in Einklang zu bringen, wobei er besonders an den Sung-Philosophen Lu Hsiang-shan anknüpfte. Der Zentralbegriff seiner Lehre ist *liang-chih,* was soviel wie »angeborenes Wissen« bedeutet, was man aber sehr gut auch mit »Intuition« wiedergeben kann. Das alte konfuzianische Ideal der Einheit von Theorie und Praxis war auch seine Leitidee. Besonders lag ihm eine Reorganisation der Landwirtschaft am Herzen, wobei in seinen einschlägigen Schriften eine Tendenz sichtbar wird, die ihn als Gegner des Mittelstandes erscheinen läßt, indem er die Sanierung des Staatshaushalts durch die Anhebung der Handelssteuern empfiehlt.

Den Subjektivismus der Intuitions-Theorie Wangs kann man mit gewissem Recht auch als einen Reflex des Absolutismus in der chinesischen Philosophie interpretieren. Der Absolutismus aber war letztlich das Problem, das der Konfuzianismus nicht integrieren konnte und das seine besondere Färbung dann erst unter der Mandschu-Herrschaft erhielt. Die Schwierigkeit, den Konfuzianismus mit der sich verändernden Welt in Übereinstimmung zu bringen, offenbart sehr eindrucksvoll das Werk von Huang Tsung-hsi (1610-1695).³⁰ So radikal seine anti-absolutistischen Attacken sich auch ausnehmen, so kümmerlich ist sein Gegenrezept, das im wesentlichen darin besteht, die Zahl der Eunuchen zu beschränken. Das mindert natürlich nicht die geistige Leistung dieses Mannes, der alle Aspekte der Gesellschaft seiner Zeit zu durchdringen unternahm und wichtige Reformvorschläge besonders für das Schul- und Prüfungssystem unterbreitete; es zeigt jedoch die objektiven Schranken, die dem Konfuzianismus gesetzt waren. Huangs politische Laufbahn endete mit der mandschurischen Eroberung Chinas, die auch einen anderen, ihm ebenbürtigen Philosophen veranlaßte, sich aus dem aktiven politischen Leben zurückzuziehen, nachdem er sich zuerst der Resistance gegen die neuen Herrn angeschlossen hatte, nämlich Wang Fu-chih (1619 bis 1692). Dessen Werke konnten zu seinen Lebzeiten nicht gedruckt werden und erschienen erst im 19. Jahrhundert. Der Zusammenbruch der Ming-Dynastie war sicher nicht ohne nachhaltigen Einfluß auf sein Denken. Wang Yang-mings Lehre von der Intuition lehnte er scharf ab; er, Wang Fu-chih, dachte streng historisch und entwickelte seine Theorien auf der Grundlage geschichtlicher Notwendigkeiten, die er mit dem Begriff *shih* (»materielle Bedingungen«) gleichsetzte.[31] Diese Auffassung führte ihn zu einer Absage an die konfuzianische Utopie, die, vorgeblich im Altertum einmal nahezu ideal verwirklicht, Maßstab aller Erneuerung sein sollte. Die Institutionen begriff er konsequenterweise als ebenso dem Wandel unterworfen wie auch die Gesellschaft selbst. Das machte ihn zum Verteidiger nicht nur der Interessen der mit der industriellen Entwicklung verbundenen sozialen Schichten, sondern auch des Absolutismus, nur daß dieser eben unglücklicherweise von einer Fremdherrschaft verkörpert wurde, was ihn — fast automatisch, möchte man sagen — zum ersten philosophischen Begründer des Nationalismus in China werden ließ.

Die allgemeine geistige Unsicherheit, in die die Zeitumstände die konfuzianischen Gelehrten stürzten, mußte zwangsläufig auch Häretiker — vom Standpunkt der Orthodoxie aus — hervorbringen. Von ihnen verdient Li Chih (auch bekannt unter seinem Beinamen als Li Cho-wu, 1527-1602) erwähnt zu werden. Er ließ sich weder vom konfuzianischen noch vom buddhistischen Dogma binden, obwohl er von beiden Richtungen ausging und sie in einer neuen Synthese zu vereinigen bestrebt war. Für ihn waren Konfuzius und Buddha Vorbilder, aber nicht nach orthodoxer Manier, die verlangte, nachzuvollziehen, was jene gelehrt hatten, sondern in der Weise, daß man versuchen müsse, wie sie schöpferisch zu wirken, nach Maßgabe der eigenen Umwelt.[32]

Li Chih war in Nanking mit dem Jesuiten Matteo Ricci zusammengetroffen, der auf ihn einen tiefen Eindruck machte. Wir haben oben bereits die erste offizielle Gesandtschaft der Portugiesen (unter Führung von F. P. d'Andrade) nach China erwähnt und davon gesprochen, wie sich in der Folgezeit ein ständiger Handel mit den *Fo-lang-chi* (»Franken«), wie die Portugiesen genannt wurden, anbahnte. Diese Kontakte mit dem Westen standen unter einem unglücklichen Stern; wahrscheinlich aber war es unvermeidlich gewesen, daß die Beziehungen feindseligen Charakter annahmen. Die Chinesen versuchten, ihr Verhältnis zu den Europäern in der gleichen Weise zu gestalten wie zu ihren Nachbarvölkern, d. h. zu den Bedingungen des Tributsystems, wozu der Handel gehörte.[33] Das aber mußte zu einem Zusammenprall mit den selbstbewußten portugiesischen, später auch holländischen und englischen Kaufleuten führen. Die hieraus resultierende Feindschaft und Verachtung

Abb. 12: Christliche Darstellung: Jesus und Petrus (vgl. Matth. XIV, 25–33). Holzschnitt von Antonius Wierx (1555–1624) nach einem Gemälde des flämischen Malers Maerten de Vos (1532–1603). Der Holzschnitt wurde von Matteo Ricci als Illustration zu dem Buche »Tuschgarten des Herrn Ch'eng« von Ch'eng Ta-yüeh (um 1590) beigesteuert.

für die Europäer seitens der Chinesen beeinträchtigten von vornherein die Wirkungsmöglichkeiten der christlichen Mission. 1552 war der Spanier Francisco Xavier von Japan aus in der Bucht von Kanton gelandet, aber kurz darauf gestorben. Auch der Portugiese M. N. Barreto, der 1555 nach Kanton kam, konnte noch nicht Fuß fassen. Zum eigentlichen Begründer der China-Mission wurde Matteo Ricci (1552-1610), chinesisch Li Ma-tou. Über Macao (1582) und Nanking (1595) gelangte er 1598 zum erstenmal nach Peking, wo er von 1601 bis zu seinem Tode (1610) lebte. Ricci lernte in kurzer Zeit nicht nur die chinesische Umgangssprache sprechen, sondern drang auch tief in das klassische Schrifttum des Konfuzianismus ein. So erkannte er sehr bald, daß die Mission nur Erfolg haben würde, wenn sie das Christentum in Übereinstimmung mit bestimmten Grundanschauungen des Konfuzianismus lehrte. Ricci wurde zugleich zum Entdecker der chinesischen Geisteskultur für Europa. Sein zurückhaltendes und dabei doch mächtig ausstrahlendes Wesen verfehlte seine Wirkung nicht; er erwarb der Mission zahlreiche Freunde und Förderer unter der Beamtenschaft, unter denen Hsü Kuang-ch'i (1562-1633) herausragt. Gab es 1585 etwa 20 Christen in China, so waren es 1636 immerhin schon 38 200. Ihre Blütezeit erlebte die christliche Mission aber erst zwischen 1644 und 1722, also unter der Ch'ing-Dynastie, weshalb wir an späterer Stelle noch einmal darauf eingehen werden. Eines jedoch kann schon hier gesagt werden: Für die innere Entwicklung des chinesischen Reiches und auch für seine Stellung in der ostasiatischen Welt war das Wirken der Mission, vornehmlich der Jesuiten, ohne die geringste Bedeutung und blieb eine, wenn auch interessante, Episode.

VI. DER ZUSAMMENBRUCH DER MING-HERRSCHAFT

Aufstände, zumeist Bauernrevolten, haben die gesamte Geschichte des chinesischen Kaiserstaates begleitet. Die Größe des Reiches, die unterschiedliche ökonomische Entwicklung seiner einzelnen Teile und die außergewöhnlichen Schwierigkeiten des Kommunikationssystems mußten, wenn die politische Struktur Schwächen zeigte und Naturkatastrophen die Lage des Volkes verzweifelt werden ließen, regional zu Zuständen führen, denen gegenüber die örtlichen Behörden keine rechtzeitige Abhilfe schaffen konnten. So kam es in Ssuch'uan, wo sich überdies der Separatismus immer geregt hat, 1510/12 im Gefolge der korrupten Politik des Eunuchen Liu Chin zu schweren Unruhen, als die allgemeine Mißwirtschaft besonders auch die Lokalverwaltung dieser Provinz erfaßte. 1518 warf eine Armee unter Führung von Wang Yang-ming einen Aufstand in Kiangsi nieder, in den auch nicht wenige Grundbesitzer verwickelt waren, deren wirtschaftliche Interessen in dem Maße beeinträchtigt worden waren, wie Nanking an Bedeutung als politisches Zentrum verloren hatte.

Aber seit in den Auseinandersetzungen der Beamtenschaft untereinander und in deren Kämpfen gegen das Eunuchenregiment das Herrschaftssystem sich immer stärker aufzulösen begann und die äußere Bedrohung des Reiches wuchs, wurde die Gefahr, daß ein regionaler Aufstand sich zum Kristallisationskern der allgemeinen Unzufriedenheit entwickelte, zusehends größer. Nachdem wir den inneren Zersetzungsprozeß bereits dargestellt haben, müssen wir uns deshalb zunächst der außenpolitischen Situation des Reiches wieder zuwenden. Die Dynastie hatte sich ja als nicht genügend stark erwiesen, um im Norden ein eindeutiges chinesisches Übergewicht herstellen zu können. Insbesondere das Gebiet der heutigen Mandschurei war praktisch seit dem 10. Jahrhundert unter »barbarischer« Herrschaft gewesen, erst der der Liao, dann der Chin und schließlich der Yüan, und zur Ming-Zeit war es keineswegs voll integriert worden, sondern stellte im ganzen eine Randzone dar, in der ein einheimischer Feudalismus überwog. Die östlichen und südöstlichen Teile der Mandschurei, auf die der chinesische Einfluß beschränkt war, lagen im Bereich der zivilen Reichsverwaltung. Hier gab es nur eine Reihe von Garnisonen (*wei*) mit jeweils rund 5600 Mann Besatzung, die in Posten (*so*) in Stärke von 112 bis 1120 Mann unterteilt waren, wie es sie auch in den Küstenregionen gab — dort wurden sie aber von der Ziviladministration ergänzt. Die besondere Situation der Mandschurei führte zu einem Übergewicht, ja zur Ausschließlichkeit militärischer Verwaltung. Zunächst schien keine Gefahr im Verzuge, da die verschiedenen Stämme der Tungusen (Dschurdschen) untereinander in Unfrieden lebten und diese insgesamt noch den Chinesen und Mongolen gegenüberstanden, wobei von letzteren größere Kontingente nach ihrer Vertreibung aus China dort angesiedelt worden waren.[34] Innerhalb der verschiedenen Wirtschaftsweisen bildete die chinesische Ackerkultur gleichzeitig das politische und kulturelle Zentrum; Handel und Tribute knüpften die Bande zum Ming-Reich. Allmählich festigte sich die politische Organisation der tungusischen Stämme, wobei das chinesische Vorbild nachhaltig gewirkt haben dürfte. In diesem Prozeß wurde das Gebiet von Chien-chou bis zu seiner östlichen Begrenzung am Langen Weißen Gebirge (Ch'ang-pai-shan) zur Wiege der tungusischen Mandschunation.[35] Dem dort siedelnden Zweig der Dschurdschen erwuchs in dem Stammesfürsten Nurhaci (1559-1626) ein Führer, dessen Aufstieg in manchem an den von Tschinggis Khan erinnert. Aus heftigen Fehden mit den von den Chinesen gestützten vier Stämmen der Hulun zwischen 1599 und 1619 ging er als Sieger hervor, und er wurde rasch zur beherrschenden Figur. 1616 proklamierte er sich zum Khan einer Dynastie

Hou Chin (Spätere Chin) — in bewußter Anlehnung an den alten Dynastienamen der Dschurdschen. Daß diese Bezeichnung gleichzeitig ein Programm war, bewies Nurhaci mit einer zielbewußten Expansionspolitik. 1618 eroberte er die Stadt Fushun, ein Jahr darauf schlug er ein gegen ihn entsandtes Ming-Heer, 1621 zwang er Shen-yang (Mukden) zur Übergabe, wohin er bald danach seine Hauptstadt verlegte. Allianzen mit den Mongolen gaben ihm die nötige Rückendeckung. Nach seinem Tode führte sein 9. Sohn und Nachfolger Abahai (Regierungszeit 1626-1643) seine Politik fort. Es ist fast verblüffend zu sehen, welche Dynamik die Kriegszüge der Mandschuren entfalteten — eine Dynamik, die es ihnen erlaubte, an mehreren Fronten zugleich aktiv zu werden. Die strategische Lage machte es unvermeidlich, nach Korea einzumarschieren, dem ja einige Jahrzehnte zuvor noch massive Hilfe der Ming gegen die japanischen Invasoren zuteil geworden war, so daß Abahai eine gewisse Loyalität der Koreaner gegenüber den Ming in Rechnung stellen mußte. Während die Unterwerfung Koreas (1626/27) zügig voranschritt, führte Abahai Verhandlungen mit dem chinesischen Gouverneur der Nordregion, Yüan Ch'ung-huan. Als diese ergebnislos abgebrochen wurden, griff Abahai an, wurde aber zurückgeschlagen (1627). Er wandte sich deshalb zunächst westwärts, um seine Oberhoheit über die mongolischen Stämme weiter auszudehnen, und fiel dann 1629/30 von Jehol aus erneut in Nordchina ein. Wie sehr man am Ming-Hof die Gefahr unterschätzte, unterstreicht der Sturz Yüan Ch'ung-huans. Ohne große Bedenken wurde der fähige und tüchtige Gouverneur ins Gefängnis geworfen; er war im Zuge einer Palastintrige als Verräter verleumdet worden. Schlimmer war jedoch, daß die Regierung nicht mehr imstande war, auftretende Mißstände und Notlagen zu meistern. Als in den zwanziger Jahren durch mehrere Naturkatastrophen und Mißernten in Shensi Hunger und Elend herrschten, wurden die Steuerlasten nicht heruntergesetzt. So kam es zu Unruhen, die sich 1629 rasch ausweiteten und auch auf die benachbarten Provinzen Shansi und Kansu übergriffen. Als die Mandschuren — Abahai gab 1635 seiner Nation offiziell den Namen Mandschu und 1636 seiner Dynastie die Bezeichnung Daicing, chinesisch: Ta Ch'ing (»Große Klare«; meist abgekürzt nur Ch'ing genannt) — erstmals auf Peking zu vorstießen, die Ming deshalb Truppen aus dem Nordwesten abziehen mußten und es unter den Rebellenführern zu Absprachen kam, begann sich bereits das Ende der Dynastie abzuzeichnen. Zwei Männer rissen dann die Führung des Aufstandes an sich, Li Tzuch'eng (1605-1645) und Chang Hsien-chung (etwa 1605-1647), die beide aus Shensi stammten. Es dauerte nicht lange, bis die

Rebellion auch in den Städten Unterstützung fand, und da besonders Li Tzu-ch'eng seine Truppen in strenger Disziplin hielt, schlossen sich ihm nach und nach sogar Beamte an. Während 1643 Chang Hsien-chung in Ssuch'uan einfiel und sich binnen kurzem zum Herrn der Provinz machte, stieß Li Tzu-ch'eng gegen Peking vor, das er im folgenden Jahre eroberte. Der letzte Ming-Kaiser erhängte sich, und Li proklamierte sich zum Kaiser einer Dynastie Shun. Der einzige, der jetzt noch dem Geschehen eine andere Wendung hätte geben können, war der General der Nordfront Wu San-kuei. Doch dieser lehnte es ab, mit Li gemeinsame Sache zu machen. Er schlug sich auf die Seite der Mandschuren, denen er sogleich beistand, sich den Weg nach Peking freizukämpfen. Unter der Regentschaft des Mandschu-Prinzen Dorgon bestieg der Nachfolger Abahais, Fu-lin, noch 1644 den Kaiserthron Chinas und eröffnete als Shun-chih (so der Name seiner Regierungsdevise) mit der letzten Fremddynastie auf chinesischem Boden auch die letzte Periode des Kaiserreiches in China. Die Streitmacht Li Tzu-ch'engs brach schnell zusammen; 1645 kam dieser selbst auf der Flucht in Hupei ums Leben. Chang Hsien-chung wurde 1647 nach der Eroberung Ssuch'uans durch die Mandschuren hingerichtet. Bereits 1645 war Nanking, wo ein Ming-Prinz eine eigene Regierung gebildet hatte, an die neuen Machthaber gefallen. Wu San-kuei hatte sich währenddessen im Westen festgesetzt, formell noch den Mandschuren untertan, doch längst mit dem Gedanken spielend, sich unabhängig zu machen. Sein weiteres Schicksal wird uns erst im folgenden Kapitel beschäftigen, wenn wir die Konsolidierung der Ch'ing-Dynastie wie auch die letzten verzweifelten Versuche der Ming-Prätendenten, sich wenigstens im Süden zu halten, darzustellen haben. Wir wollen hier nur eine Gesamteinschätzung des Ming-Loyalismus geben. Zu seinem Träger wurden überwiegend Teile der Literaten-Beamtenschaft; viele aus ihren Reihen begingen auch Selbstmord. Die Volksmassen nahmen die Fremdherrschaft mehr oder weniger passiv hin. Sie waren so oft in ihrem Unglück allein gelassen worden, daß ihre Bindungen an die Ming-Dynastie erschlafft waren und sie sich nicht mehr mit deren Geschick identifizierten. Jetzt rächte sich auch, daß man den aufstrebenden Mittelschichten nicht die geringste Autonomie gewährt hatte, die vielleicht in ihnen Ansätze zu einem Staatsbewußtsein hätte erwecken können. Mußten so die loyalen Akademiker, die den Mandschuren die Kollaboration verweigerten, auf sich gestellt bleiben, so steckten ihre größten Vertreter, wie Wang Fu-chih — indem er den chinesischen Nationalismus konzipierte — doch geistig schon den Horizont ab für eine Zukunft, die ihnen selbst noch verschlossen war.

9. Die Blütezeit Chinas unter der Fremddynastie der Ch'ing (18. Jahrhundert)

Die Proklamierung der Ch'ing-Dynastie durch Abahai im Jahre 1636 war nicht nur der Ausdruck eines neuen Staatsbewußtseins, sie war auch — getreu dem Vorbild der Liao, Chin und Yüan — der offiziell verkündete Anspruch auf Beherrschung des *t'ien-hsia*. Das Ming-Reich aber zeigte sich der Herausforderung nicht gewachsen: das Land war verarmt, das Volk in Aufruhr, die Beamtenschaft frustriert in ihrem vergeblichen Bemühen, mit dem höfischen Absolutismus fertig zu werden, und der Hof schließlich hatte sich gänzlich abgekapselt und von der Gesellschaft isoliert. Angesichts dieser objektiven Lage erscheint die Rolle des letzten Ming-Kaisers Ch'ung-chen (Regierungszeit 1628-1644) als unerheblich, selbst wenn man ihn nicht als Produkt seines Milieus aufzufassen geneigt ist. Er war alles in allem eine mediokre Persönlichkeit, seine hervorstechendsten Charakterzüge waren Unentschlossenheit und Mangel an Vertrauen zu seiner Umgebung. Während seiner Regierungszeit ließ er beispielsweise jeden seiner sechs Minister durchschnittlich jedes Jahr durch einen anderen ersetzen und die Entlassenen oft mit grausamen Strafen verfolgen. Frühe Kindheitserlebnisse wie der Tod seiner Mutter, die sein Vater hatte umbringen lassen, haben wahrscheinlich seine mißtrauische Haltung mitgeprägt. Dazu kam der Einfluß der Eunuchen, der sich bis auf die Armee-Führung erstreckte, wofür der Fall Yüan Ch'ung-huan, der 1630 öffentlich zerstückelt wurde, ein Symptom war.

Als die Mandschuren in Peking einzogen, flüchteten die Ming-Loyalisten nach dem Süden. Aber unter ihnen befand sich keiner, der ihre Schar zu einer verschworenen Gemeinschaft hätte zusammenschweißen können. Auch ist nicht zu erkennen, ob überhaupt die Möglichkeit einer sozialen Basis für den Widerstand gegeben war. Vor allem die chinesische Oberschicht war ehr gesonnen, mit den Invasoren zu paktieren, als den Volksführer Li Tzu-ch'eng zu unterstützen, da es genügend Anzeichen gab, daß sie unter den Mandschuren ihre Privilegien würde behaupten können. So versuchte jeder der Ming-Prätendenten mehr oder weniger auf eigene Faust sein Ziel zu erreichen, so wurden sie aber auch einer nach dem anderen besiegt und ausgeschaltet. In Nanking etablierte sich der Prinz von Fu, Chu Yu-sung, ein

Enkel Wan-lis.[1] Der General Shih K'o-fa, der ein Heer gegen Li Tzu-ch'eng mobilisiert hatte, stellte sich in Chus Dienst und setzte sich in Yang-chou fest. Die Stadt erlag indes schon im Mai 1645 dem Ansturm der mandschurischen Truppen, wobei Shih getötet wurde und über die Bevölkerung ein grausames Massaker hereinbrach. Chu Yu-sung, der den Mandschuren vorher ein Verhandlungsangebot unterbreitet hatte, das aber abgelehnt wurde, war nunmehr ohne nennenswerte militärische Hilfe, so daß Nanking kurz darauf kapitulieren mußte.

Nur ein Jahr länger hielt sich Chu Yü-chien (1602-1646), der zunächst nach Fukien geflohen war. Wie ausweglos im Grunde seine Lage und die aller dieser Prinzen war, erhellt der Umstand, daß ihm von Ho T'eng-chiao, einem anderen Ming-Loyalisten, versprengte Reste der Streitmacht Li Tzu-ch'engs zugeführt werden sollten. Nach seiner Gefangennahme und Hinrichtung versuchte sein Bruder Chu Yü-yüeh, der über See nach Kanton entkommen war, dort vergeblich, eine neue Herrschaft aufzurichten. Zu Beginn des Jahres 1647 beging er Selbstmord, als Kanton von einer Ch'ing-Armee erobert wurde. Kurz zuvor noch hatte er die Truppen Chu Yu-langs, des wohl berühmtesten unter den Ming-Prätendenten, abwehren müssen, welcher Vorfall einmal mehr zeigt, wie hoffnungslos es um die Ming-Anhänger bestellt war. Chu Yu-lang (1623-1662), Prinz von Yung-ming, bekannter unter seinem späteren Titel Prinz von Kuei, wurde in Chao-ch'ing (in der Provinz Kuangtung) zum Kaiser mit der Regierungsdevise Yung-li proklamiert. Als Chao-ch'ing verlorenging, verließen ihn alle seine hohen Beamten bis auf Ch'ü Shih-ssu, einen christlichen Konvertiten. Im Laufe des Jahres 1648 gelang es Chu Yu-lang, große Teile Südwestchinas von den Ch'ing zurückzugewinnen, und auch in der Folgezeit konnten sich die Ch'ing kein entscheidendes Übergewicht im Südwesten verschaffen. Erst als die beiden Chu stützenden Generäle Li Ting-kuo und Sun K'o-wang, die einander schon länger beargwöhnt hatten, miteinander in offenen Streit gerieten und der dabei unterlegene Sun, der einst von dem Rebellen Chang Hsien-chung adoptiert worden war (!), sich in die Hände der Ch'ing begab, wurde Chu Yu-langs Position unhaltbar. Seine Odyssee endete schließlich in Burma, von wo er an den mit großer Heeresmacht erschienenen Wu San-kuei ausgeliefert wurde, der ihn 1662 strangulieren ließ.

Wu San-kuei (1612-1678)[2] hatte inzwischen Shensi, Ssuch'uan, Yünnan und Kueichou für die Ch'ing erobert und war zum Statthalter der beiden letzterwähnten Provinzen ernannt worden, beauftragt auch mit der Ausübung aller zivilen Amtsgewalten, so daß seine Macht der eines Feudalfürsten gleichkam. Seine Kontrolle erstreckte sich praktisch aber bis auf Hunan,

Ssuch'uan, Shensi und Kansu. Ähnlich waren die Verhältnisse in Kuangtung gelagert, wo der chinesische General Shang K'o-hsi residierte, der schon seit 1633 in mandschurischen Diensten stand, und in Fukien, das dem ebenfalls chinesischen General Keng Ching-chung unterstand. Es ist nur zu verständlich, daß der Regierung in Peking dieser Zustand nicht geheuer war und sie auf Abhilfe sann. Sie benutzte deshalb 1673 die Gelegenheit, als Shang K'o-hsi darum bat, seinen Lebensabend in seiner Heimat Liaotung verbringen zu dürfen, dessen Feudalstaat aufzulösen. Nun hatte Wu San-kuei bereits 1667 ein gleiches Ersuchen auf Entlassung aus dem Oberbefehl über seine Region gestellt, hatte aber *de facto* seine bisherige Stellung beibehalten. Er mußte jetzt, gewarnt durch das Beispiel Shangs, fürchten, mit einem Schlage alle Vorrechte, besonders das der Nachfolge für seine Nachkommen, zu verlieren, und entschloß sich zur Rebellion. Er rief eine Dynastie Chou aus und befahl die Wiedereinführung aller Ming-Sitten und -Riten. Eine Reihe chinesischer Generäle in Fukien, Kuangsi und Ssuch'uan folgte seiner Aufforderung und schloß sich ihm an. Anfänglich stand es nicht schlecht um seine Sache, aber 1677 wendete sich das Blatt, und die Lage wurde zusehends ungünstiger für die Rebellen. 1678 starb Wu San-kuei, und sein Enkel Wu Shih-fan trat an seine Stelle. Dieser konnte sich noch bis Ende 1681 halten; er tötete sich selbst, als alle Hoffnung verloren war. Alle jene, die nicht rechtzeitig die Front gewechselt hatten, traf nun das unerbittliche Strafgericht der Ch'ing.

Damit war das gesamte Reich den Mandschuren unterworfen, und es blieb nur noch die Situation an der Südostküste zu bereinigen, die durch ständige Überfälle von Formosa aus in Unruhe gehalten wurde. 1661 hatte ein gewisser Cheng Ch'eng-kung, ein Halbjapaner, die Holländer von der Insel vertrieben, als er mit etwa 25 000 Mann auf rund 900 Schiffen dort gelandet war. Cheng Ch'eng-kung (1624-1662) hatte sich 1645 zuerst Chu Yü-chien in Fu-chou angeschlossen und von diesem das Recht zur Führung des kaiserlichen Clan-Namens Chu erhalten, weshalb er auch Kuo-hsing-yeh (»Herr des kaiserlichen Clan-Namens«) genannt wurde, wovon sich das Wort »Koxinga« herleitet, wie er bei den Holländern hieß. 1647 hatte er sich auf eine Amoy vorgelagerte kleine Insel zurückgezogen und Raubzüge an den Küsten Fukiens, Kuangtungs und Chekiangs unternommen. Er operierte von See aus, hatte sich aber, als er ein Heer von schätzungsweise 100 000-170 000 Mann, in dem sich viele ehemalige Ming-Offiziere befanden, zusammengebracht hatte, verleiten lassen, 1658 eine große Schlacht bei Nanking gegen die Mandschuren anzunehmen, und war schwer geschlagen worden. Nach seinem Tode 1662 setzte sein Sohn die

Piraterie fort und schloß 1670 sogar einen Handelsvertrag mit den Engländern, der dann aber nicht zur Ausführung kam. Die Ch'ing bereiteten sich gewissenhaft und lange darauf vor, den Unruheherd auf der Insel zu löschen. 1683 schließlich landeten sie nach einem siegreichen Seegefecht auf Formosa, das damit zum ersten Male China einverleibt wurde.

Unsere Darstellung sollte gezeigt haben, daß das Ming-Reich an seiner eigenen unbewältigten inneren Problematik zugrunde gegangen war und die Mandschuren nur die Vollstrecker seines Unterganges darstellten. Li Tzu-ch'eng hatte wohl weder die Fähigkeit, eine funktionierende Verwaltung in Peking aufzubauen, noch war ihm die hierfür nötige Zeit geblieben. Auch fehlte ihm die erforderliche Unterstützung durch die Beamtenschaft, der so, zusammen mit der Oberschicht insgesamt, die eigentliche Schlüsselstellung zugefallen war. Ihr Zögern und ihre schließliche Bereitschaft, mit den Mandschuren zu paktieren, um, wenn schon nicht die politische Macht, so doch wenigstens die ökonomische zu retten, gaben letztlich den Ausschlag. Wu San-kuei kann als ein typisches Beispiel für die unsichere und schwankende Haltung der chinesischen Führungsschichten gelten. In seinem Fall kommt allerdings hinzu, daß er aus der Mandschurei, der Provinz Liaotung, stammte und bestimmt einige Verbindungen nach dort hatte, ganz gewiß aber darüber informiert war, daß die Mandschuren die chinesische Elite durchaus nicht unterdrückten oder gar beseitigten, sondern sich vielmehr ihrer bedienten. Als er sich zum Aufstand entschloß, geschah dies aus egoistischen Interessen; außerdem war es bereits zu spät. Trotz mancher demütigender Gesetze, die die Mandschu-Regierung gleich 1645 erlassen hatte — wie z. B. das Gebot, mandschurische Kleidung und Haartracht (mit dem berühmten Zopf!) zu tragen, oder das Verbot von Zwischenheiraten —, hatte die Mehrheit der Besitzenden sich inzwischen mit der Fremdherrschaft abgefunden, zumal ihr Besitz im allgemeinen unangetastet blieb. Auf welch schwachen Füßen Wu San-kueis Macht stand, geht auch daraus hervor, daß sich unter seinen Truppen nicht wenige Kontingente von nicht-chinesischen Eingeborenen aus Yünnan befanden.

Der Zerfall der Ming-Dynastie von innen her erklärt aber nicht automatisch den Aufstieg der Mandschuren, schon gar nicht deren Eroberung Chinas. Wir müssen deshalb, um diese Frage beantworten zu können, noch einmal in der Geschichte zurückgehen bis zur Zeit Nurhacis. Die Mandschurei stellte damals, was ihre Verwaltungsstruktur betrifft, kein homogenes Gebilde dar. Unter den Liao, Chin und Yüan waren in Jehol Präfekturen und Kreise nach chinesischem Vorbild errichtet worden, die zur Ming-Zeit durch eine rein militärische Organisationsform, die

Garnisonen (*wei*), ersetzt worden waren. Unter dem Einfluß der in den mandschurischen Ebenen siedelnden chinesischen Ackerbauern wurden nach und nach auch Teile der Tungusen und Mongolen seßhaft; sie fingen an, Häuser zu bauen und umwallte Siedlungen anzulegen.[3] Zum Kern dieses Prozesses wurde das Gebiet von Chien-chou, und es war Nurhaci, der aus der spontanen Entwicklung eine bewußte machte. Er war klug genug, chinesische Berater an sich zu ziehen, unter deren Leitung bald ein ganzes Netz befestigter Gutshöfe und Adelssitze entstand. Nurhaci kam ferner die Rivalität zwischen den verschiedenen mongolischen Stämmen zugute. Die östlichen Mongolen schlossen sich ihm ziemlich bereitwillig an, da sie von ihm Schutz gegen die mächtig gewordenen Chahar-Mongolen erhofften.[4] Die tungusische Stammesgesellschaft selbst war wesentlich feudalistisch, obgleich ihre Clans nur mehr lose Verwandtschaftsgruppen waren. In den Kämpfen der Stämme untereinander verringerte sich zunächst nur die Zahl der Feudalherren; das Volk behielt seinen Status bei. Erst mit dem Vordringen ins chinesisch besiedelte Gebiet wurde das feudalistische System langsam unterminiert, auch wenn es scheinbar gestärkt wurde durch das Hinzukommen neuer, chinesischer leibeigener Gefolgsleute. Der raschen Ausdehnung seines Gebiets aber war der tungusische Feudalismus mit seiner traditionellen Organisationsform nicht gewachsen. 1601 gründete Nurhaci deshalb die sogenannten Banner, für die die chinesischen Garnisonen das Vorbild abgegeben haben.[5] Er gliederte seine Streitkräfte in *niru* (mandschurisch »Pfeil«, im allgemeinen mit »Kompanie« wiedergegeben, chinesisch *tso-ling*) und faßte diese in vier großen Einheiten zusammen, die Banner genannt wurden, und zwar — nach der Farbe ihrer Standarten — gelbes, weißes, rotes und blaues Banner. 1615 erweiterte er ihre Zahl auf acht, wobei den neuen Standarten, die die gleichen Farben aufwiesen wie die alten, zur Unterscheidung zusätzlich Ränder angeheftet wurden. Jedes Banner setzte sich damals aus fünf Abteilungen (*jalan*, chinesisch *ts'an-ling*) zusammen, diese wiederum bestanden aus je fünf *niru*. Während die Zahl der *jalan* und *niru* weiter anstieg, blieb es bei den acht Bannern (*pa-ch'i*). Zu ihnen gehörten nun nicht nur die Soldaten, sondern auch deren Familien, so daß — wenigstens zur Zeit Nurhacis — das gesamte Volk der Tungusen in der Mandschurei einheitlich organisiert war. Wie in den chinesischen Garnisonen gingen die Bannerleute im Frieden ihren Gewerben nach, während im Kriege je nach Lage eine entsprechende Anzahl ins Feld zog, versorgt von den übrigen. Führer der Banner waren Prinzen aus Nurhacis, später aus dem kaiserlichen Clan. Seit 1651 führte der Kaiser selbst die ersten drei Banner, um seine autokratische Macht zu stärken. Die

Unterworfenen wurden in das System einbezogen: seit 1626 begann man, mongolische Kompanien aufzustellen, und 1635 waren diese bereits so angewachsen, daß man acht mongolische Banner bilden konnte. Im folgenden Jahr kamen dann zwei chinesische Banner (*han-chün*) dazu, bis es schließlich 1643 auch von diesen acht gab.

Die Zahl der Kompanien galt im 17. Jahrhundert als Staatsgeheimnis.[7] Für 1615 schätzt man rund 200 *niru*, 1634 waren es 400 (267 mandschurische, 100 mongolische und 33 chinesische), 1644 schon 563 (278, 120, 165), und 1735 erreichte man eine Stärke von 1155 (678, 207, 270), eine Zahl, die bis zum Ende der Dynastie kaum noch überschritten wurde. Vor 1644 verfügte jede Kompanie über rund 100 aktive Soldaten; 1690 hatten die mandschurischen und mongolischen Kompanien je 89, meist berittene Bogenschützen, die chinesischen mit jeweils nur 47 Soldaten bildeten in der Mehrzahl Spezialeinheiten, die mit Feuerwaffen (Musketen und Kanonen) ausgerüstet waren. Zum Abschluß sei noch erwähnt, daß die Ch'ing-Truppen, die zwischen 1673 und 1681 die Rebellion Wu San-kueis bekämpften, sich auf etwa 160 000-200 000 Mann beliefen.[8]

Der sozialen Schichtung innerhalb der Banner wurde Rechnung getragen, indem jedes in ein »äußeres« und ein »inneres« Banner geteilt war, wobei die Mitglieder der inneren Banner leibeigene Gefolgsleute bildeten (*pao-i*, von mandschurisch *booi*, »zum Hause gehörig«). Ihr Status war erblich. Soziologisch interessant sind besonders die chinesischen leibeigenen Bannerleute. Sie dienten vorwiegend dem Kaiser, und den Befähigten unter ihnen stand der Weg zu den Examina offen. Danach wurden sie oft zur Leitung und Beaufsichtigung der kaiserlichen Manufakturen (z. B. der Textilmanufakturen in Nanking, Su-chou und Hang-chou) herangezogen — Tätigkeiten, die mit vielen Privilegien verbunden waren. Die chinesischen Bannerleute wurden so zu Mittlern zwischen dem chinesischen Volk und seinen mandschurischen Herren. In gewissem Ausmaß übernahmen sie damit die Positionen, die vorher die Eunuchen besetzt hatten.[9] Die Banner insgesamt genossen seit 1644 eine juristisch und ökonomisch bevorrechtete Stellung. Ihnen wurde das beste Land in der Umgebung von Peking zugewiesen, später auch in den Provinzen. Erst gegen Ende des 17. Jahrhunderts wurde die weitere Beschlagnahme von Land zugunsten der Banner gestoppt.

Wir haben, um den Zusammenhang zu wahren, unsere Schilderung des Banner-Systems über dessen Ursprung weit hinausgeführt und nehmen nun unser Thema wieder auf. Es liegt auf der Hand, daß die eher zentralistische Organisation der Banner die feudalistische der Stämme einschränken und zersetzen mußte. Um eine zusätzliche zentrale Gewalt zu schaffen, legte Nurhaci sich Berater (mandschurisch *beile*, ursprünglich »Gebieter, Prinz«) zu: 4 Senior-Beile und 4 Junior-Beile. Abahai, der selbst Senior-Beile gewesen war, also deren noch der Clan-Tradition verhaftete Macht richtig einzuschätzen wußte, ließ 1631 noch 6 Ministerien nach dem Muster der Ming-Regierung einrichten. Auf diese Weise entstand an der Spitze unterhalb des Kaisers eine breitere Gewaltenteilung, die letztlich dessen autokratische Stellung fördern mußte.

Der Ursprung und die Errichtung der Mandschu-Herrschaft in China werden unter den Aspekten der eben aufgezeigten Entwicklung verständlich. Als die Mandschuren in Peking einzogen, war sowohl ihre Sozialstruktur als auch ihr Verwaltungsapparat den Verhältnissen in China so weit angenähert, daß eine Verschmelzung beider Gesellschaften möglich wurde. Der in dieser Beziehung weitgehend reibungslose Übergang von der Ming- zur Ch'ing-Dynastie offenbarte dabei zugleich, wie tief der chinesischen Gesellschaft noch feudalistische Strukturen eingeprägt waren, die von den bürokratischen teilweise nur überlagert, aber nicht aufgesogen wurden. Besonders die Ideologie der Masse der Beamtenschaft fand hier vielfältige Anknüpfungspunkte. Mit sicherem Instinkt förderten auf der anderen Seite die Mandschu-Kaiser den orthodoxen Neo-Konfuzianismus der Sung-Zeit, während sie in der Praxis dem Absolutismus des ersten Ming-Herrschers nacheiferten und ihn eigentlich erst wirklich durchsetzten. Parallel dazu wurden die Literaten-Beamten erst jetzt zu »Fürstendienern«. Waren es aber unter dem europäischen Absolutismus vorwiegend soziale Schranken, die den Beamten gesetzt waren, so handelte es sich im China der Ch'ing-Dynastie um eindeutig politische, wie sie die Bedingungen der Fremdherrschaft unerbittlich aufrichteten.

II. DREI GROSSE HERRSCHER DES »AUFGEKLÄRTEN« ABSOLUTISMUS

Außer dem Tempo und der Dynamik des Prozesses, in welchem sich aus einer lockeren Stammesföderation der Tungusen die mandschurische Nation bildete, ist es besonders *ein* Phänomen der Mandschu-Herrschaft, das die Faszination des Historikers erregen muß: daß ihr, als sie kaum zu ungeahnter Machtfülle gekommen war, in K'ang-hsi, Yung-cheng und Ch'ien-lung drei Herrscher erwuchsen, die keinen Vergleich mit großen Herrschergestalten anderer Kulturnationen zu scheuen brauchen. Nurhaci war ein kraftvoller Stammesfürst gewesen, Abahai nicht mehr, auch wenn er sich den Kaisertitel zugelegt hatte. Der jugendliche, aber kränkliche Shun-chih (geboren 1638, Regierungszeit 1644-1661) stellt sich als ein pflichtbewußter Mann vor, der viel Energie darauf verwendete, Chinesisch zu lernen, und klug genug war, in Soni, Suksaha, Ebilun und Oboi fähige Mitglieder der mandschurischen Stammesaristokratie an sich zu ziehen, die ihm halfen, die Macht des Regenten Dorgon (1612-1650) in Grenzen zu halten. Dann aber tritt uns in Shun-chihs drittem Sohn und Nachfolger Hsüan-yeh, der nach seiner Regierungsdevise K'ang-hsi genannt wird, ein überzeugender Herrscher entgegen, den mit Kublai Khan zu vergleichen — so wie Nurhaci mit Tschinggis Khan — sich aufdrängt. Doch wenn man eine solche Parallele zieht, erklärt man im Grunde nichts, sondern bereichert das Problem nur um eine neue Ebene. War K'ang-hsi demnach einfach ein Glücksfall für die Mandschuren? Sollen wir in ihm den Ausdruck des plötzlich erwachten Geistes eines Volkes sehen, der sich bis dahin im Kriegerischen und in den engen Horizonten einer noch halbnomadischen Stammeskultur beschieden hatte? Solche Fragen zu beantworten ist die Geschichtswissenschaft nicht imstande; wir bewegen uns, wenn wir ihnen nachgehen, im metaphysischen Bereich der Sinngebung, versuchen gleichsam, die List der historischen Vernunft zu entschleiern. Unter diesem Aspekt scheint uns, wenn wir die *objektive* Bedeutung K'ang-hsis und seiner beiden Nachfolger verstehen wollen, daß wir sie eher als die Verkörperung *chinesischen* Geistes begreifen müssen, daß die Imago ihrer herrscherlichen Rolle *chinesischen* Ursprungs war. Die Geschichte des traditionellen China ist auch die Geschichte zahlreicher gescheiterter Revolutionen, die solcherart zu bloßen Rebellionen gerieten. Was in der hehren konfuzianischen Theorie als Apotheose einer allumfassenden »Harmonie« gefeiert wurde, erwies sich in der gesellschaftlichen Praxis schlicht als Kompromiß aus nicht ausgekämpften sozialen Spannungen. So gesehen war die Idee von Herrschaft, wie K'ang-hsi sie verwirklichte, aus der chinesischen Gesellschaft selbst genährt, aus deren unbewußtem und geheimem Einverständnis mit der Fremdherrschaft, die den *status quo* garantierte und alle Probleme eben dieser Gesellschaft vertagte.

K'ang-hsi (1654-1722) war von vitaler Natur; er wußte richtig einzuschätzen, was er den kriegerischen Traditionen seines Volkes verdankte: noch 1699 verblüffte er seine Umgebung, als er auf einer Inspektionsreise in Hang-chou eine glänzende Probe seiner Schießkunst zu Pferde mit dem Bogen gab.[10] Bei seiner Wahl zum Thronfolger (1661) hatte auch der Umstand mitgewirkt, daß er als Kind die Blattern überstanden hatte, an denen sein Vater gestorben war, so daß man hoffte, ihm würde ein langes Leben beschieden sein. Energie und Tatkraft bewies er schon früh: 1667 nahm er als Vierzehnjähriger die Regierung selbst in die Hand, zwei Jahre später schaltete er den einflußreichen Oboi aus. Wo abzuwarten geboten schien, hatte er den Mut dazu: gegen den Rat mancher Höflinge gestattete er die Etablierung feudalstaatlicher Herrschaftsverhältnisse im Westen, Südwesten und Südosten des Reiches, da er dies für vorübergehend notwendig erachtete. Als sich hieraus die Rebellion Wu San-kueis und seiner Anhänger entwickelte, zeigte K'ang-hsi sich unbeugsam: trotz anfänglicher Schwierigkeiten wich er nicht vom einmal eingeschlagenen Weg, die zentralistische Gewalt konsequent durchzusetzen, ab.

Bemerkenswert für alle Aktionen K'ang-hsis war, daß er sich lange und sorgfältig darauf vorbereitete. Das gilt sowohl für seine Außenpolitik (die wir in Abschnitt III im Zusammenhang darstellen wollen) als auch für die Innenpolitik. Praktisches Verständnis für die besonderen Gegebenheiten Chinas mischten sich bei ihm mit Toleranz und Weitsicht. So widmete er besondere Sorgfalt den Regulierungsarbeiten am Huangho und dem Kaiserkanal. Nach alter Tradition unternahm er zwischen 1684 und 1705 sechs Inspektionsreisen nach dem Yangtsetal, die ihm offensichtlich auch Vergnügen bereiteten.[11]

Mit dem Begriff der Toleranz wollen wir das umschreiben, was wir oben in etwas allgemeinerem Sinne zu skizzieren versucht haben. Sie war die Maxime, mit der K'ang-hsi die chinesische Beamtenschaft zu gewinnen trachtete. Richtig zu verstehen ist sie aber nur aus der gegebenen Situation: sie bedeutete nämlich nicht das Gewährenlassen intellektueller Freiheit schlechthin, sondern die Förderung des konservativen Konfuzianismus, wie ihn die Masse der Beamten vertrat. K'ang-hsi war demnach »aufgeklärt« in dem Sinne, daß er – als ein Fremder – sich den bestehenden sozialen Bedingungen der chinesischen Gesellschaft anpaßte. Neben dem Mongolischen und dem Tibetanischen beherrschte er glänzend das Chinesische. Er machte Gelehrte zu seinen persönlichen Sekretären. Mehrere Werke zur Literatur und Kunst sind von ihm inauguriert worden. Schon 1679 unternahm er Anstrengungen, eine Kommission zu bilden, die die offizielle Geschichte der Ming-Dynastie verfassen sollte. Er fand schließlich in Hsü Ch'ien-hsüeh (1631-1694) einen Gelehrten, der Wesentliches zur Kompilation der Ming-Geschichte leistete. Als ein bezeichnendes Faktum möchten wir auch anführen, daß der Kritiker konservativer konfuzianischer Traditionen Ku Yen-wu nicht bereit war, an dem Projekt mitzuwirken. — Wie sein Vater brachte auch K'ang-hsi den Jesuiten viel Interesse entgegen, aber er beschränkte ihren Einfluß auf die Hauptstadt, wo er sie kontrollieren konnte, und ließ ihnen nur dort freie Hand, wo ihre Tätigkeit keine ideologischen Probleme aufwarf, nämlich auf den Gebieten der Mathematik, der Astronomie und des

1. Palatium in quo Imperatoris solium continetur.
2. Legati Batavorum
3. Legatus Magni Mogolis.
4. Duodecim albicantes equi
5. Tartarus cum coriaceo instrumento
6. Fecialis
7. Imperatoris Somatophylaces.

Interior aulæ I
T KEYSERS

Abb. 13: Kaiserpalast in Peking, nach einer Darstellung aus dem 17. Jahrhundert

ratoriæ facies.
F van binnen

1. 't Palleys daer s'Keysers Throon in staet
2. de twee Nederlandsche Ambassadeurs
3. Een Ambassadeur van den Grooten Mogol
4. twaelf sneeuw-witte Paerden
5. Een Tarter met een leere Wintslangh
6. den Herout
7. Keysers Lyfwachten.

Kalenderwesens. Auch ihren ärztlichen Künsten vertraute er; 1693 heilten ihn französische Missionare mit Chinin von der Malaria. Daß sich K'ang-hsis Verhältnis zur Jesuiten-Mission seit 1705 entscheidend verschlechterte, lag nicht an ihm, sondern am Vatikan, der damals den Legaten C. M. de Tournon nach Peking schickte, um den Jesuiten das päpstliche Verdikt im Ritenstreit zu übermitteln.

K'ang-hsi konnte natürlich nicht verhindern, daß sich innerhalb der Beamtenschaft Gruppen und Fraktionen bildeten. Aber gerade in dieser Hinsicht war es bemerkenswert, wie er sich der Institutionen als eines politischen Instruments zu bedienen wußte, und zwar besonders des Zensorats. Ein gutes Beispiel hierfür liefert der Fall des 1686 zum Zensor avancierten Kuo Hsiu (1638-1715). Dieser äußerte 1688 heftige Kritik an dem für die Flußregulierungen verantwortlichen Chin Fu, was nicht ungefährlich war, da der Kaiser selbst sich in den entsprechenden Problemen engagiert hatte, seine Reaktion also nicht ohne weiteres voraussehbar war. Noch weiter ging Kuo Hsiu, als er mehrere hohe Beamte der Korruption anklagte, darunter den Mandschuren Mingju, der seit 1671 immerhin Kriegsminister war und als ausgesprochen chinesenfreundlich galt. Trotzdem stützte K'ang-hsi den mutigen Kuo Hsiu, ließ ihn 1689 zum Präsidenten des Zensorats aufsteigen und entzog ihm auch dann nicht gänzlich seine Gunst, als man diesen selbst anklagte.

Über K'ang-hsis Verhältnis zum chinesischen Volk geben die Quellen so gut wie keinen Aufschluß. Daß er auf seinen Inspektionsreisen hin und wieder das Protokoll überging und sich unter das Volk mischte, besagt wohl nichts anderes, als daß er ein paar kurze Unterhaltungen mit niederen Provinzbeamten führte, und will nicht viel heißen. Sein ganzes Verhalten in dieser Beziehung war gewiß rein politisch bestimmt. Vielleicht kann man die Tatsache, daß er dem Buddhismus keine Hindernisse in den Weg legte, auch als ein Entgegenkommen dem Volke gegenüber interpretieren. Er folgte hier dem Beispiel seines Vaters Shun-chih, der zunächst zwischen 1651 und 1657 einen sehr engen Kontakt zu dem führenden Jesuitenpater Adam Schall gepflegt hatte (so daß dieser sich sogar Hoffnungen gemacht hatte, den Kaiser zum Christentum zu bekehren), doch dann unter dem Einfluß von Eunuchen und eines Mönches namens Hsing-ts'ung ganz vom Ch'an-Buddhismus erfüllt gewesen war.

K'ang-hsis Tod 1722 ist vom Zwielicht umhüllt. Fünfzehn seiner erwachsenen Söhne kamen für die Nachfolge in Frage, von denen der Kaiser im Alter ganz offensichtlich Yin-t'i (1688-1755) favorisierte. Manche chinesischen Autoren behaupten, daß Yin-chen

(1678-1735), um Yin-t'i und alle übrigen seiner Brüder auszuschalten, in einem günstigen Moment seinen Vater umgebracht und sich in einer Art Staatsstreich des Thrones bemächtigt habe. Fest steht nur, daß der Kommandant der Pekinger Gendarmerie, Lungkodo, eine wichtige Rolle bei der Thronbesteigung Yinchens spielte und daß dieser, der unter der Regierungsdevise Yung-cheng von 1723 bis 1735 regierte, sorgfältig alle Dokumente, die Yin-t'i betrafen, unterdrückte und beseitigte. Yungcheng war außerordentlich ehrgeizig und eifersüchtig, seine Brüder verfolgte er mit Haß und ohne Nachsicht: Yin-t'i zum Beispiel wurden 1726 alle seine Titel aberkannt, und er wurde ins Gefängnis geworfen, aus dem er erst nach dem Tode des Kaisers befreit wurde. Auch schreckte Yung-cheng nicht davor zurück, sich einstiger Anhänger, wie z. B. Lungkodos, zu entledigen. Er war allergisch gegen Korruption und vertrug keine Kritik. Aber so unvorteilhaft sich seine Persönlichkeit subjektiv auch ausnimmt, objektiv gesehen entsprach seine Politik genau dem Haupterfordernis seiner Zeit, nämlich das unter K'ang-hsi Errungene allseitig zu befestigen und auszubauen. Was die innere Konsolidierung des Reiches angeht, ist seine Bedeutung unbestreitbar. Dieses Ziel zu erreichen war ihm jedes Mittel recht: die Beamten wurden einer scharfen Kontrolle unterworfen, wozu er sich auch zahlreicher Spione bediente; er stärkte die absolutistische Gewalt des Herrschers, indem er die Prinzen streng am Hofe hielt und überwachte, auch deren Einfluß auf die Banner reduzierte; er verdrängte 1729 das aus der Ming-Zeit stammende *nei-ko* aus seiner führenden Position und setzte an dessen Stelle einen Staatsrat (*chün-chi ch'u*); vor allem reorganisierte er das Finanzwesen und förderte die Gesetzgebung. Als junger Prinz hatte Yung-cheng viel chinesische Poesie gelesen; später wandte er sich immer mehr der buddhistischen Literatur zu. Gegen die christliche Mission war er feindlich eingestellt. Er ließ manche Kirche niederreißen und Missionare ausweisen. Eine gewisse Förderung ließ er dem Lamaismus angedeihen. In seinem letzten Lebensjahr bildete er eine kleine Studiengruppe für religiöse Fragen, die zwar fast ausschließlich aus Buddhisten bestand, zu der aber auch ein taoistischer Mönch gehörte. Er veranlaßte den Neudruck vieler buddhistischer Werke und veröffentlichte selbst einige Schriften buddhistischen Inhalts.

Für seine Zeitgenossen, besonders seine engere Umgebung, war Yung-cheng gewiß nicht nur unbequem, sondern geradezu eine Last. Der Historiker, der seine Herrschaft aus zeitlicher Distanz beurteilt und sie objektiv einzuschätzen bemüht sein muß, kann sich dagegen nicht der Tatsache verschließen, daß Yung-cheng die während der Stabilisierungsperiode unter K'ang-hsi so strapazierten ökonomischen Kräfte des Reiches wieder regeneriert hat und damit den Grundstein legte für die Blütezeit, die China unter Yung-chengs Nachfolger erlebte.

1736 bestieg Yung-chengs vierter Sohn Hung-li (1711-1799) unter der Devise Ch'ien-lung den Thron. Wie gründlich sein Vater die Verwaltung des Reiches geordnet hatte und wie leicht es ihm dadurch gemacht worden war, das Erbe anzutreten, dokumentieren am greifbarsten die Finanzen. Beim Thronwechsel wies der Staatsschatz einen Überschuß von 24 Millionen Unzen Silber auf. Daß der Reichtum aber nicht einseitigen Sparmaßnahmen zu danken war, sondern einem funktionierenden Steuerwesen, bewies die Entwicklung in der Folgezeit. Trotz der noch weiter ansteigenden Kosten für die Expansionspolitik im Westen (die Eroberung von Turkestan und des Ili-Gebietes verschlang etwa 23 Millionen Unzen) und der Verstärkung der Armee um 60 000 Mann im Jahre 1782, wofür allein zusätzliche Aufwendungen von jährlich 3 Millionen Unzen nötig wurden, betrug der Überschuß 1786 über 70 Millionen Unzen Silber.

Ch'ien-lung zeigte sich der ihm zugefallenen Aufgabe gewachsen. Er befleißigte sich einer regelmäßigen Lebensführung, die es ihm ermöglichte, einen langen Arbeitstag zu bewältigen. Später allerdings, als der Hof immer mehr Luxus trieb, ließ er die Zügel stark schleifen. Man hat seine Regierungszeit in drei Perioden eingeteilt, die jeweils deutlich im Zeichen seiner führenden Minister standen: in O-er-t'ai (1680-1745) und Chang T'ing-yü (1672-1755) hatte er anfangs zwei erfahrene und tüchtige Staatsmänner zur Seite, die wesentlich zur Prosperität des Reiches beitrugen; in Yü Min-chung (1714-1780) dann, der höchste Posten im Finanz- und Justizministerium bekleidete und 1773 Mitglied des Staatsrates wurde, förderte der Kaiser unglücklicherweise einen Politiker, der ihm nicht zu widersprechen wagte und eine Atmosphäre der Lobhudelei um den Monarchen verbreitete; die dritte Phase schließlich wurde bestimmt von dem skrupellosen Bannergeneral Ho-shen (1750-1799)[12], unter dessen verhängnisvollen Einfluß der Kaiser Ende der siebziger Jahre geriet. Ho-shen erwarb sich zweifelhafte Meriten bei der Bekämpfung mohammedanischer Aufständischer in Kansu (1781-1784), wobei er die Kampfhandlungen absichtlich in die Länge zog, um sich besser bereichern zu können. Der Fall zeigt aber auch, daß dem Reich mit seiner gewaltigen Ausdehnung und der damit verbundenen Einbeziehung fremder Völker neue Probleme erwuchsen. Schon 1735/36 mußten Unruhen unter den Miao in Yünnan, die gewaltsam der chinesischen Verwaltung unterstellt worden waren, grausam niedergeschlagen werden. 1746-1749 gab es bei den Eingeborenen im Grenzgebiet von Ssuch'uan und Tibet einen Aufruhr, dessen Unterdrückung große militärische Anstrengungen erforderte, und 1758/59 hatten erste Aufstände von Mohammedanern in Turkestan eingedämmt werden müssen. 1767 wiederum führten Schwierigkeiten in Yünnan zur Ausweitung der Konflikte, wobei Burma botmäßig gemacht wurde. Doch auch im Innern machte sich Unruhe bemerkbar, wie das Wiederauftreten der Geheimsekte »Weißer Lotos« beweist.

Mit der Ära Ch'ien-lungs erreichte die Ch'ing-Dynastie den Zenit ihrer Entwicklung, doch ihr Abstieg setzte schon Ende des 18. Jahrhunderts ein. Die ökonomisch sich auf den Landbesitz stützende und ideologisch konservative Beamtenschaft erwies sich den sich rasch wandelnden Bedingungen dann nicht mehr gewachsen — man kann dies in die Formel pressen, daß die gleichen Kräfte, die den Aufstieg der Ch'ing garantiert hatten, auch ihren Untergang mit entschieden. An Ch'ien-lung wurde es erneut sichtbar: er malte und dichtete mittelmäßig, und die Gelehrten, Künstler und Literaten, die er förderte, waren schöpferisch ebenfalls mittelmäßig. Die großen Geister der Epoche bildeten sich abseits in der Stille; sie begannen die geistigen Waffen zu schmieden, die ihre Erben gegen die Ch'ing richten sollten. Als Ch'ien-lung 1796 freiwillig abdankte — er wollte nicht länger als sein Großvater K'ang-hsi regieren, nämlich 61 Jahre —, hinterließ er seinem Nachfolger ein Reich, das trotz aller glänzenden Machtentfaltung bereits den Keim des Zerfalls in sich trug.

III. DER CHINESISCH-MANDSCHURISCHE IMPERIALISMUS IM 17. UND 18. JAHRHUNDERT

Wenn heute, im 20. Jahrhundert, die Volksrepublik China gemeinsame Grenzen mit Indien und der Sowjetunion hat und an Fläche der drittgrößte Staat der Erde ist, so ist dies das Ergebnis der unter den Mandschuherrschern erfolgten Ausweitung des Staatsgebietes. Sie ging fast gleichzeitig mit der Erschließung Sibiriens durch die Russen und dem Vordringen Englands nach Asien vor sich — ein dreifacher Kolonialismus also, der im 17. und 18. Jahrhundert Asien erfaßte. Im einzelnen freilich sind die Umstände der Eroberung und die Methoden der Beherrschung so verschieden wie nur denkbar, so daß der bequem zur Hand liegende Begriff Kolonialismus im Grunde kaum etwas anderes besagt als Ausdehnung von Herrschaft. Während die Russen in Sibirien ein fast menschenleeres jungfräuliches Territorium vorfanden und die Engländer sich bei ihrem Vordringen nach Indien von Handelsinteressen leiten ließen (nicht die Krone, sondern die Ostindische Kompanie war Träger der Herrschaft), stand die Expansion Chinas in engem Zusammenhang mit militärischen Unternehmen, die ihrerseits wiederum mit der lamaistischen Religion und der mongolischen Frage verflochten waren. Ohne die Ereignisse innerhalb der mongolischen Stammeswelt im 17. Jahrhundert ist das Ausgreifen Chinas nach Innerasien nicht zu erklären, so daß letztlich auch damals wie im 13. Jahrhundert die Mongolen eurasische Weltgeschichte gemacht haben, nur daß am Ende der Entwicklung der völlige Verlust ihrer staatlichen Selbständigkeit stand und die Nachfahren der einstigen Weltbeherrscher zu Untertanen des chinesisch-mandschurischen Kaiserstaates oder der russischen Zaren wurden (vgl. auch Fischer Weltgeschichte Bd. 16, S. 252-270).

Das Vordringen der Russen nach Ostasien mußte sie früher oder später in Konflikt mit den Mandschukaisern bringen, deren Heimatland an das seit dem frühen 17. Jahrhundert von russischen Kolonisatoren und Jägern erreichte Amur-Gebiet grenzte.[13] Wiederholt ereigneten sich Zwischenfälle, die es den chinesischen Kaisern geraten erscheinen ließen, für stabile Zustände im Norden zu sorgen, nicht zuletzt auch wegen der gleichzeitig durch die Dsungaren verursachten Wirren im Nordwesten des Reiches (s. u.). Es kam zu mehreren Reisen russischer Emissäre an den Hof des Kaisers K'ang-hsi und schließlich zu einem Vertrag mit den Russen. Auf chinesischer Seite wurden die Verhandlungen an Ort und Stelle durch den Mandschuren Songgotu geführt, in dessen Gefolge sich auch die europäischen Jesuiten Jean-François Gerbillon und Thomas Pereira befanden, die als Dolmetscher dienten. Am 7. 9. (27. 8. alten Stils) 1689 wurde in Nertschinsk der Vertrag geschlossen — der erste zwischen dem chinesischen Kaiser und einer europäischen Macht überhaupt.[14] Das in den Sprachen Latein, Mandschu, Mongolisch, Chinesisch und Russisch abgefaßte Dokument legte den Flußlauf des Amur und das Hsingan-Gebirge als Grenze fest und verbot eigenmächtige Grenzüberschreitungen durch jagende Einwohner der betreffenden Gebiete. Ein weiterer Vertrag zwischen Rußland und China kam 1727 zustande (Vertrag von Kiachta), in dem die Grenze erneut fixiert wurde, und zwar ungefähr so, wie sie auch heute noch verläuft, d. h. entlang Amur und Argun. Kiachta in Transbaikalien wurde als Grenzort der Durchgangsplatz für den russisch-mongolischen Karawanenhandel; ihm lag auf chinesischem Territorium die Handelsniederlassung Maimaichin gegenüber. Alle drei Jahre durfte eine russische Karawane mit je 200 Begleitern in China bzw. der Mongolei einreisen; ferner wurde den Russen eine ständige Faktorei in Peking sowie der Bau einer griechisch-orthodoxen Kirche zugestanden. Die durch den Vertrag von Kiachta geschaffenen Verhältnisse zwischen den beiden Mächten blieben bis ins 19. Jahrhundert in Kraft, als unter Zar Nikolaus I. eine neue Welle des russischen Imperialismus Ostasien erreichte. Durch die Verträge hatten die Mandschukaiser die Lage im nördlichen Grenzgebiet gegenüber den Russen stabilisiert, welche damals ohnehin noch nicht als ernst zu nehmende Gefahr empfunden wurden.

Wesentlich schwieriger gestaltete sich die Konfrontierung und schließliche Auseinandersetzung mit den Mongolen. Zwar hatten die Mandschu bereits zur Zeit ihrer Machtübernahme in China einige Stämme der Ostmongolen als Verbündete gewonnen. Die Versuche, ein neues mongolisches Großreich zu schaffen, gingen jedoch im 17. Jahrhundert von den Westmongolen aus.[15] Die Bezeichnungen der Westmongolen schwanken in den Quellen; wenn im folgenden stets von Dsungaren die Rede ist, so ist dazu zu bemerken, daß die Dsungaren zusammen mit den Choshot, Torgut und Dorbet die Westmongolen (Oirat) ausmachten, also ursprünglich nur einen Teil der Gruppe bildeten. Die Westmongolen waren im Verfolg der ›zweiten Bekehrung‹ zu Ende des 16. Jahrhunderts zu gläubigen Anhängern des Lamaismus geworden, und der Stamm der Choschot, der sich von seinen alten Sitzen in der Gegend von Urumtschi nach Osten bis in die Region des Kuku Nor verlagert hatte, nahm unter der energischen Führung des Gušri Khan (gest. 1656) die Rolle eines weltlichen Protektors des tibetischen Dalai Lama ein. Als Verbündeter und Schutzherr des fünften Dalai Lama spielte Gušri Khan auch eine wichtige Rolle bei dem Besuch des Kirchenfürsten in Peking 1652.[16] Die Beziehungen der Mandschukaiser zur lamaistischen Hierarchie müssen im Hinblick auf die Mongolen gesehen werden, als deren geistliches Oberhaupt die Dalai Lamas großen Einfluß auszuüben vermochten. Um 1640 waren die Choshot bereits *de facto* Herren über Tibet — eine Machtstellung, in der sie später von dem Stamme der Dsungaren abgelöst wurden. Unter Galdan (1632 oder 1644-1697) hatten die Dsungaren zunächst 1678/79 ganz Ostturkestan erobert und die dortigen islamischen Kleinherrschaften unterworfen. Galdan kam bei seinen großen Erfolgen im Verhältnis zu den westmongolischen Stämmen und Fürsten auch geistliches Prestige zugute, denn er war in seiner Jugend Lama in einem tibetanischen Kloster gewesen. Der Aufstieg der Dsungaren bedrohte die ostmongolischen Chalcha, so daß es im Interesse der Mandschukaiser lag, die Chalcha gegen Galdan zu unterstützen. Versuche, eine friedliche Vermittlung zwischen den sich befehdenden mongolischen Gruppen herbeizuführen, scheiterten, und Galdan fiel kurz nach 1686 mit seinen Streitkräften in die Äußere Mongolei ein. Dieser Einfall trieb die Chalcha vollends auf die Seite der Mandschu; 1691 huldigten alle Chalcha-Führer Kaiser K'ang-hsi als ihrem Retter vor den Dsungaren, und sie blieben bis zum Ende der Monarchie treue Untertanen. In den Kämpfen mit den Dsungaren errangen chinesisch-mandschurische Truppen 1696 einen überlegenen Sieg; Galdan unterwarf sich jedoch nicht, sondern kam auf der Flucht um. Sein Neffe Tsewang Rabtan (tibet. Ts'e-dbang rab-brtan, 1643-1727) setzte die Versuche zur Schaffung eines dsungarischen Großreichs fort. Er beherrschte ganz Ostturkestan mit Ausnahme des bereits von den Chinesen annektierten Hami, Teile Südsibiriens und die ganze westliche Mongolei bis zum Balkasch-See. In die nach dem Tode des fünften Dalai Lama ausgebrochenen inneren Wirren in Tibet griffen die Dsungaren ein, und 1717/18 eroberte ein dsungarisches Kontingent Lhasa und andere wichtige Orte. Durch ihre Plünderungen machten sie sich jedoch so unbeliebt, daß K'ang-hsi, gestützt auf Teile des tibetischen Adels, sich einschaltete und 1720 ein Expeditionskorps von Ssuch'uan aus nach Tibet schickte, das die Dsungaren vertrieb. Dieser erste Vorstoß der Chinesen bzw. Mandschu nach Tibet war dadurch veranlaßt, daß der Kaiser befürchten mußte, das geistliche Oberhaupt der lamaistischen Mongolen könnte wieder unter dsungarisches Protektorat fallen und so die bereits kaisertreuen Mongolen gegen den Pekinger Hof beeinflussen. Eine chinesische Garnison verblieb in Lhasa. Die endgültige Einverleibung Tibets als Protektorat des chinesischen Kaiserreiches erfolgte jedoch erst in der Mitte des 18. Jahrhunderts (1751); die Form der chinesischen Herrschaft war nicht unähnlich der der Briten in Indien. Chinesische Residenten in Lhasa sorgten dafür, daß das Zentrum des Lamaismus nicht unter fremde Herrschaft fallen konnte, und beließen dem Land im übrigen ein großes Maß innerer Unabhängigkeit unter den Dalai Lamas als gleichzeitig weltlichen und geistlichen Herren.[17]

Der Rückschlag, den die Dsungaren in Tibet erlitten hatten, schwächte ihre Stellung aber nicht, denn dem Verlust ihres Einflusses in Tibet standen weitere Eroberungen im Norden Ostturkestans gegenüber. Es kam sogar zu einer Konfrontation mit den Russen unter Peter dem Großen, der eine Zeitlang den Plan gehabt zu haben scheint, selbst nach Ostturkestan vorzustoßen. Nach dem Tode Tsewang Rabtans im Jahre 1727, der vielleicht die Folge eines Mordanschlags tibetischer Lamas war, wurde 1738 ein vorläufiges Abkommen zwischen dem Kaiser und den Dsungaren geschlossen; das Altai-Gebirge wurde als Grenze zwischen mandschu-chinesischem und dsungarischem Machtbereich angenommen. Das Ende der dsungarischen Vorherrschaft im Herzen Asiens war das Resultat lähmender Nachfolgestreitigkeiten nach dem Tode des fähigen Tsewang Rabtan. Sein

Enkel Amursana (gest. 1757) schloß sich zunächst den Chinesen an und eroberte im Auftrag des Kaisers Ch'ien-lung das Ili-Gebiet von seinem Rivalen Davaci. Amursana benutzte jedoch diesen Sieg dazu, erneut die völlige Unabhängigkeit von Peking anzustreben, und rebellierte. 1756/57 erkämpften die kaiserlichen Heere Ili zurück; Amursana floh zu den Kasachen. Damit war das Kernland der Dsungaren in kaiserlicher Hand; es folgte ein Massaker unter dem dsungarischen Adel, und selbst der Name Dsungaren mußte auf kaiserlichen Befehl hin getilgt werden und wurde durch die Stammesbezeichnung Ölöt ersetzt. Nach der Befriedung der Dsungarei wandten sich die Heere des Kaisers gegen Ostturkestan und nahmen Aksu, Kaschgar und Yarkend ein. Damit war das ganze Tarimbecken wieder China unterstellt. Es wurde eine Militärregierung eingesetzt, die Ostturkestan, das »Neue Gebiet« (chin. Hsin-chiang, Sinkiang), durch in Ili und Urumtschi residierende Gouverneure verwalten ließ. Erst 1884 wurde Sinkiang zum Range einer Provinz erhoben.

Die Eroberung der Dsungarei und Ostturkestans, aber auch andere chinesische Kolonialfeldzüge des 18. Jahrhunderts sind bildlich der Nachwelt überliefert worden. In Zusammenarbeit mit am Pekinger Hof wirkenden Jesuiten wurden großformatige Kupferstiche verfertigt, die mit detailfreudiger Genauigkeit Szenen aus den Feldzügen wiedergeben und europäische graphische Technik mit chinesischer Tradition der Figurenmalerei verbinden. Einige von ihnen befinden sich heute in europäischen und amerikanischen Museen und Sammlungen. Sie sind wegen ihrer Details eine wichtige Quelle für die Geschichte des chinesischen Militärwesens geworden.[18] Die vielleicht größten militärischen Leistungen der Chinesen und Mandschu waren jedoch die Feldzüge im östlichen tibetischen Grenzgebiet, dem »Goldstromland« (1776), und das Unternehmen gegen die Gurkha. Um 1790 drangen Gurkhakrieger von Nepal aus in Süd-Tibet ein und plünderten die dortigen Klöster. Die chinesische Gegenaktion ließ nicht lange auf sich warten. Der bereits im Krieg gegen das Goldstromland und bei der Niederwerfung eines Aufstandes auf Taiwan (1787) bewährte mandschurische Heerführer Fukanggan (gest. 1796) führte ein chinesisch-mandschurisches Kontingent über die tibetischen Hochgebirgspässe und vertrieb die Gurkha nicht nur aus Tibet, sondern folgte ihnen bis in die Täler von Nepal. Das Ergebnis dieses Feldzugs war ein Friedensschluß mit den Gurkha, die sich verpflichten mußten, alle fünf Jahre eine Tributgesandtschaft nach Peking zu schicken. Damit hatte Kaiser Ch'ien-lung nicht nur die chinesische Oberhoheit über Tibet gefestigt, sondern die Macht Chinas auch an den Südhängen des Himalaya zur Geltung gebracht. Er gebot

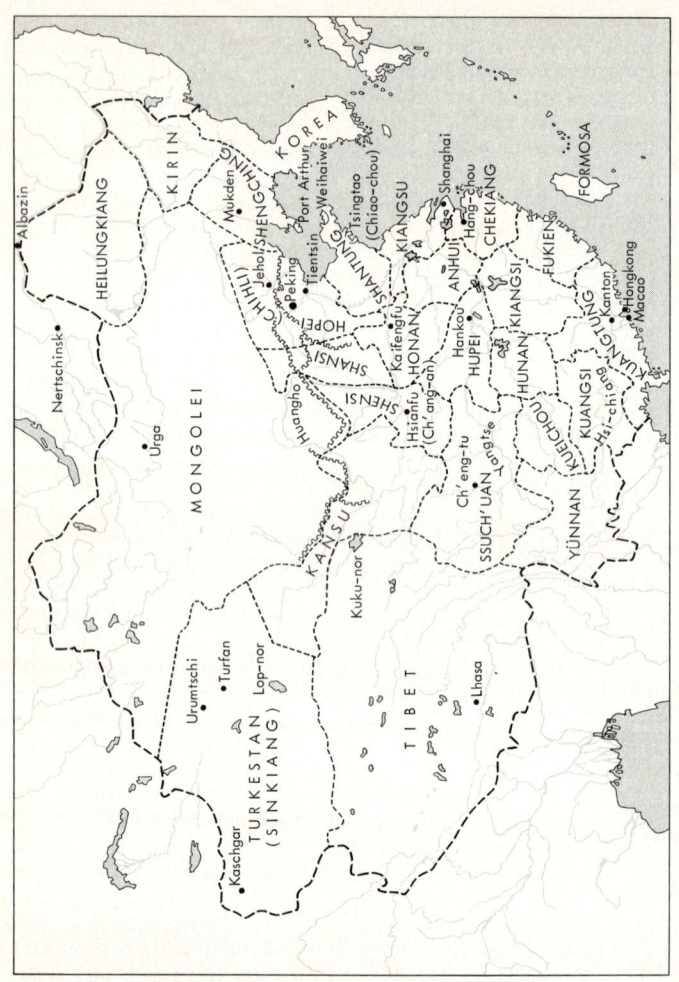

Abb. 14: Das Ch'ing-Reich um 1800

über ein größeres Territorium als je zuvor ein Herrscher in der
chinesischen Geschichte. Der Grad der Herrschaftsausübung war
in den Außenländern freilich verschieden. In der Mongolei bestand die alte Stammes- und Bannereinteilung fort; ein feudalistisches und personalistisches Band der Loyalität zwischen

den mongolischen Fürsten und dem Kaiser war hier das maßgebende Element. In Tibet wurde die Herrschaft durch Residenten ausgeübt und durch kleinere Garnisonen gesichert, bei sonstiger Unabhängigkeit im Innern, während Ostturkestan als militärisches Besatzungsgebiet verwaltet wurde. China war so zu einem Vielvölkerstaat geworden. Auch die Verwaltung trug dem Rechnung, und zwar dadurch, daß viele maßgebende Dokumente nicht nur in den Staatssprachen Mandschurisch und Chinesisch abgefaßt wurden, sondern auch in den Kolonialsprachen Mongolisch, Kalmückisch (Westmongolisch), Osttürkisch (in arabischer Schrift) und Tibetisch. Die Ch'ing-Zeit brachte somit eine vielfältige polyglotte Literatur hervor, darunter mehrsprachige Wörterbücher zur Erleichterung des brieflichen Verkehrs mit den Kolonialvölkern.[19] Auch ließ es sich die Regierung angelegen sein, den Lamaismus als die Religion der tibetischen und mongolischen Reichsangehörigen zu unterstützen. Peking entwickelte sich bereits seit der zweiten Hälfte des 17. Jahrhunderts zu einem bedeutenden Zentrum der buddhistischen Drucktätigkeit in Mongolisch und Tibetisch; ebenso wurde die Übersetzung buddhistischer Texte aus dem Tibetischen in das Mongolische und Mandschurische gefördert — alles Maßnahmen, die dem engen Anschluß der Außenlande an das Reichszentrum und den Kaiserhof dienten.[20] So war China zu Ende des 18. Jahrhunderts die ganz Ost- und Zentralasien beherrschende Macht geworden, der volkreichste Staat der Welt und jedenfalls die größte Landmacht auf dem eurasischen Kontinent. Dieses von Mandschu beherrschte chinesische Reich verfehlte seinen Eindruck auf die Europäer nicht, die seit der Zeit des Matteo Ricci in steigendem Maße durch die Jesuiten und andere Missionare Kenntnis von China erhalten hatten.

IV. DAS ABENDLÄNDISCHE BILD VON CHINA

Der aus Köln stammende Jesuit Johann Adam Schall von Bell (1591—1666) war beim Zusammenbruch der Ming-Dynastie in Peking geblieben. Noch 1644 wurde er vom Regenten Dorgon ersucht, einen neuen Kalender auf westlicher Grundlage zu schaffen, und im folgenden Jahre übertrug man ihm die Leitung des Astronomischen Büros. 1651 durfte die Mission in Peking eine Kirche errichten, die sogenannte *Nan-t'ang* (»Südkirche«). Die augenscheinlichen Erfolge Schalls zu Beginn der Mandschu-Herrschaft können jedoch nicht darüber hinwegtäuschen, daß die Stellung der Mission nach wie vor labil, ja gefährdet war, da sie gänzlich von der Gunst des Kaisers abhing. Im Astronomischen Büro selbst mußten die exakteren wissenschaftlichen Methoden der Jesuiten, die sich etwa in der genaueren Vorausberechnung von Sonnenfinsternissen bewährten, den Neid und die Mißgunst der übrigen astronomischen Beamten erregen, und besonders die mohammedanischen Gelehrten intrigierten gegen Schall, der 1661 angeklagt, zum Tode verurteilt, schließlich aber begnadigt wurde. Sein Nachfolger, der Flame Ferdinand Verbiest (1623-1688) errang 1668/69 einen glänzenden Triumph in einem Kalenderstreit, und sein Kontrahent, ein chinesischer Beamter namens Yang Kuang-hsien (1597-1669), der seit 1659 die Jesuiten leidenschaftlich bekämpft hatte, wurde verbannt. Hierzu muß man berücksichtigen, daß Astronomie und Kalenderwissenschaft in China eine Bedeutung hatten, die weit über ihren praktischen Nutzen hinausging. Denn die chinesische Kosmologie postulierte ja einen umfassenden Zusammenhang zwischen Natur und Menschenwelt, deren Harmonie auch erst die Herrschaft legitimierte, also die Person des Kaisers unmittelbar berührte. So verwundert es nicht, daß das Astronomische Büro bis etwa 1827 unter westlicher Leitung blieb. Von den nach Verbiest dort tätig gewesenen Gelehrten möchten wir wenigstens einige nennen: Philippe-Marie Grimaldi (1639-1712), Augustin von Hallerstein (1703-1774) und André Rodriguez (1729-1796).

Aber auf den eigentlichen Missionsauftrag der Jesuiten, später auch Franziskaner, Augustiner und Dominikaner wirkte sich das nicht förderlich aus. Die Bedingungen waren für die Mission zu ungünstig: die Kaiser mußten Rücksicht auf die konfuzianische Beamtenschaft nehmen, der Buddhismus war zu tief im Volke verwurzelt, auch hatte man immer die Beispiele in Erinnerung, wo fremde Religionen als ideologische Triebkräfte in Aufständen gewirkt hatten. Schließlich kam dazu die Unvereinbarkeit etwa der Polygamie mit den Anforderungen, die die Taufe stellte. Den endgültigen Niedergang der Mission aber besiegelte der Kampf gegen den Jesuitenorden in Europa, in dem sich besonders die Jansenisten hervortaten, die gegen die laxe Auffassung der Jesuiten von der Buße opponierten. Man benutzte die von den Jesuiten — aus richtiger Erkenntnis der Situation — praktizierte Duldung konfuzianischer Riten und des Ahnenkultes als einen Vorwand. Als der Papst dann verbot, die Lehre des Christentums den konfuzianischen Riten anzupassen, war die Wirkungsmöglichkeit der Mission entscheidend eingeengt; sie wurde durch die Auflösung des Jesuitenordens (1773) schließlich gänzlich untergraben.

Eine ungeahnte Ausstrahlung aber erlangten die Berichte der Jesuiten auf die europäische Geisteswelt. Der eigentliche Entdecker Chinas für Europa war Marco Polo gewesen; Wilhelm von Rubruk hatte — ebenfalls im 13. Jahrhundert — schon erkannt, daß Polos »Cathay« und das »Serika« der alten griechischen Quellen miteinander identisch waren. Jetzt lag ein ungleich reicheres Material vor, und ein 1585 von dem Spanier Juan Gonzáles de Mendoza, einem Augustiner, veröffentlichtes Werk über China wurde ein europäischer »Bestseller«. Bestimmt aber wurde das neue Chinabild von den Konzeptionen der Jesuiten, die umfassend zuerst in Riccis Berichten, die Trigault Anfang des 17. Jahrhunderts herausbrachte, niedergelegt waren. Von den zahlreichen Werken, die im Anschluß daran erschienen, können wir nur einige aufführen: Athanasius Kirchers *China illustrata* (Amsterdam 1667), Jean-Baptiste du Haldes *Description géographique, historique, chronologique, politique et physique de l'empire de la Chine et de la Tartarie chinoise* (Paris 1735) und Leibniz' *Novissima Sinica historiam nostri temporis illustratura* (1697). Verfolgte noch La Mothe le Vayers Schrift *De la Vertu des Payens* (1642), die in ihrem zweiten Teil von Konfuzius, dem »Socrate de la Chine«, handelte, einfach den Zweck, Richelieu in dessen Kampf gegen die Jansenisten beizustehen, so gewann im 18. Jahrhundert die neue Kenntnis der chinesischen Kultur eine große Bedeutung in der Entwicklung der Aufklärung. Besonders die idealisierten Vorstellungen von den konfuzianischen Beamten und Gelehrten sowie von deren Stellung im Staate beeindruckten die Geister in Europa. Der Konzeption von der chinesischen Zivilisation wurde zusätzlich ein utopisches Moment beigemischt, das im Naturrecht der Aufklärung wurzelte. Dabei ist es nur scheinbar paradox, daß die Erweiterung des historischen Gesichtskreises und der Impuls zur Universalgeschichte nicht dem Bedürfnis nach Historisierung entsprangen, sondern der natürlichen Theologie, wie diese im Figurismus, der die Begebenheiten des Alten Testaments als vorbildliche Darstellungen derjenigen des Neuen Testaments begriff, impliziert ist, letztlich also der emporstrebenden allgemein-menschlichen Morallehre, die Natur und Vernunft aussöhnen wollte. Offenbar wird diese im Grunde ahistorische Auffassung in den Parallelen, die zu jener Zeit mit Fleiß gezogen worden sind. Konfuzius wurde von den Figuristen mit Plato, Sokrates und Paulus verglichen und die mythische Herrschergestalt des Fu-hsi mit Zarathustra oder Henoch, dem Vater Methusalems. Malebranche (1638-1715) sah eine Verwandtschaft von chinesischen animistischen Lehren mit Ideen Spinozas, und Leibniz hielt sein binäres System in den Trigrammen des »Buches der Wandlungen« (*I-ching*) für implizit zumindest angelegt. Entscheidend aber ist, daß Leibniz, Voltaire und viele andere die Praxisbezogenheit der chinesischen Morallehre herausstellten.

Auf die vielfältigen chinesischen Einflüsse auf die Künste, etwa bei Porzellanen, Lacken, Stickereiarbeiten, Architektur und Gartengestaltung, können wir hier nicht eingehen. Erwähnt sei noch das interessante Faktum, daß die Theorien der Physiokraten entscheidende Anregungen aus China, oder besser: aus den — unklaren — Vorstellungen vom chinesischen landwirtschaftlichen Systen erhielten. Auch sollte man nicht vergessen, daß der europäische Akademie-Gedanke, wie ihn besonders Leibniz verfochten hat, von China her befruchtet worden ist. Zusammenfassend kann man wohl sagen, daß China in der europäischen Geistesgeschichte des 18. Jahrhunderts progressiv gewirkt hat, was, wie wir heute wissen, im Widerspruch zur chinesischen Wirklichkeit dieser Zeit stand. Denn gerade das, was in Europa als Ausdruck des Fortschritts in China gefeiert wurde, nämlich die Funktion der konfuzianischen Beamtenschaft, hatte seine fortschrittliche Rolle in China längst eingebüßt und war zum Hemmschuh einer modernen Entwicklung geworden.[21]

V. VERWALTUNG, WIRTSCHAFT UND GESELLSCHAFT

Die Mandschu übernahmen den Verwaltungsapparat im wesentlichen so, wie sie ihn vorgefunden hatten. Die geringen Modifikationen, die sie an ihm vornahmen, entsprachen dessen Grundstruktur und wären unter einer nationalen chinesischen Dynastie kaum anders ausgefallen, denn die Bürokratie insgesamt hatte bereits einen hohen Grad von Verselbständigung erreicht.

Zur leitenden Institution wurde der 1729 gegründete Staatsrat (*chün-chi ch'u*)[22], auf den die wichtigsten Funktionen des *neiko* übergingen, das dann stark an Bedeutung verlor und halb den Charakter einer Kanzlei, halb den eines Archivs annahm. Die Gründung des Staatsrates entsprang Kaiser Yung-chengs Verlangen nach Geheimhaltung. Den Anstoß gaben die Vorbereitungen der militärischen Operationen, welche durch die ständigen Einfälle der Choshot in Kansu erforderlich wurden und die der Kaiser mit einem möglichst kleinen Stab zu erörtern wünschte. Deshalb wurde der Sitz des Staatsrates auch in den inneren Palastbezirk gelegt. Die Staatsräte (*chün-chi ta-ch'en*) versammelten sich täglich zur Audienz; sie berieten alle militärischen und zivilen Grundsatzfragen, vor allem auch die Besetzung der höchsten Ämter. Sie wurden allein vom Kaiser ernannt, der dabei in der Regel auf in der Zentrale erprobte Beamte zurückgriff. 1729 hatte Yung-cheng 3 Staatsräte berufen, in der Folgezeit waren es durchschnittlich 5 bis 6, jeweils zur Hälfte Mandschuren und Chinesen. Ebenfalls paritätisch besetzt waren die Posten der Sekretäre (anfangs 10, unter Ch'ien-lung 16, nach 1799 bis zu 32).

Das Zensorat (*tu-ch'a yüan*) behielt seine bisherige Funktion, es wurde sogar bewußt zur Ausbalancierung der Macht des Staatsrates benutzt. Auch die dem Herrscher direkt unterstellten 6 Ministerien blieben unverändert bestehen; neu dazu kam die sogenannte Superintendentur für die Mongolei (*li-fan-yüan*), eine Art Kolonialministerium, das ferner für Tibet und die lamaistische Hierarchie zuständig war und stets von einem Bannermann geleitet wurde. Im Grundprinzip war die gesamte Verwaltung gemischt mandschurisch–chinesisch, doch waren die Prärogativen der Mandschuren unverkennbar. Auf dieser Linie lag auch, daß man 1668 die Mandschurei für chinesische Einwanderer sperrte und ihre drei Provinzen (Heilungkiang, Kirin und Fengt'ien) aus der allgemeinen Provinzverwaltung herausnahm, wie gleichfalls, allerdings aus rein militärischen Erwägungen, die Mongolei und Tibet. Das engere Reichsgebiet wurde in 18 Provinzen (*sheng*) eingeteilt. An ihrer Spitze stand jeweils ein ziviler Gouverneur (*hsün-fu*), während daneben ein Generalgouverneur (*tsung-tu*) die militärischen Belange wahrnahm, meist für zwei, zum Teil auch drei Provinzen zugleich. Generell schied man sorgfältig zwischen dem militärischen und dem zivilen Bereich.

Zusätzlich zum Bannerheer wurden noch — in einer Stärke zwischen 600 000 und 700 000 Mann — chinesische Provinztruppen, sogenannte »Grüne Bataillone« (*lü-ying*) aufgestellt, die mehr eine Polizeistreitmacht darstellten, vorzugsweise also bei Unruhen im Innern eingesetzt wurden. Im Bedarfsfall nahm man aber auch Aushebungen unter der Bevölkerung vor.

Mit dem Behördenaufbau übernahmen die Mandschu von den Ming gleichfalls das Examenssystem. Jeder, der in den Bezirken das Vorexamen bestanden hatte, erhielt den Grad eines *hsiu-ts'ai* (»blühendes Talent«). Aus dieser untersten akademischen Klasse, die auch *sheng-yüan* genannt wurde, gingen die Besten über Sonderprüfungen als Senior-Lizentiaten (*kung-sheng*) hervor und wurden damit gleichzeitig Stipendiaten. Die alle drei Jahre im Herbst abgehaltenen Provinzprüfungen schloß man als *chü-jen* (»Avancierter«) ab. Diese wiederum hatten die Möglichkeit, in der im folgenden Frühjahr stattfindenden hauptstädtischen Prüfung den höchsten Grad eines *chin-shih* zu erwerben. Allerdings wurde dazu aus den durchschnittlich mehreren tausend zugelassenen Bewerbern nur eine sehr geringe Quote promoviert. Sie dürfte alljährlich kaum 250 bis 300 überschritten haben. Eine Zusammenstellung der *chin-shih*, deren Genealogien erhalten sind, ergibt folgende Zahlen: 1655: 401 *chin-shih*, 1673: 138, 1685: 169, 1703: 104, 1822: 210[23] (für das 18. Jahrhundert liegen keine Unterlagen vor). 1689 stammten davon 106 aus Familien, die schon seit drei Generationen einen oder mehrere höhere Graduierte hervorgebracht hatten. Die meisten der Erfolgreichen kamen noch immer aus dem Südosten des Reiches, und nur ein winziger Bruchteil von ihnen waren Bannerleute, die das Examen im Grunde nicht nötig hatten. So waren immer alle chinesischen Staatsräte *chin-shih*, von den mandschurischen dagegen durchschnittlich ein Fünftel. In der übrigen Zentralbürokratie waren die Verhältnisse nicht anders. Die Bannerleute profitierten am häufigsten von der »irregulären«, gleichwohl offiziellen Möglichkeit der Laufbahn, die für die Chinesen auf die unterste Ebene beschränkt blieb. Auch der Verkauf der niederen literarischen Titel war amtlich sanktioniert. Was die *chin-shih* betrifft, so war es wohl eine bewußte Restriktionspolitik der Mandschu, die die Quoten derart gering hielt. Zu einem sozialen Problem besonderer Art gestaltete sich auf diese Weise die Masse der durchgefallenen Kandidaten, von denen nicht wenige wiederholt ihr Glück in den Prüfungen versuchten. So ist in der durchaus vorhandenen sozialen Mobilität das Phänomen des Abstiegs am interessantesten: er bedeutete in der Regel nämlich keineswegs Verelendung, sondern nur Prestigeverlust. Erfolg in gewerblichen Berufen bot keinen annähernd gleichwertigen Ersatz. Erneut dokumentiert sich hier die außerordentliche Kohärenz des Konfuzianismus: es wurden keine Versuche unternommen, diesen in einem ständisch orientierten Sinne zu reformieren. Ein Vorgang wie die Verbindung des Calvinismus mit dem Mittelstand ist in China unbekannt.

Die allgemeinen wirtschaftlichen Grundsätze, besonders aber das Finanzwesen unter den Ch'ing bieten ein schulmäßiges Beispiel dafür, daß die Ökonomie in ihren fortgeschritteneren Stadien immer politische Ökonomie ist. Das Steuersystem seit 1683, also nach der Befriedung des Reiches, ist nur zu verstehen, wenn man es als Teil der Beschwichtigungspolitik gegenüber dem chinesischen Volk begreift. Selbstverständlich spielte auch die Notlage hier mit, die der Zusammenbruch der Ming-Dynastie und die Kriege heraufbeschworen hatten. Zunächst schaffte die Ch'ing-Regierung die Dienstleistungen ab und befreite die verwüsteten Gebiete von den Steuern; ansonsten wurden die Steuersätze so festgelegt, daß sie diejenigen von 1570 nicht überschritten. Bei schlechten Ernten wurden großzügige Nachlässe gewährt, die dann nach 1683 einen gewaltigen Umfang annahmen (bis 1711 betrug deren Summe über 100 Millionen Unzen Silber!). 1712 ließ K'ang-hsi die Kopfsteuer (*ting-fu*) auf der Basis der Erhebung von 1711 einfrieren, unabhängig vom Wachstum der Bevölkerung. Die entscheidende Umwandlung aber erfuhr das Steuersystem unter Kaiser Yung-cheng. 1727 wurde nach dem Muster der Einheitssteuer der Ming die Kopfsteuer mit der Grundsteuer (*ti-fu*) verschmolzen zur sogenannten *ti-ting*-Steuer. Da der *ting-fu*-Anteil zu etwa 10 bis 20 Prozent der Höhe der *ti-fu* berechnet wurde, waren die landlosen Bauern praktisch von Abgaben befreit. Auch die Reis-Tribute wurden flexibel gehandhabt; die Möglichkeit der Ablösung durch Geldzahlungen begünstigte die bäuerliche Gewerbewirtschaft. Dem traditionellen Übelstand, daß die Steuerbeamten willkürlich überhöhte Beträge einforderten, begegnete Yung-cheng mit zwei Maßnahmen: er setzte die Beamtengehälter herauf (ein Gouverneur erhielt 10 000—20 000 Unzen Silber jährlich) und legalisierte den Brauch des *hao-hsien* (»Verschwendung des Überschusses«), indem er Höchstgrenzen für die Überhöhungen festlegte. Es waren ja dabei nicht nur Betrug und Bereicherung am Werke gewesen, sondern die Beamten hatten sich oft nicht imstande gesehen, Sonderausgaben, wozu auch »Geschenke« für Vorgesetzte usw. gehörten, zu bestreiten. Zusätzlich installierte Yung-cheng ein vorbildliches Rechnungsprüfungssystem, das er der Leitung seines Halbbruders Yinhsiang (1686-1730), Prinz von I, übertrug, dem er ganz vertraute.

Die gesamte Finanzpolitik Yung-chengs, die dem Lande einen bis dahin kaum erlebten Wohlstand bescherte, trug so unverkennbar den Stempel des Legalismus, und es ist bezeichnend, daß unter Ch'ien-lung die orthodoxe Beamtenschaft dagegen aufbegehrte und schließlich unter der Duldung des Herrschers und dem Deckmantel geheiligter konfuzianischer Sitten den alten Schlendrian wieder praktizierte. Doch darf trotzdem nicht übersehen werden, daß das System der Yung-cheng-Ära von der Wirklichkeit selbst in Frage gestellt wurde, denn die politisch geschaffenen Erleichterungen setzten den sozialen Pressionen keine Schranken. Da sich die Ch'ing generell vor Eingriffen in die chinesische Gesellschaftsstruktur hüteten, tasteten sie auch die Eigentumsverhältnisse an Grund und Boden nicht mehr an, nachdem sie bis 1685 das nötige Land für die Banner beschlagnahmt hatten. Der Vorschlag eines tüchtigen Beamten namens Ku Tsung im Jahre 1743, den Landbesitz eines Haushalts auf höchstens 3000 *mou* zu begrenzen, fand kein Echo. Die neuen Herren des Reiches erhofften sich nicht zu Unrecht von den alten Teilhabern der Macht die größere Bereitschaft zur Kollaboration. Die Bildung von Großgrundbesitz war im Süden ohnehin schon weit fortgeschritten, und die Wirren und Kriege 1640-1683 hatten diesen Prozeß abermals begünstigt. Dagegen scheint es, daß im Norden durch die Umsiedlungen seit der Ming-Zeit noch relativ viel bäuerlicher Kleinbesitz bestanden hat und dort die Konzentration erst im 19. Jahrhundert stärker wurde.[24] Die seit dem Ende der Ch'ien-lung-Zeit einsetzenden Unruhen unter der Landbevölkerung hatten jedenfalls oft niedrigere Pachten als erklärtes Ziel, und die schweren revolutionären Erschütterungen gingen von den Reisgebieten des Südens aus. Wie rasch freies Land aufgekauft worden ist, zeigt die Preisentwicklung. 1644 hatte 1 *mou* nur 2-3 Unzen Silber gekostet, nach 1736 mußte man bis zu 20 Unzen dafür aufwenden. Zu berücksichtigen ist ferner, daß die Agrarfläche, die der privaten Nutzung zur Verfügung stand, kaum erweiterungsfähig war (sie betrug in der 2. Hälfte des 18. Jahrhunderts schätzungsweise knapp 8 Millionen *ch'ing*), da die eroberten Steppengebiete Zentralasiens hierfür nur begrenzt in Frage kamen. So ist auch ein zwar nicht gleichmäßig verlaufendes, doch unaufhaltsames Steigen der Preiskurve für Agrarprodukte zu beobachten. Was für die gesamte folgende Entwicklung Chinas schließlich von größter Bedeutung wurde, war das rapide Wachstum der Bevölkerung. Da dessen Ursachen noch nicht erforscht sind, begnügen wir uns mit zwei Zahlenangaben: 1741 zählte China 143 411 559 Einwohner und 1800 waren es 295 273 311.[25]

Im Verlaufe des 18. Jahrhunderts konzentrierte sich in bemerkenswertem Maße der Reichtum in den Händen der Kaufleute. Nach der Eroberung Formosas wurden die Häfen an der Südostküste wieder geöffnet, und schon 1685 richtete man das Seezollamt unter der Aufsicht der sogenannten *Hoppo* (Superintendenten) in Kanton ein. Nur dort durfte seit 1757 noch der Überseehandel mit den Fremden abgewickelt werden. Auf chinesischer Seite gab es ferner die Einschränkung, daß nur wenige reiche Kaufleute als Handelspartner der Fremden zugelassen wurden (seit 1745); schließlich erhielten 1760 neun von diesen das Monopol, das den Namen *Co-hong* (»offizielle Gilde«) trug. Unter den europäischen Kaufleuten schoben sich immer mehr die Engländer, vertreten durch die Ostindische Kompanie, an die Spitze. Wegen deren Handelsinteressen kam 1793 die berühmte britische Gesandtschaft unter der Leitung des Earl George Macartney nach China, die auch vom Kaiser in Audienz empfangen wurde, aber keinerlei Versprechungen mit nach Hause nehmen konnte.[26]

Der Überseehandel hielt natürlich noch keinem Vergleich mit dem Binnenhandel stand. Die Zölle aus dem Überseehandel in Kanton brachten jährlich rund 650 000 Unzen Silber ein, die aus dem Binnenhandel reichlich 4 Millionen Unzen. Der Binnenhandel veränderte indirekt oft die Volkswirtschaft ganzer Regionen. So wurde zu Beginn des 18. Jahrhunderts in Kuangtung der Reis knapp, da immer mehr Handelsgüter wie Zuckerrohr, Tabak und Indigofera angebaut und Obstbäume gepflanzt

Abb. 15: Himmelstempel auf dem »Opfergelände des Himmels« in Peking; erbaut 1420, erhielt er später den Namen »Halle der Gebete für die Jahresernte«. 1889 abgebrannt und neu errichtet.

wurden. Besonders der Tabakanbau, der in vielen Provinzen (Kansu, Shensi, Ssuch'uan, Hunan, Shantung, Chihli usw.) aufgenommen wurde, mußte z. T. staatlich wieder eingeschränkt werden. Andererseits förderten die Ch'ing anfänglich die Baumwollkulturen. Die größten Profite machten die Salzhändler aus Anhui, deren Reichtum im China dieser Zeit geradezu sprichwörtlich war. Sichtbaren Ausdruck fand das steigende Ansehen und Selbstbewußtsein der Kaufmannschaft in der Errichtung zahlreicher Gildenhäuser.

Die offizielle Bildung unter den Ch'ing-Herrschern stand völlig im Zeichen des Neokonfuzianismus. Was die Mongolen im 13. und 14. Jahrhundert noch nicht einmal versucht hatten, nämlich sich den Konfuzianismus innerlich anzueignen, wurde von den Mandschu mit dem ganzen Eifer der Konvertiten ins Werk gesetzt. Man kann sogar soweit gehen zu sagen, daß der Neokonfuzianismus eigentlich eine Erfindung der Mandschuzeit ist. Damals wurde er vollends zur Stütze des kaiserlichen Absolutismus und der etablierten Gewalten gemacht. Die kanonischen Schriften wurden zu Gegenständen von scholastischen Denkspielen ohne inhaltliche Werte degradiert. Das Begriffsinventar lieferten die ebenso inhaltsleer gewordenen metaphysischen Termini der Sung-Scholastik. In den literarischen Examina herrschte nunmehr ausschließlich der »achtgliedrige Essay« (*pa-ku wen*); keine formal oder inhaltlich selbständige Leistung wurde vom Kandidaten erwartet, nur daß er sich gewandt im Kreis der längst feststehenden Phrasen bewegen und dies in kalligraphisch einwandfreier Schrift niederschreiben konnte.

Gegen diese verknöcherte Scholastik hatten sich bereits die besten Köpfe der späten Ming-Zeit wie Wang Fu-chih und Huang Tsung-hsi gewandt (s. o. S. 268). Die wirklich bedeutenden geistigen Leistungen des 17. und 18. Jahrhunderts sind denn auch alle Männern wie diesen beiden zu danken, das heißt Leuten, die hart am Rande der Häresie standen und oft genug mit den Behörden in Konflikt kamen. Die Privatakademien (*shu-yüan*) blieben so Zentren nicht nur des wissenschaftlichen und denkerischen Fortschritts, sondern auch der politischen Opposition. Andere Schwerpunkte der Bildung entstanden in den Hauswesen reicher und unabhängiger Männer, die es sich leisten konnten, auch gescheiterte Examenskandidaten (die ihrer Begabung nach oft nicht die schlechtesten waren) zu sich zu ziehen. Es entstanden damals Zirkel, die man als literarische Salons bezeichnen kann, und ein nicht unbeachtliches Mäzenatentum privater Art. Am aktivsten war dieses Leben dort, wo großer Reichtum erlaubte, Muße und Bildung zu pflegen, also in den Landstrichen am unteren Yangtse, die unter den Ch'ing ökonomisch wie geistig am produktivsten waren. Die Hauptstadt Peking war dagegen wirtschaftlich ein Zuschußgebiet und geistig dem lähmenden Einfluß des teils wohlgemeinten, teils diktatorischen Mäzenatentums der Kaiser ausgesetzt.

Als Grundtendenz des Denkens aller bedeutenden Köpfe im 17. und 18. Jahrhundert kann man einen Antitraditionalismus feststellen, der sich naturgemäß manchmal nur verhüllt zeigen durfte, um die stets argwöhnische Bürokratie und den Kaiserhof nicht aufmerksam zu machen. Bedeutsam ist, daß sich die Kritik an den überkommenen Institutionen und Wertungen in wissenschaftlicher Form zeigt. Freilich waren es nicht die Naturwissenschaften, die zum Medium der Auflehnung gegen erstarrte Traditionen wurden; in Technologie und Naturwissenschaft hat das China der Mandschu-Zeit kaum noch eigenständige Leistungen aufzuweisen. Hier war der Westen, dessen Kenntnisse durch die Jesuiten übermittelt wurden, eindeutig überlegen, was auch von den chinesischen Gelehrten anerkannt wurde. Man stellte die kunstfertigen und gelehrten Jesuiten als technisch-wissenschaftliche Spezialisten an, nicht viel anders, als sich heute ein Entwicklungsland technischer Helfer bedient. So sind große Leistungen jener Zeit, wie etwa der »Jesuiten-Atlas«[27], das Ergebnis chinesisch-ausländischer Zusammenarbeit, bei der aber der Anteil der Jesuiten im Vordergrund steht. Die einheimische Wissenschaft fand ihren vornehmlichsten Ausdruck in Disziplinen wie Phonetik, Etymologie, literarischer und historischer Kritik. Die textkritische Schule (*k'ao-cheng hsüeh*) ist es gewesen, von der die anti-traditionalistischen Impulse ausgingen und die philologische Meisterwerke hervorgebracht hat, von denen auch die heutige Sinologie in Ost und West noch zehrt.

Das wissenschaftliche Textstudium wurde somit zum Mittel, gegen die offiziell vorgeschriebene scholastische Interpretation vorzugehen. Als Ahnherr dieser Richtung kann Ku Yen-wu (1613-1682) angesehen werden. Sein *Jih-chih lu* (»Aufzeichnungen über tägliches Wissen«) birgt eine Fülle von kritischen Notizen zu den Klassikern, historischen Texten und Institutionen; eine nach wirtschaftlich-strategischen Gesichtspunkten abgefaßte Reichsgeographie erweist Ku als scharfsichtigen Schilderer ökonomischer Zusammenhänge. Auch die Phonetik verdankt ihm wesentliche Beiträge. Spätere Autoren haben mit philologischen Methoden sogar die Kernstücke der konfuzianischen Überlieferung unter die kritische Lupe genommen. Yen Jo-chü (1636-1704) wies nach, daß das *Shu-ching,* also ein kanonisches Buch, zum Teil eine Fälschung aus viel späterer Zeit ist. Die in der spekulativen Metaphysik des Neokonfuzianismus eine so große Rolle spielenden kosmologischen Diagramme *Ho-shu* und *Lo-t'u* enthüllte Hu Wei (1633-1714) als nicht etwa uralt, sondern als Erzeugnisse der frühen Sung-Zeit. Auch ein Werk wie das *Chou-li* mußte sich textlich-inhaltliche Kritik gefallen lassen, und zwar durch Wan Ssu-ta (1633-1683), der zeigte, daß es sich nicht um eine aus dem Beginn der Chou-Zeit stammende »Verfassungsurkunde« handelte, wie es die traditionelle Interpretation annahm, sondern daß es allenfalls in der ausgehenden Chou-Zeit entstanden sein konnte. Von hier bis zu einer generellen Anzweiflung der ältesten Überlieferungen überhaupt war nur ein Schritt. Ts'ui Shu (1740-1816) hielt rundheraus die Angaben über die heiligen Urkaiser für Ergebnisse der späteren Entwicklung — er fand als erster heraus, daß die Kaiserlegenden erst allmählich in der Literatur auftauchen, wobei es sich so verhält, daß, je späteren Datums das Literaturwerk ist, desto frühere Urherrscher in ihm aufgeführt werden — eine Entdeckung, von der die modernen Forschungsergebnisse Masperos und Halouns (vgl. o. S. 23) die logische Fortsetzung bilden. Zu der nicht geringen Zahl dieser Ikonoklasten muß auch Tai Chen (1724-1777) gerechnet werden, ein universaler Gelehrter, der sich als Astronom, Mathematiker, Philosoph und Geograph auszeichnete. Einer der originellsten Köpfe des 18. Jahrhunderts war unstreitig Chang Hsüeh-ch'eng (1738-1801).[28] Chang war in seiner Beamtenlaufbahn nur mäßig erfolgreich, und auch sein schriftstellerisches Wirken stand unter einem Unstern. Er vertrat radikale Neuerungen in methodischer Hinsicht, z. B. indem er als einer der ersten Chinesen von der schematischen Einteilung nach Dynastien in seinen Werken abging. So verfaßte er eine Bibliographie, die ideengeschichtlich orientiert war; auch gab er in seinen Werken über Geschichte dem Entwicklungsgedanken Raum. Der textkritischen Schule warf er vor, sie laufe Gefahr, in philologischem Kleinkram zu versanden. Für ihn war die Philologie nur ein Handwerkszeug, das er in den Dienst geistig vertiefter Reflexion über historische Themen stellte.

Die kaum noch übersehbare Masse des chinesischen Schrifttums forderte zu bibliographischer Erfassung und Ordnung heraus. In der Ch'ing-Zeit, als manche Privatleute und Beamte umfangreiche Bibliotheken besaßen und die Bibliophilie eine Blütezeit erlebte, wurden zahlreiche Sammelwerke (ts'ung-shu) herausgegeben, die so manches verloren geglaubte oder seltene Opus ans Tageslicht förderten. Bedeutsam sind auch die epigraphischen Kompilationen, welche Steininschriften abdruckten und so historische Quellen erster Hand allgemein verfügbar machten. Der sammelnde und enzyklopädische Zug der Zeit ist unverkennbar; er bildete den soliden Untergrund für die individuelle philologisch-historische Forschung. Die größten Unternehmen dieser Art waren freilich nicht von einzelnen getragen, sondern verdankten behördlich organisiertem Teamwork ihre Entstehung. Ganze Scharen von Gelehrten mühten sich im kaiserlichen Dienst an Mammutwerken ab, wie der riesenhaften Enzyklopädie T'u-shu chi-ch'eng, einem nach Sachkategorien angeordneten Thesaurus des Wissens in 10 000 Kapiteln (1725). Unter K'ang-hsi entstanden auch das Zeichenlexikon K'ang-hsi tzu-tien und die nach Reimen geordnete Binomenkonkordanz P'ei-wen yün-fu. Der Kaiser Ch'ien-lung suchte seinen Vorfahren

Abb. 16: Das »Kaiserliche Gewölbe« auf dem »Opfergelände des Himmels« in Peking; diente zur Aufbewahrung der Seelensitze des Himmelskaisers und der verstorbenen Kaiser der herrschenden Dynastie; erbaut 1530, Neubau 1752

noch zu überbieten. Er gefiel sich in der Rolle des Mäzens und betätigte sich unermüdlich als Dichter und Kalligraph, förderte allerdings in den Künsten einen schwächlichen Akademismus. Unter ihm wurde eine totale Bestandsaufnahme des Schrifttums durchgeführt, freilich unter Ausschluß der umgangssprachlichen Literatur und der religiösen Schriften des Buddhismus und Taoismus. Erfaßt wurden nicht nur die Bestände der kaiserlichen Bibliothek, wo noch ein handschriftliches Exemplar der Enzyklopädie *Yung-lo ta-tien* verfügbar war, sondern auch Bücher aus den Bibliotheken der Provinzbehörden und aus Privatbesitz. Viele Bibliophile machten sich eine Ehre daraus, seltene Werke aus ihren Beständen dem Hof zur Aufnahme in die kaiserliche Bibliothek einzureichen. Dieses Unternehmen, das von 1773 bis

1782 durchgeführt wurde, stand unter Leitung des Chi Yün (1724-1805), eines hervorragenden Gelehrten und erfolgreichen Beamten, der trotz seiner hochoffiziellen Stellung privat die sterilen Züge des zeitgenössischen Gelehrtentums satirisch darzustellen liebte. Die Bibliographie, die am Ende als Ergebnis zustande kam, umfaßte über 10 000 verschiedene Werke, von denen rund 3400 in Reinschrift kopiert dem Kaiser eingereicht wurden; vom Rest wurden die bibliographischen Notizen verwertet. Der Titel des Werkes ist *Ssu-k'u ch'üan-shu* (»Sämtliche Schriften der vier Literaturgattungen«). Mit seinen 200 Kapiteln ist es noch heute das unentbehrliche Nachschlagewerk für die sinologische Bücherkunde. Die bibliographische Aktion hatte freilich nicht nur gelehrte Zwecke im Sinn. Mit ihr ging eine literarische Inquisition parallel, die das den Mandschu gefährlich scheinende, namentlich das ming-loyalistische Schrifttum zu treffen suchte, aber auch sonst alle Werke, die unorthodoxe Gedanken vertraten.[29] Es kam zu einer Reihe von Prozessen, die zeigten, wie sehr der Absolutismus des Kaisers im Verein mit einer starren Orthodoxie neokonfuzianischer Prägung mit polizeilichen Mitteln Konformismus zu erzwingen suchte.

Wenn die kaiserliche Bücherei die Literatur in Umgangssprache ausschloß, so beraubte sie sich damit einiger der größten literarischen Meisterwerke. Ein Nonkonformist wie der 1661 hingerichtete Chin Jen-jui (Chin Sheng-t'an), welcher den Roman *Shui-hu chuan* (deutsch bekanntgeworden unter dem Titel »Die Räuber vom Liang Schan Moor«) und das Theaterstück *Hsi-hsiang chi* (»Geschichte vom Westpavillon«) ungescheut neben Ch'ü Yüan, Chuang-tzu, Tu Fu und Ssu-ma Ch'ien stellte, zeigt, daß auch die Literaturkritik sich weiterentwickelte. Die große Tradition der Ming-Romane fand im 18. Jahrhundert eine würdige Fortsetzung. Das *Hung-lou meng* (»Traum der roten Kammer«) ist eine auf persönlichem Erleben aufgebaute Familiengeschichte, eine Art chinesischer Buddenbrooks, gleich ausgezeichnet durch realistische Detailmalerei wie durch psychologische Vertiefung. Ganz anderer Art ist das *Ju-lin wai-shih* (»Inoffizielle Geschichte der konfuzianischen Gelehrten«) des Wu Ching-tzu (1701-1754), eine beißende, manchmal an Swift gemahnende Satire auf unfähige und weltfremde Gelehrtentypen. Die Unzufriedenheit mit manchen Seiten der zeitgenössischen Gesellschaft ist auch die Triebfeder hinter dem *Ching-hua yüan* (»Vereinigung des Spiegels mit der Blume«) des Li Ju-chen (1763-1828?). Der Roman ist unter einer legendenhaften Verkleidung sozialkritisch und nimmt vor allem Stellung gegen die vielfache Benachteiligung der Frauen in der chinesischen Gesellschaft. Unter den Bühnenautoren der Ch'ing-Zeit ist Li Yü (1611-1680?) hervorzuheben, der selbst eine Zeitlang mit einer

Theatertruppe durch die Lande zog und neben Bühnenwerken auch Novellen und amüsant zu lesende Abhandlungen über Gegenstände des täglichen Lebens verfaßte. In mancher Hinsicht ist ihm Yüan Mei (1716-1798) ähnlich.[30] Yüan, ein ausgesprochener Bonvivant, war von liebenswürdig unkonventionellem Wesen in seinem Leben wie in seinen Schriften und machte sich den konfuzianischen Tugendwächtern dadurch verdächtig, daß er in seinem Bestreben, auch die Frauen an höherer Bildung teilhaben zu lassen, eine Anzahl junger Damen um sich versammelte und mit ihnen Verse schmiedete. In den traditionellen Gattungen der Dichtung war Yüan Mei beschlagen und verlieh selbst abgenutzten prosodischen Formen seinen Witz und Charme. Daß auch die schriftsprachliche Novelle und Anekdote noch lebenskräftig waren, bewies sein *Tzu-pu yü* (»Dinge von denen der Meister [Konfuzius] nicht sprach«). Mit Novellen hatte auch P'u Sung-ling (1640-1715) Ruhm erworben; seine »Seltsamen Geschichten aus dem Studio ›Zuflucht‹« (*Liao-chai chih-i*) gehören mit ihren Geister-, Wunder- und Liebesgeschichten zu den meistübersetzten Werken der chinesischen Literatur.[31] Weniger bekannt wurden seine Dichtungen in der Volkssprache seiner heimatlichen Provinz Shantung.

Die bildenden Künste unter den Ch'ing sind durchaus nicht epigonenhaft, wie es westlicher und zum Teil auch japanischer Snobismus noch vor wenigen Jahrzehnten wahrhaben wollte, dem nichts über den Sung-Stil ging. Auch in der Malerei sind vielleicht die größten Leistungen den Nonkonformisten und Exzentrikern zu verdanken, vor allem den genialischen Priestermalern des späten 17. Jahrhunderts, Pa-ta shan-jen, Shih-t'ao und Shih-ch'i. Ihre spontan hingeworfenen Bilder sind für den malerischen Genius der Chinesen bezeichnender als die sauberen akademischen Auftragsarbeiten, die man am Kaiserhof bestellte. Zu eindrucksvollen Leistungen war auch noch um die Wende zum 18. Jahrhundert die »Literatenmalerei« imstande, welche die in der späten Yüan-Zeit entwickelte Stilrichtung auf eine neue Höhe führte. Das Kunstgewerbe der Ch'ing-Zeit brachte vor allem Porzellane von unglaublicher technischer, wenn auch nicht immer künstlerischer Vollendung hervor; die Blau-Weiß-Porzellane der K'ang-hsi-Zeit wurden in ganzen Schiffsladungen auch nach Europa exportiert und haben dort nicht nur die Neuerfindung des Porzellans durch Böttger angeregt, sondern auch stilistisch die Delfter Keramik beeinflußt.

Versuchen wir, die chinesische Kultur der Mandschu-Zeit vor dem Eindringen des westlichen Imperialismus zu kennzeichnen, so sehen wir, daß von Erstarrung und Sterilität keineswegs die Rede sein kann. Den im Bannkreis des höfischen Absolutismus entstandenen Leistungen mehr bewahrender und sammelnder

Art steht eine ungemeine Differenziertheit und Vielfalt geistigen und künstlerischen Schöpfertums in einer Gesellschaft gegenüber, die sich als Erbe einer alten und reichen Tradition wußte, aber an deren Wert doch schon zu zweifeln begonnen hatte. Was aus diesem Zweifel aber an Wegweisungen für die Zukunft zu entnehmen war, blieb unklar und ungewiß. Die vielfältige Kritik am Bestehenden führte nicht zu absolut richtungsändernden Entwürfen; das chinesische Denken blieb gegenüber einer Gesellschaft, die zu kränkeln begonnen hatte, in der Diagnose stärker und überzeugender als in der Therapie.[32]

10. Der Einbruch des Westens und der Niedergang des Reiches: das gedemütigte China (19. Jahrhundert)

I. DER ERSTE OPIUMKRIEG

Die beiden Kaiser, die während der ersten Hälfte des 19. Jahrhunderts regierten, waren fähige und kluge Herrscher, durchaus auch mit sympathischen Charakterzügen ausgestattet, und es lag nicht an den Fehlern und Schwächen von Yung-yen (1760-1820; er regierte unter der Devise Chia-ch'ing 1796 bis 1820) und Min-ning (1782-1850; er regierte unter der Devise Tao-kuang 1821-1850), daß das Reich aus den Fugen geriet. Zwischen 1802 und 1834 wuchs die Bevölkerung um 100 Millionen auf 401 008 574 Einwohner, aber die Produktivität der Wirtschaft, die noch immer vorwiegend agrarisch bestimmt war, konnte bei weitem nicht annähernd gesteigert werden. Der chinesische Kolonialismus, ursprünglich wohl von rein machtpolitischen Interessen und Vorstellungen getragen, gewann deshalb auch zunehmend wirtschaftliche Aspekte. Der Aufstand der nichtchinesischen Miao 1795/96 im Grenzgebiet von Kueichou, Ssuch'uan und Hunan hatte seine tieferen Ursachen in der Erschließung des von den Miao bewohnten Landes und dessen engerer Eingliederung in die chinesische Verwaltung. In Kansu, besonders aber in Turkestan, wo 1826-1828 eine Mohammedaner-Rebellion niedergeworfen werden mußte, war zwar die Situation aus politischen und religiösen Gründen von vornherein für Unruhen prädestiniert; denn seit der Vernichtung der Dsungaren waren dort die sogenannten *tung-kan* (teilweise dem Chinesentum assimilierte Uiguren[1], die dem Islam anhingen) zum vorherrschenden Element geworden, wozu dann chinesische Einwanderer und die sich aus Mandschuren, Mongolen und Chinesen — letztere oft Sträflinge — zusammensetzenden Garnisonstruppen kamen; doch wir hören auch, daß Lin Tse-hsü (s. u.), als er 1842 nach Turkestan und Sinkiang quasi verbannt worden war, dort über 37 000 *ch'ing* Land der Kultivierung erschlossen hat. Da die Quellen über diese Gebiete nur sehr fragmentarisch sind, müssen wir uns mit der Vermutung begnügen, daß die Erschließung von Ackerland wohl schon vorher eingesetzt hatte. Während derartige Konflikte in den Kolonialgebieten als beinahe normal gelten durften, deuteten die Aufstände im Landesinnern auf ernstere Antagonismen. Um 1775 wurde die religiöse Geheimsekte »Weißer Lotos« (*pai-lien chiao*) unter der Führung eines gewissen Liu Sung reaktiviert. Ihr Wirkungsbereich erstreckte sich bald auf die Provinzen Honan, Ssuch'uan, Shensi, Kansu und Hupei, so daß sich die Regierung gezwungen sah, Gegenmaßnahmen zu ergreifen, die seit 1795 zu regelrechten Feldzügen führten. Wie breit ursprünglich die Basis der Sekte im Volke war, ist nicht feststellbar. Es hat jedenfalls den Anschein, als ob der Aufruhr erst im Verlaufe der Kämpfe und der mit diesen verbundenen unerfreulichen Begleitumstände erheblich an Ausdehnung und Heftigkeit gewonnen habe. Denn die Kampagnen der Regierung wurden von Ho-shen und seiner Clique willkürlich in die Länge gezogen, um sie für egoistische Zwecke ausnützen zu können. Wahrscheinlich trieben erst die grausamen Pressionen, denen dabei auch die unschuldige und unbeteiligte Bevölkerung ausgesetzt wurde, viele ins Lager der Aufrührer und ließen den Slogan »Die Beamten zwingen das Volk zu rebellieren« aufkommen. Nach der Ausschaltung Ho-shens (1799) trieb die Regierung die Strafaktionen dann energisch voran und erstickte den Aufstand bis 1803.

Die Affäre Ho-shen war allerdings nicht nur ein »Fall« gewesen, sondern vielmehr ein Symptom, gleichsam das aufgebrochene Geschwür am Körper einer Gesellschaft, deren Beamtenschaft oder, um im Bilde zu bleiben, dessen zentrales Nervensystem erkrankt war. Deshalb sind die gewaltigen Reichtümer, die Ho-shen sich erwarb, nicht so bezeichnend wie die Besitztümer (darunter etwa 10 Güter), die der integre und hochgelobte Lin Tse-hsü zusammentrug. Das von Kaiser Yung-cheng legalisierte System der Eintreibung überhöhter Steuern, das man auch *yang-lien* (»Pflege der Unbestechlichkeit«) nannte — ein Ausdruck, der immer mehr zu einem bloßen Euphemismus wurde —, mußte in einem bisher nicht gekannten Ausmaß ins genaue Gegenteil seiner ursprünglich beabsichtigten Wirkung umschlagen, sobald keine strenge Kontrolle mehr über dessen Anwendung wachte. Für das Jahr 1880 hat Chang Chung-li[2] aus den Quellen einige Übersichten zusammengestellt: die Gesamtsumme der »regulären« Gehälter der Armee-Offiziere und Militärbeamten betrug damals 575 558 Unzen Silber und die der akademischen Zivilbeamten in den Provinzen 557 195 Unzen, aber die Summe der Bezüge aus dem *yang-lien*-System belief sich für beide Gruppen zusammen auf 4 282 056 Unzen. In diesen Angaben nicht enthalten sind natürlich die Gelder, die über Bestechung und durch Erpressung aus der Bevölkerung herausgeholt wurden. Darüber hinaus bezog die Beamtenschaft Einkommen aus Landbesitz und merkantilen Unternehmungen. Zwei Faktoren führten ferner dazu, die Macht der Besitzenden in den Provinzen zu stärken. Da war einerseits die nur zu verständliche Politik der Ch'ing-Regierung, angesichts des zahlenmäßig äußerst ungünstigen Verhältnisses zwischen mandschurischer Herrenschicht und dem chinesischen Volk die chinesische Beamten-Elite möglichst klein zu halten, und andererseits ihr Bemühen, die verschiedenen Führungsschichten gegeneinander auszubalancieren, was eine größere Trennung zwischen zentraler und lokaler Bürokratie bewirkte. Auf diese Weise gerieten Staat und Gesellschaft allmählich in einen Gegensatz zueinander, der im Verein mit den wachsenden wirtschaftlichen Schwierigkeiten das chinesische Nationalbewußtsein fördern mußte.

Vielleicht hätte ein klug gesteuerter und forcierter Außenhandel die prekäre Wirtschaftslage etwas aufbessern können. Doch die Ch'ing-Regierung vermochte sich auch hier nicht aus den Fesseln der Tradition zu lösen, deren wirtschaftspolitisches Ideal die Autarkie des Reiches implizierte. In dem Schreiben an den englischen König Georg III., das Ch'ien-lung 1793 Macartney übergeben hatte, hieß es, daß das (chinesische) Reich alles im Überfluß erzeuge und sich bei der Befriedigung seiner Bedürfnisse niemals auf die Waren der »Barbaren« verlasse.

Die Engländer hatten zu dieser Zeit bereits die absolut dominierende Stellung unter den Westmächten errungen, die den Chinahandel betrieben. Aber alle ihre Versuche, den chinesischen Markt für ihre Industrieprodukte zu erweitern sowie vertraglich geregelte Zollabkommen zu erreichen, schlugen fehl. Eine erneute Gesandtschaft im Jahre 1816 unter William Pitt, Graf von Amherst, blieb ebenfalls erfolglos. Seit 1786 hatte die Ostindische Kompanie, die das Monopol des englischen Handels mit China besaß, ihre Organisation in Kanton fest etabliert. Sie exportierte vornehmlich Zinn, Blei, Wollstoffe (aus Yorkshire) und Baumwollstoffe nach China und importierte von dort in erster Linie Tee (im Jahre 1800 23 300 000 engl. Pfund im Wert von 3 665 000 Pfund Sterling). Unter diesen Verhältnissen war die chinesische Handelsbilanz aktiv geblieben, und es strömte Silber in beträchtlicher Menge ins Land. Das änderte sich grundlegend, als die Ostindische Kompanie, die sich seit Mitte des 18. Jahrhunderts in Bengalen festgesetzt hatte (1757 erste Territorialrechte, 1765 Zivilverwaltung in ganz Unterbengalen und Bihar), ihren Opiumexport von dort nach China gewaltig auszuweiten begann. Das Opium war in China seit der T'ang-Zeit bekannt und als Medizin verwendet worden. Mit dem Heimischwerden des Tabaks wurde auch das Opiumrauchen geübt, und 1729 hatte Yung-cheng ein erstes Edikt dagegen erlassen. Damals wurden jährlich etwa 200 Kisten eingeführt, 1780-1810 schon 4000-5000 Kisten pro Jahr (1 Kiste enthielt rund 65 kg). 1796, 1814 und 1815 ergingen strenge Erlasse gegen den Opiumhandel, der seitdem aber auf dem Schmuggelwege nahezu ungehindert weiter florierte, da viele Beamte insgeheim davon profitierten. Seit 1816 gab die Ostindische Kompanie den Handel mit Opium frei, der dadurch neuen Auftrieb erhielt. 1834 wurden rund 22 000 Kisten eingeführt, 1838 über 40 000. Um das Jahr 1825 liegt die Wendemarke: von da an gestaltete sich die chinesische Handelsbilanz jäh und dann lawinenartig negativ. Noch im zweiten Jahrzehnt des 19. Jahrhunderts gelangten fast 10 Millionen Unzen Silber nach China, aber fast die gleiche Summe floß allein zwischen 1831 und 1833 von dort ab.[3] Ein guter Gradmesser dieser Entwicklung ist der Preis für Silber: 1779 war der Gegenwert für eine Unze Silber in Peking 880 Bronzemünzen, 1822 lag er zwischen 2000 und 3000 Bronzemünzen.[4]

Die Folgen, die das Opiumrauchen für die Volksgesundheit mit sich brachte, sind, obwohl sie schlimm genug waren, doch wohl oft übertrieben dargestellt worden. Für das Jahr 1835 schätzt man die Zahl der Opiumraucher auf etwa 2 Millionen. Geradezu verheerend aber waren die Auswirkungen des Opiumschmuggels auf die Beamtenschaft, die, je mehr sie daran verdiente, desto unaufhaltsamer korrumpiert wurde. Am Hofe konnte man sich diesem Problem gegenüber nicht auf eine einheitliche Linie einigen. Es gab drei Richtungen: eine, die den Opiumhandel legalisieren wollte, eine andere, die für ein generelles strenges Verbot eintrat, und schließlich eine, die für die Beibehaltung des bestehenden Zustandes, also für offizielles Verbot bei gleichzeitiger laxer Handhabung dieses Verbots war. Die Konzeption der ersten Gruppe kam am besten in einem Memorandum zum Ausdruck, das ein gewisser Hsü Nai-chi 1836 einreichte, worin besonders empfohlen wurde, einen zu legalisierenden Handel auf Tauschbasis zu stellen, um gleichzeitig den Silberabfluß zu stoppen. Der Vorschlag kam nicht durch, was vor allem auf den Einfluß der zweiten Gruppe zurückging. Deren Sprecher war Lin Tse-hsü (1785-1850), der 1838 nach Peking gerufen wurde und in 19 Audienzen den Kaiser zunächst für seine Vorstellungen gewinnen konnte. Lin wurde daraufhin als kaiserlicher Kommissar mit Sondervollmachten nach Kanton geschickt, wo er 1839 eintraf. Sein Gegenspieler dort war der englische Handels-Superintendent Charles Elliot. Lin erzwang von ihm die Herausgabe des in den Faktoreien lagernden Opiums, das er, 19 179 Kisten und 2119 Säcke, vernichten ließ. Elliot und alle Briten mußten außerdem im Mai 1839 Kanton verlassen. Ein Zwischenfall, bei dem ein Chinese verwundet wurde, und die Vertreibung der englischen Residenten aus Macao verschärften die Situation, und wenige Monate später fielen die ersten Schüsse. Die Kampfhandlungen, die sich dann entspannten, brauchen nicht ausführlich geschildert zu werden. Sie spielten sich zunächst an der Mündung des

Perlflusses ab und wurden 1840 von den Engländern an die Küsten Chekiangs verlagert, wo sie Ting-hai (auf den Chou-shan-Inseln) besetzten. Nach einer britischen Flottendemonstration im Hafen von Tientsin kam es zu Verhandlungen, in denen der mandschurische Staatsrat Ch'i-shan sich nicht ohne weiteres auf die verlangte Abtretung Hongkongs einlassen wollte. Die Engländer, die auf einen klaren Erfolg aus waren, erstürmten dann 1841 mehrere Forts an der Perlfluß-Mündung, eroberten Amoy, Ning-po und erneut Ting-hai, das sie inzwischen wieder geräumt hatten. Von hier aus bedrohten sie Hang-chou und drangen mit ihren Schiffen den Yangtse hinauf vor. Als sie im August 1842 mit 80 Schiffen unter dem Befehl Henry Pottingers vor Nanking aufkreuzten, überbrachte I-li-pu (Elipoo) im Auftrag Kaiser Tao-kuangs das Angebot zu Friedensverhandlungen, was einer Kapitulation gleichkam.

Selbst wenn man die schlechte Bewaffnung der mandschurisch-chinesischen Truppen in Rechnung stellt, hätten die Engländer mit ihrer kleinen Streitmacht keinen Erfolg haben können, wäre nicht die Kapitulationsbereitschaft einflußreicher Hofkreise gewesen. Die dritte der oben erwähnten Gruppen, innerhalb derer die beiden hohen mandschurischen Beamten Mu-chang-a (1782 bis 1856) und Ch'i-ying (gest. 1858) tonangebend waren, hatte sich endgültig durchgesetzt. Die Folgen der Niederlage waren gravierend: China mußte Hongkong an England abtreten, 21 Millionen Silberdollar Kriegsentschädigung zahlen, mit Fu-chou, Amoy, Shanghai und Ning-po vier weitere Häfen dem Außenhandel öffnen, feste Zollsätze garantieren und das Monopol der Co-hong abschaffen. Der Zusatzvertrag von Hu-men gewährte 1843 den Engländern die Meistbegünstigungsklausel, nach der die einem anderen Staat eingeräumten Vorrechte automatisch auch England zufielen, ferner die Konsulargerichtsbarkeit und einige andere Exterritorialrechte. Es war der erste der von den Chinesen später als »ungleich« bezeichneten, weil aufgezwungenen Verträge, dem bald weitere folgten.

II. DER GRÖSSTE BÜRGERKRIEG DES JAHRHUNDERTS: DIE T'AI-P'ING

Karl Marx schrieb am 14. Juni 1853 in der *New York Daily Tribune,* daß die Engländer mit ihrem Kanonendonner im Opiumkrieg gleichsam auch das Signal für die Revolution der T'ai-p'ing gegeben hätten. Diese Einschätzung ist wohl nur in dem Sinne richtig, daß der doch im Grunde schwache Stoß, den Großbritannien dem chinesischen Imperium versetzen konnte, ausreichend gewesen war, dessen ganze innere Brüchigkeit bloßzulegen und diese bis zu einem gewissen Grade im chinesischen

Volke bewußt werden zu lassen. Die so jäh sich enthüllende Schwäche der scheinbar so mächtigen Mandschu-Herrschaft war es, die die verschiedenen oppositionellen Kräfte ermunterte. Vor allem begann sich das Bündnis zwischen der mandschurischen und der chinesischen Oberschicht zu lockern. Teile der chinesischen Beamtenschaft, die schon seit längerem versucht hatten, den Absolutismus einzuschränken, bauten nun die ohnehin starke Stellung der lokalen Behörden weiter aus. Zu der solcherart beginnenden Desintegration innerhalb der Beamtenschaft trat noch die auf nationaler Ebene.

Über die milizähnlichen Truppen, die unter anderen Lin Tsehsü aufgestellt hatte, waren Waffen in die Hände des Volkes gelangt (der Besitz von Hieb- und Stichwaffen war nicht verboten). In den auf den Opiumkrieg folgenden Jahren wurden die Geheimgesellschaften spürbar aktiver. In den Provinzen Honan, Anhui und Shantung entfaltete der Nien-Bund[5] eine rege Tätigkeit. Dort hatten schon 1813 die Rebellen der Sekte »Himmlische Ordnung« (t'ien-li chiao) einen Aufstand unternommen. Die größte dieser Organisationen war die »Trias-Gesellschaft« (san-ho hui), auch »Himmel-und-Erd-Gesellschaft« (t'ien-ti hui) genannt, die in Südchina weitverzweigt war und zahlreiche Unterorganisationen hatte. Es bedurfte nur eines charismatischen Führers oder einfach eines Besessenen, um die Feuer der vielen kleinen Unruheherde in einer gewaltigen Flamme zusammenschlagen zu lassen. Diese Rolle fiel Hung Hsiu-ch'üan (1813-1864) zu, einem erfolglosen Examenskandidaten, der aus einer armen Hakka-Familie[6] in Kuangtung stammte. Nach seinem Durchfall in den Prüfungen erkrankte er, wobei er von Visionen heimgesucht wurde, deren Gestalten von christlichen Traktaten inspiriert waren, die er gelesen hatte. Es ist übrigens durchaus möglich, daß er partiell geisteskrank war, zumindest psychopathische Züge hatte. 1847 verbrachte er kurze Zeit bei dem amerikanischen Missionar Roberts in Kanton, dann begann er in Kuangsi zu predigen und gründete schließlich die »Gesellschaft der Gottesverehrer« (pai Shang-ti hui), die Zulauf aus anderen Geheimgesellschaften erhielt. In zwei bis drei Jahren wurde daraus eine Gefolgschaft von schätzungsweise 30 000 Leuten: Bauern, Bergarbeitern, auch Piraten und desertierten Soldaten. Besonders zahlreich waren Angehörige der Hakka, Miao und Yao vertreten. So bildete die Bewegung ein eigentümliches Konglomerat aus antimandschurischen, religiösen und sozialrevolutionären Elementen.

1850 brach der Aufstand in Kuangsi los, der sich mit ungeheurer Schnelligkeit ausbreitete, so daß schon im folgenden Jahr ein eigener Staat gegründet wurde: das »Himmlische Reich des allgemeinen Friedens« (t'ai-p'ing t'ien-kuo), zu dessen

»Himmlischem König« (*t'ien-wang*) man Hung ausrief. Ihm waren fünf »Könige« (*wang*) unterstellt, von denen der ehemalige Holzkohlenbrenner Yang Hsiu-ch'ing (um 1817-1856) zum genialen Organisator und Strategen wurde und Shih Ta-k'ai sich als militärisch ebenfalls sehr fähig erweisen sollte. Es ist interessant, daß, was den Aufbau der Verwaltung angeht, die T'ai-p'ing manches dem *Chou-li* entnahmen, dem Klassiker also, der oft schon Reformern und Umstürzlern, z. B. Wang Mang, als Leitfaden gedient hatte. Der T'ai-p'ing-Staat hatte einen theokratischen Charakter; christliche[7], taoistische und buddhistische Gleichheitsideale gaben seiner Ideologie das Gepräge. Ganz chinesisch war die Verschmelzung von politischen, militärischen und sozialen Vorstellungen zu einer einheitlichen Konzeption. 25 Familien bildeten unterste Einheiten, die zu größeren zusammengefaßt wurden. 13 156 Familien formierten dann ein Heer. Privatbesitz war abgeschafft, es gab nur gemeinsame Kassen und Getreidespeicher. Das Land wurde nur zur Bearbeitung und Nutzung aufgeteilt, nicht als Besitz vergeben. Dort, wo Steuern beibehalten wurden, waren diese sehr niedrig. Männer und Frauen waren in allen wichtigen Belangen gleichgestellt, Frauen konnten Ämter übertragen bekommen und dienten auch als Soldaten. Die Sitte der Fußverkrüppelung wurde verboten. Es herrschte freie Gattenwahl; der Genuß von Opium, Tabak und Alkohol wurde streng untersagt. Man führte einen neuen Kalender mit der Sieben-Tage-Woche ein (sonntags wurden Gottesdienste abgehalten) und versuchte sich sogar an sprachlichen und literarischen Reformen.

Für einen Erfolg der Bewegung war das Programm sicher *zu* revolutionär; besonders die Abschaffung des Eigentums an Grund und Boden trieb auch die mittleren und kleineren Landbesitzer ins Lager der Gegner. Überdies verletzte der religiösfanatische Puritanismus, der sich z. T. in Bilderstürmen entlud, die Gefühle vieler, die sonst vielleicht mit den T'ai-p'ing sympathisiert hätten, und der Nationalismus der Revolutionäre trug mit dazu bei, daß die Ausländer, denen man beispielsweise keine Exterritorialität zugestand, sich von ihnen abwandten. Von Bedeutung wurde ferner, daß die Führungselite sich ihrem Programm nicht gewachsen zeigte: während sie dem Volke die Monogamie vorschrieb, lebte sie selbst jeweils mit mehreren Frauen; vor allem aber wurde zum Verhängnis, daß in ihr Zwietracht ausbrach. Ehe wir jedoch hierauf näher eingehen können, müssen wir uns den militärischen Operationen zuwenden.

1852/53 marschierten die T'ai-p'ing durch Hunan und zogen von da aus den Yangtse entlang ostwärts, wo sie 1853 nach kurzer Belagerung Nanking eroberten, das zur Hauptstadt ihres

Staates wurde. Als schwerer strategischer Fehler muß angesehen werden, daß die T'ai-p'ing nicht auch Shanghai einnahmen, wo im September des gleichen Jahres die »Klein-Schwert-Gesellschaft« (hsiao-tao hui) die Herrschaft übernommen hatte und diese bis Anfang 1855 aufrechterhalten konnte. Auch versäumten es die T'ai-p'ing, in ihrem Hinterland für einen organisierten Nachschub zu sorgen. Ferner gereichte ihnen zum Nachteil, daß sie über keine Kavallerie verfügten. Eine nach dem Norden entsandte Armee von 50 000 Mann gelangte deshalb — da ihr so die Möglichkeit von Überraschungsangriffen genommen war — nur bis in die Gegend südlich von Tientsin und mußte dann das Unternehmen wieder abbrechen.

Mit der Einnahme Nankings kam die offensive Phase des Aufstandes praktisch zu ihrem Ende. Die Stärke der aktiven T'ai-p'ing-Gefolgschaft muß man für die damalige Zeit auf wenigstens eine Million schätzen. Das von den T'ai-p'ing kontrollierte Gebiet umfaßte den größten Teil Süd- und Südostchinas. Die Jahre zwischen 1853 und 1856 sahen sie zwar noch öfter siegreich, doch die Bewegung als ganze begann bereits zu stagnieren. Schuld daran war sicher auch, daß die T'ai-p'ing keinen ernsthaften Versuch machten, sich mit anderen Rebellen wie dem Nien-Bund fest zu vereinigen. Die Mandschu-Regierung stand anfangs den Ereignissen nahezu macht- und hilflos gegenüber und zeigte sich unfähig, den Widerstand zu organisieren. Es waren der besten Vertreter der chinesischen Beamtenelite, die letztlich die Wende herbeiführten; unter ihnen überragte Tseng Kuo-fan (1811-1872) alle anderen. 1852 begann er, in Hunan eine Miliz aufzubauen, die man nach Tsengs Heimatort die Hsiang-Armee (Hsiang-chün) nannte. Ehe er diese gegen die T'ai-p'ing führte, ließ er sie in der Bekämpfung kleinerer Banden Erfahrung sammeln. Trotz vieler Rückschläge gab er in seinen Anstrengungen nicht nach. Auch veranlaßte er den Bau einer Flotte, um damit auf dem Yangtse operieren zu können. Tseng fand die wichtigste Unterstützung in der chinesischen Oberschicht. Für die Finanzierung seiner Truppen sorgte er u. a. mit der Einrichtung der Likin-Abgabe, die lokal auf den Warentransit erhoben wurde (ausländischen Kaufleuten verlangte man sie nicht ab), sowie der Einführung von Papiergeld. Tseng Kuo-fan und sein Schüler Li Hung-chang (1823-1901), der sich ihm 1858 anschloß und die Huai-Armee (Huai-chün) aufbaute[8], waren tief vom konfuzianischen Geist durchdrungen, ja man kann sagen, daß in und mit ihnen der Konfuzianismus seinen letzten großen Triumph errang. Auf der Gegenseite machten sich mehr und mehr Cliquenwirtschaft und Nepotismus breit, verfiel die T'ai-p'ing-Führung in steigendem Maße dem Wohlleben. Ihre Uneinigkeit führte gerade in dem

Augenblick zur Katastrophe, als die Ch'ing-Regierung durch den zweiten Opiumkrieg (s. Abschnitt IV) in neue Schwierigkeiten geriet. 1856 fügte Yang Hsiu-ch'ing den Regierungstruppen bei Nanking eine schwere Niederlage zu, woraufhin er für sich die Stellung als »Himmlischer König« anstrebte. Der ihn beneidende Wei Ch'ang-hui, übrigens ein gebildeter Mann, ermordete ihn mit Hilfe von Shih Ta-k'ai und dessen Soldaten, wobei sie sich dazu hinreißen ließen, auch die gesamte Familie Yangs und dessen Anhänger, mehrere tausend Leute, zu vernichten. Seitdem wurden die T'ai-p'ing in die Defensive gedrängt, zumal nun die Westmächte offen Partei für die Regierung ergriffen, da ihnen klar wurde, daß von ihr größere Zugeständnisse zu erwirken waren. Frederick Townsend Ward stellte in Shanghai eine chinesische Truppe mit englischen und französischen Offizieren auf, die »Ever Victorious Army«, die offiziell Li Hung-chang unterstand und deren bekanntester Führer Charles George Gordon (1833-1885) wurde. Als Tso Tsungt'ang 1864 Hang-chou zurückeroberte, kämpfte ein kleines französisches Truppenkontingent auf seiner Seite, dessen überlegene Feuerkraft sich als sehr wirkungsvoll erwies. Im gleichen Jahr begann die Belagerung von Nanking, und wenig später, nachdem Hung Hsiu-ch'üan Selbstmord begangen hatte, fiel die Stadt. Das bedeutete zugleich das Ende des T'ai-p'ing-Aufstandes, auch wenn die Niederschlagung letzter versprengter Gruppen sich noch bis 1866 hinzog.[9]

Die Folgen des Bürgerkrieges waren weitreichend. Die Opfer, die er gefordert hatte, gingen in die Millionen. Zahllos waren die Zerstörungen besonders in den Provinzen Kuangtung, Kiangsu und Anhui (viele Tempel, Pagoden usw. wurden erst Jahrzehnte später neu errichtet); die Volkswirtschaft erlitt schwerste Schäden. Auch sind die Rebellionen der Miao und Mohammedaner (s. Abschnitt III) durch den T'ai-p'ing-Aufstand mit ausgelöst worden. Noch einmal wurde das Bündnis zwischen den Mandschu und der chinesischen Oberschicht bekräftigt, obgleich die Stellung der mandschurischen Aristokratie stark erschüttert wurde. Als eigentlicher Sieger ging die konfuzianische Beamtenschaft aus den Wirren hervor — auf längere Sicht und unter dem Aspekt der Gesamtentwicklung Chinas war dies allerdings ein Pyrrhussieg. Schließlich schufen Tseng Kuo-fan und Li Hung-chang das Modell für die späteren »Warlords«: ihre Armeen waren wesentlich auf regionaler Basis entstanden, und der Aufbau dieser Armeen hatte zwangsläufig zur Bildung unabhängiger, eben regionaler Autoritäten geführt.

Der Begriff der Restauration (*chung-hsing*) bildet einen festen Bestandteil in der zyklischen Geschichtstheorie der traditionellen chinesischen Historiographie. Er bezeichnet die »mittlere Blüte«, das Wiedererstarken einer Dynastie nach einer Zeit ersten Niederganges. Im Gegensatz zu früheren so klassifizierten Perioden, die immer mit großen Herrscherpersönlichkeiten identifiziert wurden, vollzog sich die T'ung-chih-Restauration während des Kaisertums eines Kindes, des 1856 geborenen Tsaich'un, der unter der Devise T'ung-chih von 1862 bis 1874 regierte. Zu Beginn der 60er Jahre war die Lage des Reiches noch recht verzweifelt. Erst um 1866 wurden die Reste der T'ai-p'ing endgültig vernichtet. Aber der Nien-Bund in Honan und Anhui, der seit 1856 in Verbindung zu den T'ai-p'ing gestanden hatte, erfuhr unter der Leitung Chang Tsung-yüs einen erneuten Aufschwung, wozu nicht zuletzt der Zustrom von T'ai-p'ing-Führern und -Anhängern seit 1864 beitrug. Die Truppen des Nien-Bundes entfalteten eine große Beweglichkeit, darin wie auch in einigen anderen Methoden ihrer Kriegführung den modernen Guerillas nicht unähnlich. Sie wichen nach Shantung, Chihli und Nord-Kiangsu aus und errangen mehrere Siege über Regierungstruppen, bis sie von den Armeen Tseng Kuo-fans und Li Hung-changs 1868 aufgerieben wurden. Es gab indes noch weitere sekundäre Rebellionen, so die der Miao in Kueichou (1854-1872) und die besonders heftigen Aufstandsbewegungen der Mohammedaner in Yünnan (1855-1873), in Shensi und Kansu (1862-1878) sowie in Turkestan (1866-1877) unter Yakub Beg (um 1820-1877), die von Tso Tsung-t'ang (1812 bis 1885) niedergeschlagen wurden.[10] Die Verlustziffern, die im Zusammenhang damit genannt werden, gehen, wie beim T'ai-p'ing-Aufstand, in die Millionen. Die Angaben hierüber sind zwar sehr ungenau, doch können wir uns ein gutes Bild von den Anstrengungen machen, die für Tso Tsung-t'ang erforderlich waren, und zwar anhand der Geldanleihen, die zur Finanzierung seiner Feldzüge 1874/75 bei ausländischen Banken in Hongkong und Shanghai aufgenommen wurden (3 Millionen Unzen Silber, die innerhalb von 3 Jahren mit einem jährlichen Zinssatz von 10,5 % zurückzuzahlen waren[11]). Vorher hatte Tso Tsung-t'ang schon chinesische Kaufleute aus Hupei, Shensi usw. zu einer Anleihe von 1 200 000 Unzen gezwungen.

Unter dem Druck dieser noch immer unstabilen Lage begannen einige führende Politiker, ihre Einstellung gegenüber den Westmächten zu revidieren. Am Hofe wurde der sechste Sohn Kaiser Tao-kuangs, I-hsin (1833-1898), bekannter unter seinem

*Abb. 17: Reisverkäufer mit Garküche, nach einem Stich aus dem
19. Jahrhundert*

Titel Prinz Kung, zur treibenden Kraft in Richtung auf eine
Politik der Konzilianz und der Konzessionen. Auf seinen Vorschlag hin wurde 1861 das »Hauptamt für die Verwaltung der
auswärtigen Angelegenheiten« (*tsung-li ko-kuo shih-wu ya-
men*, meist abgekürzt *tsung-li ya-men* genannt)[12] gegründet,
in dessen Leitung er maßgeblich mitwirkte. Für die Regelung
der Probleme des Außenhandels in den Vertragshäfen erhielten
die entsprechenden Generalgouverneure zusätzliche spezielle
Vollmachten übertragen. Allerdings ist es bezeichnend, daß ein
Mann wie Li Hung-chang über die besten Beziehungen zu den
ausländischen Mächten verfügte. So sehr die Gegensätze zwischen den Mandschu und der chinesischen Oberschicht auch ab-
gebaut worden waren (es waren mandschurische Beamte gewesen, die dafür plädiert hatten, Tseng Kuo-fan, Li Hung-chang
und Tso Tsung-t'ang weiteste Befugnisse einzuräumen; die
mandschurische Sprache wurde kaum noch benutzt; auch hatte
man die Provinz Kirin allmählich für Chinesen geöffnet) — die
Position, die sich die konfuzianische Beamtenschaft während des

T'ai-p'ing-Aufstandes errungen hatte, gab sie nicht wieder ab. Sie erblickte in dem Sieg im Bürgerkrieg auch den Sieg der traditionellen Werte und Ideen. Ihre wirtschaftspolitischen Ziele waren jetzt dementsprechend konservativ: Stabilisierung der Agrargesellschaft durch Neuland-Erschließung (Sinkiang, Innere Mongolei), Intensivierung des Ackerbaus durch bessere Wasser-Kontrolle, Steuerung des Handels durch das schon 1832 von T'ao Chu vorgeschlagene *p'iao-yen*-System (wobei von den Behörden ausgegebene Berechtigungsscheine [*p'iao*] auf eine bestimmte Menge Salz [*yen*] von den Händlern im voraus voll zu bezahlen waren) und Maßnahmen wie die Likin-Steuer (*ad valorem*). Auch die Eröffnung neuer Bergwerke stieß zumindest nicht auf Widerstand, da diese ja eine alte Tradition hatten; anders dagegen sah es bei den Kommunikationsmitteln aus, wo besonders Projekte zur Errichtung von Eisenbahnen auf heftige Opposition trafen (1872 wurde immerhin die China-Handelsdampfschiffahrt-Gesellschaft gegründet, nachdem schon 1862 in Shanghai eine kleinere Linie ins Leben gerufen worden war).

Ihren profiliertesten Ausdruck fanden diese Bestrebungen in der Bewegung zur »Selbststärkung« (*tzu-ch'iang*), die hauptsächlich von den »Westlern« getragen wurde. Sie beabsichtigte in erster Linie die militärische Stärkung Chinas durch Übernahme und Anwendung ausländischer Technik und Methoden. 1862 ließ Tseng Kuo-fan in An-ch'ing ein Arsenal errichten; im gleichen Jahr eröffnete Li Hung-chang in Shanghai eine Kanonenfabrik, 1864 eine weitere in Su-chou. Vor allem aber plante man den Ankauf von Kriegsschiffen und Feuerwaffen, die man nachbauen wollte, was 1866 zur Gründung der Werft in Ma-wei (Fu-chou) führte, zu deren technischen Leitern man französische Ingenieure bestellte. Eine ganze Reihe weiterer Unternehmen wurde noch ins Leben gerufen, doch arbeiteten nur wenige von ihnen erfolgreich. Überdies ließ die Ch'ing-Regierung Offiziere und Mannschaften sich mit den Militärreglements der englischen und der französischen Armee vertraut machen; Li Hung-chang schickte unter anderem auch eine Abordnung nach Deutschland, und zwar zum Studium der Waffengattungen. Aber alle diese Maßnahmen wurden zu überstürzt in Angriff genommen; für einen Erfolg derselben fehlte im Grunde jegliche Voraussetzung: für die Industrieunternehmungen gab es weder eine qualifizierte Arbeiterschaft, noch ein betriebswirtschaftlich geschultes Führungspersonal, ganz abgesehen davon, daß gerade Rüstungsindustrien ein entsprechendes Potential an Zulieferbetrieben benötigen. Und was das Militär angeht, so ist dies ja eine der Institutionen, die manchmal tief in den Traditionen einer Gesellschaft verwurzelt sind, und es ist im allgemeinen nur langsam und allmählich reformierbar — unter Bedingungen, die sich ergeben, wenn die Gesellschaft selbst in eine Phase innerer Umwandlung eintritt. In diesem Falle aber, wo die Führung sich aus den Fesseln des Konservativismus weder lösen konnte noch wollte, mußten alle noch so wohlgemeinten Absichten zunichte werden. Und schließlich wurde ein weiterer Faktor für das Mißlingen ausschlaggebend: die Pause, die China in der Auseinandersetzung mit dem Westen gegeben war, wurde schon 1870 mit dem Zwischenfall von Tientsin (s. Abschnitt IV) jäh unterbrochen, der Prozeß einer inneren Gesundung, und sei es auch nur auf traditioneller Basis, damit unmöglich gemacht.[13]

IV. DIE WESTLICHEN MÄCHTE UND CHINA

Daß China nie zu einer Kolonie wurde, hatte seine Gründe außer in der gewaltigen Größe des Reiches vor allem in der Rivalität der Westmächte untereinander. Wie hilflos andererseits die Ch'ing-Regierung den ständig sich verstärkenden Aggressionen gegenüberstand, wird deutlich, wenn man bedenkt, mit welch geringem militärischem Aufwand die Westmächte sich eine Position nach der anderen in China eroberten. Die innenpolitische Situation des Ch'ing-Reiches kam allerdings einer Selbstfesselung gleich. Die Hauptmasse der Streitkräfte war durch die Volksaufstände gebunden, und die Führungsschichten hielten zäh an ihrer traditionellen Konzeption des Isolationismus fest. Ihre internen Richtungskämpfe bedeuteten eine zusätzliche Einschränkung des Spielraums, den China überhaupt hatte.

Den Verlauf und das Ergebnis des ersten Opiumkrieges kann man als eine Art Modell für die politischen Beziehungen Chinas zu den Industrienationen ansehen, wie diese sich in der zweiten Hälfte des 19. Jahrhunderts entwickelten. Man mag dabei einräumen, daß auf westlicher Seite nicht bloß offene und versteckte Aggression am Werk war. Die zahlreichen Zwischenfälle, die sich immer wieder ereigneten, wurden vom tiefen Unverständnis beider Parteien füreinander verursacht. Die wichtigste Triebkraft in den Aktionen der Westmächte war wohl ökonomischer Natur, wozu — besonders was Rußland angeht — gravierende politische Interessen traten. Schon 1844 mußte China Verträge mit den USA, mit Frankreich und Belgien abschließen. Unter Ausnutzung des T'ai-p'ing-Aufstandes begannen dann britische Händler in Zusammenarbeit mit chinesischen Piraten einen ausgedehnten Opiumschmuggel an den Küsten von Kuangtung und Fukien, wobei es auch zu kleinen

Scharmützeln im Raum von Kanton kam. Der sogenannte zweite Opiumkrieg wurde 1856 ausgelöst, als chinesische Polizei die Lorcha[14] »Arrow« enterte, wobei die britische Flagge niedergeholt worden sein soll. Nach chinesischen Verlautbarungen soll das Schiff allerdings überhaupt kein Recht mehr besessen haben, die britische Flagge zu führen. Die Lage wurde verschärft durch den Versuch des Gouverneurs von Hongkong, sich Zutritt in Kanton zu verschaffen. 1857 eroberte ein englisch-französisches Truppenkontingent von 5000 Mann Kanton. Gleichzeitig operierten damals die Engländer und Franzosen von Shanghai aus im Yangtse-Becken gegen die T'ai-p'ing. Im folgenden Jahre zerstörten sie das Fort Taku an der Mündung des Pei-ho. Die Ch'ing-Regierung, ohnehin in prekärer Situation, fand sich schnell zu einem Frieden bereit, der in einem Vertrag von Tientsin (Juni 1858) geschlossen wurde. Darin mußte China die Akkreditierung von Gesandten in Peking gestatten, 10 weitere Häfen (darunter Häfen auf Formosa) dem Handel öffnen, der katholischen und protestantischen Mission ungehinderte Betätigung erlauben, den westlichen Kaufleuten Freizügigkeit einräumen, die Meistbegünstigungsklausel erneut bestätigen und Kriegsentschädigungen (4 Millionen Unzen Silber an England, 2 Millionen an Frankreich) zahlen. Nur wenige Tage darauf erwirkten die USA und Rußland ähnliche Konzessionen. Die diplomatischen Auseinandersetzungen waren damit aber nicht beigelegt; auch flackerten hie und da neue Kämpfe auf, die für die Chinesen erfolgreich verliefen. Die Alliierten stießen deshalb energisch nach und entsandten 1860 ein Expeditionskorps nach Peking, das sich mit der Zerstörung des kaiserlichen Sommerpalastes höchst unrühmlich hervortat. Der Friedensschluß von Peking machte nun auch Tientsin zum Freihafen; ferner mußte China die Hongkong gegenüberliegende Halbinsel Kowloon an England abtreten. Die Kontributionen beliefen sich diesmal auf 16 Millionen Unzen Silber (zur Hälfte an England und Frankreich). Der Opiumhandel wurde nunmehr endgültig legalisiert, die Zollsätze wurden revidiert. Für ausländische Textilien brauchte hinfort kein Inlandszoll mehr entrichtet zu werden, und fremde Schiffe erhielten die Genehmigung, die chinesischen Binnengewässer zu befahren.

Damit war der chinesische Isolationismus — wenngleich mit Gewalt — widerlegt. Man fand sich sogar bald dazu bereit, einem Ausländer, Sir Robert Hart (1835–1911), das Amt eines Generalzollinspektors zu übertragen, was in Anbetracht der Situation nicht einmal die schlechteste Maßnahme war, denn die Seezölle gestalteten sich seitdem zu einer wichtigen Einnahmequelle.

Unter Kaiser T'ung-chih entwickelten sich die wechselseitigen Beziehungen dann zunächst günstiger. In größerer Zahl gingen nun auch Chinesen als Studenten ins Ausland. 1867 gründete man in Peking ein Dolmetscherinstitut (*t'ung-wen kuan*), und auch die von Missionaren ins Leben gerufenen Schulen trugen, obwohl sie oft großem Mißtrauen begegneten, gute Früchte. Allerdings wurde 1866 ein von der chinesischen Regierung vorgelegter Entwurf zu einer Konvention über den Schutz chinesischer Emigranten (viele Kulis aus Kanton waren besonders amerikanischen Werbern nach Kalifornien gefolgt) von den Westmächten nicht akzeptiert. 1870 trat dann wieder eine jähe Wendung zum Schlechten ein, als in Tientsin französische Missionare und der französische Konsul Fontanier erschlagen wurden. Die Schuldfrage ist in solchen Fällen praktisch nicht zu klären; jedenfalls wurden mehrere Chinesen hingerichtet und es mußte eine »Sühnegesandtschaft« delegiert werden. Neue Verwicklungen ergaben sich, als die Engländer 1874/75 einen Handelsweg durch Yünnan nach Burma zu eröffnen versuchten (1876 Vertrag von Chih-fu an der Küste von Shantung). Im Mittelpunkt der Auseinandersetzungen standen dann Frankreich und Rußland, das schon 1860 die Gelegenheit zur Gründung von Wladiwostok genutzt hatte. Nachdem von Tso Tsung-t'ang die Lage in Sinkiang und Turkestan bereinigt worden war, nahm man mit den Russen Verhandlungen wegen des Ili-Gebietes auf, das diese 1871 während des Aufstandes von Yakub Beg besetzt hatten. Es kam zu keiner Einigung, und 1880 drohte deshalb sogar ein Krieg auszubrechen. Schließlich gelangte man 1882 im Vertrag von St. Petersburg doch zu einer Übereinkunft: gegen eine Entschädigung von 9 Millionen Unzen Silber wurde das Ili-Gebiet an China zurückgegeben. Die Franzosen hatten seit 1870 in Annam Fuß gefaßt und 1874 einen Protektionsvertrag in Saigon geschlossen. In den Kleinkrieg, den sie mit den Annamiten führten, wurde China hineingezogen, so daß Frankreich die Kämpfe auf chinesisches Territorium trug und u. a. die Schiffswerft von Ma-wei (Fu-chou) zerstörte. Chinesische Erfolge im folgenden Jahr konnten nicht verhindern, daß beim Friedensschluß Annam französisches Protektorat wurde. Die westliche Annexionspolitik in diesem Raum führte 1886 zur Eroberung Burmas durch England.

Weitere erzwungene Gebietsabtretungen waren: 1887 Macao an Portugal; 1897 Tsingtao, von Deutschland besetzt, 1898 Kiautschau (Chiao-chou) auf 99 Jahre von Deutschland gepachtet; 1898 Port Arthur (Lü-shun-k'ou) und Dalni (Ta-lien) an Rußland (Pacht, ferner erhielt Rußland Bahnbaurechte in der Mandschurei, um Verbindung nach Port Arthur und Dalni herstellen zu können); 1898 Wei-hai-wei (in Shantung) an England, im gleichen Jahre Kuang-chou-wan (Provinz Kuangtung) an Frankreich (Pacht).

Den Status, den China im Laufe dieser Entwicklung erhielt, kann man zutreffend wohl als halb-kolonial charakterisieren. Vor allem die Küstengebiete hatten sich in eine Reihe von Einflußzonen verwandelt, die zum Teil richtige Enklaven darstellten. Keineswegs sind dadurch echte Kontakte hergestellt worden, denn die Fremden lebten praktisch abgeschlossen von der chinesischen Gesellschaft. Unabhängig von ihrer subjektiven Einstellung waren sie für die Chinesen Eindringlinge, die zu vertreiben als nationale Pflicht erscheinen mußte.

V. DER ZUSAMMENBRUCH DER MODERNISIERUNGSBESTREBUNGEN

Die ökonomischen, sozialen, ideologischen und außenpolitischen Komponenten des Prozesses, in dessen Verlauf sich während der zweiten Hälfte des 19. Jahrhunderts die chinesische Gesellschafts- und Staatsstruktur in steigendem Tempo auflöste, sind wechselseitig bedingt und derart eng miteinander verflochten, daß die historische Darstellung ständig Gefahr läuft, deren Abhängigkeit voneinander nicht genügend sichtbar werden zu lassen, wenn sie das Gesamtphänomen zu analysieren unternimmt. Vielleicht kommt diese Komplexität am deutlichsten in der Wirtschaftsgesinnung der führenden Kreise jener Zeit zum Ausdruck, deren wichtigste Forderungen die Aufrechterhaltung der dirigistischen Funktion von Regierung und Beamtenschaft und die Entwicklung der traditionellen ökonomischen Basis, der Agrarwirtschaft, beinhalteten. Man war sich auch der Notwendigkeit bewußt, den Inlandsmarkt von den Ausländern zurückzugewinnen und die Technik insgesamt zu modernisieren. Aber wie sehr die chinesische Ökonomie, diesen Zielen zuwiderlaufend, von *außen* bestimmt wurde, von Gesetzmäßigkeiten, deren die chinesische Regierung nicht Herr werden konnte, zeigt sich an den Staatseinnahmen. 1894 kamen sie zu rund 44 % aus den verschiedenen Handelssteuern (Anteil der Likin-Steuer damals rund 14,2 Millionen Silberdollar, der Seezölle rund 22,5 Millionen). Die westlichen Kaufleute drangen auch immer stärker in den Binnenmarkt ein, besonders im Yangtse-Gebiet, wo Nanking zum Freihafen geworden war und die europäischen Dampfboote die Dschunken verdrängten. Bis 1893 blieb das Opium das hauptsächliche Importgut (damals etwa 30 %), danach waren es besonders Baumwollstoffe. Der chinesische Export erlitt schwerste Einbußen durch die ausländische Konkurrenz: seit Ende der achtziger Jahre traten japanische Seidenstoffe auf dem internationalen Markt immer mehr in Erscheinung, auch wurde das chinesische Teemonopol durch Japan und Indien gebrochen, was zum Sinken des Weltmarktpreises führte. Schließlich stürzte der Kurs des Silberdollars, als sich auch in China der Goldstandard durchsetzte.

Die wachsende Bedeutung, die auf diese Weise dem Handel zufiel, schlug zwar manche Bresche in das traditionelle ökonomische Wertsystem, vermochte jedoch den noch immer starken Gegensatz zwischen Kaufmannschaft und Bürokratie nicht zu überbrücken, und die neue Schicht der Kompradoren (chinesische Finanzagenten und Kaufleute, die zwischen den ausländischen Firmen und dem chinesischen Markt vermittelten), die seit der Aufhebung der Monopolstellung der Co-hong entstanden war, verbreiterte die alte Kluft eher wieder. Die Schlüsselposition, in die der T'ai-p'ing-Aufstand das Mandarinat gebracht hatte — Li Hung-chang und Chang Chih-tung (1837-1909) kontrollierten praktisch ganz Nord- und Zentralchina —, versuchten dessen Exponenten ökonomisch zu befestigen. Der Kompromiß, den diese Gruppe mit den neuen Wirtschaftskräften einging, war wesentlich bestimmt von den Rücksichten auf die nach wie vor grundlegenden agrarischen Interessen und sollte dazu dienen, den umfassenden Dirigismus der Bürokratie auch auf die Industrie auszudehnen. Die Formel für diese ökonomische Politik lautete »Aufsicht der Beamtenschaft und Management der Kaufleute« (*kuan-tu shang-pan*)[15]; das Modell dafür gab das reformierte Salzmonopol ab. Was damit in Gang gesetzt wurde, war natürlich keine »industrielle Revolution«. Nicht nur verfügten die Beamten über keinerlei Schulung in moderner Volkswirtschaft, war ihnen überhaupt das Denken in solchen Kategorien völlig fremd, es wirkte sich nunmehr eine (traditionelle) Schwäche der chinesischen Wirtschaft negativ aus, nämlich deren mangelnde Fähigkeit, Kapital in größerem Umfang zu akkumulieren. Mit der steigenden Zahl der Unternehmen (1870 Telegraphen-Dienst in Shanghai, 1881 Kaiserliche Telegraphen-Verwaltung, 1877 K'ai-p'ing-Bergwerke in Chihli, 1896 Han-yang-Eisenwerke; Gründung von Druckereien, Seidenhaspeleien, Leinenwebereien, Baumwollspinnereien, Maschinenfabriken usw.) wurden die geringen Kapitalquellen der Kaufmannschaft in den Vertragshäfen, aber auch des Großgrundbesitzes rasch ausgeschöpft. Die Protektion der Provinzbeamten, die sich oft selbst in den Unternehmen engagierten, konnte dieses Manko nicht wettmachen; und die Ch'ing-Regierung selbst steuerte immer schneller dem Bankrott entgegen.

Die erste Phase der Industrialisierung (etwa 1862-1877), die fast ausschließlich Rüstungsprojekten im Sinne der »Selbststärkung« gegolten hatte, war bereits von zahlreichen, im Grunde unvermeidlichen Fehlschlägen gekennzeichnet. In der folgenden Entwicklung wurde die Erweiterung der Kapitalbasis zum

Hauptproblem, was zwangsläufig zur Folge hatte, daß gegen Ende des Jahrhunderts die ausländischen Firmen mehr und mehr begannen, vor allem in den Vertragshäfen selbst zu bauen und zu investieren. Oft gingen auch chinesische Unternehmen in ausländische Hände über, z. B. die K'ai-p'ing-Bergwerke (sie kamen in englischen Besitz).

In wie hohem Maße sich die führenden Staatsmänner über die realen Verhältnisse täuschten, wird recht deutlich an der Flottenpolitik. Li Hung-chang glaubte, durch den Ankauf von (zum Teil veralteten) Schiffen den Vorsprung der Westmächte einholen zu können. Um 1890 umfaßte die Nordflotte 25 Schiffe der verschiedensten Bauart. Lis Rivalität zur Ch'ing-Regierung, die den ihr entgleitenden Einfluß auf die Kriegsflotte 1885 durch Schaffung der »Verwaltung für die Kriegsmarine« (*hai-chün ya-men*) zurückzugewinnen suchte, offenbarte zudem, wie weit die Desintegration innerhalb der Reichsverwaltung gediehen war. Allen diesen Anstrengungen kann gleichwohl subjektiver guter Wille seitens ihrer Initiatoren kaum abgesprochen werden. Daß sie trotzdem nur Illusionen Vorschub leisteten, zeigt ein kurzer Blick auf die völlig unzulänglichen Erziehungsreformen, mit denen lediglich die Auswüchse des alten Systems beschnitten werden sollten. Da die »neue« Politik vorwiegend von konservativen Kräften getragen wurde, denen jede Einsicht in die sozial-ökonomische Basis der Westmächte versagt blieb, konnte sie entscheidende Umwälzungen nicht einmal zum Ziel haben. So reorganisierte man das Prüfungswesen, an dem als Institution seit 1867 sogar Kritik geübt wurde, und schränkte den Verkauf von Ämtern und Titeln ein. Am *t'ung-wen-kuan* in Peking nahm man auch den Unterricht in Astronomie, Mathematik, Physik und anderen Naturwissenschaften auf. Aber an den Stützen der traditionellen Gesellschaft wurde nicht gerüttelt; die Stellung der konfuzianischen Beamtenschaft blieb unangefochten; deren mangelnde Fachausbildung sollte durch »personelle Hilfen« ausgeglichen werden, die jedoch ihrerseits über kein ausreichendes Spezialwissen verfügten; und es änderte sich auch nichts an der Struktur des Militärwesens.

Die ganze bloße Fassade der Modernität brach zusammen, als die Konfrontation mit Japan, das bereits 1871 einen Handelsvertrag erzwungen und 1879 die Ryukyu-Inseln annektiert hatte, schließlich mit den Waffen ausgetragen wurde. Der Anlaß zum Kriege war Korea, wo China und Japan seit 1876 um die Oberhoheit kämpften. Korea selbst wurde von innenpolitischen Auseinandersetzungen, in denen die religiös-synkretistische Volksbewegung der Tonghak (»östliche Lehre«) eine wichtige Rolle spielte, schwer erschüttert. Rußland, die USA und

England wurden in Korea aktiv. Während China König Kojong (Regierungszeit 1864-1907) aus der dortigen Yi-Dynastie militärisch unterstützte, half Japan durch Entsendung von Truppen dem Regenten Taewongun. Übrigens vertrat damals neben Yüan Shih-k'ai (1859-1916) der deutsche Generalkonsul von Tientsin, P. G. von Moellendorf (1874-1901)[16], die Ch'ing-Regierung in Korea. Zum Kriege kam es, als die Japaner ein von den Chinesen gechartertes englisches Schiff mit Verstärkungen versenkten (Juli 1894). Li Hung-chang, der praktisch den Krieg allein und im wesentlichen mit den ökonomischen Ressourcen der Provinz Chihli führte, hoffte vergeblich auf das Eingreifen Rußlands. In einer Seeschlacht vor der Mündung des Yalu und in allen größeren Landkämpfen wurde die chinesische Armee geschlagen. Die Japaner besetzten Port Arthur, Dalni (Dairen) und Wei-hai-wei, wobei die dort liegende chinesische Nord-Flotte kampflos kapitulierte. Im Frieden von Shimonoseki (April 1895) mußte China die Unabhängigkeit Koreas anerkennen, die Halbinsel Liaotung sowie Formosa und die Pescadoren an Japan abtreten und vier neue Freihäfen öffnen, in denen — nach dem Zusatzvertrag von 1896 — Japan die Errichtung eigener Industrien gestattet werden mußte. Die Kriegsentschädigung belief sich auf 200 Millionen Silberdollar. Li Hung-chang gelang es lediglich, Frankreich, Deutschland und Rußland zu einem gemeinsamen Protest zu veranlassen, der die Rückgabe Liaotungs (1898 dann für 25 Jahre an Rußland verpachtet) erzwang. Bei der Besetzung Formosas durch die Japaner, die nicht ohne Widerstand der dortigen Bevölkerung vor sich ging, sahen auch diese drei Mächte tatenlos zu.

Die katastrophale Niederlage war für China besonders demütigend, da sie durch eine asiatische Macht erlitten wurde. Innenpolitisch wirkte sich zudem verhängnisvoll aus, daß manche konservative Kreise, die den schüchternen Versuchen zur Verwestlichung zwar abwartend, doch auch wohlmeinend gegenübergestanden hatten, die Niederlage nicht auf deren völlig ungenügende Durchsetzung — vor allem in der Armee — zurückführten, sondern auf diese Bemühungen selbst.

11. China auf der Schwelle zum 20. Jahrhundert

Der katastrophale Ausgang des Krieges gegen Japan war gleich-
bedeutend mit der Niederlage der Selbststärkungs-Bewegung.
Sie stellte die chinesische Beamtenelite vor die Alternative, entweder in den Traditionalismus zurückzuflüchten oder aus der
bitteren Lehre den Schluß zu ziehen, daß die bisherigen Maßnahmen zur Modernisierung bereits im Ansatz verfehlt gewesen waren. Es ist evident, daß das noch immer starke Konti-
nuitätsbewußtsein der chinesischen Oberschicht auch von der
massiven äußeren Bedrohung in zwei bis drei Jahrzehnten nicht
gebrochen werden konnte, und daß der Hof und die mandschurische Aristokratie jetzt ängstlich darauf bedacht sein mußten,
die Kluft zwischen sich und dem Chinesentum nicht breiter werden zu lassen, sich vielmehr als Bewahrer der Tradition zu ex-
ponieren. Die allgemeine Unsicherheit darüber, wie man sich
orientieren solle, wirkte sich bis in die Spitze der Regierung
aus, wo der Gegensatz zwischen dem Kaiser und der Kaiserin-
Witwe Tz'u-hsi auch politisch bestimmt war.
Der jugendliche Tsai-t'ien (1871-1908), dessen Regierungszeit
unter der Devise Kuang-hsü von 1875 an gerechnet wird, war
zwar 1887 für großjährig erklärt worden, erhielt indes erst
zwei Jahre danach Einfluß auf die Regierungsgeschäfte. Aber
auch dann noch war er machtlos gegenüber dem Veto seiner
Tante, der Kaiserin-Witwe Tz'u-hsi (persönlicher Name Hsiao-
ch'in, geborene Yehe Nara, 1835-1908). Ihren Aufstieg hatte
sie dem Umstand zu verdanken gehabt, daß sie Kaiser I-chu, der
unter der Devise Hsien-feng 1851-1861 regierte, den einzigen
Sohn geschenkt hatte und deshalb von einer Konkubine praktisch zur Hauptfrau geworden war. Als Regentin für Tsai-t'ien
in dessen Kindesalter baute sie Zug um Zug ihre Stellung aus.
Ihre Intelligenz und Vitalität ließen sie, auch als sie sich 1889
in den Sommerpalast bei Peking zurückzog, die beherrschende
Figur am Hofe bleiben. Kaiser Kuang-hsü, der für die Probleme
seiner Zeit recht aufgeschlossen war, wurde in gewissem Maße
ein Opfer seiner streng konfuzianischen Erziehung, die ihn daran hinderte, gegen seine Tante und Adoptivmutter Tz'u-hsi
aufzubegehren. Er fand in einem seiner Tutoren, dem Minister
Weng T'ung-ho (1830-1904), einen Freund und Berater. Innerhalb der verschiedenen Gruppierungen, die sich damals for-

mierten, gehörte dieser zu den Leuten, die noch immer glaubten, daß die militärische und ökonomische Stärkung im bisherigen Rahmen China aus der Sackgasse herausführen könne und an der Konstitution des Reiches selbst nicht gerüttelt zu werden brauche.

Aus der breiten Mitte derer, die eine Erneuerung unter konservativer Führung anstrebten, ragte ferner Yen Fu (1853-1921) heraus, der sich besonders als Übersetzer (u. a. von Thomas H. Huxleys *Evolution and Ethics* und Adam Smiths *Wealth of Nations*) hervortat und den man als Verfechter einer konstitutionellen Monarchie charakterisieren kann. Außenpolitisch orientierte er sich — wie auch der Kaiser und Weng T'ung-ho — an England, während die Kaiserin-Witwe und Li Hung-chang für ein Bündnis mit Rußland eintraten. Die eigentlichen Reformer dagegen erkoren sich Japan zum Vorbild, von dem sie auch Hilfe erhofften. Die Exponenten dieser Gruppe waren K'ang Yu-wei (1858-1927)[1], Liang Ch'i-ch'ao (1873-1929) und T'an Ssu-t'ung (1865-1898), der die radikalste und entschlossenste Strömung repräsentierte. Sie erkannten, daß eine bloße Imitation und schematische Übernahme technischer Errungenschaften der Industriemächte Chinas Zukunft nicht würden garantieren können, sondern daß in die Sozialstruktur eingreifende Reformen und neue ideelle Leitbilder notwendig waren. Dabei stellten sich besonders K'ang Yu-wei und Liang Ch'i-ch'ao, der zum eifrigsten Propagandisten von K'angs Ideen wurde, ganz bewußt in die konfuzianische Tradition, die sie freilich uminterpretierten — wie etwa K'ang in seinem Werk »Untersuchung der Reformen des Konfuzius« (*K'ung-tzu kai-chih k'ao*). Sein »Buch von der großen Gemeinschaft« (*Ta-t'ung-shu*)[2] ist eine Art sozialphilosophischer Konfession, in der sich konfuzianische, buddhistische, auch christliche und evolutionistische (im Sinne Darwins) Konzeptionen in einer weltumspannenden Utopie vereinigen, in der soziale und nationale Schranken überwunden werden sollen; auf China bezogen bedeutete das, den Unterschied zwischen Mandschuren und Chinesen weiter abzubauen. T'an Ssu-t'ung, der gewissermaßen den linken Flügel der Reformer bildete, kam dagegen durch den Einfluß der Theorien von Wang Fu-chih zu einer prononcierten antimandschurischen Haltung. Er war auch der einzige, der eine Volksregierung proklamierte und die soziale Umwandlung Chinas in Richtung auf eine kapitalistische Wirtschaftsordnung hin befürwortete. Auch versuchte er nicht wie K'ang Yu-wei, die konservativen Gruppen zu gewinnen, sondern wollte sie entschieden bekämpfen.

Eine wichtige Rolle in den Auseinandersetzungen dieser Zeit spielten verschiedene Zeitungen, z. B. die von T'an seit April

1897 edierte *Hsiang-hsüeh hsin-pao* (die erste Zeitung von Hunan überhaupt) oder die von Liang redigierte *Shih-wu pao*. Ein weiteres Forum fanden die Reformer in den zahlreichen bildungspolitischen Gesellschaften, etwa der *Kuang-hsüeh-hui* (»Gesellschaft zur Verbreitung der Wissenschaft«), die 1887 von dem britischen Missionar A. Williamson in Shanghai gegründet wurde, oder der *Nan-hsüeh-hui* (»Studiengesellschaft des Südens«), der T'an Ssu-t'ung präsidierte und die bald über 1000 Mitglieder zählte.

1898 drang K'ang Yu-wei auf eine Eingabe hin bis zum Kaiser vor, den er bewegen konnte, in einem Edikt anzukündigen, daß er gewillt sei, das Reformprogramm K'angs zu verwirklichen. Damit wurde die sogenannte »Hundert-Tage-Reform« eingeleitet, die genaugenommen 103 Tage währte, nämlich vom 11. Juni bis zum 21. September 1898. Die Vorschläge K'angs, die im ganzen einen doch recht begrenzten, partiellen und ängstlichen Charakter hatten und sich nun in ein paar Dutzend Verordnungen niederschlugen, kann man in zwei Gruppen einteilen: sie galten einmal der »Abschaffung des Alten« und zum andern der »Verbreitung des Neuen«. Sie beinhalteten auf der einen Seite die Umwandlung des Schulwesens und die Begrenzung der Bannerheere sowie als überflüssig betrachteter Institutionen und auf der andern die Einführung eines ordentlichen Staatshaushaltes (mit Offenlegung der Unterlagen), die Förderung von Kunst und Wissenschaft, die Erlaubnis zur Gründung von Verlagen, Zeitungen und Gesellschaften; auch sollte das Recht des Volkes, sich unmittelbar an die Regierung, den Kaiser selbst zu wenden, ausgedehnt, d. h. praktisch erst garantiert werden.

Inzwischen aber waren die Konservativen und der mandschurische Adel, die um ihre Privilegien fürchteten, nicht tatenlos geblieben. Hier hielt Tz'u-hsi die Fäden in der Hand; zu ihrem Werkzeug aber wurde Yüan Shih-k'ai, der scheinbar mit K'ang Yu-wei sympathisiert hatte, der jedoch, als er von K'ang und T'an Ssu-t'ung im Auftrage des Kaisers nach Peking gerufen wurde, Pläne zur Sicherung des sich bedroht fühlenden Monarchen an die Gegenseite verriet. Am 21. September kam es zum Staatsstreich: Kaiser Kuang-hsü wurde gefangengesetzt, Tz'u-hsi übernahm die Regierungsgewalt, und gegen die Reformer ergingen Haftbefehle. K'ang Yu-wei vermochte nach Hongkong zu fliehen, Liang Ch'i-ch'ao nach Japan, während T'an Ssu-t'ung bewußt das Schicksal eines Märtyrers auf sich nahm, obwohl auch er gewarnt worden war. Viele andere entgingen der Hinrichtung nur, weil die Westmächte Truppen in Peking zusammenzogen und die Regierung sich nicht schlüssig war, auf wessen Seite diese eventuell eingreifen würden. Was aber die Reformen anbetrifft, so wurden sie binnen Monatsfrist wieder rückgängig gemacht und die alte Ordnung wiederhergestellt.

II. DIE NIEDERLAGE DER FREMDENFEINDLICHEN REAKTION

Mit der Gefangennahme des Kaisers allein glaubten Tz'u-hsi und ihre Clique noch nicht genug dafür getan zu haben, den Reformbestrebungen ein für allemal die Spitze abzubrechen. So bildete sich am Hofe ein Komplott mit dem Ziel der Beseitigung Kuang-hsüs, das jedoch am Widerstand einiger unabhängiger Generalgouverneure und westlicher Diplomaten scheiterte, die zu erkennen gaben, daß sie derartiges nicht hinnehmen würden. Unter der reaktionären Hofclique, innerhalb deren sich der mandschurische Prinz Tuan (persönlicher Name Tsai-i) stark nach vorn schob, verstärkte sich daraufhin die fremdenfeindliche Haltung und fand auch sehr schnell einen Bundesgenossen.
Die Industrialisierung in Nordchina war immer mehr zu einer akuten Bedrohung für die bäuerliche Gewerbewirtschaft geworden. Besonders die Heimweberei erlag in steigendem Maße der Konkurrenz der mechanischen Webereien, und die umfangreichen Importe von Baumwollstoffen aus Amerika vergrößerten das Elend der Landbevölkerung. Dazu kamen Naturkatastrophen. Schon 1876-1879 hatte eine lang anhaltende Dürre in Shensi, Shansi, Honan und Shantung für etwa 9 bis 13 Millionen Menschen den Hungertod gebracht; 1898 gab es Deichbrüche am Huangho, die besonders Chihli und das westliche Shantung in Mitleidenschaft zogen. Zum Heer der Verelendeten stießen entlassene und desertierte Soldaten. Die Mittelschichten wiederum wurden am schwersten von den Steuererhöhungen (z. B. Wein- und Tabaksteuer 1896 in Shansi) getroffen, mit deren Erträgen die Kriegskontributionen an Japan beglichen wurden. Unter solchen Bedingungen mußte sich am Boden der Gesellschaft ein Haß bilden, dessen Stoßrichtung sich fast zwangsläufig gegen die so sichtbaren Symbole des fremden Reichtums, wie die Industrien, die Eisenbahnen usw. wandte, da dieser Haß im Grunde ja auch von allen anderen Teilen der Gesellschaft empfunden und dadurch gewissermaßen legitimiert wurde — ganz abgesehen davon, daß die Wut auf das Fremde immer auch die primitivste und leichteste Form der Abreaktion eigener Frustration darstellt. Zusätzlich genährt wurde diese kollektive Emotionalität durch die Praktiken der Missionare, die die konvertierten Chinesen oft der einheimischen Gerichtsbarkeit entzogen und auch allerlei Gesindel, sofern es sich nur unter ihren Schutz begab, aushielten.
Zum Sammelbecken der entstehenden Banden wurden wieder

die Geheimorganisationen, unter denen im Norden, besonders in Shantung, die religiöse Sekte der »Großen Schwerter« (*Ta-tao hui*) zunächst starken Zulauf erhielt, dann aber mehr und mehr von der Vereinigung mit dem Namen »Faust [kämpfer] für Recht und Einigkeit« (*I-ho ch'üan*)[3] aufgesogen wurde, die man im Westen »Boxer« nannte und die ihrerseits ein Ableger der alten Sekte »Weißer Lotos« war. Diese Bewegung läßt, was recht bezeichnend ist, jeglichen sozialrevolutionären Charakter vermissen. Religiöser, gegen das Christentum gerichteter Fanatismus und Maschinenstürmerei bildeten ihr Aktionsprogramm, das 1899, als die Bewegung auf zunehmende Billigung der Obrigkeit stieß, um den Slogan »Unterstützt die Ch'ing, vernichtet die Fremden« (*fu-Ch'ing mieh-yang*) bereichert wurde. Damals änderte sie auch ihren Namen in *I-ho t'uan* (»Vereinigung für Recht und Einigkeit«).

Am Hofe nahm man der Entwicklung gegenüber anfangs eine ambivalente Haltung ein. Yüan Shih-k'ai[4] erhielt den Posten des Gouverneurs von Shantung übertragen und ging ziemlich hart gegen die *I-ho t'uan* vor, so daß diese nach Chihli auswichen. Dort aber wurde ihnen die Hilfe der lokalen Behörden zuteil, wie sich auch am Hofe die Richtung immer mehr durchsetzte, die mit Hilfe der »Boxer« die Reformer endgültig eliminieren wollte und gleichzeitig hoffte, die Unruhen in einen regelrechten Krieg gegen die Ausländer verwandeln zu können. Die treibende Kraft am Hofe war unter anderen Prinz Tuan, während das realistische Tz'u-hsi eher zögernd auf diese Linie einschwenkte. Jedenfalls waren auf Befehl der Kaiserin-Witwe Regierungstruppen beteiligt, als die »Boxer« in Peking und Tientsin einzogen. Plünderungen, Zerstörungen und Überfälle griffen nun immer schneller um sich, so daß die Fremdmächte diplomatischen Druck auf die Ch'ing-Regierung ausübten und am 17. Juni 1900 das Fort Ta-ku besetzten. Zwei Tage darauf wurde der deutsche Gesandte in Peking, Klemens von Ketteler, ermordet, und es kam zur Belagerung des Gesandtschaftsviertels, die vom 20. Juni bis 14. August dauerte. Am 21. Juni erging die offizielle Kriegserklärung Chinas an die Westmächte. England, Frankreich, Rußland, die USA, Italien, Deutschland und Japan mobilisierten nun ein Expeditionskorps, das nach heftigen Kämpfen am 16. August Peking eroberte. Tz'u-hsi und der gesamte Hof flohen nach Hsi-an-fu in der Provinz Shensi, von wo sie erst im Januar 1902 in die Hauptstadt zurückkehrten. Im internationalen Boxerprotokoll (1901) mußte China harte Bedingungen akzeptieren: eine Entschädigung in Höhe von 450 Millionen Silberdollar, Sperrung der Waffeneinfuhr, Schleifung des Forts Ta-ku, Sühnegesandtschaften, Erlaß eines Verbots fremdenfeindlicher Aktionen.

Die Ursachen und Motive des Aufstandes, an dem man sich übrigens im Süden des Reiches nicht beteiligte, liegen klar zutage. Die Spontaneität, die ihn auszeichnete, bedeutet zugleich seine Schwäche. Seine Ziele entbehrten jeglicher tieferen politischen Einsicht; und das Bündnis, das er mit der konservativen Führung einging, beraubte ihn noch der Möglichkeit eines politischen Erbes. Von ihm aus ließ sich deshalb keine Brücke in eine noch ungewisse Zukunft schlagen. Die Opfer, die er forderte und brachte, waren vertan. Schließlich diente er den Unterdrückern im eigenen Land als Deckmantel, unter dem diese den Terror gegen die progressiv-reformerische Beamtenschaft lenken konnten. Die Ch'ing-Regierung, die der erste Feind der Aufständischen hätte sein sollen, hielt sich zudem weitgehend aus den Kämpfen heraus: Yüan Shih-k'ai, der über die besten Truppen verfügte, ließ diese nicht in den Krieg eingreifen — *er* wußte, daß der wichtigere, nämlich innenpolitische Kampf noch bevorstand.

III. DAS ENDE DES CHINESISCHEN KAISERREICHES

Seit dem Boxer-Aufstand kam China nicht mehr zur Ruhe. Die Westmächte dehnten ihre Rechte weiter aus, was auch Japan erneut auf den Plan rief. Das Inselreich sah seine Interessen vor allem durch den Pachtvertrag Chinas mit Rußland für die Liaotung-Halbinsel gefährdet, zumal Rußland auch große Teile der Mandschurei militärisch besetzte. So kam es 1902 zu einem britisch-japanischen Bündnis, schließlich 1904 (10. Februar) zum Ausbruch des russisch-japanischen Krieges, der mit dem Sieg Japans endete (Frieden von Portsmouth am 5. September 1905 nach amerikanischer Vermittlung). Trotz der Anerkennung der chinesischen Hoheitsrechte über die Mandschurei konnte nicht verhindert werden, daß diese praktisch in eine japanische und eine russische Einflußzone aufgeteilt wurde.
Unter dem Druck der Ereignisse versuchte jetzt die Regierung selbst, begrenzte Reformen durchzuführen. 1905 wurde das alte Prüfungssystem abgeschafft.[5] Man hob das Gesetz auf, das Heiraten zwischen Mandschuren und Chinesen verboten hatte, und wollte die Armee reorganisieren, in der immer mehr Japaner als Instrukteure verwendet wurden. Eine 1906 vorgenommene Reform der Regierung war allerdings nichts anderes als eine Einführung neuer Ämterbezeichnungen. Der Handlungsspielraum des Hofes wurde immer enger. Im November 1908 starb Tz'u-hsi einen Tag nach dem Tode Kaiser Kuang-hsüs (es spricht manches dafür, daß er umgebracht worden ist). Die Regierung unter der Regentschaft des Prinzen Ch'un, des Va-

ters des neuen, minderjährigen Kaisers P'u-i (Regierungsdevise Hsüan-t'ung, 1909-1911), machte nunmehr verzweifelte Anstrengungen, wenigstens das Heer wieder fest in die Hände zu bekommen, und entließ deshalb Yüan Shih-k'ai. Aber es war bereits zu spät; eine wirksame Regeneration des schwer geprüften Landes konnte von den alten Kräften nicht mehr bewerkstelligt werden, denn der Consensus zwischen Mandschuren und Chinesen war endgültig gebrochen. Es ist sicher kein Zufall, daß der Süden Chinas im Boxer-Aufstand weitgehend neutral geblieben war. Dort ließ sich die ökonomisch führende Schicht auf kein enges Bündnis mit der Mandschu-Regierung mehr ein, und die revolutionären Elemente schlossen sich wieder fester in den Geheimorganisationen zusammen, wo sie vor allem konkretere und präzisere Konzeptionen über Chinas künftigen Weg erarbeiteten. Neben der traditionsreichen Trias-Gesellschaft war es die kaum jüngere »Gesellschaft der älteren Brüder« (Ko-lao hui), in der die antimandschurischen Tendenzen sich mehr und mehr artikulierten. Eines ihrer Mitglieder war wahrscheinlich Sun Wen (bekannter unter seinem Beinamen Sun I-hsien, in der Aussprache des kantonesischen Dialekts Sun Yat-sen)[6]. Der 1866 geborene, einer armen Bauernfamilie aus der Umgebung Kantons entstammende Sun war einige Jahre in Hawaii aufgewachsen, wo er eine Missionsschule besucht und Englisch gelernt hatte. Nach dem Medizinstudium in Hongkong betätigte er sich als Arzt in Macao. Schon in seinen Hongkonger Jahren begann er, sich politisch zu engagieren. Um 1892 gründete er die »Gesellschaft zur Wiedererstehung Chinas« (Hsing-Chung hui), die 1895 einen Putschversuch unternahm, der aber scheiterte. Im Programm der Hsing-Chung hui fand sich der interessante Punkt, daß es darauf ankomme, auch die Hilfe der Auslandschinesen zu gewinnen. Sun Yat-sen war ursprünglich Reformer im Sinne K'ang Yu-weis gewesen, hatte aber früh erkannt, daß die Erneuerung nicht mit der Ch'ing-Regierung, sondern gegen sie durchgesetzt werden müsse, auch wenn er damals eher an eine konstitutionelle Monarchie als an eine Republik dachte. Erst nach dem zweiten mißglückten Putsch (1900) trat bei ihm in dieser Beziehung ein allmählicher Wandel seiner Vorstellungen ein.

Das Zentrum der revolutionären Bewegungen in diesen Jahren war Tokio. Überhaupt kam aus Japan auf verschiedenen Wegen materielle Hilfe; desgleichen versuchte man, Kontakte mit einflußreichen Vertretern westlicher Mächte herzustellen (der französische Konsul in Hankou sollte später beim Ausbruch des Umsturzes mit dazu beitragen, daß die Mächte nicht eingriffen). Zwei bedeutende Geheimorganisationen schlossen sich dann mit der Hsing-Chung hui zum »Chinesischen Revolutionsbund«

(*Chung-kuo ko-ming t'ung-meng-hui*) zusammen, der Sun zum Führer wählte und in Tokio eine »Volkszeitung« (*Min-pao*) herausgab. Sein Aktionsprogramm zielte auf die Vertreibung der Mandschuren und die Errichtung einer chinesischen Republik und verfocht Gleichheitsideale (Präsident und Parlament sollten vom Volk gewählt werden, der bestehende Besitzstand an Grund und Boden sollte erhalten bleiben, doch der künftige Wertzuwachs dem Staate zufallen). Schon in der *Min-pao* wurden Suns »drei Prinzipien« (Nationalismus, republikanische Verfassung und Sozialismus in Gestalt einer Agrarreform) publiziert, auf die die Lehren John Stuart Mills einen gewissen Einfluß ausgeübt hatten. Auch die Verfassung der »Fünf Gewalten« (Legislative, Exekutive, Justiz, Prüfungswesen und Kontrollsystem) (*wu-ch'üan hsien-fa*) taucht bereits in Suns Programm auf, obgleich er seine Konzeptionen insgesamt erst nach 1911 breit entwickelte. Entscheidend an diesen aber war, daß Sun erkannt hatte, er müsse mit der »nationalen Bourgeoisie« zusammengehen, wenn ein Umsturz Aussicht auf Erfolg haben solle.

1911 faßte die Regierung den Beschluß, die Eisenbahnlinie Peking—Hankou und alle weiteren, im Bau befindlichen Linien zu verstaatlichen, und ersuchte England, Frankreich, die USA und Deutschland um eine Anleihe. Sogleich erhob sich Widerstand in den Provinzen, der in Ssuch'uan zum Aufstand führte. In Wu-ch'ang am Yangtse (heute in Wu-han eingemeindet) putschte die Garnison, und zahlreiche Provinzgouverneure erklärten sich für unabhängig. Angesichts dieser Situation rief die Regierung Yüan Shih-k'ai zurück und beauftragte ihn mit der Niederschlagung der Erhebungen. Nach einigen Anfangserfolgen nahm Yüan indes Verhandlungen auf. Als die Truppen der Aufständischen am 12. Dezember 1911 Nanking besetzten, waren die Kriegshandlungen damit bereits beendet. Noch während in Shanghai mit dem Hof und Yüan verhandelt wurde, gründete man in Nanking eine Regierung. Von Vertretern aus 16 Provinzen wurde Sun Yat-sen am 29. Dezember zum provisorischen Präsidenten der Republik gewählt. Der Widerstand des Kaiserhauses brach schneller als erwartet zusammen. Am 12. Februar 1912 verkündete die Mandschu-Regierung das Abdankungsedikt des Kaisers; darin wurde ebenfalls China zur Republik erklärt, gleichzeitig aber auch bekanntgegeben, daß Yüan Shih-k'ai mit der Führung des neuen Staatswesens betraut sei. Im Interesse der Einheit des Reiches trat daraufhin Sun Yat-sen zurück; mit seinem Einverständnis wurde am 14. Februar Yüan Shih-k'ai zum Präsidenten der Republik China gewählt; am 10. März legte Yüan in Peking den Eid auf die Republik ab.[7]

Der freiwillige Verzicht Sun Yat-sens war aus der Überzeugung heraus erfolgt, daß damit ein Bürgerkrieg vermieden werde. Die große Tradition des Konfuzianismus, der Gegensätze immer ausglich und nicht bis zu ihrem äußersten Widerspruch trieb, hatte sich noch einmal, zum letzten Male, bewährt, auch wenn er als gesellschaftliche Ordnungskraft ein für allemal widerlegt war. Es war Chinas »Glück« gewesen, daß die mit dem ersten Opiumkrieg gewaltsam einbrechenden Industriemächte keine geschlossene Phalanx bildeten, die China in eine Kolonie hätte verwandeln können. Der konfuzianische Staat wäre so nur besiegt, nicht widerlegt worden, und das sich formierende Neue hätte sich mit dem Makel der Kapitulation behaften müssen. Die tiefe Demütigung aber brachte die chinesische Intelligenz dazu, ihre Tradition in Frage zu stellen und schließlich aus sich heraus zu negieren, was erst die Kraft zu eigenen Entwürfen verlieh und China aus der einseitigen Bindung an die Vergangenheit löste. »Das Jahrhundert der chinesischen Revolution«[8] begann folgerichtig mit einer Utopie, der der T'ai-p'ing, deren Idee kaum zufällig aus einem krankhaft gestörten Bewußtsein geboren wurde. Dadurch, daß sie und der Bürgerkrieg dem Traditionalismus zu seinem letzten Erfolg (in der Restaurationsperiode) verhalfen, wurde die Vorbedingung zu dessen Überwindung geschaffen. Die Revolution von 1911, als die der Umsturz meist bezeichnet wird, war im Grunde nur eine Halbheit und ein Kompromiß; sie richtete sich gegen die Mandschu-Herrschaft und überdeckte die inneren, sozialen Konflikte. Sie bereitete aber endgültig den Boden für die wirkliche Revolution, die erst noch bevorstand.

Zeittafel

Vor Christi Geburt:

16.—11. Jh.	Shang-Dynastie
1122	Beginn der Chou-Dynastie
	nach traditioneller Chronologie
11. Jh. — 221	Chou-Dynastie (bis 771 Frühere oder Westliche
	Chou, danach Spätere oder Östliche Chou)
722—481	Ch'un-ch'iu-Periode
551—479	Konfuzius
481—221	Chan-kuo-Periode
479—381	Mo Ti
371—289	Meng-tzu
221—207	Ch'in-Dynastie (erstes Kaiserreich in China)
206 v. Chr. bis	
8 n. Chr.	Frühere Han-Dynastie
141—87	Kaiser Wu (Regierungszeit)

Nach Christi Geburt:

9— 23	Wang Mang (Regierungszeit)
25— 220	Spätere Han-Dynastie
184— 185	Aufstand der »Gelben Turbane«
221— 280	Drei Reiche
265— 316	Westliche Chin-Dynastie
317— 419	Östliche Chin-Dynastie
420— 588	Nan-pei-ch'ao (Liu-ch'ao):
	Zeit staatlicher Zerrissenheit
589— 618	Sui-Dynastie
618— 906	T'ang-Dynastie
701— 762	Li T'ai-po
712— 770	Tu Fu
907— 960	Fünf Dynastien
960—1126	Nördliche Sung-Dynastie
937—1125	Liao-Dynastie (Kitan)
1021—1086	Wang An-shih
1115—1234	Chin-Dynastie (Dschurdschen)
1127—1279	Südliche Sung-Dynastie
1130—1200	Chu Hsi
1260—1294	Kublai Khan (Regierungszeit)
1280—1367	Yüan-Dynastie (Mongolen)

1328—1398	Chu Yüan-chang
1368—1644	Ming-Dynastie
1472—1529	Wang Yang-ming
1644—1911	Ch'ing-Dynastie (Mandschu)
1662—1722	Kaiser K'ang-hsi (Regierungszeit)
1839—1842	Erster Opiumkrieg
1850—1864	T'ai-p'ing-Aufstand
1894—1895	Chinesisch-japanischer Krieg
1900	Boxer-Aufstand
1911	Sturz der Ch'ing-Dynastie und Ende des chinesischen Kaiserreiches

Anmerkungen

Für die in den Anmerkungen verwendeten Abkürzungen von Zeitschriftentiteln siehe das Verzeichnis auf S. 359.

EINLEITUNG

1 Vgl. É. Chavannes, *Les Documents chinois découverts par Aurel Stein dans les sables du Turkestan Oriental.* Oxford 1913; H. Maspero, *Les Documents chinois de la troisième expédition de Sir Aurel Stein en Asie Central.* London 1953.

2 Zur chinesischen Historiographie siehe L. S. Yang, *The Organization of Chinese Official Historiography: Principles and Methods of the Standard Histories from the T'ang through the Ming Dynasty,* in: W. G. Beasley, E. G. Pulleyblank (Hrsg.), *Historians of China and Japan.* London 1961, S. 44–59; T. Naitō, *Shina Shigakushi.* Tokio 1949; Y. F. Chin, *Chung-kuo shih-hsüeh shih.* Schanghai 1946.

3 Vgl. E. G. Pulleyblank, *Chinese Historical Criticism: Liu Chih-chi and Ssu-ma Kuang,* in: *Historians of China and Japan* (vgl. Anm. 2), S. 135–166.

4 Vgl. L. S. Yang, a. a. O. und C. S. Gardner, *Chinese Traditional Historiography.* Cambridge 1938, S. 69–78.

5 O. Kümmel, *Die Kunst Chinas, Japans und Koreas.* Handbuch der Kunstwissenschaft. Wildpark-Potsdam 1929, S. 4 f.

6 Für die Hochschätzung des Alters zeugt folgende Etymologie: *pai* (*pǎk*) »älterer Bruder, (Feudal-)Herr«, eigentlich der »Weißhaarige« (geschrieben noch mit dem Determinativ Nr. 9 »Mensch«) ist lautlich und sachlich zusammenhängend mit *pa* (*pǎg*) »Hegemon«.

7 Siehe Kap. 1, S. 21.

KAP. 1: DIE ANFÄNGE DER CHINESISCHEN KULTUR

1 Bahnbrechend waren vor allem H. Maspero, *Légendes mythologiques dans le Chou-king,* in: JA 204 (1924), S. 1–100 und G. Haloun, mit seinem auch heute noch methodisch vorbildlichen Aufsatz *Die Rekonstruktion der chinesischen Urgeschichte durch die Chinesen,* in: Japanisch-deutsche Zeitschrift für Wissenschaft und Technik 3, 7 (1925), S. 243–270. Eine sehr eingehende Analyse der ältesten legendären Überlieferungen und ihres Nachlebens in der Literatur bietet auch B. Karlgren, *Legends and Cults in Ancient China,* in: BMFEA 18 (1946), S. 199–366. Von chinesischen einschlägigen Arbeiten ist vor allem die Untersuchung *San-huang*

k'ao (1936) von Ku Chieh-kang und Yang Hsiang-k'uei zu erwähnen. − Zur »Jahreszählung nach Zykluszahlen«: sie ist eine Erfindung der frühen Han-Zeit (2./1. Jahrhundert v. Chr.). Man läßt zwei Reihen von 10 bzw. 12 chinesischen Zeichen parallel zueinander 6mal, bzw. 5mal ablaufen, was einen Zyklus ergibt, der aus 60 Zeichenpaaren besteht, mit denen die Jahre bezeichnet werden.

2 Zuletzt noch A. Forke, *Yao, Schun und Yü*, in: AM, N. F. 1,1 (1944), S. 9−55.

3 Die Daten folgen dem Ansatz von T. P. Tung, *Chronological Tables of Chinese History*. Bd. I. Hongkong 1960.

4 Vgl. z. B. *Chuang-tzu* 29, 1 = L. Wieger, *Les Pères du Système Taoiste*. Paris 1950, S. 468 f., sowie *Lü-shih ch'un-ch'iu* 20, 1 = R. Wilhelm, *Frühling und Herbst des Lü Bu We*. Jena 1928, S. 346.

5 G. Haloun, *a. a. O.* (Anm. 1), S. 259 f.

6 Einen guten Überblick über echte Mythen gibt D. Bodde, *Myths of Ancient China*, in: *Mythologies of the Ancient World*, hrsg. v. S. N. Kramer. New York 1961, S. 337−408. Das gesamte literarisch überlieferte Material ist auch behandelt in den beiden Bänden von W. Eberhard, *Lokalkulturen im alten China*. Leiden − Peiping 1942; Einzelprobleme auch in der in Anm. 1 genannten Arbeit von B. Karlgren.

7 *Légendes mythologiques* (vgl. Anm. 1), S. 2−47.

8 So z. B. E. Erkes, *Zur Sage von Shun*, in: TP 34 (1939), S. 295−333. Zur Problematik des Begriffs Totemismus vgl. C. Lévi-Strauss, *Le Totémisme aujourd'hui*. Paris 1962; deutsch: *Das Ende des Totemismus*. Frankfurt 1965.

9 E. Erkes, *Ist die Hsia-Dynastie geschichtlich?* in: TP 33 (1937), S. 134−149.

10 K. A. Wittfogel, *Wirtschaft und Gesellschaft Chinas*. Leipzig 1931; *Oriental Despotism*. New Haven 1957; deutsch: *Die orientalische Despotie*. Köln − Berlin 1962. Der Theorie Wittfogels neigt auch zu C. T. Chi, *Key Economic Areas in Chinese History*. London 1936.

11 Zuerst formuliert in *Eine neue Arbeitshypothese über den Aufbau der frühchinesischen Kulturen*. Sonderabdruck aus dem Tagungsbericht der Gesellschaft für Völkerkunde, 2. Tagung 1936, Leipzig, dann 1937: *Early Chinese Cultures and their Development*. Smithsonian Report for 1937. Washington, D. C. 1938. Das gesamte Material ist mit Hilfe der von Eberhard entwickelten Methode der »ethnologischen Reihe« vorgelegt in seinen *Lokalkulturen im alten China*. 2 Bde. Leiden − Peiping 1942.

12 J. Průšek, *Les récentes théories d'Eberhard sur les origines de la civilisation chinoise*, in: ArOr 21 (1953), S. 35−92.

13 E. G. Pulleyblank, in: JRAS 1966, S. 10−12.

14 Vgl. die sowohl die literarische wie die archäologische Überlieferung ausführlich behandelnde Arbeit von M. v. Dewall, *Pferd und Wagen im frühen China*. Bonn 1964.

15 *Kuan-tzu*, Ausgabe Kambun Taikei, Abschnitt 84, ch. 24, S. 30.

16 Vgl. jetzt zu diesen sehr vielschichtigen Problemen H. Kelm, *Frühe*

Beziehungen Amerikas zu Asien und Polynesien, in: Saeculum Weltgeschichte Bd. I. Freiburg i. Br. 1965, S. 610—637.

17 E. G. Pulleyblank, in: JRAS 1966, S. 10.

18 Die Entschlüsselung der Symbolik der altchinesischen Ikonographie ist vor allem von C. Hentze durch viele Arbeiten gefördert worden, insbesondere: *Frühchinesische Bronzen und Kultdarstellungen.* Antwerpen 1937; *Sakralbronzen und ihre Bedeutung in den frühchinesischen Kulturen.* Antwerpen 1941; *Bronzegerät, Kultbauten, Religion im ältesten China der Shang-Zeit.* Antwerpen 1951.

19 W. Eberhard, *Der Beginn der Dschou-Zeit. Ein Beitrag zur Geistesgeschichte der Han-Zeit,* in: Sinica 8 (1933), S. 182—188.

20 N. Barnard, in: MS 19 (1960), S. 486—515.

KAP. 2: DAS FEUDALISTISCHE CHINA (8.—3. JAHRHUNDERT V. CHR.)

1 Vgl. S. H. Ch'i, *Chou-tai hsi-ming-li k'ao,* in: Yen-ching hsüeh-pao 32 (1947), S. 197—226.

2 Die literarischen Quellen des chinesischen Altertums sind keine Primärdokumente, vielmehr haben sie oft einen erzählenden Charakter. Daß sie diesen nicht entsprechend eingeschätzt hat, beeinträchtigt z. T. die sonst verdienstvolle Arbeit von C. Y. Hsu, *Ancient China in Transition. An Analysis of Social Mobility, 722—222 B. C.* Stanford 1965.

3 Vgl. E. Erkes, *Das Problem der Sklaverei in China.* Sitzungsber. d. Sächs. Ak. d. Wiss. zu Leipzig, Phil.-hist. Kl. Bd. 100, H. 1. Berlin 1952.

4 Der chinesische Ausdruck für »Steuer«, *shui* (in moderner Aussprache), hatte ursprünglich die Bedeutung »schenken«. Seine Bedeutungserweiterung hatte zunächst also euphemistischen Charakter.
Über die Bodenverteilung unter der Westlichen Chou-Dynastie und davor wissen wir nur sehr wenig. Nach dem Philosophen Meng-tzu (372—289 v. Chr.) gab es damals das sogenannte Brunnenfeld-System (*ching-t'ien*), dessen Bezeichnung sich von der graphischen Struktur des chinesischen Zeichens *ching* (»Brunnen«) herleitet, das aus zweimal zwei einander kreuzenden Strichen besteht und somit als die Unterteilung eines Quadrats in neun kleine Quadrate gedeutet werden kann. In diese sollen sich jeweils acht Familien geteilt haben, mit einem von allen gemeinsam bebauten Gemeindeland in der Mitte. Das System ist eine Utopie, spielte aber gleichwohl später immer wieder eine ideologische Rolle bei Reformversuchen.

5 Vgl. O. Franke, *Geschichte des chinesischen Reiches.* Bd. I. Berlin 1930, S. 162.

6 *Shih-chi* (K'ai-ming-Ausg.), Kap. 40, S. 141.

7 S. Hu, *Der Ursprung der Ju und ihre Beziehung zu Konfuzius und Lau-dsï.* Übers. v. W. Franke. Sinica-Sonderausgabe 1935, S. 141—171 und 1936, S. 1—42.

8 Siehe H. O. H. Stange, *Die älteste chinesische Literatur im Lichte der Ausgrabungsfunde,* in: AM, N. F. 1 (1944), S. 115—153. Zum Charakter des *Ch'un-ch'iu* als eines unphilosophischen Annalen-

werks hat G. A. Kennnedy einleuchtende Beweise vorgelegt: *Data zur Deutung des Wesens des Tschun Tsiu.* Sinica-Sonderausgabe 1934, S. 23–34; auch englisch, in: JAOS 62 (1942), S. 40–48.

9 Den besten und ausführlichsten Überblick über die Geschichte der Chou-Zeit bietet H. Maspero, *La Chine antique.* 2. Aufl. Paris 1955; eine ebenfalls gut dokumentierte Darstellung gibt ferner O. Franke in Bd. I seiner *Geschichte des chinesischen Reiches.* Berlin 1930.

10 Vgl. hierzu H. Franke, *Kulturgeschichtliches über die chinesische Tusche.* Bayer. Ak. d. Wiss., Phil.-hist. Kl. Abhandlungen N. F. Heft 54. München 1962, S. 11, Anm. 1.

11 *Chinas Geschichte.* Bern 1948, S. 71.

12 Übersetzung nach A. Forke, *Mĕ Ti des Sozialethikers und seiner Schüler philosophische Werke.* MSOS, Beiband zu Jahrgang XXIII/XXV. Berlin 1922, S. 402 f.

13 Über den sozialen Hintergrund Mo Tis und der Mohisten s. auch Y. L. Fung, *A History of Chinese Philosophy.* Bd. I. Princeton 1952, S. 79 f., 246–250.

14 *Das Ende des Totemismus.* Frankfurt 1965, S. 115 f. Leicht abgewandeltes Zitat.

15 Die Tätigkeit des Tzu-ch'an und seine Stellung innerhalb der sozialen Umwälzungen ist ausführlich geschildert in V. A. Rubin, *Tzu-ch'an and the City-State of Ancient China,* in: TP 52 (1965), S. 8–34, wo auf gewisse Ansätze zu einer Beteiligung der Bevölkerung in den Regierungsmaßnahmen des Tzu-ch'an hingewiesen und er also nicht durchaus als Ahnherr des Legalismus angesehen wird.

16 Das Werk ist neuerdings eingehend behandelt worden von J. I. Crump, *Intrigues: Studies of the Chan-kuo Ts'e.* Ann Arbor (Mich.) 1964. Vgl. auch vom gleichen Verfasser *The Chan-kuo Ts'e and its Fiction,* in: TP 48 (1960), S. 305–375. Eine gute Einführung in die Probleme der Zeit der »kämpfenden Staaten« gibt auch E. Haenisch, *Chinas Weg vom Lehnsreich zum Einheitsstaat.* Sitzungsber. der Bayer. Ak. d. Wiss. 1947, Nr. 3. München 1948. Das *Shih-chi* des Ssu-ma Ch'ien verwertet vielfach das Material des *Chan-kuo ts'e;* an Übersetzungen von Biographien von Persönlichkeiten der Chan-kuo-Zeit sind zu nennen E. Haenisch, *Gestalten aus der Zeit der chinesischen Hegemoniekämpfe.* Wiesbaden 1962, und F. A. Kierman, *Four Late Warring States Biographies.* Wiesbaden 1962.

17 Der Antagonismus von feudalistischer Haltung und nüchterner Staatsraison kommt insbesondere in der Überlieferung über das Attentat des Ching K'o auf den König von Ch'in 227 v. Chr. zum Ausdruck; vgl. D. Bodde, *Statesman, Patriot and General in Ancient China.* New Haven 1940, S. 23–52, und H. Franke, *Die Geschichte des Prinzen Tan von Yen,* in: ZDMG 107 (1957), S. 412 bis 458.

KAP. 3 : DAS ERSTE REICH UND DIE HAN-ZEIT (221 V. CHR. — 220 N. CHR.)

1 Die beste moderne Übersicht über das Münzwesen des Altertums gibt Y. C. Wang, *Early Chinese Coinage.* New York 1951 (= Numismatic Notes and Monographs No. 122).

2 Nach mündlicher Mitteilung von Professor GUSTAV HALOUN (November 1951) gibt es Anhaltspunkte dafür, daß die »Bücherverbrennung« eine Legende ist. Leider ist Haloun nicht mehr dazu gekommen, diese faszinierende und unser Bild von der Ch'in-Zeit erheblich ändernde Hypothese näher zu begründen.

3 Das von manchen Autoren (so auch Fischer Weltgeschichte Bd. XVI, *Zentralasien*, S. 49) angenommene türkische Volkstum der Hsiung-nu ist nicht nachzuweisen. Für mögliche linguistische Beziehungen zu sibirischen Völkern vgl. jetzt vor allem die auf den neuesten phonetischen Erkenntnissen aufgebauten Studien von E. G. PULLEY-BLANK, *The Hsiung-nu Language*, in: AM 9 (1962), S. 239—265. Zur Frage des Hunnennamens vgl. insbesondere O. MAENCHEN-HELFEN, *The Ethnic Name Hun*, in: *Studia Serica Bernhard Karlgren Dedicata*. Kopenhagen 1959, S. 223—238, wo gewichtige Argumente gegen die vorschnelle Gleichsetzung von Hunnen und Hsiung-nu vorgebracht werden.

4 Vgl. hierzu in erster Linie O. LATTIMORE, *Inner Asian Frontiers of China*. New York 1951.

5 Diese Theorie wurde von A. WALEY in seiner Arbeit *Heavenly Horses of Ferghana* in der Zeitschrift History Today 5 (1955), S. 95—103 näher begründet.

6 Zu berücksichtigen ist allerdings, daß Ssu-ma Ch'ien unter Kaiser Wu eine schwere Verstümmelungsstrafe erlitt, vgl. O. FRANKE, *Geschichte des chinesischen Reiches*. Bd. I. Berlin 1930, S. 350 f.

7 Vgl. A. F. P. HULSEWÉ, *Remnants of Han Law*. Bd. I. Leiden 1955, S. 16.

8 *Zur Landwirtschaft der Han-Zeit*, in: MSOS 35 (1932), S. 74—105.

9 Sie wurde zuerst von KARL MARX formuliert, der hierzu Anregungen in der klassischen englischen Nationalökonomie fand, dann wurde sie von MAX WEBER in seinen religionssoziologischen Arbeiten aufgegriffen und schließlich besonders von K. A. WITTFOGEL (*Wirtschaft und Gesellschaft Chinas*. Leipzig 1931) weiterentwickelt. Vgl. auch S. 28.

10 Von W. EBERHARD in *Conquerors and Rulers: Social Forces in Medieval China*. Leiden 1952, Kap. I, und *Chinas Geschichte*. Bern 1948, S. 87—90, 94—98.

11 *Die Geschichte des chinesischen Reiches*. 5 Bde., Berlin 1930—1952, von O. FRANKE, ist wesentlich von ihr geprägt.

12 Vgl. A. F. P. HULSEWÉ, *Die Seidenstraße — Ost-West-Politik vor 2000 Jahren*, in: Ludwig-Maximilians-Universität, Niederländische Gelehrtenwoche 1964. München 1965, S. 133—136.

13 Vgl. L. S. YANG, *Great Families of Eastern Han*, in: E. T. Z. SUN, J. DE FRANCIS (Hrsg.), *Chinese Social History*. Washington 1956, S. 115.

14 Vgl. A.F.P. HULSEWÉ, a. a. O. (Anm. 7), S. 29.

15 Eine sehr ausführliche Darstellung dieser ganzen Denkweise gibt W. EBERHARD in seiner Abhandlung *Beiträge zur kosmologischen Spekulation der Chinesen der Han-Zeit*. Baessler-Archiv Bd. XVI. Berlin 1933.

16 Siehe H. BIELENSTEIN, *The Restoration of the Han Dynasty*, in: BMFEA 26 (1954), S. 1—209.

17 Vgl. K. Lao, *Population and Geography in the Two Han Dynasties*, in: E. T. Z. Sun, J. de Francis, a. a. O. (Anm. 13), S. 85.

18 Vgl. L. S. Yang, *a. a O.* (Anm. 13) S. 114.

19 Vgl. H. Welch, *The Parting of the Way, Lao Tzu and the Taoist Movement.* London 1957, S. 113—123.

20 In der Bezeichnung *Huang-lao-chün* steht *Huang* für Huang Ti (»Gelber Kaiser«) und *lao* für den Philosophen Lao-tzu.

21 *The Yellow Turbans,* in: MS 17 (1958), S. 47—127.

22 *A. a. O.*, S. 54.

23 *Der deutsche Bauernkrieg.* 4. Aufl. Darmstadt 1956; *Quellen zur Geschichte des Bauernkrieges.* Darmstadt 1963.

24 *La Crise sociale et la philosophie politique à la fin des Han,* in: TP 39 (1949), S. 83—131.

KAP. 4: DAS CHINESISCHE MITTELALTER (200—600 N. CHR.)

1 Vgl. hierzu die glänzend und eindringlich formulierten Auffassungen von K. Bosl in *Die Gesellschaft in der Geschichte des Mittelalters.* Kleine Vandenhoeck-Reihe 231. Göttingen 1966. Insbesondere S. 25 ff.

2 Diese kennzeichnenden Merkmale des chinesischen Mittelalters sind vor allem durch É. Balazs herausgearbeitet worden, vgl. *Chinese Civilization and Bureaucracy.* New Haven 1964, S. 174 f. und 187 f.

3 Vgl. hierzu L. Bazin, *Recherches sur les parlers T'o-pa,* in: TP 39 (1950), S. 228—329.

4 W. Eberhard, *Das Tobareich Nordchinas. Eine soziologische Untersuchung.* Leiden 1949.

5 Ausführlich dargestellt durch É. Balázs, *Le traité économique du »Souei-chou«.* Leiden 1953, S. 241—262 (*La révolte des Six Garnisons et la sécession du Wei 524—534*).

6 Vgl. hierzu Balázs, *a. a. O.*, S. 255—262 (*L'antagonisme sien-pi — chinois*).

7 Die obige Darstellung schließt sich eng an P. T. Ho, *Lo-yang A. D. 495—534,* in: HJAS 26 (1966), S. 52—101 an. Zur Rolle der Stadt vgl. auch É. Balázs, *Chinese Civilization and Bureaucracy.* New Haven 1964, S. 66—78 (*Chinese Towns*).

8 Zum Militärwesen unter den Nord-Dynastien siehe vor allem auch É. Balázs, *Le Traité économique du »Souei-chou«,* S. 262—275 (*L'organisation militaire des Wei et de leurs successeurs*).

9 Grundlegend hierzu É. Balázs, *Chinese Civilization and Bureaucracy,* S. 226—254 (*Nihilistic Revolt or Mystical Escapism*). Über Hsi K'ang vgl. auch die ausführliche Biographie von D. Holzman, *La vie et la pensée de Hi K'ang.* Leiden 1957.

10 Näher ausgeführt von Tjan Tjoe Som, *De plaats van de studie der kanonieke boeken in den Chinese filosofie.* Leiden 1950.

11 Die einschlägigen Arbeiten finden sich gesammelt in H. Maspero, *Mélanges Posthumes.* Bd. II: *Le Taoïsme.* Paris 1950.

12 Die sexuellen Komponenten im Taoismus wurden zuerst von H. Maspero erforscht, vgl. *Les procédés de »nourrir le principe vital« dans la religion taoïste ancienne,* in: JA 229 (1937), S. 177—252,

353—430 (nicht in dem in Anm. 11 genannten Sammelband enthalten). Zu den chinesischen mit dem Geschlechtsleben zusammenhängenden Vorstellungen vgl. ferner das Standardwerk von R. H. VAN GULIK, *Sexual Life in Ancient China*. Leiden 1961, insbes. S. 91—169. Solche Vorstellungen hatten ein zähes Nachleben und sind noch im 16. und 17. Jahrh. nachzuweisen; vgl. H. FRANKE, in: ZDMG 112 (1962), S. 433—435.

13 Zu den Buddhistenverfolgungen vgl. K. CH'EN, *Anti-Buddhist Propaganda during the Nan-ch'ao*, in: HJAS 15 (1952), S. 166—192, und *On some Factors responsible for the Anti-Buddhist Persecution under the Pei-ch'ao*, in: HJAS 17 (1954), S. 261—273.

14 Vgl. hierzu die glänzende Abhandlung von P. DEMIÉVILLE, *Le bouddhisme et la guerre*, in: Mélanges publiés par l'Institut des Hautes Études Chinoises. Bd. I. Paris 1957, S. 347—385.

15 Eine Auswahl aus der Novellenliteratur bietet die Anthologie *Die Goldene Truhe*, hrsg. von W. BAUER und H. FRANKE. München 1959.

16 Über Fan Chen siehe namentlich É. BALÁZS, *Chin. Civ. and Bureaucr.* S. 255—276 (*The First Chinese Materialist*; zuerst deutsch unter dem Titel *Buddhistische Studien. Der Philosoph Fan Dschen und sein Traktat gegen den Buddhismus*, in: Sinica 7 (1932), S. 220 bis 234).

17 Diesen ganzen Vorstellungen ist R. A. STEIN nachgegangen in einer durch Akribie und Tiefsinn gleich eindrucksvollen Arbeit: *Jardins en miniature d'Extrême-Orient. Le monde en petit*, in: BEFEO 42 (1943), S. 1—104.

KAP. 5 : DIE ERNEUERUNG DES REICHES UNTER DEN SUI UND T'ANG

1 Eine auf dem heutigen Stande der Forschung beruhende Biographie und Wertung bietet A. F. WRIGHT, *Sui Yang-ti: Personality and Stereotype*, in: *The Confucian Persuasion*. Hrsg. v. A. F. WRIGHT. Stanford (Calif.) 1960, S. 47—67.

2 Vgl. hierzu im einzelnen É. BALÁZS, *Le traité économique du »Souei-chou«*. Leiden 1953, insbesondere S. 307—320.

3 Ausführlich dargestellt in W. BINGHAM, *The Founding of the T'ang Dynasty. The Fall of Sui and Rise of T'ang*. Baltimore 1941.

4 Über T'ang T'ai-tsung vgl. die anschauliche Biographie von C. P. FITZGERALD, *Son of Heaven*. Cambridge 1933; zu dem Staatsstreich von 626 auch W. BINGHAM, *Li Shih-min's Coup in A. D. 626*, in: JAOS 70 (1950), S. 89—95, 259—271.

5 Die ausführlichste Biographie dieser ungewöhnlichen Persönlichkeit bietet C. P. FITZGERALD, *The Empress Wu*. London 1956.

6 Ein chinesischer, in den USA wirkender Soziologe bezeichnete einmal im Verlauf eines Symposions (Februar 1967) die chinesische Gesellschaft als »a society of hen-pecked husbands« — also Pantoffelheldentum als Folge institutionalisierter und ritualisierter Zweitklassigkeit der Frau!

7 Diese wurden aus verschiedenen Fragmenten rekonstruiert von NIIDA NOBORU und ins Englische übersetzt von D. TWITCHETT, *Financial Administration Under the T'ang Dynasty*. Cambridge 1963, S. 124—135.

8 Vgl. K. T. Wan, *The System of Equal Land Allotments in Medieval Times*, in: E. T. Z. Sun, J. de Francis (Hrsg.), *Chinese Social History*. Washington 1956, S. 166.

9 *Beiträge zur Wirtschaftsgeschichte der T'ang-Zeit (618–906)*, in: MSOS 34, 35, 36 (1931–1933).

10 Vgl. Balázs, *a. a. O.* (Anm. 9).

11 Er wurde aus den Quellen dargestellt von R. des Rotours, *Traité des fonctionnaires et traité de l'armée*. 2 Bde. Leiden 1947.

12 Jede der neun Rangklassen war nochmals unterteilt in eine obere und eine untere.

13 Der Ausdruck »Universität« ist hier nur als Hilfsbegriff zu verstehen, da sich im Deutschen kein anderer anbietet. Die Institution selbst hatte viel eher den Charakter einer höfischen Erziehungsanstalt. Das moderne chinesische Wort für Universität (*ta-hsüeh*) geht auf *t'ai-hsüeh* zurück, das wir hier, mit gleichem Vorbehalt, durch »Hochschule« wiedergegeben haben.

14 Vgl. R. des Rotours, *Le traité des examens*. Paris 1932.

15 Nach K. Bünger, *Quellen zur Rechtsgeschichte der T'ang-Zeit*. Peiping 1946, S. 21.

16 Vgl. D. Twitchett, *a. a. O.* (Anm. 7), S. 15.

17 Vgl. D. Twitchett, *a. a. O.* (Anm. 7), S. 37, 42, 254.

18 Der Text der Eingabe von Yang Yen findet sich übersetzt von D. Twitchett, *a. a. O.* (Anm. 7), S. 157–160.

19 Vgl. D. Twitchett, *The Salt Commissioners after the Rebellion of An Lu-shan*, in: AM, N. S. 4, 1 (1954), S. 60–89.

20 Hinsichtlich des realen Wertes des Geldes seien zum Vergleich einige Preise aufgeführt: 1 *tou* (Hohlmaß, etwa 6 l) Hirse = 15 Bronzemünzen, 1 *tou* Wein = 40 B., 1 Rolle Papier = 45 B., 1 Spiegel = 300 B. Nach M. Loewe, *Imperial China*. London 1966, S. 197.

21 Vgl. E. H. Schafer, *The Golden Peaches of Samarkand. A Study of T'ang Exotics*. Berkeley 1963, S. 14 f.

22 Über die drei großen Dichter Li Po, Tu Fu und Po Chü-i gibt es hervorragende Biographien, die auch Würdigungen der literarischen Leistungen enthalten: A. Waley, *The Life and Times of Po Chü-i*. London 1949; ders., *The Poetry and Career of Li Po*. London 1950; W. Hung, *Tu Fu, China's greatest Poet*. 2 Bde. Cambridge (Mass.) 1952.

23 Siehe dazu jetzt E. G. Pulleyblank, *Neo-Confucianism and Neo-Legalism in T'ang Intellectual Life*, in: *The Confucian Persuasion*. Hrsg. v. A. F. Wright. Stanford (Calif.) 1960, S. 77–114.

24 Zur T'ang-Novellistik siehe vor allem E. D. Edwards, *Chinese Prose Literature of the T'ang Period*. 2 Bde. London 1937–1938.

25 In Auswahl übersetzt und erläutert von A. Waley, *Ballads and Stories from Tun-huang*. London 1960.

26 Grundsätzliche Ausführungen zu der Rolle der Enzyklopädien in der chinesischen Kultur bringt É. Balázs, *Chinesische Geschichtswerke als Wegweiser zur Praxis der Bürokratie*, in: Saeculum 8 (1957), S. 210–223.

27 Musterhaft übersetzt und ausgewertet von E. O. Reischauer, *Ennin's Diary* und *Ennin's Travels in T'ang-China*. Beides New York

1955; letzteres auch deutsch: *Die Reisen des Mönchs Ennin. Neun Jahre im China des 9. Jahrhunderts.* Stuttgart 1963.

28 Über ihn siehe jetzt die breit angelegte und außerordentlich inhaltsreiche Biographie von L. Hurvitz, *Chih-i (538–597). An Introduction to the Life and Ideas of a Chinese Buddhist Monk.* Mélanges Chinois et Bouddhiques Bd. XII. Brügge 1963.

29 Th. F. Carter, *The Invention of Printing and its Spread Westward.* 2. Aufl. New York 1955.

30 Über ihn siehe jetzt A. Waley, *The Real Tripitaka.* London 1952.

31 Grundlegend noch immer É. Chavannes und P. Pelliot, *Un traité manichéen retrouvé en Chine,* in: JA 1911, S. 499–617; 1913, S. 99 bis 199; 261–394. Dazu neuerdings auch G. Haloun u. W. B. Henning, *The Compendium of the Doctrines and Styles of the Teaching of Mani, the Buddha of the Light,* in: AM, N. S. 3,2 (1952), S. 184–212. Über den Mazdaismus siehe auch W. Eichhorn, *Materialien zum Auftreten iranischer Kulte in China,* in: Die Welt des Orients 2, 5–6 (1959), S. 531–541.

32 Zum Exotismus der T'ang-Kultur siehe das ebenso gelehrte wie geistvoll geschriebene Buch von E. H. Schafer, *a. a. O.* (Anm. 21).

KAP. 6: DIE SUNG-ZEIT: DAS BÜROKRATISCHE CHINA (10.–13. JAHRH.)

1 W. Eberhard hält die anfänglich harten Maßnahmen Chu Wens gegen die Großgrundbesitzer für ausschlaggebend für dessen negative Beurteilung seitens der chinesischen Historiker; vgl. *Chinas Geschichte.* Bern 1948, S. 229 f. Eine soziologische Untersuchung zur Periode der Fünf Dynastien lieferte der gleiche Verfasser mit *Conquerors and Rulers: Social Forces in Medieval China.* 2. Aufl. Leiden 1965.

2 Vgl. G. W. Wang, *The Structure of Power in North China during the Five Dynasties.* Kuala Lumpur 1963, S. 196–198.

3 Die am meisten angenommene Personenzahl pro Haushalt beträgt fünf. Siehe hierzu W. Eichhorn, *Gesamtbevölkerungsziffern des Sung-Reiches,* in: Oriens Extremus 4 (1957), S. 52–69; S. Katō, *Shina keizaishi kōshō.* Tokio 1953.

4 Vgl. J. P. Lo. *The Emergence of China as a Sea Power during the late Sung and early Yüan Periods,* in: Far Eastern Quarterly 14 (1954–1955), S. 489–503.

5 Eine sehr anschauliche Darstellung städtischen Lebens dieser Zeit vermitteln J. Gernet, *La Vie quotidienne en China à la veille de l'invasion mongole 1250–1276,* Paris 1959, und É. Balázs, *Chinese Civilization and Bureaucracy.* New Haven 1964, S. 66–100.

6 Vgl. H. F. Schurmann, *Traditional Property Concepts in China,* in: Far Eastern Quarterly 15 (1956), S. 507–516.

7 Vgl. S. Balázs, *Ein Vorläufer von Wang An-Schi,* in: Sinica 8 (1933), S. 165–171.

8 Vgl. H. R. Williamson, *Wang An Shih, a Chinese Statesman and Educationalist of the Sung Dynasty.* 2 Bde. London 1935–1937; J. T. C. Liu, *Reform in Sung China: Wang An-shih and his New Policies.* Cambridge (Mass.) 1959; O. Franke, *Der Bericht Wang Ngan-schi's von 1058 über Reform des Beamtentums,* in: SPAW 1931, XIII, S. 218–242.

9 J. Needham, *Science and Civilisation in China*, vol. 2, Cambridge, 1962, pp. 441—454.

10 Eine erste Studie hierzu lieferte W. Eichhorn, *Die Wiedereinrichtung der Staatsreligion im Anfang der Sung-Zeit*, in: MS 23 (1964), S. 205—263.

11 Übersetzung nach W. Eichhorn, *a. a. O.*, S. 207 f.

12 Über Ts'ai Ching und die Politik der Nachreform-Periode vgl. R. Trauzettel, *Ts'ai Ching (1046—1126) als Typus des illegitimen Ministers*. Bamberg 1964.

13 Besonders japanische Gelehrte haben sich an der Entzifferung der Kitan-Schrift versucht. Hervorzuheben ist der Versuch, die alttürkische Runenschrift zur Deutung der Kitan-Schrift heranzuziehen, vgl. S. Murayama, *Der Zusammenhang der Kitan-Schrift mit der türkischen Runenschrift*, in: *Proceedings of the Twenty-second Congress of Orientalists*, hrsg. v. Zeki Velidi Togan. Bd. II. Leiden 1957, S. 386—398.

14 Grundlegend für die Geschichte des Kitanreichs und seine Struktur ist das groß angelegte Werk von K. A. Wittfogel und C. S. Feng, *History of Chinese Society: Liao*. Philadelphia 1949.

15 Vgl. die Monographie von Chr. Schwarz-Schilling, *Der Friede von Shan-yüan 1005*. Wiesbaden 1958.

16 Zur Sprache, Schrift und Literatur der Tanguten siehe jetzt vor allem N. A. Nevskij, *Tangutskaja Filologija*. 2 Bde. Moskau 1960.

17 Die beste Darstellung der Geschichte des Chin-Reiches stammt von Toyama Gunji, *Kinchōshi Kenkyū*. Kioto 1964.

18 Siehe É. Balázs, *a. a. O.* (Anm. 5), S. 123.

19 Vgl. über Yüeh jetzt die sowohl quellenkritisch wie geistesgeschichtlich aufschlußreiche Studie von H. Wilhelm, *From Myth to Myth: The Case of Yüeh Fei's Biography*, in: *Confucian Personalities*, hrsg. v. A. F. Wright und D. C. Twitchett. Stanford (Calif.) 1962, S. 146—161.

20 Zum Handel zwischen Sung und Chin vgl. namentlich die Arbeiten von Sh. Katō in der Sammlung seiner wirtschaftsgeschichtlichen Monographien *Shina Keizaishi Kōchō*. Bd. II. Tokio 1953, S. 247 bis 283.

21 F. Hirth und W. W. Rockhill, *Chau Ju-kua: His Work on the Chinese and Arab Trade in the 12th and 13th Centuries entitled Chu-fan-chih*. St. Petersburg 1911. Zur Organisation des chinesischen Überseehandels vgl. auch die grundlegende Arbeit von J. Kuwabara, *On P'u Shou-keng, a Man of the Western Regions who was Superintendent of the Trading Ships Office in Ch'üan-chou towards the End of the Sung Dynasty*, in: MTB 2 (1928), S. 1—79 und 7 (1935), S. 1—104. Die Seegeltung Chinas in der Süd-Sungzeit wird auch dargestellt in J. P. Lo, *a. a. O.* (Anm. 4).

22 Über Su gibt es eine ausgezeichnete, auch als Einführung in das Geistesleben der Sung-Zeit höchst nützliche Biographie von Y. T. Lin, *The Gay Genius. The Life and Times of Su Tung-po*. New York 1948.

23 Deutsch mit ausführlichem Kommentar von G. Debon, *Ts'anglangs Gespräche über die Dichtung*. Wiesbaden 1962.

24 Hier kann auf die nicht nur für die Sung-Zeit, sondern die chinesi-

sche Geschichte im allgemeinen wichtigen Ausführungen von A. F.
WRIGHT und D. C. TWITCHETT in dem von ihnen herausgegebenen
Band *Confucian Personalities*. Stanford (Calif.) 1962, S. 3–23
(WRIGHT: *Values, Roles, and Personalities*) und S. 24–39 (TWIT-
CHETT: *Problems of Chinese Biography*) hingewiesen werden.

KAP. 7: CHINA ALS TEIL DES MONGOLISCHEN WELTREICHS

1 Die Feldzüge Tschinggis Khans werden ausführlich auf Grund vornehmlich der chinesischen Quellen dargestellt von H. D. MARTIN,
   The Rise of Chingis Khan and his Conquest of North China.
   Baltimore 1950.
2 Eine ausgezeichnete moderne Studie über Yeh-lü Ch'u-ts'ai ist
   I. DE RACHEWILTZ, *Yeh-lü Ch'u-ts'ai: Buddhist Idealist and Confucian Statesman*, in: *Confucian Personalities*, hrsg. v. A. F.
   WRIGHT und D. C. TWITCHETT. Stanford (Calif.) 1962, S. 189–216.
3 Die maßgeblichen Studien über das Steuerwesen und die Wirtschaft der Mongolenzeit sind: H. F. SCHURMANN, *Mongolian Tri-
   butary Practices of the 13th Century*, in: HJAS 19 (1956), S. 304
   bis 389, und, vom gleichen Verfasser, *Economic Structure of the
   Yüan Dynasty*. Cambridge (Mass.) 1956.
4 Über Chia Ssu-tao siehe H. FRANKE, *Die Agrarreformen des Chia
   Ssu-tao*, in: Saeculum 9 (1958), S. 345–369 und *Chia Ssu-tao, a
   »bad last minister«?*, in: *Confucian Personalities*, hrsg. v. A. F.
   WRIGHT und D. C. TWITCHETT. Stanford (Calif.) 1962, S. 217–234.
5 Vgl. hierzu jetzt insbesondere JAO TSUNG-I, *Chiu-lung yü Sung-chi
   shih-liao (Kowloon in Historical Records of Sung Dynasty)*. Hongkong 1959.
6 Rechtswesen und Institutionen der Yüan-Zeit sind anhand des
   Kodex der Yüan-Zeit ausführlich dargestellt in P. RATCHNEVSKY,
   Un code des Yuan. Paris 1937.
7 Über die *ortoq* vgl. insbesondere WENG TU-CHIEN, *Wo-t'o k'ao*, in:
   Yen-ching hsüeh-pao 29 (1941), S. 201–218, sowie die Ausführungen bei É. BALÁZS, *Chinese Civilization and Bureaucracy*. New
   Haven 1964, S. 75 f.
8 Die Klassenstruktur der yüanzeitlichen Gesellschaft ist Gegenstand
   der Monographie von MENG SSU-MING, *Yüan-tai she-hui chieh-chi
   chih-tu (Social Classes in China under the Yüan Dynasty)*. Peiping
   1938.
9 Vgl. die interessanten Einzelheiten bei P. OLBRICHT, *Das Postwesen
   in China unter der Mongolenherrschaft im 13. und 14. Jahrhundert*.
   Wiesbaden 1954.
10 H. FRANKE, *Geld und Wirtschaft in China unter der Mongolenherrschaft*. Leipzig 1949; P. RATCHNEVSKY, *Die mongolischen Groß-
   khane und die buddhistische Kirche*, in: Asiatica, Festschrift für
   Friedrich Weller. Leipzig 1954, S. 489–504.
11 Das auch heute noch maßgebende Werk über das Christentum in
   China ist A. C. MOULE, *Christians in China before the Year 1550*.
   London 1930. Zu den türkisch-chinesischen Grabsteinen vgl. jetzt
   SH. MURAYAMA, *Die syrisch-nestorianischen Grabinschriften aus
   Pailing-miao und Ch'üan-chou*. Transactions of the International
   Conference of Orientalists in Japan 8 (1963), S. 22–25.

12 Die auch für die mongolische Sprach- und Schriftgeschichte wichtigen Inschriften sind u. a. behandelt worden von E. Haenisch, *Steuergerechtsame der chinesischen Klöster unter der Mongolenherrschaft*. Leipzig 1940, ferner von N. Poppe, *The Mongolian Monuments in ḥP'ags-pa Script.* Wiesbaden 1957. Zu einer neu entdeckten Inschrift vgl. H. Franke, *Eine unveröffentlichte 'P'ags-pa-Inschrift aus T'ai-yüan,* in: Collectanea Mongolica, Festschrift für Prof. Dr. B. Rintchen. Wiesbaden 1966, S. 49–57.

13 Die klassischen Arbeiten von Ch'en Yüan über die Akkulturation der Ausländer in der Mongolenzeit liegen jetzt auch in einer vorzüglichen Übersetzung vor: Ch'en Yüan, *Western and Central Asians in China under the Mongols.* Übers. v. Ch'ien Hsing-hai und L. C. Goodrich. Los Angeles 1966. Zu einigen allgemeinen Aspekten vgl. auch H. Franke, *Sino-Western Contacts under the Mongol Empire,* in: Journal of the Royal Asiatic Society, Hong Kong Branch 5 (1966), S. 49–72.

14 F. W. Mote, *Confucian Eremitism in the Yüan Period,* in: *The Confucian Persuasion,* hrsg. v. A. F. Wright. Stanford (Calif.) 1960, S. 202–240.

15 Über ihn vgl. auch H. Kuntze, *Leben und Dichtungen des Ni Tsan.* Bombay 1959.

16 Siehe hierzu neben dem Standardwerk von Ch'en Yüan, *a. a. O.* (Anm. 13), auch H. Franke, *Could the Mongol Emperors read and write Chinese?* in: AM 3 (1952–1953), S. 28–41.

17 Grundlegend jetzt L. Petech, *Les marchands italiens dans l'empire mongol,* in: JA 1962, S. 549–574.

18 Für ein Beispiel früherer Seidenimporte siehe jetzt J. Gottschalk, *Ein Fürstenmantel der Herzogin Hedwig von Schlesien aus chinesischem Goldbrokat? Beiträge zur Handelsgeschichte des Ostens,* in: Zeitschrift für Ostforschung 15 (1966), S. 403–456.

19 Siehe hierzu H. Franke in: ZDMG 112 (1962), S. 228–232.

20 Die beste moderne Ausgabe für den allgemein interessierten Leser ist die Übersetzung von L. Hambis (Paris 1955). Von den grundgelehrten Detailstudien P. Pelliots zum Marco-Polo-Text sind bisher zwei Bände erschienen: P. Pelliot, *Notes on Marco Polo.* Paris 1959, 1963. Einen hervorragenden Einblick in Leben und Zeit des Marco Polo gibt auch das Werk von L. Olschki, *Marco Polo's Asia.* Berkeley (Calif.) 1961.

21 Das Material über die römisch-katholische Mission ist übersichtlich bei Moule, *a. a. O.* (Anm. 11), zusammengestellt.

22 Diese Entdeckung ist L. Petech zu verdanken, vgl. JA 1962, S. 557. Über den lateinischen Grabstein siehe F. A. Rouleau, *The Yangchow Latin Tombstone,* in: HJAS 17 (1954), S. 346–365.

KAP. 8: DIE NATIONALE DYNASTIE MING: BLÜTEZEIT DER MANDARINEN-GESELLSCHAFT (1368–1644)

1 Seine Regierungszeit ist Gegenstand eines chinesischen annalistischen Geschichtswerkes, das neuerdings in deutscher Übersetzung vorliegt: H. Schulte-Uffelage, *Das Keng-shen wai-shih, eine Quelle zur späten Mongolenzeit.* Berlin 1963.

2 Dieser Gesichtspunkt ist anscheinend zuerst von MENG SSU-MING (vgl. Kapitel 7, Anm. 8) hervorgehoben worden.

3 Eine gute Zusammenfassung des Standes der Forschung bietet W. FRANKE, *Neuere chinesische Arbeiten zur Geschichte der frühen Ming-Zeit*, in: Asiatica, Festschrift für Friedrich Weller. Leipzig 1954, S. 131–141.

4 Zuerst 1949 vertreten von Wu Han, vgl. W. FRANKE, *a. a. O.*, S.135.

5 Vgl. dazu jetzt F. W. MOTE, *The Growth of Chinese Despotism*, in: Oriens Extremus 8 (1961), S. 1–41, insbes. über Chu Yüan-chang, S. 18–38.

6 Zu den Heiratsgesetzen siehe jetzt W. FRANKE, *Zur Frage der Mongolen in China nach dem Sturz der Yüan-Dynastie*, in: Oriens Extremus 9 (1962), S. 57–68. Einen interessanten Fall von sozialem Absinken einer Mongolenfamilie schildert ein zeitgenössischer Text, vgl. B. WIETHOFF, *Die Graskopf-Frau — eine etwas ungewöhnliche Biographie*, in: Nachr. der Gesellschaft für Natur- und Völkerkunde Ostasiens 92 (1962), S. 41–52.

7 Der Brauch, programmatische Regierungsdevisen (überwiegend aus zwei Zeichen bestehend) für ein oder mehrere Jahre auszugeben, geht auf die frühe Han-Zeit zurück. Mit Beginn der Ming-Dynastie bis zum Ende des chinesischen Kaiserreiches erließ jeder Kaiser nur mehr eine Devise für die Gesamtzeit seiner Regierung, weshalb diese Herrscher oft unter dem Namen ihrer Devise geführt werden.

8 Vgl. P. T. HO, *Studies on the Population of China, 1368–1953*. Cambridge (Mass.) 1959, S. 179. Dieses ausgezeichnete Werk wertet über seinen engeren Gegenstand hinaus eine Fülle von Material zur sozial-ökonomischen Entwicklung Chinas seit 1368 aus.

9 Vgl. F. C. LIANG, *Local Tax Collectors in the Ming Dynasty*, in: E. T. Z. SUN, J. DE FRANCIS, *Chinese Social History*. Washington 1956, S. 249–269.

10 Diese wurde im Zusammenhang dargestellt von H. FRIESE, *Das Dienstleistungssystem der Ming-Zeit*. Mitteilungen d. Ges. f. Natur- u. Völkerkunde Ostasiens, Bd. XXXV A. Hamburg 1959.

11 Vgl. H. FRIESE, *a. a. O.*, S. 36.

12 Vgl. T. GRIMM, *Das Neiko der Ming-Zeit*, in: Oriens Extremus 1 (1954), S. 139–177.

13 Vgl. T. GRIMM, *a. a. O.*, S. 152–155.

14 Aufbau und Entwicklung des Zensorats zur Zeit der Ming-Dynastie behandelt in einer umfassenden Untersuchung C. O. HUCKER, *The Censorial System of Ming China*. Stanford (Calif.) 1966.

15 Vgl. T. GRIMM, *Erziehung und Politik im konfuzianischen China der Ming-Zeit*. Mitteilungen d. Ges. f. Natur- u. Völkerkunde Ostasiens, Bd. XXXV B. Hamburg 1960, S. 47.

16 Übersetzung nach T. GRIMM, *a. a. O.*, (Anm. 15), S. 85.

17 T. GRIMM, *a. a. O.*, (Anm. 15), S. 108.

18 Siehe hierzu P. PELLIOT, *Les grands voyages maritimes chinois au début du 15e siècle*, in: TP 30 (1933), S. 237–452; DERS., *Note additionelle sur Tcheng Houo*, in: TP 31 (1935), S. 274–314; J. J. L. DUYVENDAK, *China discovers Africa*. London 1949.

19 Übersetzung nach E. HAUER, *Huang-Ts'ing K'ai-Kuo Fang-Lüeh*:

die Gründung des mandschurischen Kaiserreiches. Berlin 1926, S. 616.

20 Nach J. C. Hou in E. T. Z. Sun, J. de Francis, *a. a. O.* (Anm. 9), S. 319.

21 Nach L. S. Yang, *Money and Credit in China.* Cambridge (Mass.) 1952, S. 67.

22 Vgl. C. N. Li in E. T. Z. Sun, J. de Francis, *a. a. O.* (Anm. 9), S. 293.

23 Siehe hierzu die Darstellung von C. W. Wang, *The Ming System of Merchant Colonization,* in E. T. Z. Sun, J. de Francis, *a. a. O.* (Anm. 9), S. 299–308.

24 Zitiert nach der englischen Übersetzung: J. P. du Halde, *A Description of the Empire of China and Chinese Tartary.* Bd. I. London 1738, S. 333 f.

25 Siehe hierzu B. Wiethoff, *Die chinesische Seeverbotspolitik und der private Überseehandel von 1368 bis 1567.* Mitteilungen d. Ges. f. Natur- u. Völkerkunde Ostasiens, Bd. XLV. Hamburg 1963.

26 Zu dieser Zuschreibung kommt T. Y. Liu, *The Authorship of the Feng Shen Yen I.* Wiesbaden 1962.

27 Die ausgezeichnete Biographie Changs von Chu Tung-jun, *Chang Chü-cheng ta-chuan,* Shanghai 1944, ist gleichzeitig auch ein Markstein in der Entwicklung der chinesischen Biographie als einer historiographischen Gattung.

28 Siehe den Aufsatz von C. O. Hucker, *The Tung-Lin Movement of the late Ming period,* in: J. K. Fairbank (Hrsg.), *Chinese Thought and Institutions.* Chicago 1957, S. 132–162.

29 Das Werk liegt jetzt in englischer Übersetzung vor: Sung Ying-hsing, *T'ien-Kung K'ai-Wu. Chinese Technology in the seventeenth Century.* The Pennsylvania State Univ. Pr. 1966.

30 Speziell unter dem Gesichtspunkt des Gegensatzes zwischen Absolutismus und Konfuzianismus behandelt die Anschauungen Huang Tsung-hsis W. T. de Bary, *Chinese Despotism and the Confucian Ideal: a seventeenth-century view,* in J. K. Fairbank (Hrsg.), *a. a. O.* (Anm. 28), S. 163–203.

31 Vgl. É. Balázs, *Political Theory and administrative reality in traditional China.* London 1965, S. 41.

32 Li Chih in den Auseinandersetzungen seiner Zeit behandelt O. Franke, *Li Tschi. Ein Beitrag zur Geschichte der chinesischen Geisteskämpfe im 16. Jahrhundert.* Abhandlungen d. Preuß. Ak. d. Wiss. Jg. 1937, Phil.-hist. Kl., Nr. 10. Berlin 1938. Ders., *Li Tschi und Matteo Ricci.* Abhandlungen d. Preuß. Ak. d. Wiss. Jg. 1938, Phil.-hist. Kl., Nr. 5.

33 Vgl. W. Franke, *China und das Abendland.* Göttingen 1962, S. 23.

34 Zur Herausbildung der mandschurischen Nation und damit der Schaffung der Voraussetzungen zur späteren mandschurischen Herrschaft in China siehe F. Michael, *The Origin of Manchu Rule in China.* Baltimore 1942; Reprint-Ausg. New York 1965.

35 Die Etymologie des Namens »Mandschu« (*Man-chu*) ist noch ungeklärt. Sie wird in Zusammenhang gebracht mit einem tungusischen Wort für »Häuptling, Herr«, auch von Manjusri, dem persönlichen Namen eines der Vorfahren von Nurhaci, abgeleitet.

1 Zu allen bedeutenderen Persönlichkeiten der Ch'ing-Zeit siehe
A. W. HUMMEL (Hrsg.), *Eminent Chinese of the Ch'ing Period.*
2 Bde. Washington 1943—1944.

2 Zu Wu San-kuei und dessen Rebellion siehe E. HAUER, *General
Wu San-kuei*, in: AM 4 (1927), S. 563—611; E. HAENISCH, *Der Aufstand des Wu San-kuei*, in: TP 14 (1913), S. 1—130.

3 Vgl. S. WADA, *Some Problems concerning the rise of T'ai-tsu, the
founder of Manchu Dynasty*, in: MTB 16 (1957), S. 35—73.

4 Nach O. LATTIMORE, *Inner Asian Frontiers of China.* 2. Aufl. New
York 1951, S. 129.

5 Vgl. F. MICHAEL, *The Origin of Manchu Rule in China.* Reprint-
Ausg. New York 1965, S. 62—79.

6 Den Aufbau der Bannerheere beschreiben W. F. MAYERS, *The
Chinese Government.* 3. Aufl. Schanghai 1897, S. 55—63 und
H. S. BRUNNERT, V. V. HAGELSTROM, *Present Day Political Orga-
nization of China.* Schanghai 1912, S. 323—336.

7 Zu den folgenden Zahlenangaben vgl. C. Y. FANG, *A technique for
estimating the numerical strength of the early Manchu military
forces*, in: HJAS 13 (1950), S. 192—215.

8 Nach C. Y. FANG, a. a. O., S. 201 f.

9 Vgl. J. D. SPENCE, *Ts'ao Yin and the K'ang-hsi Emperor, Bond-
servant and Master.* New Haven—London 1966, S. 17.

10 Vgl. J. D. SPENCE, a. a. O., S. 130 f.

11 Den Inspektionsreisen K'ang-hsis widmet J. D. SPENCE, a. a. O.,
S. 124—165, eine ausführliche Darstellung.

12 Über Ho-shen und seine Stellung am Ch'ing-Hofe siehe D. S.
NIVISON, *Ho-shen and his accusers: ideology and political behavior
in the eighteenth century*, in: D. S. NIVISON, A. F. WRIGHT (Hrsg.),
Confucianism in Action. Stanford (Calif.) 1959, S. 209—243.

13 An größeren zusammenfassenden Werken über frühe Beziehungen
zwischen China und Rußland sind in erster Linie zu nennen J. F.
BADDELEY, *Russia, Mongolia, China*, 2 Bde., London 1919, und
G. CAHEN, *Histoire des relations de la Russie avec la Chine sous
Pierre le Grand.* Paris 1912.

14 Der Vertrag von Nertschinsk ist hinsichtlich der überlieferten Text-
fassungen eingehend behandelt in: W. FUCHS, *Der russisch-chinesische Vertrag von Nertschinsk vom Jahre 1689. Eine textkritische
Betrachtung*, in: MS 4,2 (1940), S. 546—591.

15 Das Buch von M. COURANT, *L'Asie centrale aux XVIIe et XVIIIe
siècles. Empire Kalmouk ou Empire Mantchou?* Lyon—Paris 1912,
ist als Zusammenfassung der Geschehnisse auch heute noch nicht
überholt. Es verwertet hauptsächlich chinesische Quellen. Zur Vorgeschichte und Genealogie der Dsungaren bzw. Westmongolen hat
P. PELLIOT in der aus einer Besprechung von Baddeley's Werk hervorgegangenen Arbeit *Notes Critiques d'Histoire Kalmouke*,
2 Bde., Paris 1960, viel Material vorgelegt.

16 Zum Besuch des Dalai Lama in Peking siehe vor allem W. W.
ROCKHILL, *The Dalai Lamas of Lhasa and their Relations with the*

Manchu Emperors of China 1644–1908, in: TP 11 (1910), S. 1–104 (auf Grund chinesischer Quellen), dazu auch H. FRANKE, *Die dreisprachige Gründungsinschrift des »Gelben Tempels« zu Peking aus dem Jahre 1651*, in: ZDMG 114 (1964), S. 391–412, und in: ZDMG 115 (1965), S. 222–226.

17 Die heute maßgebende Arbeit über das chinesische Vordringen nach Tibet ist L. PETECH, *China and Tibet in the early 18th Century*. Leiden 1950; dazu vom gleichen Autor *Notes on Tibetan History of the 18th Century*, in: TP 52 (1966), S. 261–292 (verwertet sowohl chinesische wie tibetanische Quellen). Eine mandschurische Quelle von hohem Wert ist erschlossen durch E. KRAFT, *Zum Dsungarenkrieg im 18. Jahrhundert*. Leipzig 1953.

18 Zu den Kupferstichen siehe namentlich W. FUCHS, *Die Schlachtenbilder aus Turkestan von 1765 als historische Quelle*, in: MS 4,1 (1939), S. 116–124, und im gleichen Heft S. 85–115 den Beitrag von J. VAN DEN BRANDT und A. DUBOSQ, *Un manuscrit inédit des »Conquêtes de K'ien-long«*.

19 Um die Erschließung der polyglotten Literatur des 17. und 18. Jahrhunderts hat sich vor allem E. HAENISCH verdient gemacht; vgl. die Bibliographie in *Studia Sino-Altaica*, Festschrift für E. HAENISCH zum 80. Geburtstag. Wiesbaden 1961, S. 3–11.

20 Grundlegend jetzt W. HEISSIG, *Die Pekinger lamaistischen Blockdrucke in mongolischer Sprache*. Wiesbaden 1954.

21 Über die Rezeption Chinas im Europa des 17. und 18. Jahrhunderts vgl. A. REICHWEIN, *China und Europa. Geistige und künstlerische Beziehungen im 18. Jahrhundert*. Berlin 1923. A. H. ROWBOTHAM, *The Impact of Confucianism on seventeenth century Europe*, in: Far Eastern Quarterly 4 (1945), S. 224–242.

22 Geschichte, Organisation und Funktion des Staatsrats untersucht A. K. L. HO, *The Grand Council in the Ch'ing Dynasty*, in: Far Eastern Quarterly 11 (1952), S. 167–182.

23 Zahlenangaben nach P. T. HO, *The Ladder of Success in Imperial China. Aspects of Social Mobility, 1368–1911*. New York–London 1962, S. 112 f.

24 Vgl. hierzu P. T. HO, *Studies on the Population of China, 1368 bis 1953*. Cambridge (Mass.) 1959, S. 220 f.

25 Zahlenangaben nach P. T. HO, *a. a. O.*, S. 281.

26 Ausführliche Darstellungen dieser Gesandtschaftsreise lieferten u. a. Lord Macartney selbst: J. L. CRANMER-BYNG (Hrsg.), *An Embassy to China. Being the journal kept by Lord Macartney during his embassy to the Emperor Ch'ien-lung 1793–1794*. London 1962 und G. L. STAUNTON, *An Authentic Account of an Embassy from the King of Great Britain to the Emperor of China . . .* 2 Bde. London 1797.

27 Mustergültig ediert von W. FUCHS, *Der Jesuiten-Atlas der Kanghsi-Zeit*. Peking 1943.

28 Vgl. jetzt D. S. NIVISON, *The Life and Thought of Chang Hsüeh-ch'eng (1738–1801)*. Stanford (Calif.) 1966 und P. DEMIÉVILLE, *Chang Hsüeh-ch'eng and his Historiography*, in: Historians of China and Japan, hrsg. v. W. G. BEASLEY und E. G. PULLEYBLANK. London 1961, S. 167–185.

29 Maßgebend hierzu L. C. Goodrich, *The Literary Inquisition of Ch'ien-lung.* Baltimore 1935.

30 Über ihn siehe das ebenso amüsante wie gelehrte Buch von A. Waley, *Yüan Mei: 18th Century Chinese Poet.* London 1956.

31 Zur Novellenliteratur der Mandschuzeit vgl. insbesondere W. Eberhard, *Die chinesische Novelle des 17.–19. Jahrhunderts. Eine soziologische Untersuchung.* Ascona 1948.

32 Eine Formulierung in Anlehnung an É. Balázs, *Political Theory and Administrative Reality in Traditional China.* London 1965, S. 34.

KAP. 10: DER EINBRUCH DES WESTENS UND DER NIEDERGANG DES REICHES: DAS GEDEMÜTIGTE CHINA (19. JAHRHUNDERT)

1 Vgl. W. D. Chu, *The Moslem Rebellion in Northwest China 1862 bis 1878.* Den Haag 1966, S. 2 f.

2 In *The Income of the Chinese Gentry.* Seattle 1962, S. 36 f.

3 Nach H. P. Chang, *Commissioner Lin and the Opium War.* Cambridge (Mass.) 1964, S. 41.

4 Vgl. H. P. Chang, a. a. O., S. 39.

5 Die offiziellen Quellen sprechen von den *Nien-fei* (»Nien-Rebellen« oder »Nien-Banditen«). *Nien* heißt »drehen; kneten; zwirnen«; seine Verwendung als Name der Rebellenorganisation wird in Zusammenhang gebracht mit den »zusammengewundenen« Turbanen, die die Rebellen trugen, oder dem »Zusammenfügen« ursprünglich kleinerer Rebelleneinheiten zu größeren. Vgl. M. C. Wright, *The Last Stand of Chinese Conservatism. The T'ung-chih Restoration, 1862–1874.* Stanford (Calif.) 1957, S. 101.

6 *Hakka,* etwa »Gastsiedler«, nordchinesische Einwanderer (seit dem 4. Jahrhundert) nach Kuangtung und Kuangsi, die viele Eigenarten bewahrt haben und einen eigenen Dialekt sprechen.

7 Vgl. E. P. Boardman, *Christian Influence upon the Ideology of the Taiping Rebellion 1851–1864.* Madison 1952.

8 Siehe die ausführliche Studie von S. Spector, *Li Hung-chang and the Huai Army.* Seattle 1964.

9 Angesichts der Fülle der die T'ai-p'ing behandelnden Literatur beschränken wir uns auf die Nennung von F. Michael, *The Taiping Rebellion, History and Documents.* Bd. I: *History.* Seattle–London 1966. Die auf drei Bände geplante Darstellung und Dokumentation verspricht ein Standardwerk zu werden.

10 Vgl. W. D. Chu, a. a. O. (Anm. 1), S. 89–196.

11 Vgl. H. B. Morse, *The International Relations of the Chinese Empire.* Bd. III. London 1910, S. 448 f.

12 Siehe hierzu S. M. Meng, *The Tsungli Yamen: its organization and functions.* Cambridge (Mass.) 1962.

13 Eine hervorragende Gesamtdarstellung der Restaurationsperiode gibt M. C. Wright, a. a. O. (Anm. 5).

14 Mit »Lorcha« bezeichnete man ein Schiff mit westlich-ausländischem Rumpf und chinesischer Takelage.

15 Zu den Anfängen der Industrialisierung siehe A. Feuerwerker, *China's early Industrialization.* Cambridge (Mass.) 1958, und

F. H. H. KING, *Money and Monetary Policy in China 1845–1895.*
Cambridge (Mass.) 1965.
16 Siehe die Lebensbeschreibung seiner Frau R. v. MOELLENDORFF:
P. G. von Moellendorff, ein Lebensbild. Leipzig 1930.

KAP. 11: CHINA AUF DER SCHWELLE ZUM 20. JAHRHUNDERT

1 Siehe hierzu W. FRANKE, *Die staatspolitischen Reformversuche
K'ang Yu-weis und seiner Schule,* in: MSOS 38 (1935), S. 1–83;
S. L. TICHVINSKIJ, *Dviženie za reformy v Kitae i Kan Ju-wej.*
Moskau 1959.
2 Übersetzt und erläutert von L. G. THOMPSON, *Ta T'ung Shu. The
One-World Philosophy of K'ang Yu-wei.* London 1958.
3 Aus der in westlichen Sprachen geschriebenen Literatur zum
Boxer-Aufstand sei verwiesen auf G. N. STEIGER, *China and the
Occident: The Origin and Development of the Boxer Movement.*
New Haven 1927; C. C. TAN, *The Boxer Catastrophe.* New York
1955.
4 Zu Yüans Biographie siehe J. Ch'en, *Yuan Shih-k'ai (1859–1916).*
London 1961.
5 Siehe hierzu W. FRANKE, *The reform and abolition of the traditional Chinese examination system.* Cambridge (Mass.) 1961.
6 Eine der besten Biographien und Darstellungen der Theorien Suns
ist K. A. WITTFOGEL, *Sun Yat Sen. Aufzeichnungen eines chinesischen Revolutionärs.* Wien 1927. Aus der Fülle der Literatur über
Sun seien noch folgende Titel genannt: M. B. JANSEN, *The Japanese
and Sun Yat-sen.* Cambridge (Mass.) 1954. P. LINEBARGER, *Sun
Yat-sen and the Chinese Republic.* New York 1925. L. SHARMAN,
Sun Yat-sen, his life and its meaning. New York 1934; F. W.
PRICE (Übers.), *San Min Chu I, the Three Principles of the People
by Dr. Sun Yat-sen.* Schanghai 1932.
7 Die mit Abstand umfangreichste Dokumentensammlung zum Umsturz von 1911 liegt nur auf Chinesisch vor: *Hsin-hai ko-ming*
(»Die Revolution von 1911«). 8 Bde. Schanghai 1957. Eine gute
zeitgenössische Darstellung ist A. MAYBON, *La République Chinoise.*
Paris 1914; vgl. auch C. T. LIANG, *The Chinese revolution of 1911.*
Jamaica–New York 1962.
8 Verkürzter Titel eines Buches von W. FRANKE, *Das Jahrhundert der
chinesischen Revolution 1851–1949.* München 1958.

Literaturverzeichnis

Wegen der Knappheit des zur Verfügung stehenden Raumes kann das Literaturverzeichnis nur eine sehr begrenzte Auswahl bieten. An den Anfang sind deshalb die grundlegenden Bibliographien zu den Werken in europäischen Sprachen gestellt worden, auf die der interessierte Leser verwiesen sei. Auf die Aufnahme von Titeln in ostasiatischen Sprachen wurde verzichtet, die wichtigsten derselben (von 1935 bis etwa 1952) finden sich in H. FRANKES Forschungsbericht *Sinologie*, seit 1955 laufend erfaßt in *Revue Bibliographique de Sinologie*.

Abkürzungsverzeichnis

AM	=	Asia Major
ArOr	=	Archiv Orientální
BEFEO	=	Bulletin de l'École Française d'Extrême-Orient
BMFEA	=	Bulletin of the Museum of Far Eastern Antiquities
BSOAS	=	Bulletin of the School of Oriental and African Studies
HJAS	=	Harvard Journal of Asiatic Studies
JA	=	Journal Asiatique
JAOS	=	Journal of the American Oriental Society
JAS	=	The Journal of Asian Studies
JNCBRAS	=	Journal of the North China Branch of the Royal Asiatic Society
JRAS	=	Journal of the Royal Asiatic Society
MCB	=	Mélanges Chinois et Bouddhiques
MS	=	Monumenta Serica
MSOS	=	Mitteilungen des Seminars für Orientalische Sprachen an der Königl. Fr.-Wilhelms-Universität zu Berlin
MTB	=	Memoirs of the Research Department of the Toyo Bunko
SPAW	=	Sitzungsberichte der Preußischen Akademie der Wissenschaften zu Berlin
TP	=	T'oung Pao
ZDMG	=	Zeitschrift der Deutschen Morgenländischen Gesellschaft

Bibliographien

CORDIER, H., Bibliotheca Sinica. 4 Bde. Paris 1904–1908; Suppl. et Index. Paris 1922–1924
FRANKE, H., Sinologie. Bern 1953
LUST, J., u. EICHHORN, W., Index Sinicus. Cambridge 1964

SKAČKOV, P. E., Bibliografija Kitaja. Moskau 1960
YUAN, T. L., China in Western Literature: a continuation of Cordier's Bibliotheca Sinica. New Haven 1958

EINLEITUNG

BALÁZS, É., Chinese Civilization and Bureaucracy. New Haven — London 1964
BÜNGER, K., Die Rechtsidee in der chinesischen Geschichte. Saeculum 3 (1952), S. 192—217
DUBS, H. H., The Reliability of Chinese histories. Far Eastern Quarterly 6 (1946), S. 23—44
FRANKE, H., Some remarks on the interpretation of Chinese dynastic histories. Oriens 3 (1950), S. 113—122
GARDNER, C. S., Chinese traditional historiography. Cambridge (Mass.) 1938
GRANET, M., La pensée chinoise. Paris 1934 (deutsch: Das chinesische Denken. München 1963)
HAENISCH, E., Das Ethos der chinesischen Geschichtsschreibung. Saeculum 1 (1950), S. 111—123
MASPERO, H., u. BALÁZS, É., Histoire et institutions de la Chine ancienne. Paris 1967
WILHELM, H., Gesellschaft und Staat in China. Hamburg 1960
YANG, L. S., The Organization of Chinese official historiography. In: BEASLEY, W. G., u. PULLEYBLANK, E. G. (Hrsg.), Historians of China and Japan. London 1961. S. 44—59 (deutsch: Die Organisation der chinesischen offiziellen Geschichtsschreibung. Saeculum 8 (1957), S. 196—209

KAP. 1: DIE ANFÄNGE DER CHINESISCHEN KULTUR

CHANG, K. C., The Archaeology of ancient China. New Haven — London 1963
CHENG, T. K., Archaeology in China. Bd. I u. II. Cambridge 1959, 1960
—, The Origin and development of Shang culture. AM N. S. 6 (1957), S. 80—98
CREEL, H. G., The Birth of China. New York 1954
EICHHORN, W., Zur Religion im ältesten China (Shang-Zeit). Wiener Ztschr. f. d. Kunde Süd- u. Ostasiens 2 (1958), S. 3—23
ERDBERG-CONSTEN, E. v., Das alte China. Stuttgart 1958
ERKES, E., Zur Sage von Shun. TP 34 (1939), S. 295—333
—, Ist die Hsia-Dynastie geschichtlich? TP 33 (1937), S. 134—149
FRANKE, O., Geschichte des chinesischen Reiches. Bd. I (Text) u. III (Anmerkungen). Berlin 1930—1937
GRANET, M., La civilisation chinoise. Paris 1929
—, La religion des Chinois. 2. Aufl. Paris 1951
—, Danses et légendes de la Chine ancienne. 2 Bde. Paris 1926
—, Fêtes et chansons anciennes de la Chine. Paris 1919
HALOUN, G., Die Rekonstruktion der chinesischen Urgeschichte durch die Chinesen. Jap.-deutsche Ztschr. f. Wissenschaft u. Technik 3 (1925), S. 243—270

Karlgren, B., Legends and cults in ancient China. BMFEA 18 (1946), S. 199–366

Li, C., The Beginnings of Chinese civilization. Seattle 1957

Maspero, H., La société chinoise à la fin des Chang et au début des Tcheou. BEFEO 46 (1954), S. 335–403

—, Légendes mythologiques dans le Chou-king. JA 204 (1924), S. 1–100

—, La Chine antique. 2. Aufl. Paris 1955

Saussure, L. de, La chronologie chinoise et l'avènement des Tcheou. TP 23 (1924), S. 287–346; 29 (1932), S. 276–386

Schafer, E. H., Ritual Exposure in ancient China. HJAS 14 (1951), S. 130–184

Wedemeyer, A., Schauplätze und Vorgänge der altchinesischen Geschichte gegen Ausgang des dritten und im zweiten Jahrtausend vor Christus. AM Hirth Anniversary Volume 1923, S. 456–559

Werner, E. T. C., A dictionary of Chinese mythology. Schanghai 1932

KAP. 2: DAS FEUDALISTISCHE CHINA (8.—3. JAHRHUNDERT V. CHR.)

Bodde, D., Feudalism in China. In: Feudalism in History, hrsg. von R. Coulborn, Princeton 1956, S. 49–92

Cheng, T. K., Archaeology in China. Bd. III: Chou China. Cambridge 1963

Creel, H. G., Confucius, the man and the myth. New York 1949

Dobson, W. A. C. H., Mencius. Toronto 1963

Dubs, H. H. Hsüntze. Bd. I: The Moulder of ancient Confucianism. Bd. II: Works. London 1927

Duyvendak, J. J. L., Tao Te Ching, the Book of the Way and its Virtue. London 1954

—, The Book of Lord Shang. London 1928

Eberhard, W., Kultur und Siedlung der Randvölker Chinas. Leiden 1942

Forke, A., Geschichte der alten chinesischen Philosophie. Hamburg 1927

Franke, O., Zur Beurteilung des chinesischen Lehenswesens. SPAW 1927, S. 359–377

Fung, Y. L., A History of Chinese Philisophy. Bd. I: The Period of the Philosophers. 2. Aufl. Princeton 1952

Granet, M., La féodalité chinoise. Oslo 1952

Haloun, G., Beiträge zur Siedlungsgeschichte chinesischer Clans. AM Hirth Anniversary Volume 1923, S. 165–181

—, Legalist Fragments I, Kuan-tsï 55 and related texts. AM N. S. 1951, S. 85–120

—, Zur Üe-tsï-Frage. ZDMG 91 (1937), S. 243–318

Hawkes, D., Ch'u Tz'u, the songs of the south. Oxford 1959

Hsu, C. Y. Ancient China in transition, an analysis of social mobility 722–222. Stanford (Calif.) 1965

Hu, S., Der Ursprung der Ju. Sinica-Sonderausgabe 1935, S. 141–171; 1936, S. 1–42

—, The Development of the logical method in ancient China. Schanghai 1922

Kramers, R. P., K'ung Tzu Chia Yü, the school sayings of Confucius. Leiden 1950

LIAO, W. K., Han Fei Tzu. 2 Bde. London 1939, 1959

LOU, K. J., Histoire sociale de l'époque Tcheou. Paris 1935

MASPERO, H., Les régimes fonciers en Chine. In: Mélanges Posthumes.
Bd. III. Paris 1950, S. 149–153; s. a. S. 109–146

MAVERICK, L. (Hrsg.), Economic Dialogues in ancient China; Selec-
tions from the Kuan-tzu. Carbondale (Ill.) 1954

WALEY, A., The Nine Songs: a study of shamanism in ancient China.
London 1955

—, The Analects of Confucius. London 1938

—, Three Ways of Thought in ancient China. London 1939

—, The Way and its Power. London 1934

WILHELM, R., Dschuang dsi. Jena 1920

—, Frühling und Herbst des Lü Bu We. Jena 1928

KAP. 3: DAS ERSTE REICH UND DIE HAN-ZEIT (221 V. CHR. — 220 N. CHR.)

BIELENSTEIN, H., The Restoration of the Han Dynasty. BMFEA 26
(1954), S. 1–209; 31 (1959), S. 1–287

BODDE, D., China's first Unifier. Leiden 1938

CHAVANNES, É., Le T'ai Chan. Paris 1910

DUBS, H. H., History of the Former Han Dynasty. 3 Bde. London —
Baltimore 1938–1955

EBERHARD, W., Beiträge zur kosmologischen Spekulation der Chinesen
der Han-Zeit. Berlin 1933

—, Die Kultur der alten zentral- und westasiatischen Völker nach chinesischen Quellen. Ztschr. f. Ethnologie 73 (1941), S. 215–275

—, Bemerkungen zu statistischen Angaben der Han-Zeit. TP 36 (1942),
S. 1–25

FORKE, A., Geschichte der mittelalterlichen chinesischen Philosophie.
Hamburg 1934

FRANKE, O., Studien zur Geschichte des konfuzianischen Dogmas und
der chinesischen Staatsreligion. Hamburg 1920

FUNG, Y. L., A History of Chinese Philosophy. Bd. II: The Period of
Classical Learning. Princeton 1953

GALE, E. M., Discourses on Salt and Iron. Leiden 1931

GROOT, J. J. M. de, Chinesische Urkunden zur Geschichte Asiens. 2 Bde.
Berlin 1921, 1926

GULIK, R. H. van, Sexual Life in ancient China. Leiden 1961

HERRMANN, A., Die alten Seidenstraßen zwischen China und Syrien.
Berlin 1910

—, Das Land der Seide und Tibet im Licht der Antike. Leipzig 1939

HU, S., Establishment of Confucianism as a state religion in China
during the Han Dynasty. JNCBRAS 60 (1929), S. 20–41

HULSEWÉ, A. F. P., Han-time Documents, a survey of recent studies
occasioned by the finding of Han-time documents in Central Asia.
TP 45 (1957), S. 1–50

—, Remnants of Han Law. Bd. I. Leiden 1955

KATO, S., A Study of the Suan-fu, the Poll-Tax of the Han Dynasty.
MTB 1 (1926), S. 51–68

LATTIMORE, O., Inner Asian Frontiers of China. 2. Aufl. New York
1951

Levy, H. S., Yellow Turban Religion and Rebellion at the end of Han. JAOS 76 (1956), S. 214—227

Loewe, M., Military Operations in the Han Period. London 1961

Maspero, H., Les documents chinois découverts par Sir Aurel Stein en Asie Centrale. London 1953

—, Essai sur le Taoisme aux premiers siècles de l'ère chrétienne. In: Mélanges Posthumes. Bd. II. Paris 1950, S. 71—222

Pelliot, P., Textes chinois concernant l'Indochine hindouisée. In: Études Asiatiques. Bd. II. Paris 1925, S. 245—263

Pulleyblank, E. G., The Hsiung-nu Language. AM N. S. 9 (1962), S. 239—265

Shryock, J. K., The Origin and Development of the State Cult of Confucius. New York 1932

Stange, H. O. H., Die Monographie über Wang Mang. Leipzig 1938

Stein, R. A., Remarques sur les mouvements de Taoisme politico-religieux au IIe siècle ap. J.—C. TP 50 (1963), S. 1—78

Swann, N. L., Food and Money in ancient China. Princeton 1950

Watson, B., Records of the Grand Historian of China. 2 Bde. New York 1961

—, Ssu-ma Ch'ien, Grand Historian of China. New York 1958

Wilbur, M. C., Slavery in China during the Former Han Dynasty. Chicago 1943

KAP. 4: DAS CHINESISCHE MITTELALTER (200—600 N. CHR.)

Bagchi, P. C., Le canon bouddhique en Chine. 2 Bde. Paris 1927, 1938

Balázs, É., Entre révolte nihiliste et évasion mystique. Asiatische Studien 1/2 (1948), S. 27—55

Bielenstein, H., The Chinese Colonization of Fukien until the End of T'ang. In: Studia Serica. Kopenhagen 1959, S. 88—122

Bodde, D., Feudalistic Phenomena in the Period of Disunity. In: R. Coulborn (Hrsg.), Feudalism in History. Princeton 1956, S. 83—92

Chavannes, É., Documents sur les Tou-kiue Occidentaux. St. Petersburg 1900

Ch'en, K., Anti-Buddhist Propaganda during the Nan-ch'ao. HJAS 15 (1952), S. 166—192

Dien, A. A., Biography of Yü-wen Hu. Berkeley (Calif.) 1962

Dumoulin, H., Die Entwicklung des chinesischen Ch'an im Lichte des Wu-men kuan. MS 6 (1941), S. 40—72

Eberhard, W., Das Toba-Reich Nordchinas, eine soziologische Untersuchung. Leiden 1949

—, A History of China. Berkeley (Calif.) 1950, S. 110—177

Eichhorn, W., Bemerkungen zur chinesischen Völkerwanderung während der Chin-Zeit. Mitt. d. Inst. f. Orientforschung, Deutsche Ak. d. Wiss. zu Berlin 3 (1955), S. 129—148

Fang, A., The Chronicle of the Three Kingdoms. 2 Bde. Cambridge (Mass.) 1952, 1964

Franke, O., Geschichte des chinesischen Reiches. Bd. II. Berlin 1936, S. 1—307

Gernet, J., Les aspects économiques du bouddhisme dans la société chinoise du Ve au Xe siècle. Saigon 1956

GILES, H. A., Record of the Buddhistic Kingdoms. London – Schanghai o. J.

HO, P. T., Lo-yang A. D. 495–534. HJAS 26 (1966), S. 52–101

KALTENMARK, M., Le Lie-sien tchouan. Peking 1953

LEGGE, J., A Record of Buddhistic Kingdoms being an Account of the Chinese Monk Fa-hien of his Travels in India and Ceylon (A. D. 399–414). Oxford 1886

LIU, M. T., Die chinesischen Nachrichten zur Geschichte der Ost-Türken (T'u-küe). 2 Bde. Wiesbaden 1958

MILLER, R. A., Accounts of the Western Nations in the History of the Northern .Chou Dynasty. Berkeley (Calif.) 1959

MIYAKAWA, H., The Confucianization of South China.
In: WRIGHT, A. F. (Hrsg.), The Confucian Persuasion. Stanford (Calif.) 1960, S. 21–46

SCHREIBER, G., The History of the Former Yen Dynasty. MS 14 (1949–1955), S. 374–480; 15 (1956), S. 1–141

TOAN, N., u. RICAUD, L., Les Trois Royaumes. 3 Bde. Saigon 1960–1963

YANG, L. S., Notes on the economic history of the Chin Dynasty. HJAS 9 (1945–1947), S. 107–185

ZÜRCHER, E., The Buddhist Conquest of China. 2 Bde. Leiden 1959

KAP. 5: DIE ERNEUERUNG DES REICHES UNTER DEN SUI UND T'ANG

BALÁZS, S., Beiträge zur Wirtschaftsgeschichte der T'ang-Zeit. MSOS 34–36 (1931–1933)

–, Le Traité Economique du »Souei-chou«. Leiden 1953

BINGHAM, W., The Founding of the T'ang Dynasty. The Fall of Sui and Rise of T'ang. Baltimore 1941

–, Li Shih-min's Coup in A. D. 626. JAOS 70 (1950), S. 89–95, 259–271

BÜNGER, K., Quellen zur Rechtsgeschichte der T'ang-Zeit. Peiping 1946

FITZGERALD, C. P., The Empress Wu. London 1956

GROOT, J. J. M. DE, Sectarianism and Religious Persecution in China. 2 Bde. Amsterdam 1903–1904

HOFFMANN, H., Tibets Eintritt in die Universalgeschichte. Saeculum 1 (1950), S. 258–279

KATO, S., On the Hang or the Associations of Merchants in China. MTB 8 (1936), S. 45–83

KOH, B., Zur Werttheorie in der chinesischen Historiographie aufgrund des Shih-t'ung des Liu Chih-chi (661–721). Oriens Extremus 4 (1957), S. 5–21, 125–181

LEVY, H. S., Biography of Huang Ch'ao. Berkeley (Calif.) 1955

–, Biography of An Lu-shan. Berkeley (Calif.) 1960

MOULE, A. C., Nestorians in China. London 1940

–, Christians in China before the year 1550. London 1930

PELLIOT, P., Deux itinéraires de Chine en Inde à la fin du 8e siècle. BEFEO 4 (1904), S. 131–413

PULLEYBLANK, E. G., The Background of the Rebellion of An Lu-shan. Oxford Univ. Pr. 1955

–, Neo-Confucianism and Neo-Legalism in T'ang intellectual life. In: WRIGHT, A. F. (Hrsg.), The Confucian Persuasion. Stanford (Calif.) 1960, S. 77–114

Rideout, J. K., The Rise of the Eunuchs during the T'ang Dynasty. AM N. S. 1 (1949), S. 53–74; 3 (1952), S. 42–48

Rotours, R. des, Le traité des examens. Paris 1932

–, Les grands fonctionnaires des provinces sous la dynastie des T'ang. TP 25 (1927), S. 219–332

–, Traité des fonctionnaires et traité de l'armée. 2 Bde. Leiden 1947

Schafer, E. H., The last Years of Ch'ang-an. Oriens Extremus 10 (1963), S. 133–179

Solomon, B. S., The Veritable Records of the T'ang Emperor Shun-tsung, Feb. 28, 805 – Aug. 31, 805. Harvard University Press 1955

Twitchett, D., Financial Administration under the T'ang Dynasty. Cambridge 1963

–, Monastic Estates in T'ang China. AM 5 (1955–1957), S. 123–146

–, Provincial Autonomy and Central Finance in Late T'ang. AM 11 (1965), S. 211–232

Wright, A. F., The Formation of Sui Ideology. In: Fairbank, J. K. (Hrsg.), Chinese Thought and Institutions. Chicago 1957, S. 71–104

–, Sui Yang-ti: Personality and Stereotype. In: Wright, A. F. (Hrsg.), The Confucian Persuasion. Stanford (Calif.) 1960, S. 47–76

–, Symbolism and Function, reflections on Changan and other great cities. JAS 24 (1965), S. 667–679

KAP. 6: DIE SUNG-ZEIT: DAS BÜROKRATISCHE CHINA
(10.–13. JAHRHUNDERT)

Beckmann, K., Li Kang. Ein Staatsmann im Kampf zwischen konfuzianischer Beamtenpflicht und politischer Aufgabe. Berlin 1939

Chang, C., The Development of Neo-Confucian Thought. Bd. I. New York 1957

Chavannes, É., Voyageurs chinois chez les Khitan et les Joutchen. JA 1898, S. 361–439

Ch'üan, H. S., Periodic Fairs in South China in the Sung Dynasty. In: Sun, E. T. Z. u. Francis, J. de (Hrsg.), Chinese Social History. Washington 1956

–, Production and Distribution of Rice in Southern Sung. A.a.O.

Eberhard, W., Conquerors and Rulers: Social Forces in Medieval China. 2. Aufl. Leiden 1965

Eichhorn, W., Zur Vorgeschichte des Aufstandes von Wang Hsiao-po und Li Shun in Szuch'uan (993–995). ZDMG 105 (1955), S. 192–209

Ferguson, J. C., The Southern Migration of the Sung Dynasty. JNCBRAS 55 (1924), S. 14–27

–, Political Parties of the Northern Sung Dynasty. JNCBRAS 58 (1927), S. 36–56

Forke, A., Geschichte der neueren chinesischen Philosophie. Hamburg 1938

Franke, H., Die Agrarreform des Chia Ssu-tao. Saeculum 9 (1958), S. 345–369

–, Chia Ssu-tao (1213–1275), a »bad last minister«? In: Wright, A. F. u. Twitchett, D. C. (Hrsg.), Confucian Personalities. Stanford 1962, S. 217–234

Franke, O., Geschichte des chinesischen Reiches. Bd. IV u. V. Berlin 1948, 1952

—, Das Tse Tschi T'ung Kien und das T'ung Kien Kang Mu. SPAW 1930, IV, S. 103—144

FRISCH, H., Die letzten Jahre der Sung. MSOS 29 (1926), S. 170—214

GABELENTZ, H. C. v. D., Geschichte der großen Liao. St. Petersburg 1877

GERNET, J., La vie quotidienne en Chine à la veille de l'invasion mongole (1250—1276). Paris 1959

HAMILTON, J. R., Les Ouighours à l'époque des Cinq Dynasties. Paris 1955

HARLEZ, C. DE, Histoire de l'empire de Kin. Löwen 1887

JAN, Y. H., Buddhist Historiography in Sung China. ZDMG 114 (1964), S. 360—381

KAO, Y. K., A Study of the Fang La Rebellion. HJAS 24 (1962—1963), S. 17—63

—, Source Materials on the Fang La Rebellion. HJAS 26 (1966), S. 211—240

KRACKE, JR., E. A., Sung Society. Far Eastern Quarterly 14 (1955), S. 479—488

—, Civil Service in Early Sung China. Cambridge (Mass.) 1953

NEVSKIJ, N. A., Tangutskaja Filologija. 2 Bde. Moskau 1960

OLBRICHT, P., Die Tanguten und ihre Geschichte bis zur Gründung von Si-hia. Central Asiatic Journal 2 (1956), S. 142—154

SADAO, A., The newly-risen Bureaucrats in Fukien at the Five-Dynasty-Sung Period. MTB 21 (1962), S. 1—48

SCHAFER, E. H., The Empire of Min. Rutland — Tokio 1954

—, The History of the Empire of Southern Han. In: Silver Jubilee Volume of the Zinbun Kagaku Kenkyusyo. Kioto 1954, S. 339—369

SCHURMANN, H. F., Social Themes in Sung Tales. HJAS 20 (1957), S. 239—261

STEIN, R., Leao-tche, traduit et annoté. TP 35 (1939), S. 1—154

WALS, K., Biographie des Ou-yang Hsiu. Stuttgart 1938

WANG, G. W., The Structure of Power in North China during the Five Dynasties. Kuala Lumpur 1963

—, Feng Tao: An Essay on Confucian Loyalty. In WRIGHT, A. F. u. TWITCHETT, D. C. (Hrsg.), Confucian Personalities. Stanford 1962, S. 123—145

WITTFOGEL, K. A. u. FENG, C. S., History of Chinese Society: Liao. Philadelphia 1949

KAP. 7: CHINA ALS TEIL DES MONGOLISCHEN WELTREICHS

BRETSCHNEIDER, R., Mediaeval Researches from Eastern Asiatic Sources. 2 Bde. London 1910

CHAVANNES, É., Inscriptions et pièces de chancellerie chinoises de l'époque mongole. TP 5 (1904), S. 357—447; 6 (1905), S. 1—42; 9 (1908), S. 297—428

CH'EN, Y., Western and Central Asians in China under the Mongols. Los Angeles 1966

DEMIÉVILLE, P., La situation religieuse en Chine au temps de Marco Polo. In: Oriente Poliano. Rom 1957, S. 193—236

FRANKE, H., Ahmed. Ein Beitrag zur Wirtschaftsgeschichte Chinas unter Qubilai. Oriens 1 (1948), S. 222—236

—, Seṅ-ge. Das Leben eines uigurischen Staatsbeamten zur Zeit Chubilai's. Sinica 17 (1942), S. 90—113
—, Geld und Wirtschaft in China unter der Mongolenherrschaft. Leipzig 1949
—, Sino-Western Contacts under the Mongol Empire. JRAS, Hong Kong Branch 5 (1966), S. 49—72
—, Beiträge zur Kulturgeschichte Chinas unter der Mongolenherrschaft. Das Shan-kü sin-hua des Yang Yü. Wiesbaden 1956
GOODRICH, L. C., Early Cannon in China. Isis 39 (1948), S. 63 f.; 55 (1964), S. 193—195
GROUSSET, R., L'empire mongol. Paris 1941
—, L'empire des steppes. Paris 1948
—, Le régime social des Mongols. Le féodalisme nomade. Paris 1948
HAENISCH, E., Kulturbilder aus Chinas Mongolenzeit. Historische Zeitschrift 164 (1941), S. 21—48
—, Die Geheime Geschichte der Mongolen. 2. Aufl. Leipzig 1948
HOWORTH, H. H., History of the Mongols from the 9th to the 19th century. 4 Bde. London 1876—1888; Anhang und Index London 1927
MARTIN, H. D., The Rise of Chingis Khan and his Conquest of North China. Baltimore 1950
OLBRICHT, P., Das Postwesen in China unter der Mongolenherrschaft. Wiesbaden 1954
PELLIOT, P. u. HAMBIS, L., Histoire des campagnes de Gengis Khan. Leiden 1951
—, Histoire secrète des Mongols. Paris 1949
RATCHNEVSKY, P., Un code des Yuan. Paris 1937
—, Über den mongolischen Einfluß auf die Gesetzgebung der Yüan-Zeit. Trudy XXV Meždunarodnogo Kongressa Vostokovedov. Bd. V. Moskau 1963, S. 11—16
RIASANOVSKY, V. A., Mongol Law and Chinese Law in the Yüan Dynasty. Chinese Social and Political Science Review 20 (1936—37), S. 266—289
SCHMIDT, I. J., Geschichte der Ostmongolen und ihres Fürstenhauses. St. Petersburg 1829
SCHURMANN, H. F., Economic Structure of the Yüan Dynasty. Cambridge (Mass.) 1956
THIEL, J., Der Streit der Buddhisten und Taoisten zur Mongolenzeit. MS 20 (1962), S. 1—81
VISSIÈRE, A., Études sur les Musulmans Chinois (Mission d'Ollone). Paris 1911
YANG, R. F. S., The Social Background of the Yüan Drama. MS 17 (1958), S. 331—352
YULE, H. u. CORDIER, H., Cathay and the Way Thither. 4 Bde. London 1915—1916
—, The Book of Ser Marco Polo. 3 Bde. London 1926

KAP. 8: DIE NATIONALE DYNASTIE MING: BLÜTEZEIT DER MANDARINEN-GESELLSCHAFT (1368—1644)

BERNARD, H., Le Père Matthieu Ricci et la société chinoise de son temps. Tientsin 1937

Busch, H., The Tung-lin shu-yüan. MS 14 (1949—55), S. 1—163

Chang, C., Wang Yang-ming. New York 1962

Chao, W. P., Secret Religious Societies in North China in the Ming Dynasty. Folklore Studies 7 (1948)

Crawford, R. B., Eunuch power in the Ming Dynasty. TP 49 (1961), S. 115—148

Dunne, G. H., Generation of Giants: the story of the Jesuits in China in the last decades of the Ming dynasty. Notre Dame (Indiana) 1963

Franke, W., Yunglos Mongolei-Feldzüge. Sinologische Arbeiten 3 (1945), S. 1—54

—, Zur Grundsteuer in China während der Ming-Dynastie. Ztschr. f. vergl. Rechtswissenschaft 1953, S. 93—103

—, Der gegenwärtige Stand der Forschung zur Geschichte Chinas im 15. und 16. Jahrhundert. Saeculum 7 (1956), S. 413—441

—, Neuere chinesische Arbeiten zur Geschichte der frühen Ming-Zeit. In: Asiatica. Festschrift Friedrich Weller. Leipzig 1954, S. 131—141

Friese, H., Zum Aufstieg von Handwerkern ins Beamtentum während der Ming-Zeit. Oriens Extremus 6 (1959), S. 160—176

Ho, P. T., The Ladder of Success in Imperial China. Aspects of Social Mobility 1368—1911. London 1962

Hucker, C. O., The traditional Chinese State in Ming Times. Tuscon 1961

—, Governmental Organization of the Ming Dynasty. HJAS 21 (1958), S. 1—66

Kammerer, A., Le découverte de la Chine par les Portugais au 16e siècle. Leiden 1944

Krafft, B., Wang Shih-chen (1526—1590): Abriß seines Lebens. Oriens Extremus 5 (1958/59), S. 169—201

Ku, C. K., A Study of literary persecution during the Ming. HJAS 3 (1938), S. 254—311

Liang, F. C., The single-whip method of taxation in China. Cambridge (Mass.) 1956

Parker, E. H., Letters from a Chinese empress and a Chinese eunuch to the pope. Contemporary Review 101 (1902), S. 79—83

Parsons, J. B., A Preliminary Analysis of the Ming Dynasty Bureaucracy. Kioto 1959

—, Attitudes toward the late Ming rebellions. Oriens Extremus 6 (1959), S. 177—209

Pelliot, P., Le Hoja et le Sayyid Husein de l'histoire des Ming. TP 38 (1948), S. 81—292

Rockhill, W. W., China's intercourse with Korea from the 15th century to 1895. London 1905

Rowbotham, A. H., Missionary and Mandarin. Berkeley 1942

Serruys, H., Foreigners in the Metropolitan Police during the 15th Century. Oriens Extremus 8 (1961), S. 59—83

—, The Mongols in China during the Hungwu period 1368—1398. MCB 11 (1956—59), S. 1—328

—, Chinese in Southern Mongolia during the 16th century. MS 18 (1959), S. 1—95

—, Mongols ennobled during the early Ming. HJAS 22 (1959), S. 209—260

Sprenkel, O. B. van der, High Officials of the Ming. BSOAS 14 (1952), S. 87—114

—, Population statistics of Ming China. BSOAS 15 (1953), S. 269 bis 326

—, The chronological tables of Lei Li: an important source for the study of Ming bureaucracy. BSOAS 14 (1952), S. 325—334

Wang, Y. T., Official Relations between China and Japan 1368—1549. Cambridge (Mass.) 1953

KAP. 9: DIE BLÜTEZEIT CHINAS UNTER DER FREMDDYNASTIE DER CH'ING (18. JAHRHUNDERT)

Brunnert, H. S. u. Hagelstrom, V. V., Present Day Political Organization of China. Schanghai 1912

Cahen, G., Histoire des relations de la Russie avec la Chine sous Pierre le Grand 1689—1730. Paris 1912

Courant, M., L'Asie centrale au 17e et 18e siècles. Lyon 1912

Duyvendak, J. J. L., The last Dutch embassy to the Chinese court (1794/95). TP 34 (1939), S. 1—137

Fairbank, J. K., Ch'ing Documents. Cambridge (Mass.) 1959

Fairbank, J. K. u. Teng, S. Y., Ch'ing Administration: Three Studies. Cambridge (Mass.) 1960

Freeman, M., The Ch'ing dynasty criticism of Sung politico-philosophy. JNCBRAS 59 (1928), S. 78—110

Fuchs, W., Der russisch-chinesische Vertrag von Nertchinsk vom Jahre 1689. MS 4 (1939/40), S. 546—593

—, Galdanica. MS 9 (1944), S. 174—198

—, The personal Chronicle of the first Manchu Ruler. Pacific Affairs 9 (1936), S. 78—85

Goodrich, L. C., The literary Inquisition of Ch'ien-lung. Baltimore 1935

Grantham, A. E., A Manchu Monarch: an interpretation of Chia Ch'ing. London 1934

Haenisch, E., Der Aufstand des Wu San-kuei. TP 14 (1913), S. 1—130

Hauer, E., General Wu San-kuei. AM 4 (1927), S. 563—611

—, Huang-Ts'ing K'ai-Kuo Fang-Lüeh: Die Gründung des mandschurischen Kaiserreiches. Berlin 1926

Hinton, H. C., The Grain Tribute System of China. Cambridge (Mass.) 1956

Ho, P. T., Studies on the Population of China, 1368 — 1953. Cambridge (Mass.) 1959

—, The salt merchants of Yang-chou: a study of commercial capitalism in 18th century China. HJAS 17 (1954), S. 130—168

Hummel, A. W. (Hrsg.), Eminent Chinese of the Ch'ing Period. 2 Bde. Washington 1943—1944

Keene, D., The Battles of Coxinga. London 1951

Kraft, E., Zum Dsungarenkrieg im 18. Jahrhundert. Leipzig 1953

Liang, C. C., Intellectual Trends in the Ch'ing Period. Cambridge (Mass.) 1959

Mayers, W. F., The Chinese Government. 3. Aufl. Schanghai 1897

Michael, F., The Origin of Manchu Rule in China. Baltimore 1942

PETECH, L., China and Tibet in the early 18th Century. Leiden 1950

ROCKHILL, W. W., The Dalai Lamas and their relations with the Manchu Empire. TP 11 (1910), S. 1—104

SPRENKEL, S. VAN DER, Legal Institutions in Manchu China. London 1962

TENG, S. Y. u. FAIRBANK, J. K., China's Response to the West: a documentary survey. Cambridge (Mass.) 1954

KAP. 10: DER EINBRUCH DES WESTENS UND DER NIEDERGANG DES REICHES: DAS GEDEMÜTIGTE CHINA (19. JAHRHUNDERT)

CHANG, C. L., The Chinese Gentry. Seattle 1955

—, The Income of the Chinese Gentry. Seattle 1962

CHENG, J. C., Chinese Sources for the Taiping Rebellion 1850—1864. London 1963

CORRADINI, P., A propos de l'institution du Nei-ko sous la dynastie des Ts'ing. TP 48 (1961), S. 416—424

COSTIN, W. C., Great Britain and China 1833-1860. Oxford 1937

DULLES, F. R., China and America: the story of their relations since 1784. Princeton 1946

FEUERWERKER, A., China's Early Industrialization: Sheng Hsuan-huai (1844—1916) and Mandarin Enterprise. Cambridge (Mass.) 1959

GÜTZLAFF, C., The Life of Taou-kwang. London 1852

HSIAO, K. C., Rural China: Imperial Control in the 19th Century. Seattle 1960

HSÜ, I. C. Y., The secret mission of the Lord Amherst on the China cost 1832. HJAS 17 (1954), S. 231—252

JEFIMOV, G. J., Vnešnjaja politika Kitaja 1894—1899. Moskau 1958

MENG, S. M., The Tsungli Yamen: its organization and functions. Cambridge (Mass.) 1962

MICHAEL, F., Military organization and power structure of China during the Taiping rebellion. Pacific Historical Review 18 (1949), S. 469—483

MORSE, H. B., The Trade and Administration of the Chinese Empire. Schanghai 1908

—, The Chronicles of the East India Company trading to China. 5 Bde. Oxford 1926—1929

STANLEY, C. J., Late Ch'ing Finance: Hu Kuang-yung as an innovator. Cambridge (Mass.) 1961

STOECKER, H., Deutschland und China im 19. Jahrhundert. Berlin 1958

TENG, S. Y., Historiography of the Taiping Rebellion. Cambridge (Mass.) 1962

WRIGHT, M. C., The Last Stand of Chinese Conservatism: The T'ung-chih Restoration, 1862—1874. Stanford (Calif.) 1957

YUAN, T., Yakub Beg (1820—1877) and the Moslem Rebellion in Chinese Turkestan. Central Asiatic Journal 6 (1961), S. 134—167

KAP. 11: CHINA AUF DER SCHWELLE ZUM 20. JAHRHUNDERT

CH'EN, J., Yuan Shih-k'ai (1859—1916). London 1961

CHU, S. C., Reformer in Modern China: Chang Chien, 1853—1926. New York — London 1965

FAIRBANK, J. K. u. a. (Hrsg.), East Asia. The Modern Transformation. Boston 1965, S. 313–407, 613–717

FAN, W. L., Neue Geschichte Chinas. Bd. I (1840–1901). Berlin 1959

FLEMING, P., The Siege at Peking. London 1959 (deutsch: Die Belagerung zu Peking. Stuttgart 1961)

FRANKE, W., The Reform and Abolition of the traditional Chinese Examination System. Cambridge (Mass.) 1961

—, Die staatspolitischen Reformversuche K'ang Yu-weis und seiner Schule. MSOS 38 (1935), S. 1–83

HSÜ, I. C. Y., China's Entrance into the Family of Nations. Cambridge (Mass.) 1960

Izbrannye proizvedenija progressivnych kitajskich myslitelej novogo vremeni (1840–1898). Moskau 1961

LEVENSON, J. R., Confucian China and its modern Fate. 3 Bde. London 1958–1965

—, Liang Ch'i-ch'ao and the Mind of modern China. Cambridge (Mass.) 1953

LIANG, C. T., The Chinese Revolution of 1911. Jamaica — New York 1962

SCHWARTZ, B., In Search of Wealth and Power. Yen Fu and the West. Cambridge (Mass.) 1964

Verzeichnis und Nachweis der Abbildungen

Register

Die Bearbeitung des Registers erfolgte durch die Redaktion der Fischer Weltgeschichte.

383